교육복지정책론

안병영 · 김인희

다산출판사

머리말

내가 1995년 12월, 처음 교육부장관으로 임명된 후 가까이에서 목도한 한국 교육의 실상은 평소에 밖에서 생각했던 것보다 훨씬 어두웠다. 아니 한마디로 참담한 지경이었다. 특히 중·고등학교 교육은 온통 입시경쟁 속에서 교육 본래의 목표를 잃었고, 학교는 한마디로 '창살 없는 감옥'과 다름이 없었다. 그런 가운데 대부분의 학생들은 교육에 당연히 내재해야 할 복지적 요소와는 동떨어진 채, 엄청난 교육소외의 대상으로 전락하고 있었다. 그래서 나는 스스로 한국 교육이 살 길은 교육 내에 복지 기능을 높이는 일, 다시 말해 "교육의 복지화"라고 내심 결론지었다.

그런데 실제로 당시 내가 장관으로 재직했던 시기(1995.12.~1997.8.)는 문민정부의 "5·31 교육개혁"이 세차게 추진되던 매우 역동적인 시기였다. 대통령 자문기구인 교육개혁위원회가 마련한 주요 개혁 프로그램들은 대체로 당시의 시대상을 반영하여, 세계화와 신자유주의, 그리고 민주화의 영향을 크게 받았다. 나는 기존의 획일주의적이고, 규제 위주, 그리고 공급자 위주의 교육을 보다 자율적이며, 민주적, 수요자 위주의 교육으로 바꾸자는 개혁 패러다임에는 이의가 없었으나, 전체적으로 판단할 때, 이들 개혁 프로그램들이 지나치게 경쟁력 강화에 치중하고 있다는 느낌을 받았다. 무엇보다 거기에는 상호협력과 공존능력, 다시 말해 교육의 인간화, 복지화를 제고하기 위한 프로그램들이 상대적으로 부족하다고 평가했다.

나는 고심 끝에 부처 내의 젊은 정책관료들을 독려하여 1996년 12월 "소외된

자와 특별한 배려가 필요한 자"를 대상으로 교육복지종합대책(1997~2001)을 수립했다. 교육부에서 이른바 '장관 프로젝트'라 불렸던 이 종합대책에는 학교 중도탈락자, 학습 부진아, 특수교육 및 유아교육 대상자, 그리고 귀국자녀 등에 대한 다양한 정책들이 포함되었다. 이후 재임기간 내내 이들 교육복지 프로그램을 통해 경쟁력 강화에 치우친 문민정부의 교육개혁안을 보정하고 전체적 균형을 잡아보려고 애를 썼다.

위의 대책 중 중도탈락자 대책은 이후 "대안학교 설립 및 운영지원대책"(1997년 3월)으로 발전하면서, 저 멀리 한데에 있던 대안학교를 정부가 앞장서서 제도권 교육 안으로 끌어들이는 역사적 계기가 마련된다. 나는 기회 있을 때마다 교육복지를 외쳤고, 대안학교 · 특수학교 · 유아교육 현장을 바쁘게 찾았다. 당시 많은 이들에게 생소한 개념이었던 교육복지가 뭐냐고 물으면, 나는 "소극적으로는 교육소외의 극복이고, 적극적으로는 교육본질의 회복"이라고 답했다. 교육복지에 대한 공감대가 확산되면서 교육부의 과장급 젊은 관료들이 열정적으로 돕기 시작했다.

2003년 말 나는 다시 교육부총리로 참여정부에 참여하게 되면서(2003.12.~2005.1.) 새롭게 교육복지의 꿈을 지피기 시작했다. 부임 직후인 2004년 1월 20일, 국무회의석상에 보건복지부 등 6개 부처가 공동 참여하여 작성한 '참여복지 5개년계획'(2004~2008)이 상정되었다. 그런데 놀랍게도 거기에는 교육부문만 제외되어 있었다. 나는 '교육을 제외한 복지'는 있을 수 없다고 강하게 이의를 제기했다. 대통령은 이를 수용하여 교육부문 계획을 2004년 상반기에 추가하여 참여복지 5개년 계획을 완성하도록 지시하였다. 이렇게 해서 나는 장기 교육복지종합계획을 연이어 두 번 수립하는 최초의 장관이 되었다. 나는 그것을 더할 수 없는 기회이자 축복으로 받아들였다.

때 맞춰 2004년 3월 5일, 교육인적자원부에 교육복지정책심의관과 교육복지정책과를 신설하고, 시·도교육청에 혁신복지담당관을 설치하는 획기적 직제개편을 단행했다. 나는 당시 김정기 심의관과 김인희 과장에게 이번 기회에 교육복지의 개념을 바르게 정리하고, 교육복지의 비전과 목표, 정책영역 및 정책과제를 명백히 규정하도록 지시했다. 이후 구체적 논의과정에서 나는 국내외 학계 어디에도 보편화된 형식으로 '교육복지' 라는 개념과 이론이 정립되어 있지 않을 뿐더러, 그에 관한 교육 프로그램은 물론, 준거할 만한 이렇다할 대표 저서 하나 마땅한 게 없다는 사실을 알았다. 나는 교육복지의 개념도식을 만들고, 정책과제를 발굴하는 과정에서 김인희 과장과 많은 토론을 나눴다. 그는 매우 지적인 학자풍의 관료로서 생각이 깊고 상상력이 풍부했다. 무엇보다 교육복지에 대한 열정이 있었다. 나는 그에게 관료보다 교수가 더 적성에 맞겠다는 말을 자주 했고 본인도 그럴 의사를 비치곤 했다. 김인희 교수와의 인연은 이렇게 시작됐다.

교육부총리 재직 시 교육복지적 차원에서 많은 정책사업을 추진했다. 그중 가장 의미 있는 사업이 2004년 4월 1일에 출범한 'EBS 수능강의 및 인터넷 서비스' 였다. 당초 사교육비 경감대책의 일환으로 제시되었으나, 거기에는 소외지역 및 소외계층 청소년을 위한 교육기회의 확대라는 교육복지적 동기가 바탕을 이루고 있었다. 그 밖에도 오랜 숙원이었던 유아교육법을 제정한 일, 우여곡절 끝에 북한 이탈 청소년들을 위한 '한겨레학교' 의 설립을 성사시킨 일, 그리고 '각종학교' 라는 우회로를 통해 미인가 대안교육시설에게 보다 손쉽게 학교로서의 법적 지위와 학력인정을 얻도록 길을 튼 일 등은 모두 잊지 못할 기억들이다.

아쉬운 일도 많았다. 나는 무엇보다 학교부적응과 일탈행위, 그리고 학교폭력 등 학교 내의 고질적 난제들을 해결하고 단위학교의 교육복지역량을 높이기 위해, 상담전담교사, 사회복지사, 보건교사 등이 함께 참여하는 역동적 학교복지체제의 구성을 꾀했다. 그러나 끈질긴 노력에도 불구하고 이 프로젝트는 계속 표류를 거듭했고 끝내 소기의 성과를 거두지 못했다. 거기에는 정규 일반교사들 이외의 다른 전문가들의 학교 진입을 꺼리는 교육전문직 및 교사들의 방어적 자세가 도사리고 있었다. 그 때문에 나는 아직도 교육복지가 학교현장에서 제 빛을 발하기 위해서는 모든 것에 앞서 단위학교가 보다 개방적 사회체제로 환골탈태해야 한다고 생각한다.

2005년 초 나는 교육부총리직에서 물러나 연세대학교로 복귀했고, 뒤이어 김인희 과장도 교육부를 나와 한국교원대학교 교육정책대학원 교수가 되었다. 김교수는 그 해 2학기에 우리나라 최초로 '교육복지정책론' 이라는 새 강좌를 개설했다. 곧 우리 두 사람은 교육복지정책론의 공동 집필에 합의했다. 김교수의 교육학적 배경과 나의 정치 · 행정학 및 사회정책적 학문배경, 그리고 교육인적자원부에서 함께하며 한국형 교육복지체제 구축과 그 실천을 위해 고뇌했던 세월이 그 책 속에 무르녹기를 기대했다. 이후 우리는 연세대학교 뒤 프린스턴 스퀘어라는 북카페에서 자주 만나 허심탄회하게 논의를 거듭하며 생각을 한곳으로 모았다. 그 후 2년의 시간이 이 책에 가득 담겼다.

나와 김교수는 대학과 정부 양쪽을 오가며 교육복지와 연관된 이론과 정책을 두루 익혔고, 그 실천과정에서 많은 배움과 깨달음이 있었다. 그것이 이 책을 쓰게 된 동기이자 이 책이 지닌 강점이라고 생각한다.

김교수와 나는 이 책이 교재로 쓸 수 있는 최초의 「교육복지정책」 개론서라는 데 큰 의미를 둔다. 앞으로 대학과 교원양성 및 연수과정, 교육지도자 전문과정 등에 '교육복지론' 내지 '교육복지정책론' 이 많이 개설되기를 기대한다. 아울러 교육정책관료 및 교육시민운동가들에게도 유용한 지침서로서 좋은 구실을 해서 '한국 교육의 복지화, 인간화' 에 기여하기를 바라는 마음 간절하다. 이제 한국 교육은 양적 확대라는 종전의 패러다임에서 질적 발전과 내실화라는 새로운 패러다임으로 획기적인 전환을 하지 않으면 안 되며, 그러한 과정에서 이 책이 작은 기폭제가 되기를 기대한다.

이명박 정부 출범 이후, 우리 사회에는 시장, 경쟁, 효율성이 새로운 시대정신으로 대두되면서 복지에 대한 관심은 상대적으로 뒷전으로 물러가는 분위기이다. 이 시점에서 이 책이 발간된 것은 얼마간 역설적인 일이다. 그러나 우리 집필자 두 사람은 이 책이 바로 이 시점에서 더욱 진가를 발휘할 수 있다고 생각한다. 이 책을 통해 교육에 내재하는 핵심적인 가치가 무엇인가를 진지하게 성찰하는 계기가 마련됨으로써 시대의 거친 물살이 얼마간 거스르고, 고르며, 바로잡히기를 기원한다.

이 책은 '교육복지' 라는 개념을 통해 그동안 우리 교육의 실천과 연구에서 소홀히 다루어졌던 교육정의의 실현 문제, 학습자의 삶의 질 문제, 교육시스템의 교육적 생산성 문제 등을 진단하고 그 해법을 탐색하는 하나의 시도라고 볼 수 있다.

우리 교육체제를 들여다보면서 갖게 되는 생각은 국민들의 가공할 교육 에너지를 효과적으로 수용하지 못하고 있다는 점, 그리고 교육체제 속의 구성원, 특히 학습자들의 엄청난 노력에도 불구하고 학습경험의 유의미성과 학습의 과정에서 나타나는 정서적 반응은 그리 긍정적으로 보이지 않는다는 점이다. 우리 학생들이 OECD/PISA 국제학력비교에서 매번 최상위 수준의 성적을 보이면서도 학교에 대한 소속감, 과목에 대한 태도 등에서 매우 저조한 반응을 나타내고 있는 현상은 우리 교육의 역설이자 모순이며 심각한 왜곡현상이 존재함을 시사한다.

우려되는 문제 중의 하나는 우리 학생들이 학교생활 속에서 갖는 삶의 질이다. 이 삶의 질을 좌우하는 핵심요소는 학습경험의 유의미성이다. 우리 학생들은 과연 유의미한 학습경험을 갖고 있는가? 우리 학생들이 더욱 유의미한 학습경험을 하게 된다면 그들의 학업성취도와 성장은 얼마나 더 촉진될 수 있을 것인가?

이와 관련하여 또 하나 우려되는 점은 우리 학교의 심리 · 문화적 환경이다. 학교에 대한 학생들의 낮은 소속감은 우리 학교가 겪는 복합적 증세의 한 단면이라 할 수 있다. 이는 학교가 학생을 소외시키고 있거나 학생들이 학교를 소외시키는 현상이 존재하며, 곧 교육소외로 이어질 수 있음을 의미한다. 학생의 교육적 필요를 최대한으로 충족시키기 위해 교육의 제 조건을 최적의 상태로 결합하여 유의미한 학습경험을 제공하려고 최선의 노력을 다하는 학교에 대하여 학생들이 낮은 소속감을 나타내리라고는 상상할 수 없다. 우리 학교 안팎의 어디엔가 이러한 노력을 어렵게 하는 장애요인들이 있고 그로 인해 교육소외 현상이 나타나고 있다고 보는 것이 옳을 것이다.

OECD/PISA 결과를 보면서 한편으로는 새로운 희망을 갖게 된다. 우리 교육이 지닌 문제를 효과적으로 해결하여 학생들의 학업에 대한 태도와 학교에 대한 소속감이 높아진다면 우리 학생들의 학력은 지금보다도 훨씬 높아질 것이 분명하다. 이미 최상위권인 성적이 더 이상 크게 오르지는 않는다고 하더라도 우리 학생들의 삶의 질은 눈에 띄게 향상될 것이며, 그러한 변화는 그들의 잠재역량을 더욱 키우고 성장을 촉진하는 동시에 우리 교육의 효율성을 높이는 데 크게 기여하게 될 것이다.

'교육복지'는 우리 교육의 문제를 진단하고 치유하여 학생들의 삶의 질을 향상시키는 동시에 우리 교육의 생산성과 활력을 높이기 위한 새로운 사고의 틀을 제시하여 줄 것이다. 이러한 사고의 틀을 통해 우리 교육의 왜곡현상을 바로잡고 제도와 실천의 취약점을 보완하는 노력을 전개해 나가야 한다. 우리 교육은 그동안 양적으로 크게 발전하였고 이제는 질적인 도약을 꾀할 시점이라는 것은 이미 널리 공유되고 있는 인식이나, 질적 도약을 위해서는 이를 가능케 하는 새로운 패러다임이 적용되어야 하며 '교육복지'가 바로 그 패러다임의 핵심요소라고 생각한다.

이 책은 아마도 교육복지와 교육복지정책을 종합적으로 고찰하는 최초의 책이 될 것이다. 그만큼 '교육복지'라는 영역이 우리 학계나 교육현장에서 중시되지 못하였다는 것을 말해 준다고 하겠다. 그러나 독자들이 이 책을 읽으면서 느끼겠지만 교육복지에서 다루는 문제들은 전혀 새로운 것들이 아니다. 이미 많은 사람들이 체험하고 고통받고 있으며, 혹은 문제가 존재함에도 불구하고 그 심각성을 인식하지 못하고 소홀하게 지나쳐 온 그러한 것들이다.

이 책에서 이야기하는 교육복지의 문제는 이미 여러 가지 다른 표현으로 논의되고 있기도 하다. 교육격차 및 차별 해소, 교육기회 균등, 교육의 형평성, 사회적 포용(social inclusion) 등과 관련하여 교육복지적 이슈들이 거론된다. 그렇다면 굳이 '교육복지'라는 비교적 새로운 용어를 사용하여 이를 재구성하는 이유는 무엇인가? 적어도 여기에는 두 가지 이유가 있다. 첫째는, 교육복지라는 개념을 통해 이들 관련된 문제들이 통합적 · 체계적으로 정리됨으로써 보다 효율적인 의사소통과 사고의 발전이 이루어질 수 있다는 것이다. 또한, 교육복지라는 새로운 눈을 통해 실제로 존재하나 그동안 제대로 인식하지 못하였던 사각지대의 문제들을 무대 위로 끌어낼 수 있으며, 교육복지 실현이라는 새로운 비전을 통하여 우리 교육시스템과 정책의 발전방향을 설정할 수도 있기 때문이다.

둘째 이유는, 우리 교육이 특히 교육복지적인 부문에서 취약성을 보이고 있다는 점이다. 물론, 미국과 같이 계층 간, 집단 간 교육격차 문제가 우리보다 더 심각한 나라도 있으나, 우리 교육은 또 다른 양상으로 교육소외의 문제를 심하게 앓고 있다고 볼 수 있다. 학생들의 학교에 대한 불만족, 학교에서의 학습과 삶의 유의미성 미흡, 교사들의 무력감 증대와 자긍심의 저하, 공교육에 대한 학부모의 불만과 사교육 의존 심화 등으로 표현되는 우리 학교의 모습에서 바로 교육소외 현상의 심화, 확산을 느낄 수 있다. 이는 또한 우리 교육체제가 심각한 교육적 비효율성을 지니고 있다는 것을 의미하기도 한다.

이 책은 이러한 문제에 대한 모든 해답을 제시하는 데에는 부족할 수 있다. 그러나 먼저 교육소외의 문제와 이를 극복하기 위한 교육복지의 의미를 우리 교육자, 교육행정가, 학부모, 정치가, 그리고 일반국민들이 이해하고 공감한다면 우리가 당면하고 있는 교육의 문제를 해결하기 위한 건전하고 바람직한 의식적 토대가 형성될 수 있다는 기대를 가지고 있다. 이 책은 이와 같은 공감대를 형성하는 데 기여하기 위한 노력으로서 그 의의를 찾고자 한다.

이 책의 구성은, 제1장에서 교육복지의 개념과 그 개념에서 파생되는 적용원리를 다루며, 제2장에서는 교육복지정책에 대한 전반적 이해를 높이기 위해 교육복지정책의 환경, 영역, 추진체계를 살펴보고 우리나라와 주요 국제기구 및 외국의 교육복지정책 동향을 살펴보았다. 제3장에서는 우리나라의 주요 교육복지정책을 대상 집단 또는 현상에 따라 구분하여 주제별로 고찰하되, 정책과 관련된 이론적 논의와 추진배경, 정책 및 제도 현황 등을 살펴보고 부분적으로 이에 대한 논평을 첨가하였다. 제4장에서는 교육복지정책을 추진함에 있어 나타나는 문제점들을 살펴보고, 교육복지정책에 반영되어야 할 실천과제와 실천과정에서 채택 가능한 접근법 또는 관점을 제시하였다. 끝으로, 제5장에서는 교육복지의 학문적 연구 전망과 과제에 대하여 논하였다.

부디 이 책이 우리나라에서 교육복지에 대한 사회적 관심과 학문적 연구, 그리고 정책적 실천을 촉진하는 데 기여할 수 있기를 기원하며, 집필 의도에 깊이 공감하며 기쁘게 출판을 허락하여 주신 다산출판사의 강희일 사장님께 감사의 말씀을 드린다.

2009년 봄, 설악산 기슭에서

집필자를 대표하여 안병영 씀

차 례

1

Chapter

교육복지의 개념

1. 교육복지의 개념
2. 교육복지의 원리

Chapter 1

교육복지의 개념[1)]

1. 교육복지의 개념

개념을 바르게 정립하는 일은 현상에 대한 정확한 인식과 그에 기초한 사고의 전개, 그리고 명확한 의사소통을 위해 필수적이다. 교육복지의 경우도 그것을 어떻게 정의하느냐에 따라 교육복지의 성격과 범위가 결정된다.[2)] 주지하듯이 교육복지는 선험적 · 초월적 개념이 아니라, 우리가 구체적으로 경험하는 사회적 현실 속에서 싹트고, 꽃을 피우는 개념이다. 따라서 여기서도 개념 규정에 있어 어떤 개념이 가장 진실에 접근하는가의 문제가 아니라, 어떤 개념을 통해

1) 이 장은 김인희(2006), "교육복지의 개념에 관한 고찰". 「교육행정학연구」, 제24권 제3호, pp. 289-314를 수정, 보완, 확장한 것이다.

2) 교육복지라는 영역은 아직 국내외적으로 교육학의 독자적인 학문영역으로 정립되어 있지 못하다. 따라서 관점에 따라 교육복지의 개념적 이해도 다양하며, 관련 용어들도 정제(精製)되지 못한 채 사용되고 있다. 교육복지라는 용어가 사용되면서 이를 별로 사용하지 않던 교육계에서는 다소 낯설다는 반응을 보이는 반면, 학교 내의 학생복지 문제에 주로 관심을 보였던 사회복지 분야에서는 복지 용어의 친숙함으로 인해 대체로 호의적인 반응을 보이고 있다. 교육복지의 개념을 어떻게 설정하느냐에 따라, 교육복지의 성격과 범위는 물론, 교육복지 실천의 주체가 누가 되어야 하는가의 문제도 그 양상이 달라질 수 있다.

가장 효과적으로 의도하는 목적을 달성할 수 있는가 하는 유용성의 차원에서 접근하고자 한다.

이 절에서는 교육과 사회복지의 관계 속에서 교육복지의 개념을 살펴보며, 교육복지의 본질과 연관되는 주요 개념들을 규명하고, 아울러 교육복지 개념으로부터 유추할 수 있는 실천원리를 고찰함으로써 교육복지의 이론적 토대 수립을 위한 개념적 틀을 모색하고자 한다.

가. 교육과 사회복지

교육복지의 개념을 논의하자면, 우선 교육과 사회복지의 관계를 살펴볼 필요가 있다. 그런데 이 경우에도 학자들의 관점에 따라 입장이 구분되는데, 대략 세 가지로 구분되는 것으로 보인다.

첫째, 교육은 인간다운 삶의 조건을 구현하고자 노력한다는 점에서 그 자체가 복지와 같은 목적을 지닌다는 입장이다. 이런 관점에서 이기범(1996 : 21)은 "교육복지는 복지가 교육에 내재되어 있다는 상식을 명시화한 개념"이며, "교육은 삶의 기회를 넓히고 삶의 질을 높이는 활동인 만큼 같은 목적을 지닌 복지의 내용을 담고 있다"고 본다. 같은 맥락에서 이돈희(1999)는 교육은 개인의 성장욕구의 실현이라는 내재적 가치를 추구한다는 점에서 복지적 동기를 지니며, 바로 이 복지적 동기에 의한 교육기회를 '교육복지'라고 정의한다. 즉, 교육은 교육의 내재적 가치를 충실히 실현함으로써 복지의 목적도 동시에 실현하는 것으로 본다.

이 관점에서 볼 때, 교육과 복지는 기능적으로 별개의 영역으로 구분되나 일정 부분 동일한 목적을 지니고 있는 것으로 보게 된다. 이렇게 볼 때 교육복지는 교육의 영역 속에서 교육이 정상적으로 기능토록 작용하여 그 안에 내포된 복지적 가치를 실현하도록 하는 일이라고 할 수 있다. 다시 말해, 교육복지는 복지적 가치실현에 기여하는 교육적 노력이라고 말할 수 있다.

이와 연관하여 이돈희(1999)는 사회제도로서의 교육은 복지적 동기뿐만 아니라 투자적 동기에 의해서도 이루어지며, 양자는 구분된다는 이분법적 입장을 취하고 있다. 이렇게 볼 때, 교육은 복지라는 내재적 목적이 아니라 사회적 투자의 목적, 즉 교육 밖의 외재적 가치의 실현—예컨대, 인적자원 개발, 국가경쟁력 향상, 사회통합 촉진 등—을 위한 수단으로도 기능하게 되는데, 이러한 투자적 동기에 의한 교육활동은 교육복지의 개념 범주에서 제외하게 된다.[3)]

둘째, 교육복지를 사회복지의 한 영역으로 보고, 복지의 이념과 관점에 의해 그 과제를 설정하되, 과제를 풀어나가는 방식은 우선적으로 교육의 원리와 방법을 통하는 것이라는 입장이다. 한만길 외(2000)는 교육복지를 교육받는 사람을 대상으로 하는 사회복지라 정의하며, 교육복지를 교육에서의 사회보장, 즉 교육보장이라는 차원에서 바라본다. 이 경우, 교육복지는 그 자체가 사회복지 활동—의료, 주거, 환경과 같은—이며, 복지실현을 위한 필수과제로서 수단적 기능을 가진다. 즉, 교육복지는 복지의 하위개념이 되며, 사회복지의 개념과 틀에 의해 그 영역과 과제가 설정되게 된다.

이 경우, 교육복지는 사회복지 실현을 위해 기능하고 그 틀에 의해 설정되지만, 교육복지 영역 자체에 모든 사람의 보편적인 교육욕구 충족이라는 교육의 내재적 가치를 실현하는 노력을 포함하고 있으므로 교육활동과 분리되어 존재하는 것이 아니다. 다만 교육복지를 바라보는 시각이 사회복지의 틀에 입각하고 있다는 점에서 첫 번째 관점과 차이가 있다고 볼 수 있다.

셋째, 교육을 사회복지의 한 구성요소로서 복지사회 구현을 위한 수단적 기능으로 바라보며, 사회복지적 방법을 통한 교육지원 활동을 교육복지로 이해하는 관점이다. 이 관점에서 이상오(2000a)는 교육은 처음부터 사회복지 이념을 내포하고 있으며, 효과적인 복지사업을 위한 중요한 방법론으로 이해한다. 이 관점에 의하면, 교육복지는 사회복지의 목적을 달성할 수 있도록 사회복지적 방법을 통하여 지원하는 활동이다. 이 경우, 교육복지는 교육활동이 효과적으로

---

3) 그러나 일차적으로 투자적 동기가 강한 교육정책도 괄목할 만한 복지적 효과를 거둘 수 있다는 점에서 양자를 준별하는 데는 무리가 따른다. 특히 경제와 사회의 통합적 인식아래 시장경제의 역동성을 적극적으로 수용하고 그 바탕위에 복지와 형평성 제고를 추구하는 사회투자국가(social investment state)의 관점에 설 때, 양자의 이분법적 구분은 큰 의미가 없어진다. 이렇게 볼 때, 교육복지를 교육의 영역 중 복지적 동기에 의한 것만으로 배타적으로 규정하는 것은 자칫 교육복지의 실제 영역을 지나치게 제한할 가능성이 있으므로, '동기' 뿐 아니라 '결과' 의 관점에서도 복지적 가치 실현에 기여하는 교육적 노력은 교육복지 영역에 포함시키는 것이 바람직하다고 본다.

이루어지도록 여건을 조성하고 지원하는 사회복지적 실천활동으로써 교수-학습을 중심으로 하는 교육의 본질적 영역과는 구분된다고 볼 수 있다. 성민선(1998)[4]과 홍봉선(2004)도 이러한 관점에서 교육복지를 이해하고 있다.

이혜영(2002)은 교육복지를 복지의 한 영역으로 보는 시각—두 번째, 세 번째 관점—은 복지를 교육의 상위개념으로 보는 것으로, 논리적으로 볼 때 양자의 가치가 충돌할 경우, 교육은 그 자체로 의미를 지니기보다 복지를 위한 수단에 그칠 수 있다는 점을 지적하고 있다. 또한 교육복지를 교육과 다른 차원의 복지적 활동으로 보는 시각—세 번째 관점—에 대해서는 교육 본연의 활동이 교육복지에서 배제됨으로 인해 교육복지에 담을 수 있는 내용이 제한되는 문제를 지적하고 있다.

생각건대, 교육을 사회복지의 하위개념으로 보고 복지실현을 위한 수단으로 간주하거나, 교육에서의 제 문제를 사회복지학의 개념적 틀과 기준에 의해 설정하고 판단하는 것은 교육 본래의 가치 실현이라는 교육학의 관심과는 괴리를 나타낸다. 교육 그 자체에 '삶의 질 향상'이라는 복지적 가치가 내재되어 있고 그것이 교육의 본질적인 부분을 구성한다면[5] 우리는 교육이 정상적인 기능 수행을 통해 그 가치를 실현할 수 있는 방안을 모색함으로써 교육 및 복지가 추구하는 공동의 목적 달성에 기여할 수 있을 것이다. 따라서 복지적 노력을 통해 교육의 참 모습을 실현하는 일, 그것이 교육연구자와 실천자들이 먼저 고민해야 할 일이 아닌가 한다.

앞에서 밝혔듯이 교육복지의 개념은 무엇이 옳고 그른가의 문제라기보다, 개념을 어떻게 설정하는 것이 우리 교육발전에 더 큰 기여를 할 수 있는가라는 유용성에 기초한 문제라고 볼 수 있다. 그러한 관점에서 여기서는 교육과 사회복지를 상·하위의 관계로 설정하기보다 매우 주요한 부분에서 동일목적을 지닌 별개의 영역으로, 그리고 교육과 교육복지는 별개의 기능으로 분리될 수 없는 통합적 개념의 틀로 이해하고자 한다.

---

4) 성민선은 학교사회복지를 학교환경에서 제공되는 복지노력 또는 사업으로서 학교체계를 구성하는 모든 구성원을 대상으로 한 지원활동으로 보고 있다.

5) 이러한 관점에서 안병영은 교육복지는 "소극적으로는 교육소외의 극복이고, 적극적으로는 교육 본질의 회복"이라고 정의한다. 본고 4면 머리말.

나. 정의, 평등, 그리고 교육복지

그렇다면 교육복지를 구성하는 기본적 가치는 무엇인가? 이돈희(1999)는 정의(正義)의 관점에서 교육복지를 이해하고 있다. 그는 교육기회의 제공이 정의로움을 바탕으로 복지적 동기에 의해 이루어질 때 이를 교육복지라고 개념화한다. 여기서 복지적 동기에 따른 교육이란 '삶의 질 향상을 위해 제공되는 교육'을 의미하며, 이는 교육 그 자체가 지닌 내재적 가치를 실현코자 하는 관점이다. 이러한 관점에 입각할 때, 교육이란 모든 개인에게 기본적으로 제공되어 학습자에게 유의미한 학습의 경험을 부여함으로써 삶의 질을 향상시키는 데 기여하도록 하여야 한다는 것이다.

이렇게 볼 때, 교육정의는 교육이라는 제도의 영역 내에서 교육과 교육복지의 관계를 정립하는 데 중요한 고리가 되는 개념이다. 이돈희(1999)에 의하면 "제도로서의 교육의 정의로움을 밝히는 일은 그 제도의 교육적임을 밝히는 일과 같다"(p. 10). 그런 의미에서 교육은 모름지기 유의미한 학습경험을 통해 개인의 능력을 최대한 발휘하면서 성장토록 하는 것이고 그 성장의 요소에는 누구에게나 보편적으로 요구되는 공통요소와 개인의 특성에 따른 특수요소가 있다고 할 때, 전자의 경우에 대하여 우선적으로 관심을 갖고 그에 맞는 원칙을 통해 접근하는 일이 곧 '교육복지'라 할 수 있을 것이다.

이러한 관점에서 보면 교육복지란 교육정의를 실현하려는 노력의 한 부분이라고 볼 수 있다. 여기서 복지적 교육정의의 실현에는 기본적으로 두 가지 조건이 동시에 충족되어야 하는데, 첫째는 학습경험(또는 교육기회)이 학습자에게 유의미해야 하며, 둘째는 교육기회의 배분이 평등의 조건을 충족해야 한다는 것이다. 이러한 조건은 교육제도 운영의 핵심적 요소이다. 복지적 교육정의를 실현하는 것이 교육복지의 역할이라면 결국 교육과 교육복지는 별개의 영역으로 구분할 수 없는 동일영역이라는 것이 분명해진다. 교육정의는 교육이 이루어지는 과정에서 실현될 수밖에 없기 때문이다.

교육복지와 연관하여 논의되는 '정의론'은 대체로 '정치적 자유주의자'인 롤스(John Rawls)의 사회정의론의 핵심원리인 '최소극대화의 원리'(maximin principle)를 적극적으로 수용하는 입장이다. 따라서 사회적 최약자의 복지 내지 사회적 배제의 방지에 우선권이 주어지는 흐름이다.

교육정의의 실현을 위해 가장 강조되는 기본적 가치는 평등(equality) 내지 형평성(equity)이다. 따라서 이에 대한 얼마간의 핵심적 논의가 필요하다. 최근의 흐름은 대체로 결과의 평등에서 기회의 평등 내지 생애기회의 평등으로 전이되는 추세이다. 그런 의미에서 결과의 평등에 집착하던 전통적인 평등주의(egalitarianism)는 이제 역사의 뒤안길로 사라지고 있다. 그러한 관점에서 평등과 형평성 간의 개념적 차이도 보다 좁혀지고 있고, 때때로 두 개념은 큰 구별 없이 쓰이고 있는 형국이다.

그렇다면 기회의 평등은 어떻게 이해해야 하는가? 우선 강조해야 할 것은 교육복지에서 논의하는 기회의 평등은 시장적 자유주의자들이 상정하는 소극적 의미의 기회평등과는 본질적으로 차이가 있다는 점이다. 이 논의를 보다 본질적으로 펼쳐 보자. 대체로 불평등의 원인으로는 네 가지를 들 수 있다. 즉, 1) 사회적 차별(discrimination), 2) 사회경제적 여건의 불평등(social background inequality), 3) 자연적 우발성에 따른 불평등(natural endowment inequality), 그리고 4) 성실성과 삶의 방식의 차이(differences in effort and lifestyle choice)를 들 수 있다. 이 중 전통적인 자유주의자들은 1)만을 제거하여 소극적인 기회의 평등을 실현하는 데 역점을 둔다. 이에 비해 이른바 '제 3의 길'을 추구하는 사회투자론자들은 2)에 개입하여 저소득 가정의 아동과 청년, 그리고 여성의 기회평등 기반을 확대하는 데 큰 힘을 쏟는다. 그리고 여기서 한 걸음 더 나아가 3)까지 개입하여 장애인 등 특별한 요구를 필요로 하는 자연적 우발성에 따른 뒤진 자들에게도 적극적인 삶의 기회를 보장하는 것도 목표로 삼는다. 그러나 전통적 평등주의자들과 달리 4)로 인한 불평등은 용인한다(White, 2004: 32; 양재진 외, 2008: 37).[6]

평등의 추구와 연관하여 강조되어야 할 점은, 사회적으로 불평등을 완화시키

6) '불성실과 삶의 방식의 차이'에 따른 불평등을 용인한다고 해서 이들에 대한 사회적 보호를 방기해야 한다는 것은 아니다. 이들에 대해서는 연대성(solidarity)에 입각해 그 사회의 경제성과를 공유할 수 있도록 최소한의 기초보장은 이루어져야 한다는 입장이다(양재진, 2008: 37).

려는 노력보다는 사전적으로 '기회의 평등'을 보장하여 국민 개개인이 타고난 잠재력을 최대한으로 발현할 수 있도록 관여해야 한다는 입장이다. 말하자면 사전예방적(preventive) 관여가 그것이다. 최근 선진 복지국가에서 유아교육 및 보육에 크게 힘을 쏟고 있는 것도 바로 이 때문이다. 개개인의 학습능력과 일에 대한 호의적 태도 등은 아동기 인지능력 발달기에 보살핌과 교육을 통해 형성되며, 성인기에 새롭게 형성되거나 교정되기가 무척 어렵다. 따라서 국가의 사전예방적 관여 없이는 취약가정의 아동들의 경우 실업과 가난의 대물림의 위험이 크다.

다. 교육복지와 교육소외

우리는 위에서 교육복지를 "복지적 교육정의를 실현하기 위한 사회적 노력"이라고 적극적으로 해석했다. 그렇다면 교육복지를 소극적으로 "무엇이 부재(不在)하는 현상의 극복 노력"으로 정의한다면, 이러한 현상은 어떤 모습을 상정할 수 있을까? 그것은 사람들이 인간다운 삶의 조건의 구현 또는 삶의 질 향상을 위하여 필요로 하는 교육기회, 즉 유의미한 학습경험을 누리지 못하는 현상을 의미할 것이다. 우리는 이러한 현상을 통틀어 '교육소외'[7]라고 부르고자 한다. 다시 말하면, 교육소외란 "정상적인 교육의 기회를 통해 자신에게 필요한 학습경험을 갖지 못함으로써 자신이 지닌 잠재능력을 제대로 개발하지 못하여 정상적인 성장의 길을 걷지 못하고 그로 인하여 삶의 질이 향상되지 못하는 현상"을 말한다. 정상적인 교육의 기회를 제공받지 못한다는 것은 자신의 성장을 극대화하기 위한 교육적 요구에 부합되는 학습의 기회를 갖지 못하는 것으로, 이는 1) 어떤 종류이건 교육의 기회에 전혀 접근하지 못하는 경우와 2) 교육을 받고는 있으나 그 교육의 유의미성을 결정짓는 제 조건(교육의 내용, 방법, 환경 등)이 자

7) 교육소외(educational alienation)라는 용어는 영미 교육관련 문헌에서 자주 쓰이지는 않으며, 대신 학생의 소외, 학습자의 소외라는 용어가 보다 많이 쓰이고 있다. 핀란드 정부에서는 educational exclusion이란 용어를 사용하고 있다. 그러나 educational alienation이 사용되지 않는 것은 아니다. Williams & Pritchard(2006)는 영국의 교육소외 해소 노력에 대한 최근의 저서 *Breaking the Cycle of Educational Alienation*에서 이 용어를 사용하고 있으며, 개인의 잠재력 개발을 통한 성장과 건전한 사회 형성을 위한 social inclusion 차원에서 이 문제를 다루고 있다.

신의 교육적 요구와 부합되지 않는 경우, 3) 교육조건이 자신에게 적합하기는 하나 학습의 양이 교육적 요구를 충족시키기에 불충분한 경우로 구분할 수 있다. 1)의 경우는 교육기회 제한의 문제, 2)의 경우는 교육부적응의 문제, 3)의 경우는 교육불충분의 문제라 할 수 있다.

특히, '교육부적응'의 경우는 교육의 조건 중 어떤 요소가 부적응의 원인이 되는가에 따라 다시 구분될 수 있다. 첫째, 교육의 내용이 학습자의 교육적 요구에 맞지 않는 경우이다. 교육의 목표 또는 목표달성을 위해 구성된 교육내용이 학습자의 교육적 필요와 일치하지 않는 경우를 말한다. 이 경우 학습자가 그 내용을 이해하는가의 여부와 상관없이 교육의 유의미성은 낮아지게 되며 성장을 위한 도움을 제대로 받지 못하게 된다.

둘째, 교육의 방법이 학습자의 교육적 요구에 맞지 않는 경우이다. 교육내용이 학습자에게 유용하고 학습자가 이를 제대로 인식하고 있다고 하여도, 교육의 방법이 학생의 학습능력 또는 학습양식(learning style)에 부합되지 않을 때 효과적인 학습이 이루어지기 어렵다. 학습자가 이해하기 어려운 방식으로 내용이 전달된다면 교육적 유용성에도 불구하고 학습의 효과는 충분히 나타나지 않을 것이다.

셋째, 교육환경이 학습자의 교육적 요구에 맞지 않는 경우이다. 교육환경은 1) 물리적 환경과 2) 심리-문화적 환경으로 구분할 수 있다. 물리적 환경은 주로 교육공간과 교육설비의 문제이다. 자연환경이든 인위적 건축물이든 교육이 이루어지는 장소의 물리적 여건은 교육의 효과에 지대한 영향을 미친다. 교육장소의 쾌적성, 학습활동에 적합한 공간구조 여부, 안전성과 위생성 등은 직접·간접적으로 교육에 영향을 미친다.

심리-문화적 환경은 교육자와 학습자의 심리적 상태, 의식, 사고방식, 태도, 정서, 행동양식, 신념체계 등에 관한 것으로 교육자와 학습자의 현실인식, 상호작용 양식, 성취동기 등에 큰 영향을 미친다. 개인의 인권과 인격을 중시하고 다양한 개인의 특성과 학생들의 다양한 교육적 요구를 수용하고 존중하며 성취에 대한 높은 기대를 바탕으로 실질적 변화를 추구하는 조직풍토 및 문화가 형성되어 있는가의 여부가 학습자의 성취도와 성장 발전에 심대한 영향을 미친다. 학교의 문화가 개방성, 다양성, 신축성을 지니는가 아니면 폐쇄적, 획일적이며 경직되어 있는가에 따라 교육활동의 모습과 그에 따른 학습의 효과는 크게 달라질 수 있다(교육인적자원부, 2006a).

요컨대, 교육복지는 이와 같은 교육소외를 해소하기 위한 노력 또는 교육소외가 극복되어 교육수요자가 유의미한 교육기회를 누리는 상태를 의미한다. 교육소외는 교육기회의 유의미성 여부와 교육기회 배분상태에 따라 다양한 유형으로 나타나는데 이를 정리하면 〈표 1-1〉과 같다.

표 1-1 교육소외의 유형

<table>
<tr><th colspan="3">교육소외의 유형</th><th>현 상</th></tr>
<tr><td colspan="3">교육기회의 접근 제한</td><td>교육기회에 접근하지 못하거나 접근의 정도가 충분치 못함</td></tr>
<tr><td rowspan="4">교육
부적응</td><td colspan="2">교육내용 부적응</td><td>교육을 받고 있으나 교육내용과 학습자의 교육적 필요가 맞지 않음</td></tr>
<tr><td colspan="2">교육방법 부적응</td><td>교육을 받고 있으나 교육방법이 부적합하여 효과적 학습 저해</td></tr>
<tr><td rowspan="2">교육환경
부적응</td><td>물리적 환경</td><td>교육장소의 물리적 환경이 부적합하여 효과적 학습 저해</td></tr>
<tr><td>심리 · 문화적 환경</td><td>교육장소의 심리적 · 문화적 환경이 부적합하여 효과적 학습 저해</td></tr>
<tr><td colspan="3">교육기회 공급 불충분</td><td>교육의 질적 조건은 적합하나 교육자원 부족 등으로 학습자의 교육적 필요를 양적으로 충족시키지 못함</td></tr>
</table>

라. 교육소외, 교육불평등, 교육격차, 사회적 배제

교육소외와 교육불평등은 유사하게 보이고 긴밀히 연관되지만 동일한 개념은 아니다. 교육불평등은 교육소외 현상이 나타나는 원인 중의 하나가 되며, 교육소외가 발생하는 과정에서 작용하게 된다. 교육기회의 배분이 불공정한 기준에 의해 이루어지고 그 결과 교육기회를 제대로 얻지 못하는 문제가 발생한다면 이는 교육소외 현상으로서 교육불평등에 기인한 것이 된다. 그러나 모든 교육소외 현상이 교육불평등에 의한 것이라고 할 수는 없다. 공정한 기준에 의해 교육기회의 배분이 이루어진다고 하여도 교육소외가 나타날 수 있는 여지는 남아있는데, 이 경우는 교육기회 자체가 학습자에게 유의미하지 못하거나 교육공급자의 절대적인 공급능력이 제한되어 충분한 교육기회를 제공하지 못하는 경우 등이 해당된다.

교육불평등은 교육부적응 문제에서도 나타날 수 있다. 학습자가 자신의 교육적 요구에 맞는 교육조건, 즉 교육내용, 방법, 환경 등을 제공받지 못하는 이유가 교육이 이루어지는 시스템과 문화 속의 불공정한 기준이나 행동양식에 기인하는 것이라면 이와 같은 교육소외 현상은 교육불평등에 의한 것이라고 할 수 있다. 예컨대, 대학입시를 목표로 하는 일반계 고등학교에서 우수 대학 진학반에 보다 우수한 교사를 배치하고 상대적으로 많은 학교예산을 투입한다면 이는 불공정한 교육적 대우라 볼 수 있고 그에 따른 타 학생들의 상대적 불이익은 교육소외를 초래하는 원인이 될 수 있다.

교육불평등이 해소된다고 해서 모든 교육소외가 사라지는 것은 아니다. 교육불평등은 교육소외를 초래할 개연성을 지니나, 교육소외가 항상 교육불평등에 의해서만 나타나는 것은 아니다. 교육기회 공급의 절대적 제한에 따른 교육소외 문제와 같이 교육시스템의 공정성 확보만으로는 해결될 수 없는 문제가 있을 수 있다. 전반적으로 교육여건이 열악한 제3세계의 빈곤국가에서 교육기회의 공정한 배분이 이루어졌다고 해서 교육소외 문제가 사라지는 것은 아닌 것과 같다.

요컨대, 교육소외와 교육불평등은 같은 장면에서 동시에 관찰되는 경우가 많기 때문에 이를 동일한 개념으로 보기 쉬우나, 교육불평등은 이 경우 교육소외의 원인으로 작용하고 있는 것이며, 교육불평등이 시정되는 경우 교육소외가 일부 해소 또는 완화될 수는 있어도 모든 교육소외 현상이 해소되지는 않는다는 점에서 두 개념은 구분된다. 교육소외가 교육기회 확보의 절대성에 기초한 개념이라면, 교육불평등은 교육기회 배분 및 교육운영 과정에서 적용되는 원칙과 기준의 공정성(fairness, equity), 즉 상대성에 기초한 개념이라고 할 수 있다.

최근 사회양극화 현상과 관련하여 학교 간, 지역 간 교육격차가 문제시되고 그 대책에 대한 논의가 분분하며, 교육격차 해소를 위한 정부의 정책 및 정당들의 입법 노력도 이어지고 있다(이인영 외, 2006; 이주호 외, 2005). 교육격차란 개인 간, 집단 간, 학교 간, 계층 간, 지역 간에 나타나는 학업성취 등 교육결과 및 교육여건, 교육내용 등의 격차(이주호 외, 2005) 또는 교육여건의 차이로 인하여 발생하는 교육의 양적 · 질적 차이(이인영 외, 2006)를 의미하는 용어로 사용되고 있다.

교육격차 논란의 초점이 되는 학업성취도의 경우, 개개인 학생의 교육적 요구에 부합되고 정의로운 방식에 따라 교육기회가 배분되었음에도 불구하고 나타나는 학업성취도의 격차라면 그 자체가 정책적인 문제로 받아들여질 사항은 아니라고 본다. 이 경우는 학습자의 학습능력과 노력에 따른 교육성과의 상대적 차이만이 존재하는 것이다.

문제는 학습자들이 자신의 교육적 요구에 맞는 교육기회를 갖지 못하고 특히 불공정한 교육기회 배분 또는 교육운영 방식 때문에 교육성과의 격차가 나타나는 경우이다. 이 경우의 교육격차는 교육소외와 교육불평등의 문제를 동시에 반영하고 있다. 교육불평등이 심화되고 교육소외가 심각해질수록 교육격차는 확대된다. 이 경우의 교육격차는 문제가 되며 이를 해소하기 위해서는 그 원인이 되는 교육불평등과 교육소외를 해소하는 노력이 필요하게 된다. 현재의 교육불평등과 교육소외를 발생시키는 구조가 지속된다면 미래의 교육격차는 더욱 확대될 것이 분명하며, 이에 대한 적극적인 시정 노력이 가능한 한 빠른 시기에 이루어져야 한다.

요컨대, 교육격차—교육결과, 교육내용, 교육여건의—는 교육소외 또는 교육불평등에 의하여 발생되는 것일 때 문제가 되는 것이지 모든 교육격차가 항상 문제가 되는 것은 아니다. 교육소외를 해소하기 위한 교육복지적 대응의 차원에서 의도적으로 교육여건의 차등을 두는 경우가 존재할 수 있는데 이 경우에는 교육격차가 오히려 정당한 것으로 합리화되기도 한다.[8)]

OECD 등 서구 선진국에서는 사회적 배제(social exclusion)의 관점이 크게 대

8) 장애인을 위한 특수교육은 일반교육보다 일인당 교육비가 높게 책정되며, 사회적 소외계층을 위한 진학기회를 확대하고 장학금 등을 지급하거나, 학습부진학생을 위한 프로그램 운영에 별도로 자원을 투입하는 것은 복지적 동기에 의한 교육기회 제공으로 정당화되는 것이 일반적인 예이다. affirmative action이 이에 해당되며 국제적으로 인정되고 있다. UNESCO에서도 affirmative action은 교육차별에 해당되지 않는 것으로 본다(UNESCO, 2005).

두되고 있다. 즉 그들은 사회적 배제를 예방하기 위한 차원에서 교육적 취약집단, 즉 교육적으로 장애(disability)를 갖고 있거나, 학습에 어려움(difficulty)을 겪고 있거나, 교육기회 면에서 불리함(disadvantage)을 지니고 있는 학습자에 대한 교육기회 형평성(equity) 확보에 큰 관심을 보인다. 이 경우 교육기회 제공을 시민의 기본적 권리 보장으로 보는 권리중심 접근(rights-based approach)과 사회구성원으로서 정상적인 사회생활 영위에 필요한 기본적 능력을 갖추어주는 관점에서 접근하는 능력 중심 접근(capability-based approach)이 동시에 이루어지고 있는 것으로 보인다. 이 경우 '사회적 배제'란 교육의 기본적 권리가 보장되지 못하거나 기본적인 능력(basic capabilities)을 결여하여 정상적으로 사회생활에 '참여' 하지 못하고 사회로부터 '인정' 받지 못하는 상태를 의미하는 것으로 해석된다(Klasen, 2000).

마. 교육복지의 의미

윤정일(1990)은 교육복지의 개념을 다음과 같이 정의하고 있다.

> 교육복지란 교육소외, 결손집단에 대하여 교육기회를 확충함과 동시에, 정상적인 학생집단에 대하여는 잠재능력을 최대한으로 계발할 수 있는 기회를 제공하고, 나아가 모든 국민의 교육적 요구에 부응하여 평생교육 기회를 제공함으로써 모든 개인으로 하여금 교육적 욕구를 충족시키고 자아를 실현케 하며, 사회 전체가 학습하는 사회로 발전토록 하는 교육서비스와 제도를 말한다(p.132).

이 정의는 교육복지라는 이름으로 행할 수 있는 모든 내용을 망라하고 있어 그 내용 자체에 대한 이의를 제기하기는 어렵다. 그러나 그 범위 면에서 볼 때 교육과 교육복지의 차이가 명료하게 드러나지 않아 교육복지의 고유한 성격을 규명하는 데 한계가 있다. 즉, 이 정의는 교육복지가 지향하는 바와 취하여야 할 과제에 대한 종합적인 정보를 제공하고 있으나, 교육복지가 개념으로서 내포하여야 할 핵심적 의미(a penetrating idea)를 명확하게 제시하고 있다고 보기는 어렵다.

이혜영(2002)은 교육복지의 개념을 "교육적 가치를 구현하기 위해 제반 지원

활동을 제공하는 것"이라 정의하고 이는 교육을 복지의 수단으로 보거나 교육과 교육복지를 별개의 차원으로 간주하는 관점의 문제를 해소하기 위한 것이라 설명하고 있다. 그러나 이 정의는 지나치게 추상적이어서 교육복지의 속성이 무엇인지, 교육복지의 범위는 어디까지인지에 대한 정보를 제공하는 데 한계를 드러낸다. 이혜영 외(2006)는 위의 기본적인 관점을 유지하면서 보다 구체적인 교육복지의 개념을 다음과 같이 제시하고 있다.

> 교육복지는 모든 국민에게 일정 수준의 교육을 받을 수 있는 기회를 제공하며, 개인 및 사회경제적 요인으로 인해 발생하는 교육 소외 · 부적응 · 불평등 현상을 해소하여 모든 국민이 각자의 교육적 요구에 맞는 교육을 받음으로써 잠재능력을 최대한 계발할 수 있도록 제반 지원을 제공하는 것이다(p.12).

이 정의는 모든 개인의 교육적 욕구를 충족시킨다는 목적을 지향한다는 점에서 윤정일(1990)의 정의와 유사하나, 그 과제에 있어 '일정 수준의 교육기회 제공', '교육 소외 · 부적응 · 불평등 해소'라는 구체적인 내용을 제시함으로써 그 범위를 제한하는 동시에 교육복지의 속성을 파악할 수 있는 근거를 제시하고 있다는 점에서 개념으로서의 유용성이 높다고 볼 수 있다. 다만, 이 경우도 교육복지를 구성하는 핵심개념의 제시가 미흡하고, 또 교육복지를 구성하는 주요 요소들 상호간의 유기적 관계를 분명히 제시하지 않아 교육복지의 본질적인 성격을 보다 명확하게 규명하는 데 얼마간의 한계를 보이고 있다.

이 책에서는 교육복지적 대응을 요구하는 사회적 현상—교육소외—을 먼저 정의하는 방식으로 교육복지의 개념 수립을 시도하였다. 이 방식에 따르면, 교육복지는 "교육소외를 극복하여 정상적인 교육과 학습이 이루어지는 상태 또는 교육소외를 극복하기 위한 의도된 노력"을 의미하며, 교육소외란 "정상적인 교육의 기회를 통해 자신에게 필요한 학습경험을 갖지 못함으로써 자신이 지닌 잠재능력을 제대로 개발하지 못하여 정상적인 성장의 길을 걷지 못하고 그로 인하여 질 높은 삶을 누리지 못하는 현상"을 말한다.

교육복지는 교육소외 현상을 전제로 하며, 교육소외가 심각해질수록 상태로서의 교육복지는 악화되고 행위로서의 교육복지의 수요는 증가한다. 교육제도가 정의롭게 운영되어 학습자의 성장이 정상적으로 이루어질 때 교육복지의 수준은 높다고 할 수 있으며, 반대로 교육소외 현상이 심화될수록 교육복지의 수준은 낮아진다. 행위로서의 교육복지는 교육의 정상적인 모습과 기능을 확보하기 위한 노력이다. 그런 의미에서 교육복지정책은 교육정책의 주요 요소로 자리매김해야 하며 교육제도에 있어서 교육복지제도는 핵심 영역으로 인식되는 것이 마땅하다. 교육소외가 발생하지 않는다면 교육복지의 필요성은 사라질 것이나 현실적으로 교육소외를 완전하게 극복하고 있는 교육체제는 이 세상에 존재하기 어렵다.

교육소외는 인간의 잠재능력이 방치되고 있는 것을 의미한다. 정상적인 교육기회를 통해 자신의 능력을 최대한 개발하면서 성장하는 경우와 그러하지 못한 경우 간에는 현재의 성장도 차이뿐만 아니라 지금까지의 과정에서 발생한 개인 삶의 손실, 또한 현재의 성장도 차이에서 비롯되는 장래의 발전 가능성 차이가 존재한다. 이는 개인의 삶의 질을 좌우할 뿐만 아니라 사회제도로서 운영되는 교육의 효율성(efficiency)을 떨어뜨리고 정당성(legitimacy)에 손상을 입히게 된다.

그림 1-1 **교육소외와 교육복지의 관계**

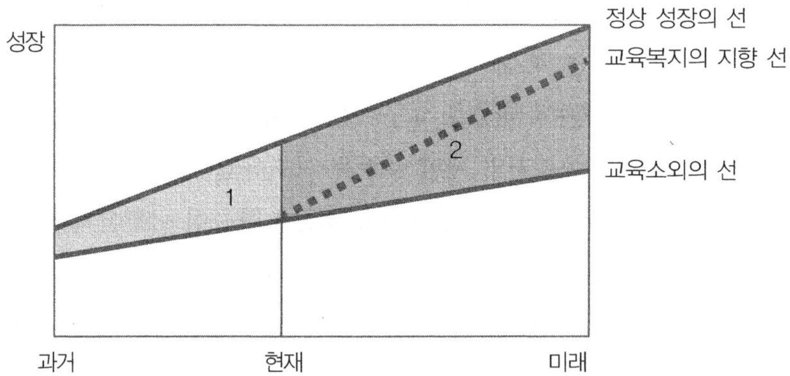

1: 현재까지의 교육소외로 인한 교육기회(삶)의 손실
2: 앞으로 예상되는 교육기회(삶)의 손실(교육복지적 대응이 없을 경우)
* Σ(개인 교육기회의 손실) = 교육체제의 교육적 손실, 전체 학습자의 삶의 손실

지금까지의 교육소외 및 교육복지의 개념에서 우리는 교육복지의 실천 원리와 과제를 추정해 낼 수 있을 것이다. 이들 개념은 취약계층 또는 소외지역의 교육지원 등 우리가 통상적으로 떠올리는 교육복지의 문제와 영역을 포괄할 뿐만 아니라, 우리가 미처 인식하지 못하였거나 앞으로 새롭게 발생할 수도 있는 교육소외 현상을 파악하여 대응할 수 있는 개념적 틀을 제시한다는 점에서 유용성을 지닌다.[9]

또한, 이와 같은 개념 설정은 교육과 교육복지의 관계를 명확히 제시해 줌으로써 교육제도와 교육복지제도의 관계, 교육정책과 교육복지정책의 관계를 정립하는 데에 도움을 줄 수 있다. 즉, 교육복지제도는 교육제도의 일부로서 교육제도가 그 기능을 정상적으로 수행할 수 있도록 건강성을 유지하는 데 기여하는 것으로서, 우리 인체의 기능을 정상적으로 유지시키고자 하는 면역시스템과 이미 손상 입은 인체기능을 스스로 치유하는 자기회복 시스템이 결합된 것과 같은 기능을 수행한다고 할 수 있다.

우리 교육제도는 안타깝게도 교육소외 현상을 예방하고 치유하는 효과적인 시스템을 아직 성공적으로 마련하지 못하였다. 교육을 통한 정상적인 성장궤도에 학습자들이 머물 수 있도록, 정상궤도에서 이탈된 학습자들이 본 궤도에 빠르게 복귀할 수 있도록, 이탈된 동안 발생한 손실을 사후에 만회할 수 있도록 지원하는 일이 곧 교육복지의 핵심이며 이를 시스템화한 것이 곧 교육복지제도라 할 것이다.

---

9) 가난한 사람들의 교육문제를 돕기 위해 먼저 그들이 겪는 교육적 고충의 모습을 들여다보기 위한 '교육소외' 라는 안경을 만들어 사용한다고 하자. 그런데 이제 교육소외라는 안경을 통해 세상을 보면, 처음에 생각했던 가난한 사람들만이 아니라 그렇지 않게 보였던 사람에게서도 "교육적 가난함"의 모습이 눈에 띄게 될 것이다. '교육소외' 라는 개념(안경)은 그러한 힘(투시력)을 발휘할 수 있다고 본다. 교육소외의 개념 위에 성립되는 교육복지의 개념 역시 그러한 힘을 그대로 발휘할 수 있게 될 것이다.

2. 교육복지의 원리

지금까지 논의한 교육복지의 개념으로부터 몇 가지 교육복지의 본질적인 속성을 찾을 수 있으며, 이들은 곧 교육소외를 극복하기 위한 교육복지의 실천원리로 자연스럽게 적용되어야 할 핵심적인 요소들이다. 그 속성을 정리하면 다음과 같다.

① 모든 개인은 기본적으로 인간다운 삶을 영위하기 위해 또한 자신이 속한 사회의 구성원으로서 보편적으로 요구되는 교육적 필요를 지닌다. 이러한 교육적 필요를 충족시키기 위한 교육의 기회는 누구에게나 평등하게 배분되어야 하며, 국가 또는 사회는 보편적 교육의 수준과 내용을 설정하고 모든 개인에게 동등한 교육기회를 보장하여야 한다(기초교육 수준의 적용, 교육기회 배분의 평등, 비용의 공적 부담).

② 교육기회(또는 학습경험)는 질적으로 학습자의 교육적 필요에 부합함으로써 유의미하여야 하며, 또한 양적으로 교육적 필요를 충족시킬 수 있을 정도로 충분하여야 한다(학습경험의 유의미성, 교육기회의 충분성).

③ 교육소외는 교육기회의 손실(교육손실)을 의미하며 교육손실은 시간이 흐르면서 누적된다. 교육손실의 누적은 정상적인 성장궤도로부터의 격차가 벌어짐을 의미하며, 이 격차를 최소화하는 것이 교육복지의 역할이다. 이를 위해서는 학습자의 성장과정 중 가급적 이른 시기부터 격차를 줄이기 위한 노력을 시작하고, 시기 · 방법 · 장소에 제한 없이 전 생애에 걸쳐 학습자의 교육적 필요에 맞는 교육기회를 가질 수 있도록 하여야 한다(교육손실 누적 및 조기대응, 평생교육).

가. 기초교육수준의 적용

교육복지는 사회 · 문화적 환경 속에서 인간이 인간다운 삶을 누리기 위해 필요한 성장을 보장하는 데 1차적인 관심을 갖게 된다. 그것은 교육이 지니는 내재적 가치이기도 하다. 교육은 사회적 가치를 지니며 여기서 요구되는 성장의 내용과 그를 위해 요구되는 교육경험의 내용은 교육이 실시되는 사회의 기대와 무관할 수 없다. 이돈희(1999)는 성장의 공통요소와 특수요소 중 특히 전자는 교육에 대한 사회적인 요구로부터 비롯되는 것으로 개인 성장에 있어 공통적으로 만족되어야 할 준거로 본다. 즉, 각 개인이 성장욕구의 실현을 기하고 그 성장욕구가 사회적 가치와 의미를 지니기 위한 최소한의 요건이라고 보면서, ① 기본적 생활기술의 경험, ② 자아를 의식하고 보호하고 성숙시키는 경험, ③ 자신이 속한 인간세계와의 경험, ④ 자신의 자연적 세계와의 경험, ⑤ 인간문명의 사고형식을 구사하는 능력의 신장 경험, ⑥ 심미적 경지의 경험 등의 요소가 교육경험의 내용에 포함되어야 한다고 제시하고 있다(pp. 377-378).

사람들이 기본적으로 필요로 하는 공통의 학습경험은 그 내용의 성질뿐만 아니라 그 내용의 양적 정도 또는 학습의 달성 수준에 대한 인위적 설정을 요구한다. 왜냐하면 그 어떤 요소도 학습의 완성을 쉽게 전제할 수 있는 내용이 아니기 때문이며, 또한 현실적으로 투입 가능한 교육자원과 학습시간은 각 요소에 대한 완성을 추구할 수 있을 정도로 여유 있는 것은 아니기 때문이다. 따라서 그 사회에서 일반적으로 기대되고 현실적으로 수용 가능하며 교육적으로 유의미한 내용과 수준에서의 '공통요소' 설정이 필요하게 되는데 이를 '기초교육수준(educational minimum)' 이라 부르기로 한다.[10)]

구체적으로 기초교육수준은 의무교육기간 등 교육기간, 국민공통기본교육과정 등 교육의 내용과 학습도달목표, 기초학력책임제에서 적용하는 기초학력의 수준 등 다양한 방식으로 표현되며, 이러한 교육활동을 가능케 하는 교육여건의 최소기준, 즉 교원의 자격 기준, 교육시설을 포함한 제반 교육환경 기준 등의 설정이 필연적으로 수반된다. 이와 같은 기초교육수준은 복지적 교육기회 평등 배분의 원칙에 따라 모든 사람에게 적용되어야 할 보편적 기준이며, 교육자원은 이

10) 2004년 교육인적자원부가 수립한 교육복지종합계획에서는 이를 국민기초교육수준(national minimum in education)이라 부르며 교육기회 접근 및 기초학력 달성 문제가 그 주된 내용을 이루고 있다.

를 실현하는 데 우선적으로 투입되어야 하는 것이 교육복지의 주요 원칙이 된다.

나. 교육기회 배분의 평등 원리

교육정의에 관한 논의에서 이미 언급되었듯이, 복지적 교육기회, 즉 인간 삶의 질 향상을 위한 교육은 누구에게나 보편적으로 요구되는 공통의 사회적 가치이다. 이러한 보편적 가치의 배분은 당연히 모든 사람에게 평등하게 주어져야 한다는 점에서 교육기회 배분의 정의로운 원칙은 곧 '평등'이 되어야 한다. 이돈희(1999)는 평등이 실현되고 있는가의 판단기준은 네 가지 사항이 전제되어야 한다고 보고 있다(pp. 374-381). 첫째, 교육자원이 최대한 능률적으로 사용되고 있어 낭비되거나 남아도는 자원이 있지 않음을 전제한다. 이 전제가 우선되어야 교육자원 배분의 형평성에 대한 비교판단이 가능하기 때문이다. 둘째, 성장에는 공통요소와 특수요소가 있는바, 모든 사람의 인간다운 삶을 위해 기본적, 보편적으로 요구되는 공통요소의 성장 지원에 우선적으로 교육자원이 사용되어야 한다.

셋째, 사람들은 성장력의 차이를 지니고 있음을 전제해야 한다. 같은 자원을 투입하였을 때 개인들이 나타내는 성장의 정도는 서로 다를 수 있으며, 이 경우 적어도 공통요소에 대하여는 투입된 교육자원의 양보다 실질적인 성장수준 도달을 평등의 기준으로 삼아야 한다고 본다. 넷째, 성장분야의 내용에 따른 소요자원의 차이가 존재할 수 있다. 특히, 특수요소의 경우 동일한 교육자원으로 가져오는 성장의 정도가 매우 다르게 나타날 수 있는바, 성장 정도를 동일하게 하여 자원을 배분하는 것은 투입자원의 지나친 격차를 초래할 수 있으며 공통요소와 달리 이를 사회적으로 정당화하는 것이 쉽지 않다. 따라서 모든 사람의 공통요소 성장 실현에 교육자원을 우선 배분하고 잉여분을 특수요소 성장을 위해 동등한 양으로 배분하는 것이 수용 가능한 평등배분 원칙이라고 본다.

교육기회, 교육의 과정, 교육의 결과의 평등에 관한 논의들은 주로 평등의 기준을 가치의 동등성(equivalence)보다 형식의 동일성(similarity)의 관점에서 바라보는 오류를 범하는 경우가 많다. 동일한 교육기회를 제공하여 동일한 학교에 다니는 것을 교육기회의 평등으로 생각하거나, 동일한 교육 프로그램, 동일한 교육조건에서 동일한 교육과정을 이수하는 것을 평등한 교육적 대우라고 받아들이거나, 모든 학생들이 동일한 교육성과를 나타내어야 평등한 교육이라고 인식하는 것이다. 다시 말하면, 가장 이상적인 평등교육은 동일한 교육여건을 지닌 학교에서 동일한 교육과정을 이수하고 동일한 교육성취도를 보이는 것이라고 보는 것이다.

그러나 위의 관점은 앞에서 논의한 개인의 교육적 필요에 따른 학습경험의 유의미성의 중요성을 간과한 채 양적·형태적인 측면의 교육평등에 집착하는 모습을 초래할 수 있다. 복지적 교육기회는 보편적으로 평등하게 주어져야 하지만 그것이 모든 학습자에게 항상 동일한(same or similar) 방식으로 주어져야 하는 것을 의미하지는 않는다. 학습자들은 능력, 소질, 관심 등의 차이에서 오는 각기 다른 교육적 필요를 지닌다. 다양한 교육적 필요에 적합한 교육기회를 제공하기 위해서는 교육의 목표는 같을지언정 교육의 내용과 방식은 다양한 모습을 지닐 수밖에 없으며 이와 관련하여 교육의 여건 및 환경도 달라질 수 있을 것이다. 중요한 것은 다양한 교육조건의 결합을 통해 주어지는 교육기회의 교육적 가치(value)가 동등(equivalent)한가의 여부이지 주어지는 교육의 모습, 교육조건의 형태가 모두 동일해야 하는 것은 아니라는 것이다.

교육결과의 평등은 타당하고 실현 가능한 목표인가? 적어도 기초교육수준에 한해서는 그러하다. 모든 사람이 기초교육수준에 이를 때까지 교육자원을 이에 우선적으로 투입하는 것은 정당하다고 할 수 있다. 물론, 그 과정에서 이루어지는 교육의 모습은 개인의 교육적 필요를 최대한 충족시키는 것이어야 한다. 교육자원 활용의 효율성은 개인의 교육적 필요 충족도와 비례관계에 있다. 개인의 교육적 필요를 제대로 반영하지 않고 획일적으로 제공되는 교육은 그만큼 교육소외를 발생시키며 교육적 효율성을 떨어뜨린다. 단기적으로, 외양적으로, 경제적으로는 그러한 교육운영이 능률적으로 보일 수 있으나 결국 그 과정에서 발생하는 교육소외, 즉 교육기회의 손실은 개인 삶의 손실, 교육체제의 실패, 사회의 비용 부담을 초래하게 된다.

기초교육수준 달성 차원의 교육결과의 평등은 실현되어야 한다. 그러나 이

수준을 넘어서까지 교육결과의 평등을 추구하는 것은 바람직하지도 않고 현실적으로 달성될 수도 없다. 삶의 질은 지속적으로 향상되어야 하고 이를 가능케 하기 위하여 교육의 수준도 높아지는 것이 타당할 것이다. 사회가 정신적 · 물질적으로 발전하면서 우리가 추구하는 보편적이고 동등한 교육의 수준, 즉 기초교육수준도 높아지는 것이 당연한 일이나, 교육의 모든 영역, 모든 장면, 모든 수준에서 모든 사람의 동등한 교육결과를 목표로 설정하고 이에 맞추어 교육자원을 배분하는 것은 비능률적 · 비현실적인 접근이다.

다. 교육복지 비용의 공적 부담 원리

대부분의 국가들은 기간의 차이는 있으나 국민에 대한 무상의무교육을 실시하고 있다. 우리나라도 중학교까지의 무상의무교육 원칙이 헌법에 명시되어 있다. 사회적으로 요구되는 기초교육수준의 교육은 사회가 책임을 지는 것이 타당하다. 이는 교육을 통한 복지 실현, 즉 인간다운 삶의 조건을 구현하기 위해서, 또한 건전한 사회의 유지를 위해서 필요하다. 이를 사회가 부담하지 않는다면 복지적 교육기회는 개인의 경제적 부담능력에 따라 배분되게 된다. 경제적 능력이 부족한 자에게는 보편적으로 요구되는 기초교육의 기회를 보장하지 못하는 결과가 초래될 것이며, 빈부의 격차는 교육을 통해 완화되는 것이 아니라 오히려 점차 심화될 것이다.

사회가 기초교육수준의 달성에 소요되는 비용을 완전히 책임지지 못한다면, 나머지 부분에 대한 비용부담은 개인에게 돌아가게 된다. 사회에서 통념적으로 기대되는 기초교육수준은 사회가 실제로 부담 가능한 기초교육수준과 차이가 날 수 있다. 우리나라의 경우 중학교까지가 의무교육으로 되어 있어 사회가 비용을 부담하지만, 실제로 사람들이 느끼는 기초교육수준은 그보다 훨씬 높다고 생각된다. 어느 교원단체가 의무교육을 고등학교로 상향 조정하자고 요구하는 것도 이와 같은 생각을 반영한 것이며, 정부가 이를 아직 받아들이지 못하는 것은 결국 현실적인 재정부담 능력의 한계 때문인 것으로 보인다.

여하튼, 정부가 책임지지 못하는 영역에서의 교육은 사적 부담에 의할 수밖에 없으며, 경제적 능력에 따른 교육기회의 배분이 이루어지게 된다. 우리 정부는 이러한 문제점을 보완하기 위해 저소득층 학생을 위한 학비 및 급식비 지원, 가계곤란 대학생에 대한 장학금 지급 확대 및 학자금 융자 확대 등에 노력하고 있다(교육인적자원부, 2004b; 대한민국정부, 2004). 정부 및 공공단체 이외의 민간 기관이나 기업 등의 적극적 지원이 필요한 부분이기도 하다.

라. 학습경험 유의미성의 원칙

우리는 교육의 기회가 주어졌는가의 여부만을 중시하고 막상 어떤 내용의 교육이 어떤 방법으로 어떤 환경 속에서 얼마나 효과적으로 제공되고 있는가에 대하여는 충분한 관심을 기울이지 않는 경향이 있다. 교육자, 교육목표, 교육내용, 교육방법, 교육환경 등 교육의 제 조건은 학습자들이 갖는 학습경험의 유의미성에 지대한 영향을 미치는 요소들이다. 유의미성을 결여한 교육기회는 교육부적응이라는 교육소외 현상으로 이어진다. 무엇이 유의미한 교육기회인가를 일반적인 표현으로 기술한다면 "교육의 제 조건이 학습자의 교육적 필요를 충족시키는 데 효과적인 방식으로 결합 운영되는 가운데 주어지는 학습경험"이라고 할 수 있을 것이다. 유의미한 교육기회의 구체적인 모습은 학습자 개개인의 교육적 필요만큼 다양해질 수밖에 없다. 그중 교육의 내용에 대하여 이돈희(1999)는 교육기회의 유의미성을 평가하는 기준으로 ① 인간의 성장을 가능케 해야 하며, ② 자발적 경험을 가능케 하고, ③ 균형적 성장을 가능케 해야 하며, ④ 학습자가 적응(수용) 가능해야 함을 제시하고 있다(pp. 22-24).

학습경험의 유의미성 결여는 교육복지의 전통적 대상인 저소득층 학생이나 학교생활 부적응자 등에게만 나타나는 문제가 아니라 소위 '정상적인' 학생에게도 일상적으로 나타날 수 있는 문제이다. 예컨대, 어느 학생에게 역사수업이 너무나 지루하고 재미없으며 잘 이해도 되지 않고, 왜 역사를 배워야 하는지 이유를 모르겠고 결국 성적도 낮게 나타났다고 할 때, 이 학생에게 역사수업은 유의미성을 심각하게 결여하고 있으며 그만큼 부분적인 교육소외 현상을 겪고 있다고 할 수 있다.

이러한 현상은 아마도 상당수의 학생이 겪는 문제일 것이며, 이와 같은 현상이 역사과목뿐만 아니라 여러 과목에 걸쳐 나타날 때 학생의 교육부적응 현상은 더욱 심화될 것이다. 수업에 대한 전반적 부적응은 곧 학교생활의 본질적 영역에 대한 부적응을 의미하며, 학교를 다니고 있어도 사실상 유의미한 학습경험은 갖지 못하는 심각한 교육소외 현상에 빠져 있는 것이다.

학습경험의 유의미성을 높이기 위한 방법은 우선 1) 학생들의 교육적 필요에 대한 정확한 파악이 선행되어야 하며, 2) 이를 바탕으로 어떤 학습의 경험을 어떤 방식으로 제공할 것인가에 대한 교육 설계가 이루어져야 하는데, 이 설계에는 앞에 언급된 교육의 제 조건들이 유기적으로 결합되어야 한다.

마. 교육기회 충분성의 원리

교육기회가 제대로 주어지고 있는가의 문제는 학습자가 갖는 학습경험이 얼마나 유의미한가의 문제뿐만 아니라 그러한 경험이 교육적 필요를 어느 수준까지 충족시키고 있는가의 문제를 포함한다. 학습내용과 방식이 학습자에게 적합하다 하더라도 현실적으로 교육자원이 부족하거나 또 다른 어떤 이유로 학습의 경험이 충분하게 주어지지 못하는 경우가 나타날 수 있다. 자기의 교육적 필요에 맞는 학교를 다니고 있으나 학생이 건강상의 이유나 집안사정으로 인해 학교수업에 제대로 출석하지 못한다면 충분한 학습경험을 가질 수 없을 것이다. 장기간을 병원에서 보내야 하는 건강장애자의 경우가 이에 해당할 수 있다.

학습경험이 불충분하다는 것은 유의미성의 결여와는 또 다른 면에서 교육의 결손, 교육소외를 가져온다. 그 원인은 교육공급자 측의 문제일 수도 있고 학습자 자신의 문제일 수도 있다. 교육복지 차원의 바람직한 대응은 교육공급의 문제를 우선 해결해야 하는 것은 물론, 학습자 개인의 문제라 하더라도 교육공급체제의 유연성을 높임으로써 보다 다양한 방식으로 학습경험의 기회를 제공하는 것이다. 예컨대, 최근 늘어나고 있는 병원학교와 같이 건강장애자가 병원에 입원해 있으면서도 학습을 할 수 있는 기회를 제공하는 것은 좋은 사례라고 할 수 있다.

바. 교육손실 누적의 원리 및 조기 대응의 원칙

교육소외는 교육기회의 손실을 의미한다. 교육의 효과는 누적적으로 나타나며, 전(前)단계의 교육의 성과로 인해 다음 단계의 교육이 가능해지고 이후의 교육성과에 중요한 영향을 미친다. 교육의 성과가 누적된다는 것은 반대로 교육의 손실도 누적됨을 의미한다. 한 단계의 교육기회의 손실은 다음 단계의 교육을 가로막거나 교육의 성과를 저하시킨다. [그림 1-1]에서 보듯이 손실의 격차는 시간이 흐르면서 더욱 커진다. 손실의 격차가 커진다는 것은 그 격차를 줄이는 것이 점점 더 힘들어지고 격차를 줄이는 데에 더 많은 시간과 노력, 자원의 투입 즉 비용이 지출되어야 함을 의미한다. 많은 비용을 들여 그 격차를 나중에 줄이는 데 성공한다 하더라도 그에 이르는 시간 동안에 이미 발생한 삶의 손실은 회복되기 어렵다.

이와 같은 교육손실의 문제에 대한 최선의 대응책은 교육손실의 격차가 커지기 전 가급적 이른 시기에 격차를 줄이는 조치를 취하는 것이다. 우리가 지닌 제한된 교육자원으로 교육기회의 손실, 삶의 손실을 최소화하는 방법은 결국 학습자들의 교육소외 현상을 가급적 이른 시기에 파악하여 이에 대한 교육적 대처를 하는 것이다. 이를 위해서는 학습자 개개인의 학습상태를 파악하여 개별적으로 필요한 교육지원을 제공하여야 하는데 이는 현실적으로 엄청난 행정력과 교육자원의 투입을 요구할 것이다.

이를 좀 더 효율적으로 추진하기 위해서는 교육소외의 양상과 취약 부분, 원인 등을 규명하여 교육소외 발생의 구조와 과정을 파악하는 것이 중요하다. 이에 대한 지식과 이론이 축적된다면 우리는 교육시스템의 어느 부분에서 어떤 종류의 교육소외가 나타날 것이라는 것을 예측할 수 있고 이에 대한 예방대책을 강구할 수 있으며, 모든 학생을 일일이 조사하지 않고도 교육소외를 겪는 당사자를 보다 용이하게 찾아낼 수 있고 소외유형에 적합한 대응책을 준비할 수도 있을 것이다.

사. 평생교육의 원리

교육소외를 해소하고 교육손실의 격차를 줄이고자 하는 교육복지적 대응에는 시간의 요소가 도입되는 것이 필연적이다. 교육기회 보장을 위한 제도를 수립하고 교육의 제 조건을 개선하는 데에는 기본적으로 시간이 소요되며, 이제까지 상실된 교육기회를 보완하고 의미 있는 성장을 이루는 데에는 그와 같은 교육적 변화에 다시 시간이 소요된다. 교육손실의 보충이 학령기간 중에 이루어질 수도 있지만 이 시기를 놓친 학습자에게는 이후에라도 이를 보완할 수 있는 기회가 주어져야 한다.

언제 어디서나, 누구나 자기가 원하는 교육기회를 가질 수 있는 평생교육체제를 구축하는 것은 학령기간 중에 발생하는 교육소외의 문제를 교육공급방식의 다양성과 학습시기의 유연성을 높임으로써 해소하려는 교육복지적 대응이기도 하다. 학교부적응 등의 이유로 학업을 중단한 자에 대한 대안교육 프로그램, 저학력 성인들을 위한 방송통신교육 프로그램, 학력인정 평생교육시설 운영 등은 이와 같은 노력이라고 할 수 있다.

평생학습사회에서의 핵심적인 개념은 '학습복지' 이다. 이는 교육복지를 학습자의 관점에서 표현한 것이라 할 수도 있다. 즉, 학습자가 자기가 원하는 학습의 기회를 언제, 어디서나 제약을 받지 않고 향유할 수 있는 상태를 곧 학습복지라 할 수 있다. 학습복지체제가 갖추어지기 위해서는 다양한 내용의 학습프로그램이 다양한 방식으로 제공되어 누구나 접근 가능하여야 하며, 경제적 능력 등을 이유로 학습기회의 제한을 받는 일이 없도록 저소득층, 저학력층을 비롯한 교육취약집단에 대한 특별한 배려가 이루어짐으로써 계층 간, 지역 간, 집단 간 학습기회의 실질적 균등을 실현하여야 한다.

이를 위해 학습자의 권리를 명시하고 보호하기 위한 법적 · 제도적 조치가 필요하며, 실질적인 학습기회의 보장을 위한 학습서비스 공급 인프라가 구축되어야 한다. 학습복지체제의 구축 운영을 위한 인적 자원, 물적 자원이 지속적으로 조달되어야 하며 결국 이 분야에 대한 국가 · 사회적 투자의 확대가 필연적으로 요구된다고 할 수 있다.

2
Chapter

교육복지정책의 이해

1. 교육복지정책의 환경
2. 교육복지정책의 영역
3. 교육복지정책의 추진체계
4. 우리나라 교육복지정책 개관
5. 외국의 교육복지정책 동향

Chapter 2

교육복지정책의 이해

1. 교육복지정책의 환경

우리나라의 각 부문이 선진화될수록 교육서비스에 대한 질적 요구수준은 높아지고 요구사항도 다양화될 것이 분명하다. 또한, 세계화 · 정보화 시대의 급속한 사회적 변화는 교육에 대하여도 새로운 환경과 도전을 제공하고 있다. 향후 다음과 같은 환경 변화들이 국가와 사회의 교육복지적 대응의 필요성을 증대시킬 것으로 전망된다.

① **교육욕구의 고도화** : 지식사회화와 더불어 교육복지의 가장 기본적인 조건인 실질적 교육기회의 보장뿐만 아니라 개인적 · 사회적으로 요구되는 적합한 교육내용 및 질 높은 교육수준에 대한 관심과 요구 증가로 교육복지 요구수준이 점차 고도화될 것이다.

② **세계화 등 국제환경 변화** : 세계화 등 국제환경 변화에 따른 국경 간 인력이동의 증가에 따라 귀국자, 외국인 근로자, 국제결혼(다문화)가정 자녀, 북한이탈 청소년이 지속적으로 증가함에 따라 이들이 교육부적응에 따른 사회적 소외집단

으로 고착화되는 현상을 예방하기 위한 정책적 대응의 요구가 증대할 것이다.

③ **계층갈등의 심화** : 계층 대물림 현상으로 인한 저소득층의 존속 및 경제환경 변화 등으로 인한 새로운 빈곤계층이 발생하면서 교육소외 문제(학력부진, 학교부적응, 학업중단 등)가 집중적 · 중첩적으로 발생하는 저소득층에 대한 교육복지 정책 수요가 지속될 것이다.

④ **사교육 확대에 따른 학습기회 불평등 증대** : 공교육 내에서의 교육복지 수요의 증가와 함께 공교육체제 밖의 사교육 확대에 따른 학습기회 불평등이 심화되면서 이에 대한 총체적 교육기회 형평성 차원의 대책이 요구될 것이다.

⑤ **가족해체** : 가정 내 폭력, 이혼 · 별거 등으로 인한 가족해체, 빈곤 · 결손 가정, 조부조손 가정의 증가에 따라 가정적 원인으로 인한 교육소외 현상이 심화되고 이에 대한 정책적 대응이 요구될 것이다.

⑥ **여성의 사회참여 증가** : 여성의 사회참여가 지속 증가함에 따라 보육 및 유아교육 문제가 중요한 교육복지 영역으로 자리잡게 될 것이다.

⑦ **인구론적 변화** : 인구 고령화, 직업이동 주기의 가속화 등으로 인한 성인 및 노인의 새로운 교육수요 발생으로 평생학습 촉진 및 인적 자원의 효율적 관리 요구가 증가될 것이다.

⑧ **정보화격차 심화** : 지식 · 정보화의 가속화 속에서 계층, 집단, 세대 간의 정보화격차(digital divide) 확대로 인한 새로운 사회 양극화 및 소외를 극복하기 위한 노력이 요구될 것이다.

2. 교육복지정책의 영역

교육인적자원부의 교육복지종합계획(2004.10.)은 교육복지정책의 영역과 영역별 정책대상을 〈표 2-1〉과 같이 제시하고 있다.

표 2-1 교육복지의 영역

목 표	정책영역	구체적 정책대상
1. 국민기초교육 수준 보장	모든 국민의 교육기회 보장 및 기초학력 성취	장애 및 건강장애 학생, 저소득층 학생, 저학력 성인, 외국인근로자 자녀, 기초학력 미달자
2. 교육 부적응 및 불평등 해소	학교부적응 예방 및 치유	학교부적응자 및 학업중단자, 귀국학생, 북한이탈 청소년, 다문화가정 자녀
3. 복지친화적 교육환경 조성	교육여건 불평등 해소	도시저소득지역 및 농어촌지역 학생, 정보화 격차, 사교육으로 인한 불평등
	밝고 건강한 교육환경 구축	비복지적 학교풍토, 비교육적 · 비위생적 학교내·외 환경, 취약한 학생 보건

첫째, 모든 국민이 인간다운 삶과 시민으로서 정상적인 사회생활을 영위하는 조건을 갖추는 데 필요한 기본적인 교육수준, 즉 국민기초교육수준(national minimum in education)을 보장한다. 국민기초교육수준은 모든 국민이 적어도 고등학교 이상의 교육은 받을 수 있어야 하며 학습결과에 있어서도 각 학년 · 교과별 최소수준에 도달하여야 함을 의미한다. 국민기초교육수준 보장을 위해 장애 및 건강장애 학생, 저소득층 학생, 저학력 성인, 외국인근로자 자녀 등의 교육기회 접근 보장, 기초학력 미달자에 대한 학력보장을 위한 조치 등이 요구된다.

둘째, 교육기회에 접근하고 있으나 교육내용 · 방법 · 환경 등이 자신과 맞지 않아 유의미한 학습경험을 갖지 못하고 어려움을 겪는 학습자의 교육부적응 현상을 치유한다. 학업 및 학교생활에 부적응하여 교육적 성취를 이루지 못하고 소외되는 학교부적응자 및 학업중단자, 특히 귀국자녀, 북한이탈 청소년, 다문화가정 자녀들이 이에 해당된다. 이들의 교육부적응을 치유할 수 있는 적절한 교육적 대응이 요구된다.

셋째, 불균등한 교육여건 또는 사회구조적 요인으로 인해 교육과정 및 결과에 있어서 발생하는 상대적 교육격차를 해소한다. 농어촌 및 도시저소득 지역 학교, 정보화 소외 계층, 사교육기회의 차이로 인한 교육불평등 현상이 해당된다.

넷째, 전반적인 교육복지 수준을 제고하기 위하여 복지친화적 교육환경을 조성한다. 학교 구성원의 교육복지 의식을 제고하여 밝고 즐거운 학교환경을 조성하고, 건강하고 안전한 학교 내·외 교육환경을 구축하며 학생건강을 증진시킨다.

3. 교육복지정책의 추진체계

교육복지정책의 추진구조를 정책과정의 관점에서 보면 [그림 2-1]과 같이 제시할 수 있을 것이다.

그림 2-1 교육복지정책 추진구조

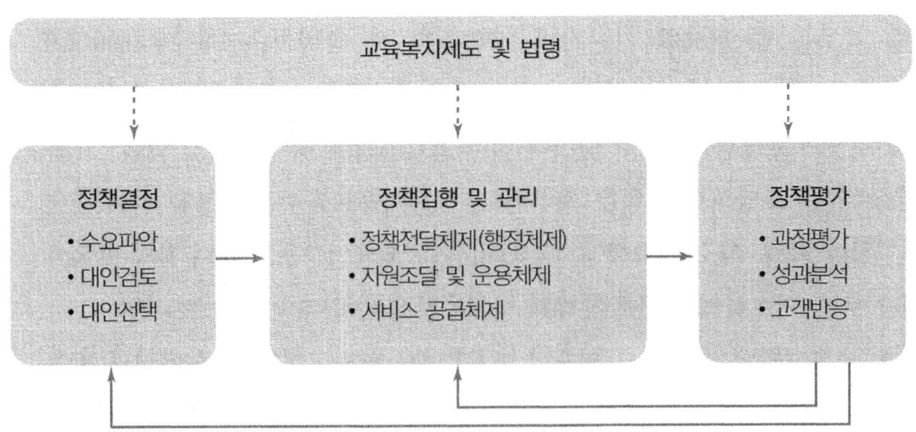

가. 정책결정

교육복지정책의 결정은 1차적으로 정확한 수요파악이 전제되어야 한다. 수요파악을 위해서는 교육소외 현상에 대한 체계적인 조사가 이루어져야 하며 이를 위한 조사시스템이 수립되어야 한다. 합리적이고 체계적인 조사시스템이 바탕이 되지 않는다면 정책수요의 파악은 이익집단의 목소리에 좌우되거나 사고발생 후 대증적 방식으로 이루어지기 쉽다.

정책과제에 대한 대안의 검토 및 선택에는 객관적이고 실증적인 자료가 토대로 되는 동시에 관계집단의 참여와 의견수렴 과정이 요구된다. 관계집단에는 관계부처 및 정책수요자, 관련기관 · 단체 등이 포함된다. 정책의 타당성을 높이고 광범한 지지를 얻기 위해서, 즉 정책의 정당성(legitimacy)을 높이기 위해서 이 과정은 필수불가결하다.

나. 정책집행 및 관리

정책을 효과적으로 집행 및 관리하기 위해서는 우선 행정기관을 중심으로 하는 정책의 전달체제(delivery system)가 효율적으로 기능하여야 한다. 정확하고 능률적인 의사소통체제의 수립은 전달체제의 기본요건이며 문제에 대한 원활한 논의 및 의사결정 능력이 확보되어야 한다. 이를 위해 신속한 정보의 수집, 분석, 공유 능력이 뒷받침되어야 한다. 의사소통은 종적 · 횡적으로 원활하고 신속하게 이루어져야 하며, 정해진 방침에 대한 기관별 실행능력이 확보되어야 한다. 업무담당자의 전문 역량이 이 모든 과정에서 중요한 요소로 작용한다.

둘째로, 자원의 조달 및 운용이 집행과정에서 효과적으로 이루어져야 한다. 자원은 크게 인적 자원과 물적 자원으로 구분되며, 인적 자원으로는 행정기관의 정책담당자, 교육복지 서비스 공급자(정부 및 민간), 각종 인프라 제공 및 지원업무 담당자를 들 수 있으며, 물적 자원으로는 교육복지정책 사업예산, 교육복지 시설 및 기자재, 각종 교육-학습매체 등을 들 수 있다. 자원은 충분하게, 그리고 적절한 시점에 조달되어야 하며, 자원의 질(quality)과 적합성(relevance)은 궁극적으로 교육복지 서비스의 질에 중요한 영향을 미치게 된다.

셋째로, 교육복지 서비스 공급체제는 정책집행의 최종적 성과를 좌우하는 중요한 요인이 된다. 서비스 공급체제는 교육복지 서비스 수요자와 현장에서 긴밀하게 상호작용할 수 있어야 하며 다양한 서비스 수요에 부응한 서비스 공급이 가능하도록 최대한 유연성을 발휘하여야 한다. 서비스 공급자와 수요자가 적절한 시기에 연결될 수 있어야 하며, 서비스의 공급은 수요자에게 가장 큰 효과를 나타낼 수 있는 방법으로 제공되어야 한다. 이를 위해서는 다양한 서비스 공급자 간에 긴밀한 네트워크가 수립되어야 하며, 신속한 정보의 교환과 협력적인 업무수행체제가 필수적으로 확보되어야 한다.

그림 2-2 **교육복지정책 집행체제**

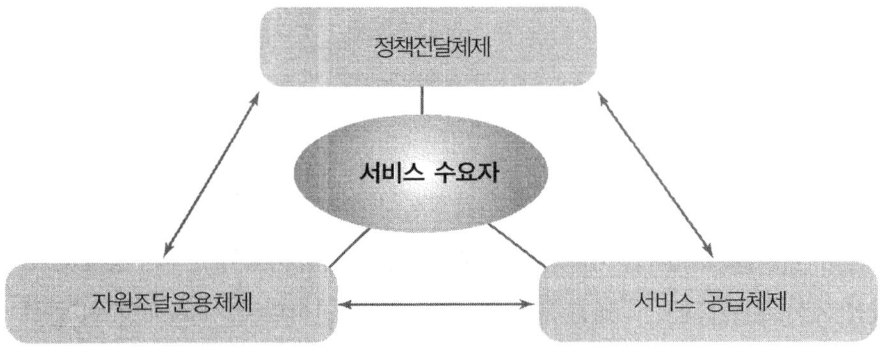

다. 정책평가

교육복지정책의 집행과정과 결과에 대한 평가는 정책의 성과를 높이기 위한 필수적인 기능이다. 정책집행과정에 대한 평가는 정책이 계획대로 집행되고 있는지, 어떤 문제점이 발생하고 있는지, 자원의 조달과 운용이 적절하게 이루어지는지, 서비스는 적절하게 공급되고 있는지 등에 대한 점검을 필요로 한다. 정책결과에 대한 평가는 정책의 목표가 얼마나 달성되었는지, 정책수요자의 만족은 어느 수준인지 등에 대한 평가를 요한다. 이와 같은 평가는 정책집행과정 및 정책결정 단계에 환류(feedback)되어 수정 · 보완의 자료로 활용된다.

라. 교육복지제도 및 법령

교육복지정책의 추진은 기본적으로 제도와 법령을 통해 적절하게 뒷받침될 때 지속적, 안정적, 효과적으로 이루어질 수 있다. 정책결정, 정책집행, 정책평가의 각 단계는 제도적으로 견실하게 지지될 때 보다 효과적으로 이루어질 수 있는 측면을 담고 있다. 제도화되어 있지 않은 정책의 추진은 그만큼 불안정하고 일관성을 유지하기 힘들 뿐만 아니라 정책으로서 강력한 힘을 발휘하는 데 한계를 지니게 된다.

마. 현행 교육복지정책 추진체제

교육복지정책은 중앙정부와 지방정부가 역할을 분담하여 추진하고 있다. 중앙정부에서도 부처별로 다양한 관련 사업을 추진하고 있는데, 교육취약집단 아동, 청소년을 대상으로 하는 프로그램 중심의 사업으로는 8개 부처의 23개 사업이 있다. 사업유형을 보면 저소득층 교육불평등 해소 영역(2개), 방과후 활동 영역(6개), 다문화가정 청소년 지원 영역(2개) 등 10개 사업영역이 있으며, 서비스 대상자를 생애단계별로 분석하면 〈표 2-2〉와 같다(한만길 외, 2008).

교육부는 교육격차 해소를 통한 사회통합과 동반성장의 실현을 위하여 국가인적자원개발회의('06.5.10.)에서 11개 부처와 공동으로 "양극화해소 교육인적자원 부문 핵심과제와 추진전략"을 제안한 바 있으며, 그 핵심내용으로 교육격차해소위원회 및 교육안전망지원센터의 설치를 추진하였다. 한국교육개발원이 교육안전망지원센터로 지정 · 설치('06.7.3.)되었고 교육격차해소전문위원회가 개최('06.12.14.)되었다(한만길 외, 2008). 교육안전망지원센터는 교육격차 해소를 위한 정책개발 및 사업을 추진하며, 교육격차해소전문위원회는 관련 부처의 교육복지 사업을 총괄 조정하는 기능을 담당하고 있다. 이는 교육부, 보건복지부, 문광부 등에 분산되어 있는 유사 기능이 중복 없이 효율적으로 이루어질 수 있도록 관계부처 정책 및 사업 간 연계 · 조정 · 협력을 확보하기 위한 제도적 장치

표 2-2 생애단계별 서비스 대상자

사업영역	부처명	사업명	영유아 단계	초등 단계	중학 단계	고교 단계
저소득층 교육불평등 해소	교육과학기술부	교육복지투자우선지역지원 사업	○	○	○	○
	보건복지가족부	드림스타트	○	○		
방과후 활동	교육과학기술부	방과후학교 사업		○	○	○
	청소년위원회	청소년 방과후 아카데미사업			○	○
	청소년위원회	청소년 공부방사업		○	○	○
	여성부	방과후 보육사업		○		
	보건복지가족부	지역아동센터사업	○	○	○	○
	문화체육관광부	문화예술교육지원		○	○	○
다문화가정 청소년 지원	교육과학기술부	다문화가정자녀교육 지원 사업	○	○	○	○
	청소년위원회	무지개청소년센터사업	○	○	○	○

로 마련된 것이라고 볼 수 있다.

지역단위 수준에서도 교육복지 서비스의 확대와 질적 개선을 위하여 인적 · 물적 인프라의 구축을 통한 연계협력체제 구축이 시도되고 있다. 지역 내 서비스 제공 기관의 연계협력을 구축하여 지역주민의 교육-문화-복지-고용의 체계적 지원체제를 만들기 위해 노력하고 있다. 학교, 평생교육기관, 청소년시설, 사회복지시설, 보육시설 등 지역의 다양한 기관과 인적 자원의 연계 협력체제가 시도되고 있으며, 이는 지역의 문화, 역사, 인프라, 추진되는 사업 등에 따라 다양한 수준과 양태를 보이고 있다.

지역의 시 · 군 · 구청 및 주민자치센터는 보건복지가족부, 노동부 등에서 위탁한 사업을 수행하며, 교육청과 학교는 교육부의 사업을 수행하고 있다. 교육복지 사업을 실시함에 있어 일반행정기관과 교육행정기관의 연계 협력은 필수적이다. 일반적으로, 사업의 주체는 다르지만 성격이 유사하거나 동일 지역에 집중되어 수혜대상이 중복되는 경우가 나타나는 반면, 다른 지역은 오히려 서비

교육복지정책 추진체제 그림 2-3

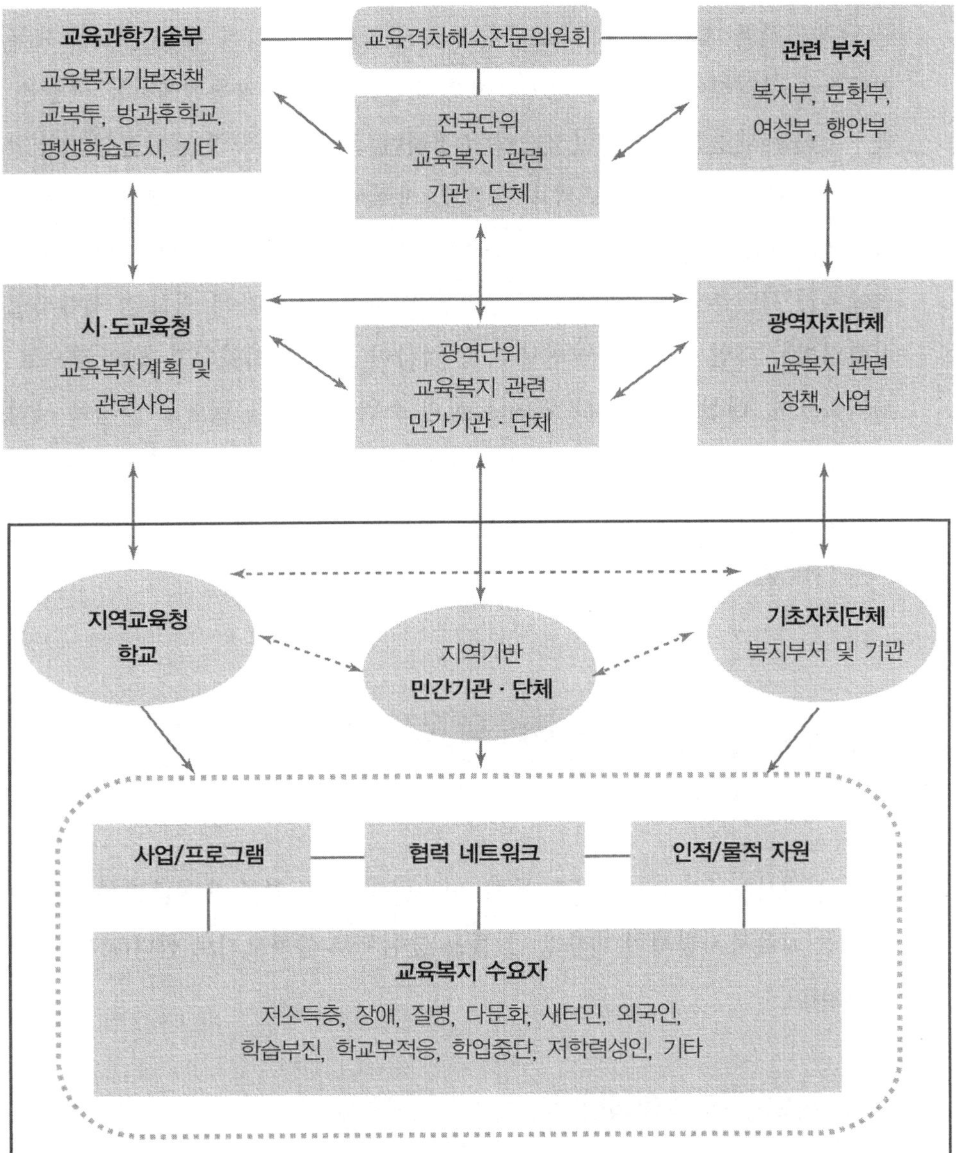

스를 받을 기회가 절대적으로 부족한 경우가 나타나기 때문에 현장의 서비스 공급체제는 공급자 간에 유기적인 연계협력이 이루어질 필요가 있다. 상호간 소통 없이 단절된 상태에서는 효율적인 서비스 공급을 실현하기가 어렵기 때문이다.

교육부가 주관하여 실시하고 있는 교육복지투자우선지역 지원사업의 경우에는 지역사업운영협의회를 구성하여 운영한다. 이 협의회는 교육장, 구청장, 관련 단체 · 기관 대표, 학부모 대표 등으로 구성되며 사업에 대한 연도별 세부지원계획을 심의하며 기관 간 연계방안을 수립한다. 지역교육청에서는 사업을 총괄 · 지원할 사업전담팀을 설치하여 운영한다. 교육복지사업 전담팀장(과장급)을 중심으로 담당 공무원, 프로젝트 조정자, 지역사회 교육 전문가로 사업전담팀을 구성하며 지역교육청 단위의 교육복지 사업을 기획하여 추진하고 단위학교 차원에서의 사업추진을 지원한다. 그러나 동 사업운영평가에 의하면 지역사업운영협의회는 사업 4년차 지역에서도 그 역할이 크게 활성화되지 못한 것으로 평가되었으며, 대신 실무지원위원회나 심의 소위원회 등을 별도로 만들어 사업을 진행시키고 있으며, 사업 4년차 지역교육청에서는 다양한 지역사회기관과 네트워크를 형성하고 있고 네트워크가 대부분의 경우 매우 체계적이고 안정적인 것으로 나타났다(김정원 외, 2007).

4. 우리나라 교육복지정책 개관

이 절에서는 1990년대 이후 특히 2000년대 이후 최근 우리나라에서 추진되고 있는 교육복지정책의 내용을 큰 틀을 중심으로 살펴보기로 한다(교육인적자원부, 2004b).

가. 1990년대~2004년 초

정부는 그동안 국민에 대한 보편적인 교육기회의 제공을 위해 2004년 중학교까지의 무상의무교육 확대를 달성하였으며, 경제적인 이유로 교육기회의 제한을 받는 학생을 최소화하기 위하여 저소득층에 대한 교육비 및 급식비 지원을 확대하여 왔다. 또한, 신체장애로 인한 교육기회의 제한을 해소하기 위하여 특수교육을 확대 강화하여 왔으며, 특히 1997년에는 특수교육발전방안, 학교중도탈락자 예방종합대책, 학습부진아 교육지원대책, 귀국학생 교육대책 등을 담은 교육복지 종합대책을 수립하여 교육적으로 소외된 계층에 대한 종합적이고 체계적인 정책 지원을 시도하였다.

7·20 교육여건 개선으로 학급당 학생수를 35명 이하로 감축하고 교육환경개선사업, 교단선진화 및 e-러닝 체제 구축 노력으로 전반적인 학교교육 여건이 개선되었으며, 학교보건법을 기초로 한 학생보건 향상 및 학교환경위생정화구역 지정 운영에 따른 학교주변 환경정화 노력도 지속적으로 추진하였다.

(1) 무상의무교육의 확대

중학교 의무교육은 1985년 도서 · 벽지 지역부터 부분적으로 도입한 이래 1994년 읍·면 지역 중학생 전원에게 확대되었다. 중학교 무상의무교육을 전국으로 확대 실시하기 위해 2002년부터 연차적으로 세부계획을 수립 · 추진하여 2004학년도에는 전국의 모든 중학교 학생들이 무상교육의 혜택을 받게 되었다.

(2) 저소득층 교육 지원

1997년 IMF 관리체제에 따라 1998년부터 사회안전망 구축차원에서 실직자 자녀 학비지원사업이 시작되어 1999년까지 실시되었으며, 2000년도부터 저소득층 자녀 학비지원사업으로 전환 · 추진되었다. 빈곤가정 학생에 대한 중식지원을 결식 초등학생부터 제공하였고 학교급식이 확대됨에 따라 빈곤가정 학생 학교급식비 지원사업으로 전환, 1997년부터는 중·고등학생에게까지 확대되었다.

교육여건이 열악한 도시저소득지역 아동에게 교육 · 문화 · 복지 종합서비스 제공을 위해 2003~2004년 교육복지투자우선지역 지원 시범사업이 서울 · 부산 8개 지역을 대상으로 실시되었다.

(3) 농어촌 교육 지원

도서 · 벽지교육진흥법의 제정 · 시행, 소규모학교 통·폐합, 농어촌 출신 학생 대입특별전형 실시 등과 같은 농어촌 교육관련 정책이 추진되었다. '농어업인 삶의질향상특별법' 에 따른 농어촌 교육복지 대책 차원에서 소규모 학교 운영 개선을 위한 학교운영 모델 개발, 농어촌 학생 학력학생을 위한 다양한 프로그램 운영, 교원확보 방안 및 교원사기 제고 방안, 농어촌 우수고등학교 육성, 상급학교 진학기회 확대 등을 포함하는 농어촌교육 종합발전방안을 수립(2004.2.) 추진하였다.

(4) 특수교육 기회 확대

특수교육대상자의 교육기회 확대, 통합교육 실시 기반 구축, 특수학교 교육과정 운영의 효율화, 특수교육 지원 확대 등을 추진하였다. 2001~2002 특수교육 환경개선 사업과 교재 · 교구 보급 지원 등 특수교육의 질 개선을 추진하였으며, 이를 위해 특수학교 · 학급 신·증설, 특수학교 중등교사 연수, 통합교육 시범학교 운영, 특수교육지원센터 설치 · 지원 등을 추진하였다.

(5) 교육복지종합대책(1997~2001) 수립 · 추진

1996~1997년 5개 분야 교육복지종합대책 수립 · 추진을 통해 교육복지 정책의 추진 기반을 구축하였다. 이 대책에 포함된 과제는 학교 중도탈락자 예방 종합대책, 학습부진아 교육지원대책, 귀국자녀 교육대책, 저소득층 유아교육 대책 및 특수교육발전 방안 등이다.

(6) 교내·외 환경 및 학생 보건 증진

학교 주변의 유해환경으로부터 학생들을 제도적으로 보호하기 위해 학교환경위생정화구역을 정하여 추진하였다. 학교 내 및 학교주변 환경 보호를 위한 학교보건법을 제정하고, 학교 교사 내 환경위생 기준을 마련하였다.

열악한 교육여건 개선을 위해 고등학교는 2002년까지, 초·중학교는 2003년까지 학급당 최대 학생수를 35명 이하로 감축하기 위한 '7·20 교육여건개선계획' 을 수립 · 추진하였으며, 2004년 전국의 모든 학생이 위성TV 및 인터넷을 통해 EBS 교육방송강의를 시청할 수 있는 기술적 인프라를 구축하고 교수-학습지원센터를 설치 운영하여 콘텐츠를 개발 보급하는 등 e-러닝 체제 수립을 추진하였다.

나. 교육복지종합계획 : 참여복지 5개년계획(2004~2008) 중 교육부문 계획

(1) 추진경위

2004.1.20. 복지부, 문광부, 노동부, 정통부, 여성부, 건교부 등 6개 부처가 참여하여 작성한 '참여복지 5개년 계획안'이 국무회의에 상정되었다. 당시 새로 부임한 안병영 교육부총리는 국무회의 석상에서 복지정책에 있어서의 교육의 중요성을 강조하며 교육부문이 반드시 포함되어야 한다는 의견을 개진하였으며, 대통령은 이를 수용하여 교육부문의 계획을 2004년 상반기 중 추가하여 참여복지 5개년 계획을 완성토록 지시하였다. 2004.3.5. 교육인적자원부에 교육복지정책심의관과 교육복지정책과가 신설되었으며, 교육인적자원부는 이와 같은 배경하에 2004 주요업무로 교육복지종합계획 수립을 추진하게 되었다.

이에 앞서 교육부는 '96. 12월에도 교육복지종합대책(1997~2001)을 수립하여 교육소외계층을 위한 정책 추진에 각별한 노력을 기울였고 이후 다양한 후속사업들이 추진되었다. 당시 종합대책에는 특수교육발전방안, 학교중도탈락자 예방종합대책, 학습부진아 교육지원대책, 귀국학생 교육대책 등이 반영되었다. 그럼에도 불구하고 교육복지정책 분야에서는 다음과 같은 문제점들로 인해 정책효과가 크게 거양되지 못하는 것으로 진단되었다.

첫째, 교육복지 정책추진체계의 미흡이다. 교육부 및 교육청에 전담 행정조직이 없어 빠르게 변화하는 교육복지 수요 및 정책 환경에 대하여 능동적으로 대처하고 체계적 · 통합적으로 정책을 수립하고 추진하는 데 한계가 있었다.

둘째, 현장중심 교육복지 서비스 제공 인프라의 미약이다. 교육복지 서비스의 공급자와 수요자를 연결시키는 기능 및 정보공유체제가 미흡하였다. 또한, 서비스 수요자의 체감 만족도를 높일 수 있는 구체적 정책 노력이 미흡하였다.

셋째, 민간자원의 활용 및 정책 참여의 부진이다. 기존 교육청-학교 행정체제 중심의 교육복지 사업시행으로 민간의 능동적인 정책과정 참여 및 잠재적 민간자원의 활용에 한계가 있었다.

넷째, 단위학교의 교육복지 역량이 미약하고 지역사회와의 협조가 부진하였다. 학교의 교육복지에 대한 의식, 교육복지를 증진시킬 수 있는 공간환경, 교육복지적 프로그램의 미흡, 학교의 폐쇄성 등으로 인해 학교의 교육복지 역량이 향상되지 못하고 결과적으로 학교가 교육복지 구현의 중심 기관으로 발전하지 못하였다.

이상과 같은 문제점으로 인해 교육복지의 시대적 · 사회적 수요는 증대하는 데 반해 교육복지정책의 과정이 원활하게 이루어지지 못하였을 뿐 아니라 학교와 지역을 중심으로 한 효율적인 교육복지서비스 체제의 수립도 어려울 수밖에 없었다. 이와 같은 상황 속에서 보다 통합적이고 체계적인 교육복지종합계획의 수립과 추진이 시급한 과제가 될 수밖에 없었다고 할 수 있다.

(2) 종합계획의 의의

교육복지정책 담당부서의 신설과 교육복지종합계획의 수립은 이상과 같은 문제점들에 대하여 보다 능동적 · 체계적으로 대처함으로써 교육복지정책의 발전을 시도할 수 있는 토대와 계기를 마련하고 정책추진의 기본 틀을 세우는 의미를 지니고 있다. 이와 같은 틀을 바탕으로 앞으로는 시·도교육청과 학교가 교육복지 정책추진에 핵심적인 역할을 수행할 것으로 기대되고 있다. 초·중등학교 교육에 대한 권한은 이미 대부분 교육청과 학교에 이관되어 있고 2005년부터 초·중등교육 사업예산은 원칙적으로 교육청 예산으로 편성하게 되었다. 각 시·도의 교육당국은 교육복지정책의 중요성과 그 책임을 인식하고 이에 대한 정책수요 파악 및 대응에 각별한 노력을 기울이지 않으면 안 되게 되었다. 교육복지종합계획은 지역단위의 정책노력에 대한 국가의 가이드라인을 제시한다는 의미를 지니고 있다. 본 계획의 수립을 계기로 각 시·도교육청은 자체 교육복지사업 추진계획을 수립 시행하여 왔으며 지역교육청 및 학교에 교육복지담당부서 및 인력을 배치하는 등 교육복지사업 발전에 필요한 인프라의 구축과 의식 확산이 이루어져 왔다.

(3) 교육복지의 개념 및 정책과제 설정

교육복지종합계획에 의하면, "교육복지정책은 개인적, 가정적, 지역적, 사회 · 경제적 요인 등으로 인해 발생하는 교육소외, 교육부적응 및 교육불평등 현상들을 해소하고 전국민이 높은 교육의 질적 수준을 누리도록 하여, 궁극적으로 국민 삶의 질 향상과 사회통합을 기함은 물론 나아가 국가의 성장동력을 강화하기 위해 펼치는 다양한 정책적 노력들의 총체"이다. 교육은 인간다운 삶의 조건을 구축하고자 하는 복지의 핵심 요소이며 사회 · 국가 발전의 토대가 된다. 교육은 개인의 능력을 개발하고 사회 · 경제적 역량과 지위를 제고하여 개인 삶의 질을 결정하는 핵심 요인이며, 교육을 통한 개인의 발전은 사회통합 및 인적 자원 개발을 통한 국가성장 동력의 기초를 형성한다. 정상적인 교육의 기능을 저해하는 교육소외, 교육부적응 및 교육불평등은 개인 삶의 건강과 발전성을 손상시키고 잠재능력 개발과 사회 · 경제적 성취를 저해하며 인적 자원 개발 및 사회통합 기능을 약화시켜 궁극적으로 국가성장동력의 저하를 초래한다.

또한, 우리 교육현장은 구성원 모두가 소외되지 않고 가치를 인정받으며 자신의 능력을 최대한으로 발휘토록 격려하고(encourage) 동기부여(motivate)하는 밝고 건강한 학교문화, 즉 '복지친화적 학교문화'의 형성이 미흡한 실정이다. 인권존중 의식 부족, 입시 위주 교육 및 성적 중심 평가, 규제와 실적 위주의 경직된 교육행정, 개성이 존중되지 못하는 집단주의적 교육운영, 학교와 지역사회의 연계성 부족 등이 그 원인을 제공하고 있으며, 이와 같은 교육현장은 다양하게 나타나는 교육부적응 현상을 치유하는 데 한계를 드러내며 오히려 부적절한 대응으로 문제를 심화시키는 경우도 있다. 학교폭력, 집단 따돌림, 흡연 · 음주 기타 각종 일탈행위가 근절되지 않고 많은 학생들이 누적된 불만과 스트레스 속에서 고된 삶을 영위하고 있다.

'교육복지'란 이와 같은 교육소외, 교육부적응 및 교육불평등 현상을 해소하여 교육현장의 밝고 건강한 복지친화적 여건과 문화를 조성하고, 궁극적으로 모든 국민들이 교육을 통하여 자신의 능력을 최대한 개발하고 인간다운 삶을 누리도록 하는 동시에 사회통합 및 국가발전의 토대를 공고화하는 것이다.

(4) 주요내용

교육복지종합계획이 제시하는 교육복지 실현의 기본 구조는 [그림 2-4]와 같으며, 정책영역은 〈표 2-1〉에서 이미 제시된 바와 같고, 영역별 구체적인 과제는 제3장에서 다루기로 한다. 동 계획은 교육복지정책 추진체계의 수립과 관련하여 다음과 같은 내용을 담고 있다.

첫째, **교육복지정책 추진 행정체제를 구축**한다. 부처간 교육복지 정책 협의 강화를 위하여 가칭 '교육복지정책협의회'를 설치하여 교육복지 정책에 관한 부처간 협력을 강화한다. 지역단위 교육복지업무 추진체제를 수립한다. 시·도 교육청 및 지역교육청에 교육복지 업무 담당부서 설치 · 지정하여 지역단위에서의 교육복지 정책 추진기반을 마련하고 지역 특성에 적합한 교육복지 정책 프로그램을 개발 · 추진하며, 지역교육복지협의회를 구성 · 운영한다.

단위학교의 교육복지 역량 강화를 위하여 교육복지 전담부서 설치를 권장하고, 자원봉사자, 실습생, 계약직 등 다양한 교육복지 지원인력을 활용하여 학교의 교육복지 수준 제고 및 학교-가정-지역사회를 잇는 개방적 협력체제를 수립한다. 학교 내 '학생 쉼터'를 설치 · 운영하여 상담실과 연계를 통한 학생들의 상담, 복지, 고충 처리, 공동문제 해결 및 쉼터 장소로 활용한다.

둘째, **민간의 참여를 활성화**한다. 자원봉사제 활성화를 통한 잠재된 민간 전문인력 활용을 극대화한다. 다양한 능력을 지닌 자원봉사인력 풀(pool)을 활용하여 교육복지 수요자에 대한 다양한 서비스 체제를 구축하고, 가칭 '지역교육복지종합센터' 중심의 자원봉사 풀 구축 및 운영을 통해 자원봉사자와 서비스 수요자의 효율적인 연결을 꾀한다.

학부모나 지역인사 등의 학교 교육활동 참여를 유급휴가로 인정하여 학부모 및 지역자원의 학교 교육활동 참여를 활성화한다. 대학생의 교육복지 관련 활동 참가시간의 수업인정 권장 및 유도를 통해 예비 전문인력(사범계학과 및 사회복지 관련 학과 학생)의 교육복지 활동 참가를 촉진하고, 학생 상담, 학습부진아 지도, 특기적성교육, 방과후학교 운영 지원인력으로 활용한다. 또한, 자원봉사 활성화를 통해 국민과 주민의 교육복지 자원봉사 참여의식을 제고한다.

민간 중심의 현장 모니터링 시스템을 구축 · 운영한다. 교육복지 수혜자, 학

그림 2-4 교육복지 구현 흐름도

구분			
비전	모든 국민의 주체적인 능력개발을 최대화하여 개인 삶의 질 향상, 사회 통합 및 국가 발전 실현		
목표	국민기초 교육수준 보장	교육 부적응 및 불평등 해소	복지 친화적 교육환경 조성
정책 영역 및 정책 과제	■ 모든 국민의 교육기회 보장 ■ 기초학력 성취	■ 학교부적응 치유 ■ 교육여건 불평등 완화	■ 밝고 즐거운 학교 만들기 ■ 쾌적하고 건강한 교육환경 구축
	• 특수교육 강화 • 유아교육기회 확대 • 저소득층 교육비 지원 • 저학력 성인 교육지원 • 장애인 및 저소득층 고등교육 기회 확대 • 외국인 근로자 자녀 교육기회 제공 • 기초학력 보장	• 학업중단자 예방 및 대책 • 귀국학생 교육 지원 • 북한이탈 청소년 대책 • 도시 저소득지역 교육 지원 • 농어촌 교육여건 개선 • 정보화 격차 해소 • 사교육으로 인한 불평등 완화	• 밝고 즐거운 학교 만들기 • 학생 건강 증진 • 교내 환경 및 식품 위생 강화 • 건강하고 안전한 교외 환경 조성
추진 체제	• 실효성 있는 교육복지정책 추진체계 구축 • 관계기관 간 연계 협력 강화 • 민간의 정책 참여 확대 및 민간자원 활용 극대화 • 단위학교 복지역량 강화 및 지역사회와의 협력체제 구축		

교, 교육복지 관련 기관 · 단체, 지역 및 시·도교육청 관계자 등이 참여하는 온라인-오프라인 모니터링 시스템을 구축한다. 교육복지정책포럼 사이트 개설 및 지역 단위 교육복지협의회 또는 지역교육복지종합센터와 연계 강화로 교육복지 관련 정책의 실효성을 실시간으로 점검하고 환류한다.

또한, 민간의 우수 교육복지 프로그램을 활용 및 확산시킨다. 민간의 창의적이고 실효성 있는 교육복지 프로그램을 발굴 · 확산시켜 민간의 교육복지 활동을 활성화하고, '지역교육복지종합센터' 를 공모 또는 지정 운영하여 교육복지 투자우선지역 사업 지원, 교육복지 상담센터의 기능을 수행토록 한다.

셋째, **안정적 재원확보 방안을 강구**한다. 중앙정부의 교육복지 투자 확대를 위하여 국가가 책임져야 할 교육복지 분야 사업에 대하여 국고보조금 사업으로 지정 추진하고, 복권위원회 복권기금 등 다양한 재원을 모색하며, 농어촌 교육복지사업 추진을 위한 농특세 재원 확보를 지속 추진한다.

시·도교육청별 교육복지 재원 확보를 위하여 시·도교육비특별회계 세출예산 편성 시 교육복지 과목(세항 등)을 신설하고 국가의 교육복지정책과 연계성 확보책을 강구하여 시 · 도의 교육복지정책 추진을 안정적으로 보장한다. 시·도교육청 평가항목에 교육복지 부문을 반영하고, 교육복지 관련 예산을 특별교부금에 정책수요 사업으로 반영한다. 민간재원 활용을 위하여 사회복지공동모금회 등의 재원 활용을 검토하고 시중은행의 공익신탁기금제도 등 다양한 통로를 개발, 모색한다.

넷째, **"교육복지(기본)법" 제정을 추진**한다. 안정성, 지속성, 실효성 있는 정책추진을 위해 교육복지정책 추진에 대한 통합적인 법적 근거를 마련한다. 국가 및 지방자치단체의 교육복지 정책추진 의무 명시, 교육복지 기본계획의 수립, 추진 행정 조직, 민관 협력체제 구축, 재원 확보 방안, 교육복지 관련 연구지원 체제 수립 등을 규정한다.

다. 기타 관련 정책 동향

(1) 가난의 대물림 차단을 위한 '희망투자전략' (2004.7.)

참여정부의 대통령자문 빈부격차차별시정위원회는 IMF 위기 이후 급속하게 확대되어 온 저소득층 증가 현상의 심각성을 인식하고 6개 부처가 참여한 가운데 저소득층의 가난 대물림을 차단하기 위한 종합적 대책을 수립하였으며 2004년 7월 1일 국정과제회의를 통해 이를 확정하였다. 이 대책은 빈곤 아동 · 청소년의 공평한 출발의 보장으로 아동기본권 보장, 가난의 대물림 차단, 미래 성장 자원의 육성을 꾀하기 위하여 6대 과제를 선정하고 있다. 6대 과제는 ① 빈곤아동 · 청소년의 기본생활 보장, ② 빈곤아동 · 청소년의 건강한 성장 보장, ③ 균등한 교육 · 보육 기회 보장 및 학교적응지원 강화, ④ 빈곤탈출의 희망경로 제시, ⑤ 위험 노출 아동 · 청소년의 보호 내실화, ⑥ 효과적인 전달체계 구축 등이며, 이 중 교육과 직접 관련된 과제는 아래와 같다.

(가) 균등한 교육 · 보육기회 보장과 학교적응지원 강화

육아비용 지원 강화 및 소득수준별 차등지원, 만 5세아 무상교육 및 무상보육 확대, 영유아 대상 교육–건강–복지 연계사업 기초연구 실시, 민간공부방을 지역아동센터로 제도화, 초등저학년 대상 방과후 교실 운영, 저소득층 고등학생 학비지원 확대, 정보격차 해소 및 e–러닝 지원, 문화활동 참여 기회 확대 등이 포함된다.

(나) 빈곤탈출을 위한 희망경로의 제시

대학 장학제도 혁신 방안으로 가계곤란자 위주 전환, 무이자 및 저리 학자금 융자 확대, 자원봉사와 연계한 생활비 지원제도 도입 등을 추진한다.

(2) '삶의 질 향상 법'에 의한 농산어촌 교육여건개선 5개년(2005~2009) 계획

정부는 '농림어업인삶의질향상및농산어촌지역개발촉진에관한특별법' 제정(2004.1.)에 따라 한시 목적세인 농어촌특별세의 적용기간을 2004년부터 10년간 연장하면서 향후 10년간 연간 2조원 규모로 추정되는 농특회계 예산을 농산어촌의 지역개발에 집중 투자하기로 방침을 정하고 관련부처가 참여하여 농산어촌 지역개발 5개년 계획을 수립하였다. 이 계획에는 농산어촌의 교육여건개선 부문이 포함되었고 이에 대한 계획의 실행은 교육인적자원부가 담당하게 되었다. 정부 방침에 따르면 농어촌 교육여건 개선에는 5년간 약 4,700억 원이 투입되는 것으로 되어 있으나, 실제 예산액은 매년 사업별로 심사를 거치게 되므로 변동이 있을 것으로 보인다. 구체적인 사업내용은 제3장에서 다루기로 한다.

(3) 교육양극화 해소를 위한 법안 제정 추진

IMF 위기 이후 2000년대에 들어 경기침체로 인한 실업률의 증가, 부동산 정책 실패 등으로 인해 우리 사회의 빈부의 격차가 커지는 등 사회양극화 현상이 뚜렷하게 나타나자, 이에 대한 근본 대책의 하나로 교육을 통한 사회양극화 완화 및 계층 간, 지역 간 교육격차 해소에 대한 정책적 관심이 늘어나게 되었다. 정부뿐만 아니라 국회 차원에서도 여야 구분 없이 이에 대한 구체적인 논의를 시작하게 되었는데, 2005년 열린우리당의 이인영 의원과 한나라당의 이주호 의원은 각각 별개의 교육격차 해소에 관한 법률안을 대표 발의하였다.[1]

이인영 외 27인이 발의한 '교육격차해소법안'은 학생 · 학교 및 지역 간에 나타나는 교육격차를 해소하기 위한 국가 및 지방자치단체의 시책을 강구하고 소요재원을 확보하여 지원하며, 정부와 지방자치단체에 교육격차해소대책위원회를 두고 국무총리는 5년마다 교육격차해소기본계획을 수립 시행토록 하고 있다. 전국, 지역, 학교별로 교육격차 및 교육여건 실태조사를 주기적으로 실시하며, 조사결과에 따라 시도지사 및 교육감은 교육격차 해소대책을 마련 시행토록 되어 있다. 또한, 교육인적자원부장관은 교육격차의 예방 및 해소를 지원하기 위한 교육격차해소연구센터를 운영할 수 있게 되어 있다.

이주호 외 22인이 발의한 '교육격차해소를 위한 법률안'은 학업성취도의 격차를 교육격차의 가장 중요한 요소로 보면서, 학업성취도 평가 및 교육여건 조

1) 이들 법안은 2008년 17차 국회의 회기가 만료되면서 자동 폐기되었고, 18차 국회에서 일부 의원의 주도로 유사한 법안의 재발의가 추진되고 있다.

사를 주기적으로 실시하여 교육격차의 실태를 파악하고 그 결과를 공개토록 하고 있다. 중앙에 교육격차해소위원회, 지역에 지역교육발전위원회를 두며, 교육인적자원부장관은 교육도달도, 저소득층 현황 및 교육여건 등을 반영하여 교육재정을 지원하고, 교육감은 같은 기준으로 '우선지원학교' 를 선정하여 재정지원을 한다. 우선지원학교에는 인력지원 및 행정지원을 할 수 있고, 학교 및 감독기관은 적극적인 학업성취도 개선 노력을 하여야 하며, 성과가 우수한 학교에 대하여는 학교 또는 교육과정 운영의 자율성을 부여하는 것을 주요내용으로 하고 있다.

(4) VISION 2030 및 교육비전 2030

참여정부는 2006년 8월, 2030년까지의 국가 비전과 국책과제를 담은 **'함께 가는 희망한국** VISION 2030' 을 발표하였다. 이 계획은 종래의 선성장, 후복지 패러다임으로는 성장 자체가 한계에 봉착할 것이라는 인식 아래, 성장과 복지의 조화, 즉 성장과 복지가 함께 가는 '동반성장' 으로 패러다임을 전환하고, 과거의 물적 자본 위주 투자에서 인적 · 사회적 자본 위주의 투자로 전략을 수정한다고 밝히고 있다. 복지부문의 전략은 과거의 가족 · 공동체 의존적, 구호적 복지에서 정부의 역할을 제고하고 미래를 위한 투자로서의 복지 개념을 도입하고 있다.

이 계획은 3대 목표로 1) 혁신적이고 활력 있는 경제, 2) 안전하고 기회가 보장되는 사회, 3) 안정되고 품격 있는 국가를 설정하고 이를 달성하기 위한 5대 전략으로 ① 성장 동력 확충, ② 인적 자원 고도화, ③ 사회복지 선진화, ④ 사회적 자본 확충, ⑤ 능동적 세계화를 들고 있다.

특히, **인적 자원 고도화**는 성장과 복지의 선순환 구조 정립을 연결하는 핵심요소로서, 양질의 인적 자원이 국가경쟁력 제고와 지속 성장의 관건이며, 교육격차 해소는 생산성 제고와 사회적 상향 이동에 기여하여 성장과 복지를 동시에 촉진한다고 보고 있다. 또한, **사회적 자본**은 물적 · 인적 자원의 효율성을 제고함으로써 성장에 기여하고 사회통합을 통해 복지수준 향상을 촉진하며, 구성원의 신뢰와 협력 증진, 제도 및 규범의 합리성 제고, 갈등의 원만한 해결 등을 통해 생산성을 제고한다고 보고 있다. 한편, 소속감과 정체성 제고, 사회적 안정

확대 등을 통해 복지를 향상시킬 수 있다고 보고 있다.

이 계획에 제시되어 있는 50대 핵심 과제 중 교육복지 관련 정책과제는 지자체의 교육 · 복지 투자 확대, 방과후 활동 확대, 보육 서비스 확대, 장애인 복지 종합대책 수립, 농어촌 활력증진 등이며 식품안전 강화, 환경보건 강화 등이 일부 관련된다 할 수 있다. 전체 계획의 문제의식과 방향, 전략 등의 관점에서 볼 때, 교육복지는 향후 우리 국가의 정책영역 중 그 중요성과 연관효과가 매우 지대한 핵심적이고 중대한 분야임을 짐작할 수 있다. 그에 비하면 실행과제들은 분산적으로 제시되어 있어 통합적이고 입체적인 그림이 보이지 않는다는 아쉬움이 있으나, 여하튼 앞으로 국가정책에 있어 교육복지의 위상이 크게 제고될 것임을 알려주는 의의가 있다고 생각된다. 특히, **교육복지가 곧 국민 삶의 질 향상 및 인적 자원 개발의 핵심 기반이 되며, 교육복지의 실현 과정이 곧 우리 사회의 사회자본(social capital)을 충실하게 다지는 길**이 된다는 인식이 곧 확산될 수 있다는 기대를 갖게 한다.

'07년 10월 대통령자문교육혁신위원회가 마련한 '**학습사회 실현을 위한 미래교육 비전과 전략**', 일명 '**교육비전 2030**'에도 교육을 통한 사회통합 차원에서 교육적 배려 대상자에 대한 교육복지 서비스 및 교육기회 확대를 위한 다양한 정책과제들이 포함되어 있다.

표 2-3 교육비전 2030 교육복지 관련 사업

4-1-1. 현장과 지역 중심의 교육복지 기반 구축

- □ 교육복지추진을 위한 조직의 구성
  - 단위학교의 교육복지추진조직
  - 지방자치단체 및 중앙정부의 교육복지추진조직
- □ 교육복지추진을 위한 지원체제 구축
  - 교육복지의 효율적 추진을 위한 데이터베이스 및 모니터링체제 구축
  - 교육복지지원센터의 운영(중앙정부 수준, 연구 및 비전, 정책개발)
- □ 교육복지지원법 제정

4-1-2. 교육적 배려집단의 필요에 부합하는 교육복지서비스 제공

- □ 저소득층 영유아를 위한 교육 · 보건 · 복지의 통합서비스 제공
- □ 실질적 교육복지서비스 제공을 위한 최저교육복지비 지원

- 학습자의 교육, 보건, 복지에 소요되는 기본비용
- ㅁ 북한이탈주민 청소년의 성공적 정착을 위한 교육 지원 강화
- ㅁ 다문화가정의 한국사회 적응을 위한 교육지원 강화
- ㅁ 저소득층을 위한 교육복지투자우선지역 지원사업의 내실화

4-1-3. 교육적 배려집단의 교육기회 확대

- ㅁ 저소득층 영유아의 기초학습능력 발달 지원
  - 영유아 언어 · 인지 발달 지원
  - 저소득층 부모교육 지원
- ㅁ 초·중등학생의 학습결손과 학력미달 최소화
- ㅁ 학업중단 청소년의 재도전을 위한 대안교육 활성화
- ㅁ 고등교육 등록금 지원의 확대
- ㅁ 대입전형에서 기회균등할당제 도입
- ㅁ 저학력 성인의 보상적 교육기회 확대

4-2-1. 지방 초·중등교육의 교육력 제고

- ㅁ 지방에 '지역복지 거점학교' 육성
  - 지역의 교육 · 문화 · 복지센터로 기능, 다양한 시설확충 및 전문인력 배치
- ㅁ 기숙형 자율학교 육성(농산어촌 고등학교)
- ㅁ 지방에 영재학교 우선 설치
- ㅁ 특성화 전문계 고등학교 육성
- ㅁ 방과후학교 프로그램의 질 향상
- ㅁ 지역 간 교육격차를 보여주는 '교육격차지수' 개발 및 활용
  - 취학기회, 교육여건, 교육의 과정, 교육결과 등의 격차 제시
  - 교육격차 해소를 위한 각종 지원사업 시행시 활용

(5) 교육안전망 수립 추진

정부는 2006년 9월, 한국교육개발원(KEDI)을 '교육안전망지원센터'로 지정하였다. 또한, 지역단위 교육안전망센터를 구축 운영하고, 정부-민간 합동으로 구성된 교육격차해소위원회를 격월로 개최하는 등 범부처적 협력을 통한 교육안전망 수립을 추진한 바 있다.

교육안전망이란 "지원이 필요한 저소득층, 낙후지역 거주인, 장애인, 문화적 소수인 등 교육적 취약집단을 적극적으로 발굴하여 이들에게 교육기회를 제공하고 교육의 과정 속에서 유의미한 학습활동을 경험할 수 있도록 하며 최소한의

교육결과를 보장하며 교육 이후 직업획득과정에서도 사회적인 배제를 예방하기 위한 공적인 제도"를 말한다(류방란, 2006 : 35).[2)]

교육안전망은 기능 차원에서 교육기회, 과정, 결과에서 교육적 취약성을 극복할 수 있도록 지원하는 기능을 수행하며(예: 교육복지투자우선지역 지원사업, 방과후학교 사업), 체제 차원에서 위와 같은 기능을 수행하는 것들의 연결망이라고 볼 수 있다. 또한, 교육안전망은 취약집단을 종적으로는 생애발달단계에 맞게, 횡적으로는 적절한 조건과 환경 속에서 유의미한 학습이 이루어질 수 있도록 지원하는 사업들이 상호 중층적이고 입체적으로 연계되어야 함을 의미한다(류방란, 2006).

교육안전망의 구축원리는 1) 지원하여야 할 개인을 중심으로 일상생활 전반에 걸쳐 영향을 미칠 수 있도록 한다. 즉, 개인에 대한 지원은 개인 차원에서 그치는 것이 아니라 개인이 속한 가정, 이웃, 지역까지 넓혀갈 수 있도록 한다. 2) 취약집단이 유의미한 학습경험을 할 수 있도록 한다. 3) 계층, 지역, 인종, 장애 여부 등의 이유로 배제되지 아니한다. 4) 일시적인 지원이 아니라 생애발달주기에 적합한 지원을 제공한다. 5) 일방적인 시혜가 아니라 지역공동체를 형성할 수 있는 방식으로 이루어져야 한다(허준, 2006, 류방란(2006)에서 재인용).

교육안전망의 구축을 위하여 중앙부처 간, 교육청과 지자체, 중앙과 지역 간에 추진되어야 할 과제는 1) 취약집단의 규모, 특성, 분포 분석, 2) 취약집단의 요구 및 필요 분석, 3) 추진사업의 중복과 누락 진단, 4) 필요한 새로운 정책 개발, 5) 인프라 구축, 6) 예산, 인적 · 물적 자원 및 프로그램 연계의 체계화

---

2) 정부가 사용하는 교육안전망과 교육복지체제의 차이는 분명하지 않다. 다만, 교육안전망은 보편적인 교육복지체제가 완성되기 전까지 작동하는 한시적인 교육기회 보장 장치의 의미를 지니는 것으로 생각되는바, 교육복지체제가 완성되면 교육안전망은 그 임무를 다하는 것으로 인식되는 듯하다. 안전망은 다소 소극적이고 제한적인 의미를 지니고 있는 것으로 보이며, 보다 적극적 · 포괄적 · 보편적인 복지를 실현하기 위한 용어로는 적당치 않은 것으로 보인다.

한편, 교육안전망과 사회안전망(social safety net)과의 관계는 상호보완적인 것으로 생각된다. 즉, 사회안전망이 강화될수록 교육안전망의 필요성은 줄어든다. 왜냐하면, 교육결손 또는 교육소외 문제의 많은 부분이 사회복지적인 지원을 통해 축소 또는 완화될 수 있기 때문이다. 다만, 교육안전망의 접근법은 일반적인 사회안전망의 접근법과는 다른 부분이 있을 수 있으며, 그 특수성은 궁극적으로 소외된 학습자 개인의 문제를 효과적으로 치유하여 교육의 목적을 달성해야 하는 특수한 소임으로부터 비롯된다고 볼 수 있다.

등이다.

또한, 교육안전망의 체계화와 효과적인 가동을 위하여 1) 중앙부처 수준의 협의 조정을 위한 '교육격차해소위원회'를 운영하고, 2) 교육청과 지자체를 포함한 지역수준의 협의체 구성 운영이 필요하며, 3) 시·도교육청 관련 사업들의 추진 · 지원체제의 연계, 통합이 요구되고, 4) 시·군·구 및 지역교육청 단위의 사업 추진 및 지원체제 구축이 필요하며, 특히 학교와 지역사회 간의 연계체제 수립이 필요하다(류방란, 2006).

(6) 방과후학교 사업 추진(2007 교육인적자원부 주요업무계획 보도자료, pp.54-55)

정부는 학부모의 과도한 사교육 의존을 줄여 사교육비 부담을 경감하고 저소득층 및 농어촌지역 등 학습여건이 취약한 학생에게 무상 또는 낮은 가격의 보완적 학습기회를 제공함으로써 교육의 형평성을 높이기 위한 방안으로 '방과후학교' 사업을 추진하고 있다. 방과후학교는 그 이전까지 실시되던 방과후 자율보충학습, 특기적성교육 및 방과후 보육지원 활동을 통합한 개념이다.

방과후학교는 종전의 방과후 교육활동에 비하여, 외부기관(대학이나 비영리단체 등)에 위탁 운영하는 것이 가능하고 학원강사를 강사로 초빙할 수 있으며, 타교 학생이나 지역의 성인들도 프로그램 이수가 가능토록 대상을 확대하고, 인근학교 및 지역사회의 시설 활용을 높이며, 수요자인 학생의 선택권을 최대한 보장하는 등 차별성을 지니고 있다.

2005~2006년 시범사업 지원을 거쳐 2007년에 1,017억 원을 투입(지방비 포함 2,034억 원), 방과후학교를 본격적으로 지원할 계획이다. 이를 통해 88개 시·군 지역의 방과후학교 지원과 기초생활수급대상자 자녀 30만 명에 대한 바우처(자유수강권) 지원, 700개 초등학교 방과후 보육 지원이 이루어질 예정이다.

농산어촌 방과후학교 지원은 전국에서 88개 도·농복합시와 군 지역을 선정해 초등보육 시설비, 프로그램 운영비, 외부강사비, 이동수단비 등을 지원하는 사업으로, 해당되는 지역은 지방자치단체(시청 또는 군청)의 대응투자액과 지역의 여건에 따라 최소 4억 원에서 최대 6억 원까지의 예산을 지원받게 된다.

도시 저소득층 자녀의 교육기회 격차 해소를 위해 2007년에 본격 도입되는 바우처 제도는 1인당 월 3만 원의 수강권이 제공되어, 학생의 선택에 따라 본교는 물론 인근 학교의 방과후학교 프로그램을 수강할 수 있도록 하며, 기초생활수급대상자 자녀 약 30만 명에게 10개월간 지급된다. 또한 700개의 초등학교에 방과후 보육 시설비가 지원되어 맞벌이 부부의 자녀양육 부담을 덜고 여성 인적자원의 활용에도 기여할 계획이다.

2007년에는 특히 방과후학교의 제도적 정착을 이루기 위하여 96개 거점학교를 운영하여 지역 실정에 맞는 우수 모델을 창출 · 확산하고, 현장 교원, 학회, 대학 및 각종 연구단체 등 전문가 집단과 연계하여 우수 프로그램을 개발하여 현장에 적용하며, 온라인 관리 시스템을 개발 · 보급하여 수강신청, 출결관리, 강사풀 운영, 통계 조사 등 방과후학교 운영으로 인한 교원의 업무부담 경감을 지원할 예정이다.

교육인적자원부는 그동안 소규모 학교가 많고 강사 자원이 부족한 농산어촌이나, 저소득층 자녀의 방과후학교 수강에 대한 지원이 충분히 이루어지지 않는다는 현장의 요구가 있어 왔음을 지적하며, 2007년도 지원사업으로 방과후학교가 활성화되어 교육기회 격차 해소와 사교육비 경감에 대한 국민들의 기대에 한층 부응하게 될 것으로 전망하고 있다.

한편, 교육과학기술부를 비롯한 중앙부처가 실시하고 있는 다양한 방과후 지원활동의 중복을 지양하고 보다 효율적인 국가적 방과후 활동 운영체제를 구축하기 위한 노력이 요구되고 있다.

현재 정부부처가 운영하고 있는 5개 사업(교육과학기술부의 방과후학교, 보건복지부의 지역아동센터, 청소년 방과후 아카데미와 청소년 공부방, 보육시설 방과후 교실 등) 간의 연계 협력체제 구축이 필요한 실정이다. 각 사업의 예산재원이 다르고 방과후 교육의 추진배경 및 목표가 다르므로, 궁극적으로 지역 내 방과후 교육에서 아동 · 청소년의 삶을 위하는 것이라는 공동 인식하에 사업 간의 중복적인 요소를 제거하고 수요자적 관점에서 가장 효율적인 지원체제를 수립하는 것이 필요하다.

연간 사업계획을 수립할 때 관련 부처간 정보 공유 및 관련 사업의 공동 기획이 필요하며, 부처별 사업의 고유성, 차별성을 인정하되 중복적인 부분을 파악하여 사업시행계획의 조율이 이루어져야 한다. 부처간 협력, 지역단위 방과후 활동의 연계 운영을 위한 체계적인 운영체제 구축이 필요하며, 광역 및 기초자치단체 수준에서 교육청과 협력하여 방과후 활동을 지원하는 '방과후 활동 지원센터' 설치 운영이 검토될 필요가 있다.

5. 외국의 교육복지정책 동향

가. 주요 국제기구의 관심 분야 및 관련 사업

(1) OECD

(가) 관심사항

OECD에서는 사회적 배제(social exclusion) 문제가 중요한 사회정책적 이슈로 다루어지고 있으며, 이를 극복하여 사회적 통합(social cohesion)을 실현하기 위한 차원에서 교육의 역할이 중시되고 있다. 사회적 배제는 대체로 "사회적 · 경제적 · 문화적으로 주류사회에 참여할 수 있는 능력을 갖지 못하여 소외되어 있는 현상" 또는 "인간으로서의 기본적인 권리와 정치적 · 사회적 권리를 누리지 못하는 현상"을 의미하는 것으로 이해된다.

사회적 배제는 빈곤이나 실업과 같은 개인 차원의 문제가 아니라, 개인과 사회 간의 관계를 형성토록 하는 구조적인 문제로 간주되며, 개인이나 집단의 사회적 배제를 야기하는 사회적 장벽을 해소하는 데 관심을 갖는다. 사회적 배제 현상은 특히 OECD 국가들의 이민 확산 등으로 언어적 · 문화적 소수자들이 사회적 소외계층화하는 현상이 증가됨에 따라 더욱 그 심각성이 부각되고 있다.[3)]

3) Klasen(2000)은 사회적 배제의 개념에 대한 능력 및 권리 중심 접근(ability and rights-based approach)은 개인의 기본적인 권리와 능력을 보장한다는 차원에서 사회적으로 배제된 개인의 무

OECD에서는 교육복지라는 용어를 사용하지는 않으나, 사회통합 이슈와 관련하여 교육에서의 형평성(equity)을 확보하는 문제에 대하여 높은 관심을 지니고 있다. 보다 공평한 사회를 만들기 위해 모든 개인이 사회적 배경, 출신, 성별 등에 상관없이 동등한 학습기회에 접근하여야 하며, 신체적 장애(organic disabilities), 학습곤란(learning difficulties), 사회적 불리(social disadvantages)를 안고 있는 학생들은 특별한 도움을 받아야 하고, 궁극적으로 모든 학습자—특히 덜 성공적인 학습자—의 성취도를 향상시키는 것은 교육체제의 영구적인 목표가 되어야 한다는 생각이다(OECD, 2004b). 이와 같은 관점에서 유아교육부터 성인학습에 이르는 평생학습이 중시되며, 특히 유아교육 · 보육과 성인학습이 중요한 정책영역으로 간주되고 있다.

연구결과들은 양질의 유아교육 · 보육(ECEC : early childhood education and care)을 받은 아동들이 높은 사고력과 문제해결력을 지니며, 보다 협동적이고 남을 배려하며, 높은 자존감을 키우게 되고, 학교교육으로 효과적으로 이동해 갈 수 있도록 잘 준비된다고 보고하고 있다(OECD, 2004a). 또한 그 교육의 효과는 불리한 배경을 지닌 아동들에게 더욱 요긴하다. 효과적인 유아교육 · 보육을 위해서는 아동의 발달수준과 교수이론에 적합한 분명한 목적과 함께 적절한 내용과 방법으로 구조화된 프로그램이 제공되어야 한다고 보고 있으며, 다음과 같은 사항에 있어서 국가 간에 격차가 나타나고 있음을 지적하고 있다.

첫째, 교육접근기회의 적절성이다. 저소득층, 농촌지역 아동, 특별한 교육적 필요를 지닌 아동들의 교육접근 기회 등에 있어 격차가 나타나고 있다.

둘째, 프로그램의 질이다. 교육 프로그램의 질은 높은 교사-학생 비율, 교사의 부적절한 훈련, 발달 수준에 또는 교육적으로 부적합한 교육과정, 학생의 교육적 필요에 맞지 않는 프로그래밍 등에 영향을 받으며 이와 같은 부분에서 차이가 존재한다.

셋째, 불충분한 학습시간이다. 직장에 다니는 부모들의 퇴근시간보다 프로그

능력이나 불운을 탓하는 복지정책상의 관점을 피할 수 있고, 결과를 획일화하지 않는 반면 평등한 자유를 보장하며, 접근(access) 기회를 보장하는 데 그치지 않고 능력의 확보를 보장하고자 하는 등의 장점을 지닌다고 지적하고 있다.

램이 일찍 마치는 경우 부모들에게 부담을 주며, 질이 보장되지 않은 추가적인 보육 서비스의 등장을 초래한다.

또한 정부의 적극적 관여가 없다면, 소득에 따라 유아교육 · 보육에도 양질의 서비스를 누리는 고소득층과 낮은 수준의 교육을 제공받는 저소득층으로 교육 시스템이 이원화될 가능성이 높음을 우려하고 있다. 이와 관련 다음과 같은 질문을 제기하고 있다. 아동들을 위한 양질의 교육 프로그램이 갖추어야 할 구조적 특징은 무엇인가? 분리를 지양하고 도움이 필요한 아동에게 개별화된 관심을 제공할 수 있는 양질의 보편화된 서비스를 국가수준에서 조직할 수 있는가? 사회적으로 불리한 아동과 이민아동을 지원하여 가족의 통합을 돕고 교육기회의 균등을 보장하기 위한 양질의 취학전교육 프로그램은 어떻게 조직되어야 하는가? 교육의 바탕에 보다 많은 형평성을 가져오기 위해서 교육예산을 조정할 필요가 있는가?

한편, OECD 국가의 성인 중 3분의 2가 조직화된 학습활동에 참여하지 않고 있으며, 성인학습 참가율은 학력이 높을수록 높게 나타난다. 이는 곧 성인학습이 기존의 교육불평등을 더욱 심화시키는 결과를 가져오는 것으로 볼 수 있다. 이에 대한 대응과제는 학교교육을 보다 잘 받을 수 있도록 돕는 것(예컨대, 아무런 사후보장 없이 학교를 중도 탈락하는 일을 줄이는 것)과 학교교육에서 생긴 문제를 보완하는 것(학업에 대하여 회의적이고 자신이 없는 성인을 학업으로 유도하는 것)이 된다.

이와 관련, 학습코스를 늘리는 것만으로는 부족하며, 직장에서의 학습친화적 환경이 조성되고 학습조건의 선택 다양화 등이 수반되지 않으면 성인교육은 이미 교육의 혜택을 받은 사람들의 전유물이 될지도 모른다(OECD, 2004a).

(나) 관련 사업

OECD는 교육위원회(Education Committee)와 교육연구혁신센터(CERI)를 통해 여러 가지 연구와 프로젝트를 추진하고 있다. 교육위원회는 교육을 통한 사회적 통합성의 구축을 기본목표 중 하나로 선정하고 1) 인종적 · 문화적 다양성에 효과적으로 대응, 2) 기회와 결과의 형평성 향상(Equity in Education), 3) 교육과 사회적 자본과의 명확한 연관성 확보, 4) 특수한 교육요구를 지닌 학생들의 성취도 향상, 5) 안전한 학교 만들기 등의 활동을 추진하고 있다.

한편, 교육연구혁신센터의 10개의 프로젝트 중 3개가 이 주제와 연관되는데, 그들은 1) 교육의 형평성 통계 및 지표개발 사업, 2) 장애 및 위험에 놓인 학생을 위한 교육개발사업, 3) 소외 청소년 · 학생의 포용을 위한 협력체제 형성 사업 등이다. 이들 사업 중 대표적인 두 가지 사업을 살펴보기로 한다.

1) Equity in Education 사업(기회와 결과의 형평성 향상)

이 사업은 교육을 통하여 평생 동안의 교육기회, 성취도, 소득격차 등 사회적 불평등을 줄이고 사회통합을 증진하는 정책방안을 탐구하기 위하여 실시되었다. 벨기에, 프랑스, 러시아, 슬로베니아, 스위스, 핀란드, 헝가리, 노르웨이, 스웨덴 등이 참여하였다. 유럽 국가들은 성(gender) 평등은 높은 편이나 이민자들의 사회통합과 중학교 단계의 진로 결정(selection)에 관심을 지니고 있다. 참가국들은 국가분석 보고서를 작성하여 제출하며, 핀란드, 헝가리, 노르웨이, 스웨덴은 사무국의 국가방문 검토가 실시되었다. 사무국이 밝힌 이 사업에서의 주요 검토주제들은 다음과 같다.

첫째, 선발과 기회의 공정성이다. 일류 수준의 교육을 누구든지 받을 수 있는지, 실패한 자에게 두 번째 기회가 주어지는지가 주된 검토사항이다.

둘째, 재정지원의 공정성이다. 교육기관별 또는 지역별 격차 완화 문제와 지원금 또는 융자금이 이를 필요로 하는 학생들에게 공정하게 제공되는지가 검토 대상이다.

셋째, 효과적인 정치적 · 법적 지원제도의 수립 여부이다. 사회집단별 불이익 상황이 보상되는 법적 장치가 있으며, 정치적으로 형평성과 사회통합에 우호적인 풍토가 형성되어 있는가? 형평성을 증진하는 정책수단들이 강구되고 있는가? 불평등 상황을 인식할 수 있는 데이터가 있는가? 단계별 · 대상별 불평등 해소를 위한 체계적 조정능력, 해결능력을 정부가 갖추고 있는지 여부 등이 중요한 검토과제이다.

넷째, 단계별 불이익 대상에 관한 검토이다. 우선, 생애 모든 단계를 검토하되, 특히 중학교를 집중 검토한다. 그 이유는 중학교가 의무교육 완성시점으로 핵심적 진로결정 시기이며, PISA 등 국제비교 데이터를 이용할 수 있고, OECD가 이미 추진하고 있는 유아교육과 보육, 고등학교 조사, 성인학습, 고등교육 검토 등과 보완적이기 때문이다. 참가자 중 학교의 진로결정 제도가 교육을 파괴하는 경향이 있으며, 통합교육을 실시하여야 한다는 주장이 많다.

다섯째, 취약집단들로서 성취도가 낮은 집단, 이민, 소수집단, 저소득층, 취약지역, 여성(또는 남성) 등에 초점을 둔다. 이는 부모세대의 불리한 사회경제적 배경이 자녀세대로 이전되는 것을 최소화하기 위한 방안을 강구하기 위한 것이다. 유럽 국가들은 50년 전에는 사회가 동질적이었으나 근래에 이민의 급증으로 종래의 사회보장체제를 재구성할 필요를 느끼고 있다.

2) 교육 형평성 통계 및 지표 개발 사업

OECD는 2004년 "Equity in Education: Students with Disabilities, Learning Difficulties and Disadvantages - Statistics and Indicators" 보고서를 발간하였다. OECD 국가들에서는 형평성의 원칙과 사회통합(social cohesion)이 교육에 대한 관심을 급속하게 증가시켜 왔으며, 특히 추가적인 도움을 주지 않으면 학교교육에서 성공할 수 없는 학생에 대한 관심이 보편적으로 존재한다. 모든 OECD 국가들은 국가별로 차이는 있지만 심신장애(disabilities), 학습곤란(difficulties), 사회적 불리(disadvantages)를 지닌 학생에 대하여 특별한 지원을 하고 있다. 이 보고서에서는 이러한 교육을 special needs education이라 부르며, special education과 구별하고 있다. 보고서는 또한, 많은 국가들이 이들에 대한 정규교육으로부터의 분리보다는 통합교육(inclusive education) 쪽으로 움직이는 추세임을 지적하고 있다.

이 보고서는 special needs를 지닌 학생을 세 범주(category)로 분류하여, 각 범주에 대한 교육의 형평성을 조사 분석하고 있다. 검토기준은 다음의 4가지 기본적 해석을 따르고 있다.

첫째, 접근의 공정성 또는 기회의 균등성이다. 모든 개인은 교육체제의 일정 수준에 도달하기 위해 동일한 기회를 갖는가?

둘째, 학습환경 제공의 공정성 또는 수단의 평등성이다. 모든 개인은 동등한 학습조건을 누리는가? 불리한 위치에 놓인(disadvantaged) 개인과 집단이 학습 인프라, 도구의 양과 질, 그리고 교사 등의 훈련수준에 있어서 그렇지 않은 개인, 집단과 동등한 혜택을 받는가?

셋째, 생산의 공정성 또는 성취의 균등성이다. 모든 학생들은 교육제도의 목표로 정해진 동등한 수준의 능력, 기술과 지식을 습득하는가? 학생의 배경이나 출신에 상관없이 동등한 자격, 학력이나 성취 수준에 도달하는가?

넷째, 실현의 동등 또는 결과의 활용이다. 교육체제를 떠난 뒤 개인 또는 집단들은 사회에서 자기들의 목적을 실현하고 자신의 기술을 정당화하기 위하여 그 기술을 사용할 수 있는 동등한 기회를 갖는가?

(2) UNESCO

(가) 관심사항

UNESCO의 교육에 대한 접근은 기본적으로 1948년에 제정된 '세계인권선언' 에 '교육은 인간의 기본적 권리' 로 규정되어 있음에 기초하고 있다. 교육은 인간이 보다 윤택하고 평화로운 삶을 영위하는 데 필요한 기본적 권리라고 할 수 있으며 인간사회에서 성, 계층 등에 상관없이 사회적 · 경제적 자유를 누릴 수 있게 하는 강력한 수단이라고 할 수 있다(한국교육개발원, 2005b: 23).

UNESCO의 교육사업은 '모든 이를 위한 교육(EFA: Education for All)' 이라는 주제에 초점을 맞추고 있다. 1990년 좀티엔에서의 '모든 이를 위한 교육' 세계선언에 이어, 2000년 세네갈 Dakar에서 개최된 World Education Forum에서는 2015년까지 실행안을 반영한 Dakar Framework for Action 권고문을 채택하였다. 181개국 정부대표단이 동의한 이 권고문은 세계 모든 국가가 나이, 성, 계층, 지역 등의 차이에도 불구하고 누구나 평등한 양과 질의 교육을 받을 수 있도록 하자는 취지를 담고 있으며 여기에 제시된 EFA의 목적은 다음과 같다(한국교육개발원, 2005b: 24).

UNESCO 모든 이를 위한 교육(EFA)의 6가지 목적(The Six Dakar Goals)

1. 영유아 특히 사회적으로 약하고 소외된 영유아에 대한 종합적인 보호 및 교육의 확대
2. 2015년까지 모든 아동(특히 여아와 어려운 환경 속의 아동, 소수민족 아동)에게 양질의 무상 의무 초등교육을 실시
3. 청소년 및 성인의 학습과 생애능력 프로그램의 평등한 혜택 제공
4. 2015년까지의 성인 특히 여성의 문맹률을 50% 이하로 낮추고 모든 성인에게 기본적이고 지속적인 교육을 균등하게 제공
5. 2005년까지 초·중등학교에서의 성 불평등을 제거하고, 2015년까지 여아들에게 양질의 기본교육 제공 등을 포함한 양성평등 교육을 달성
6. 교육의 모든 측면에서 질적 향상을 도모하며 특히 읽기, 셈하기와 같은 기본적 생애기술을 포함한 모든 분야에서 모든 이들의 수월성을 보장하여 가시적이고 측정 가능한 학습결과를 성취할 수 있도록 함.

또한, 모든 이를 위한 교육을 실현하기 위하여 세계교육포럼이 제시한 구체적인 전략들은 다음과 같다(한국교육개발원, 2005b: 26-27).

1. 모든 이를 위한 교육에 국내외의 정치적 관심을 집중시키며 국가 차원의 교육실천계획을 개발하여 기초교육에 대한 투자를 늘린다.
2. 빈곤퇴치 및 개발전략과 연계하여 지속 가능하고 잘 통합된 틀 속에서 모든 이를 위한 교육정책을 촉진한다.
3. 교육발전을 위한 계획 및 전략의 수립, 평가 등에 시민사회의 참여를 증진한다.
4. 참여적이며 책임 있는 교육관리 시스템을 개발한다.
5. 사회적 갈등, 자연재해 및 불안정 등으로 인해 발생하는 요구사항을 고려하여 상호이해를 증진하고 사회적 갈등을 예방하는 교육 프로그램을 개발한다.
6. 교육에서 성 평등을 이루기 위하여 사회적 태도, 가치, 관행 등을 변화시키기 위한 전략을 개발한다.

7. HIV/AIDS와 같은 질병 퇴치를 위한 교육 프로그램을 조속히 수립한다.
8. 교육의 수월성 달성을 위하여 안전하고, 건강하며, 공정하게 자원이 확보된 교육환경을 조성한다.
9. 교사의 지위, 도덕성, 전문성 향상을 도모한다.
10. '모든 이를 위한 교육'의 목표 달성을 위하여 새로운 정보 및 커뮤니케이션 기술을 이용한다.
11. 국가, 지역, 국제적 수준에서 모든 이를 위한 교육의 목표와 전개 상황을 체계적으로 모니터링한다.
12. 모든 이를 위한 교육의 목표 달성을 위한 진행을 가속화하기 위한 메커니즘을 개발한다.

(나) 교육차별철폐협약(Convention against Discrimination in Education)[4]

UNESCO는 교육에서의 차별을 방지하기 위한 협약을 통해 교육기회의 평등을 실현하기 위한 노력을 경주하고 있다. '05. 4월 유네스코 사무총장은 1960년 채택되고 1962년 발효된 '교육차별철폐협약(Convention against Discrimination in Education)'에 대한 미가입 회원국의 가입을 촉구한 바 있다. 현재 91개국이 가입한 이 협약에 한국은 아직 가입하지 않고 있다.

1) 협약의 주요내용

협약에서 채택하고 있는 차별행위란 교육기회 및 대우의 평등을 손상하는 의도 또는 효과를 지니는 구별, 배척, 제한, 편중(선호)을 포함한다. 차별의 이유는 인종, 피부색, 성별, 언어, 종교, 정치적 또는 기타 의사, 국적, 사회적 출신, 경제적 조건, 출생 등이며, 적용범위는 모든 형태, 모든 수준(단계)의 교육이 해당되고, 교육차별의 유형은 1) 교육기회에의 접근 차단, 2) 특정 개인, 집단에 대한 열등한 기준 적용, 3) 분리된 제도나 교육기관의 운영, 4) 인간의 존엄성에 반하는 조건을 부과하는 행위 등이 포함된다.

가입국은 다음과 같은 의무를 준수하여야 한다. 첫째, 정부의 의무로서 교육

4) 김인희(2005b). 유네스코 교육차별철폐협약 가입 검토를 위한 기초연구. 유네스코한국위원회 정책연구과제.

차별을 포함하는 법령 · 지침 폐기, 행정조치 중단, 입학의 차별을 금지하는 입법(필요한 경우), 성과와 필요(merit or need)에 의한 것을 제외하고 수업료, 장학금, 기타 지원 및 외국에서의 학업에 대한 승인, 편의제공에 있어 국민 간 차별 금지, 교육기관에 대한 지원에 있어 학생들의 소속집단을 이유로 하는 차별 금지, 국내 외국인에 대한 내국인과 동등 대우 등이 규정되어 있다.

둘째, 정부의 정책수립 추진 의무로서 초등교육을 무상의무화하며, 다양한 형태의 중등교육을 모두에게 접근 및 이용 가능하도록 하고, 개인능력에 기초하여 고등교육 접근기회를 동등하게 하며, 같은 수준(단계)의 공공교육기관의 교육기준과 교육의 질에 관련된 조건이 동등하도록 하고, 초등교육 미완성자에 대한 교육 지원 및 학업지속을 격려 강화하며, 교직 진입을 위한 훈련에 있어 차별을 금지하여야 한다.

또한, 원칙에 대한 동의와 의무준수가 규정되어 있다. 그 원칙은 교육의 방향에 있어 인격의 완성, 인권, 기본적 자유를 존중하고 이해, 관용, 우정을 촉진하며 평화유지를 위한 UN 활동을 조장하고, 학교선택권에 관하여 공공교육기관 이외의 교육기관을 선택할 권리를 인정하는 것이다. 다만, 이 경우 당국이 설정한 최소한의 기준에 부합되어야 한다. 법령 절차에 따라 자녀에 대한 종교교육, 도덕교육 권리를 인정하고, 신념에 반한 종교교육을 강요하지 아니한다. 소수집단 교육에 있어 학교운영, 자신들의 언어 사용 및 교육을 포함한 교육활동 권리를 인정하되, 1) 전체 공동체의 언어, 문화를 이해하고 활동에 참여하는 것을 방해하지 않고, 2) 열등한 교육기준을 적용하지 않으며, 3) 그러한 교육에 참여하는 것이 선택적이어야 한다.

또한, 유네스코에 대한 경과보고서(progress report) 제출 의무가 있다. 보고서에는 1) 관련 법령, 정책, 행정적 조치에 대한 설명과 이들이 얼마나 협약 내용에 부합되는지에 대한 검토, 2) 차별철폐에 관한 법령, 정책, 행정조치의 효과, 3) affirmative action과 그 효과, 4) 협약내용과 관련된 모든 유용한 자료, 5) 협약의 각 조항에 관련된 법령, 정책 조치와 효과, 관련 자료 등이 제시되어야 한다.

2) 우리나라의 협약 가입시 예상 효과와 비용

예상효과는 1) 국제적 기준을 통해 교육차별과 관련된 문제들을 정책의제로 부각시켜 사회적 · 정치적 관심을 불러일으키고 정부의 투자 확대 및 사회적 개선 노력을 강화하는 계기가 될 수 있고, 2) 이를 통하여 잘못된 제도, 의식, 관행을 개선하고 교육계 및 정부, 국민의 의식을 고취하여 교육차별 해소를 위한 동력과 자원을 획득하는 데 기여하며, 3) 과제별로 체계적인 실태파악 및 원인분석, 국제 비교 등을 통해 장단기 대책을 수립하는 데 도움이 될 수 있다. 4) 유네스코가 감시자가 되어 이 문제에 대한 일관되고 지속적인 국가적 개선 노력의 자극제가 될 수 있으며, 5) 정부가 추진 중인 교육불평등 해소 및 교육기회의 실질적 보장을 위한 소외계층 및 지역에 대한 지원 정책이 보다 힘을 얻고 그 정당성이 제고될 수 있다.

그에 대한 예상비용은 1) 여러 예민한 주제를 대상으로 이념 및 이해관계를 달리하는 세력 및 집단 간에 전선이 형성되면서 대립과 갈등이 확산될 가능성이 있으며, 2) 협약가입을 계기로 자기 이익을 증대시키고 주장을 관철하기 위한 관련 집단들의 정부에 대한 압력이 거세지고 정부의 책임과 부담이 그만큼 늘어날 수 있다.

협약가입은 우리 교육체제의 형평성(equity)을 한 단계 업그레이드시키는 계기가 될 수 있으며, 이 기회를 지혜롭게 활용할 수 있는가의 여부는 우리 자신의 열린 사고와 자기 혁신 노력에 달려 있다. 적극적으로 이 기회를 활용하는 것이 교육 선진국을 지향하는 현명한 국민과 정부의 자세라고 본다.

다만, 정부는 교육에서의 불평등, 차별 해소를 어떤 방향에서 어떤 로드맵을 가지고 추진해 나갈 것인지에 대한 장기적 그림 속에서 중·단기적 과제들을 구체적으로 실천해 나갈 현실적이고 타당한 계획을 수립하여야 하며, 그 과정에서 다양한 참여자들의 상충되는 의견과 이해관계를 큰 그릇으로 담아낼 수 있는 포용력과 의지를 가지고 일관된 실천 노력을 경주하여야 할 것이다. 그렇지 않으면 협약가입이 막상 실익은 없이 상징적 의미에 그치고 소모적인 논쟁과 갈등만을 야기하는 어리석은 결정으로 그치게 될 수도 있음을 유의하여야 할 것이다.

나. 외국의 교육복지정책[5)]

여기서는 증가되는 이민자 등 사회적 취약계층에 대한 종합적 교육복지정책을 통해 교육소외를 해소하고 사회통합(social inclusion)을 실현코자 노력하는 **영국**의 사례, 비교적 문화적으로 동질성을 지닌 국가로서 세계적으로 높은 교육의 수월성과 형평성을 동시에 실현시키고 있는 **핀란드**의 사례, 그리고 교육적 취약집단의 학업성취 보장을 통한 계층 간 학력격차 해소 정책을 국가 차원에서 추진하고 있는 **미국**의 사례를 중심으로 살펴보고자 한다.

(1) 영국

영국에서는 학교에 적응하지 못하고 실패하는 학생 및 청소년의 문제가 이미 오래전부터 심각하게 제기되어 왔으며 이들의 결과적인 사회적 배제(social exclusion) 문제가 주요 사회적 · 정책적 이슈가 되어 왔다. 이민자의 증가에 따른 사회적 취약계층의 확대는 이 문제를 더욱 가중시키고 있다. 학교부적응, 즉 학교를 좋아하지 않고 교육으로부터 소외된 학생들의 문제는 무단결석(truancy), 학업중단(school exclusion), 폭력, 파괴행위(vandalism), 약물복용, 괴롭힘(bullying), 범죄(criminality), 수업방해(classroom disruption) 등의 현상과 연관되어 있다. 교육적으로 소외된 자들(educational underachievers)은 고작해야 낮은 임금의 직업을 기대할 수밖에 없고 심성을 훈련할 기회가 적으며, 전망은 희박하고 실업의 위협에 만성적으로 시달리며, 자칫하면 범죄나 마약, 성산업 등에 좌우되는 지하시장경제에 빠지게 되어 결국 그들의 불리한 사회적 지위를 더 악화시키고 취약한 건강과 사회적 배제를 심화시키는 결과를 초래할 수 있다(Williams & Pritchard, 2006: 4).

---

5) 이 소절에서 다루어진 영국과 핀란드의 사례는 한만길 외(2008), "교육안전망 추진체제 구축방안 연구"(한국교육개발원 연구보고서)에 실린 내용인 바, 이 부분은 본 저서의 저술과정에서 공동저자(김인희)에 의해 작성된 것으로서 위 연구의 공동연구원으로 참여하여 연구보고서에 삽입된 것임을 밝힌다.

(가) Every Child Matters

이와 같이 학교에 부적응하여 결과적으로 사회적 배제의 위기에 놓여 있는 아동, 청소년들을 학교를 중심으로 적극적으로 지원하여 사회적 포용(social inclusion)을 실천하고자 하는 것이 영국정부의 기본적인 생각이며, 최근의 관련 정책은 2004년 교육기술부(Department for Education & Skills, 이하 DfES)가 수립 발간한 'Every Child Matters: Change for Children' (이하 'ECM')에 잘 나타나 있다. ECM은 아동과 청소년들이 자신의 잠재역량을 최대한으로 발휘하고 장애를 극복할 수 있도록 지원함에 있어 서비스의 질(quality), 접근성(accessibility), 일관성(coherence)을 단계적으로 높이고자 하는 것으로, Education Act 2004가 ECM 추진의 제도적 · 법률적 근거를 제공하고 있다(DfES, 2004: 2).

ECM은 기본적으로 종전의 교육소외 문제에 대한 사후조치 중심 접근에서 사전 예방 중심 접근으로의 전환을 꾀하고 있으며, 무엇보다도 서비스 수요자가 있는 지역을 중심으로 학교와 다양한 지역기관들이 협력체제를 구축하여 통합적으로 서비스 공급이 이루어지는 방식을 강조하고 있다. ECM은 이와 같은 지역 중심의 통합적 접근을 촉진 지원하기 위한 국가적 틀(national framework) 역할을 하는 것이다(DfES, 2004: 2).

ECM이 기대하는 결과는 아동들로 하여금 그들의 삶에 있어서 1) 건강하고, 2) 안전하며, 3) 즐기면서 성취하고, 4) 긍정적으로 기여하며, 5) 경제적 복지를 이루도록 하는 것이다. 이와 같은 결과를 향상시키고 개인 간 격차를 축소시키는 데에 ECM의 목적이 있다. 이와 같은 목적을 달성하기 위해서는 서비스 공급체제의 획기적인 변화가 필요하며 다음과 같은 사항이 반영되어야 한다고 보고 있다.

① 보편적인 서비스의 개선과 통합 : 유아기, 학교 및 건강 서비스

② 기회를 증진하고 문제를 예방하며, 문제가 발생할 때 조기에 효과적으로 대응하기 위한 보다 전문화된 도움

③ 아동과 가족이 자리하는 한 장소를 중심으로 서비스의 재배치(reconfiguration). 예컨대, 아동센터, 확장학교(extended schools)로 각 분야 전문가를 집결시킴

④ 체제의 각 수준에서 헌신적이고 경영적인 리더십의 필요

⑤ 아동을 지키고 보호하는 기관 간의 공동 책임의식 발전

⑥ 서비스의 일상적 공급, 정책의 평가 기획에 있어 아동, 청소년, 가족의 의견 청취

Every Child Matters는 주로 3개의 틀(framework)을 통해 작동하는데, 첫째는 성과(outcomes) 틀이며, 둘째는 통합된 서비스 틀이고, 셋째는 지역 변화에 대한 지원 틀이다. 성과 틀은 위에 제시된 5개 영역에 대한 성과관리를 통해 서비스의 공급 및 관련 정책을 이끌어나가고자 하는 틀로서, 5개 영역은 다시 25개의 세부항목으로 나뉘며, 이에 덧붙여 이 분야의 진전을 평가하기 위해 국가가 수립한 평가척도로 Public Service Agreement(PSA) targets가 있다. 또한, 지역 당국과 협력기관의 책무성을 확보하기 위한 감사(inspection)의 기준이 제시되어 있으며 이는 국가 서비스 틀(National Service Framework: NSF)에 기초하여 작성되었다. 한편, 성과에 관련된 범정부적인 공동의 자료세트(dataset)가 수립되어 진전도 평가의 기초자료로 활용되게 된다. 이와 같은 5개 성과영역 지표, 국가의 평가지표, 감사기준 등은 ECM의 실천을 인도하고 새로운 정책의 방향을 제시하는 길잡이로 기능하게 된다.

둘째, ECM은 통합된 서비스를 핵심으로 하고 있다. 이는 아동에 대한 서비스 공급 과정의 모든 단계와 국면에 있어서 적용되며, 정부 간의 통합, 전략의 통합, 과정의 통합, 현장 서비스 공급의 통합을 포함하며 그 일관된 초점은 아동과 청소년들의 5개 영역 결과 향상에 맞추어져 있다. [그림 2-5]는 이를 가리키고 있다.

현장 서비스 공급의 통합(integrated front-line delivery)은 아동과 청소년들이 1) 유해한 요소로부터 보다 잘 보호되며, 2) 잠재역량을 최대로 발휘할 기회를 보다 많이 갖고, 3) 어려움이 있을 때 보다 조기에 효과적인 도움을 받으며, 4) 특정한(targeted) 서비스와 일반적인(universal) 서비스 간의 보다 밀접한 연계를 통하여 보다 stigma를 줄이면서 보다 빨리 특정한 서비스에 접근할 수 있도록 하며, 부모와 보호자들이 1) 보다 많고 향상된 정보와 조언, 지원을 얻고, 2) 필

그림 2-5 The children's trust in action

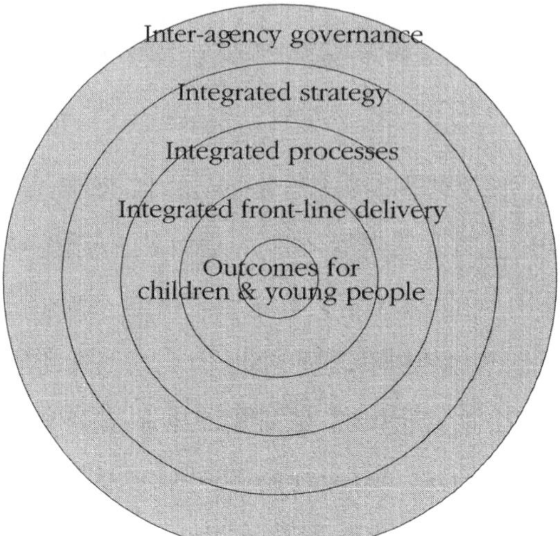

요할 때 특정한 지원에 접근할 수 있도록 하기 위한 것이다.

이와 같은 목적을 달성하기 위해서는 개인화되고 질 높은 통합적 일반 서비스가 요구되며, 이는 다시 효과적이고 특정한 목적의 전문가에 의한 서비스에 보다 용이하게 접근토록 하게 될 것이다. 이는 숙련되고 효과적인 인력에 의해 제공될 수 있다(DfES, 2004 : 14-18).

통합된 과정(integrated processes)은 현장실천자들의 관료제적인 부담을 줄이는 내용을 포함하며 이를 위하여 교육기술부(DfES)와 내각이 공동으로 노력하고 있다. 또한, 통합된 과정의 의미는 학교나 유아교육기관, 기타 서비스 공급자 등 일반적 서비스 제공자 간의 보다 향상된 협력과 통합을 가능케 하여야 한다. 정부는 이와 같은 차원에서 아동과 청소년에 대한 지원수요를 조기에 보다 정확하고 빠르게 파악하기 위한 공통의 과정을 제시하기 위하여 Common Assessment Framework(CAF)를 개발하고 있다. 이는 모든 아동의 개인적 · 가정적 · 지역사회적 지원 요구를 손쉽게 파악하며 시간 경과에 따라 갱신하고 서비스 지원자 간에 공유하기 위한 것이다.

지역당국 및 협력기관들은 서비스 공급에 관한 정보를 보다 긴밀하게 교환하고 공유하기 위한 노력을 하고 있다. 2004 Education Act는 지원 대상 아동 및 청소년, 그들을 지원하는 또는 지원 가능한 서비스 공급자 등에 대한 정확한 정보와 자료를 포함하는 국가 자료기준 또는 색인시스템(national standards of database or index system)을 수립하도록 하고 있으며, 정부는 지방색인(local index)을 네트워크화하는 설계를 실시하고 있다.

통합된 전략(integrated strategy)은 지역 리더십의 구축, 요구분석과 기획, 공동 위탁(commissioning)과 예산통합(pooling)을 내용으로 한다. 2004 Education Act는 모든 지방정부로 하여금 아동서비스담당관(Director of children services)을 임명하고 지도위원(Lead member)을 지정하도록 하고 있다. 이들은 지역아동보호위원회(Local Safeguarding Children Boards)를 설립하는 것 외에 다양하고 광범위한 협력을 확보하는 등의 책임을 맡게 된다. 정부는 현재 담당관과 선도기관의 역할에 대한 자문을 실시하고 있다.

서비스의 요구분석과 기획과 관련하여 지역 참여기관들에게 다음과 같은 가이드라인을 제시하고 있다(DfES, 2004:18).

① 그 지역 아동 · 청소년들의 결과(실태) 유형과 최근의 추세를 파악하고 국가 및 적합한 상대 지역과 비교해 본다(예: 십대 임신율, 청소년 비행률, 약물 오남용률 등).

② 결과의 전체적 그림 속에서 특정 청소년집단의 모습을 파악한다(예: 소수민족, 장애인, 동성연애자 등)

③ 전반적 · 통합적 수요분석을 위해 이상의 자료를 활용하고, 아동, 청소년과 그들의 가족, 지역사회, 현장실천가 등의 의견을 듣는다.

④ 지역이 처한 도전의 속성과 규모에 대하여 의견을 일치하고, 활용 가능한 자원을 확인하며, 행동의 우선순위를 정한다.

⑤ 우선순위가 높은 결과를 얻을 수 있는 유형의 서비스를 기획하되, 자원이 얼마나 빨리 문제의 예방과 조기 대응에 사용될 수 있는가를 고려한다.

⑥ 법령상, 자발적 · 사적 서비스 공급자로부터 가장 최선으로 서비스를 제공할 수 있는 방법을 함께 결정하되, 선택의 범위를 넓히고 효율성을 높이기 위하여 대안적 공급자를 포함시킨다.

⑦ 통합된 예산과 자원으로부터 공동으로 운영해 나가는 계획을 점차 증대시킨다.

⑧ 인력의 개발과 지역 과정에서의 변화, 지역 변화 프로그램의 전달을 지원하는 데 필요한 운영방법들을 기획한다.

⑨ 서비스들이 기대한 바를 달성하고 있는지 점검하고 평가한다.

기관 간 협력을 통한 관리(inter-agency governance)를 위해서는 다음과 같은 요소가 핵심으로 제시되고 있다.

① 지역 당국의 효과적 리더십

② 모든 핵심 파트너들의 완전한 참여

③ 명확한 책임 규정

④ 신뢰, 비전 공유에 기초한 관계와 결과를 향상시키겠다는 결의

⑤ 모든 핵심 파트너 기관의 고위대표들의 공유된 전략적 리더십 발휘 및 방향 제시와 변화 추진력

셋째, 지역변화에 대한 지원 틀은 1) 지역변화에 대한 정부의 지원과 2) 평가개선체제로 구성된다. 먼저, 지역변화에 대한 정부의 지원을 위해 10명의 지역변화자문가가 임명되어 있으며, 이들은 정부기관(Government Offices: GOs)에 근거지를 두고 정부의 다른 자문가들과의 협력하에 지역변화 프로그램의 기획과 집행을 지원하는 역할을 수행한다. GOs는 지역기관들의 ECM 수행을 지원하는 데 있어서 핵심 역할을 수행한다. 새로 임명된 아동서비스담당관을 중심으로 모든 지역단위 프로그램들이 통합적으로 다루어지고 이를 지원하기 위한 통합된 지역단위 자문팀이 가동될 수 있도록 정부(DfES)는 지원을 아끼지 않는다.

정부는 또한 이 사업을 이끌어갈 지도자 양성에 힘을 기울인다. 모든 관련 분야를 통해 새롭고 잠재역량을 지닌 전략적 지도자를 발굴하여 개발시키는 데에 다른 기관들과 협력적인 노력을 기울이고 있다. 이는 개발훈련 기회 제공 및 효과적인 실천에의 빠르고 쉬운 접근기회 제공을 중심으로 이루어진다. 현재의 아동서비스담당관들이 서로 경험을 공유할 수 있는 네트워크를 운영하고 있으며, 장래의 아동서비스담당관을 희망하는 사람들을 위한 훈련기회를 제공할 예정이

며, 이는 교육, 보건, 사회 서비스 등 다양한 영역의 기관들 간의 협력체제를 통하게 될 것이다.

지역별 지도위원(Lead member)들을 위한 훈련 모듈이 이미 개발되어 있으며, 지역 변화자문가(Regional Change Advisor)들은 지역의 전략지도자들을 위한 워크샵 개최, 동료평가(peer review) 등을 통하여 지원한다. 지방당국의 행정책임자를 위한 회의(conference)가 개최되어 우수한 실천경험의 교환과 확산이 이루어진다. DfES는 우수 실천사례를 알리기 위한 자료집을 발간할 예정이다.

요컨대, Every Child Matters는 특별한 교육적 지원이 필요한 아동과 청소년에 대하여 사전 예방적으로 적기에 효율적인 지원 서비스를 제공하기 위한 국가적 실행체제이며, 프로그램의 기획과 실행은 지역 중심의 기관 간 협력체제 및 통합적인 운영체제와 방식을 통해 이루어지며, 국가는 이에 대한 긴밀하고 체계적인 지원을 제공한다. 또한, 이와 같은 정책은 2004 Education Act에 의해 법적으로 뒷받침되고 있는바, 이 프로젝트는 영국의 거의 모든 국가 및 지방의 책임 있는 기관과 단체가 참여하는 거대한 종합적 교육복지 실천모델이라고 할 수 있을 것이다.

(나) National Healthy School Program(NHSP)

NHSP의 목적은 건강한 학교(Healthy Schools)를 만들기 위하여 1) 아동과 청소년으로 하여금 건강한 행동을 발전시키도록 지원하고, 2) 학생의 성취도 향상을 도우며, 3) 건강의 불평등을 줄이고, 4) 사회적 포용(social inclusion)을 촉진하는 것이다. NHSP는 기본적으로 whole-school approach를 택하고 있는데, 이는 1) 모든 사람의 학습을 돕고 건강과 복지(well-being)를 촉진하는 풍토와 환경을 발전시키고, 2) 학교공동체 내 모든 이가 참여토록 조언하고 장려하는, 3) 학교의 문화적 변화를 가져오고 정착시키는 매우 효과적이고 실증적 근거에 기초한 학교개선장치라고 주장한다(DfES & DoH, 2005: 5).

NHSS(National Healthy School Standard)는 1999년 교육기술부(DfES)와 보건부(Department of Health(DoH))가 공동으로 제정한 건강한 학교 만들기 지침이며 그 내용은 healthy eating, personal, social and health education(PSHE), citizenship, drug education, emotional health and well-being, physical activity, safety, sex and relationship education 등 8개 영역으로 구성되어 있다. NHSS 프로그램을 위한 지금까지의 정부의 노력은 주로 지역의 교육당국과 보건당국 간의 협력체제를 구축하는 일에 초점을 맞추었다. 이는 그만큼 이 정책과제에 있어서 지역수준의 협력관계 구축이 중요하다는 인식 때문이다.

학교들은 세 가지 수준에서 NHSS에 참여하게 되는데, level 1은 자료를 통해 NHSS에 대한 정보를 얻고 그 혜택을 이해하는 단계이며, level 2는 이 프로그램과 관련하여 당국이나 협력기관들로부터 제공되는 훈련이나 사업들에 참여하는 것이다. level 3는 실제로 목표설정 및 실천계획 수립 등을 통해 보다 심도 있게 참여하는 것이다. 활동의 결과는 점검 평가되는데, 특히 학생의 학습성취도에 대한 영향을 파악한다. 이미 성공적인 실천사례를 보인 학교들로부터 추출된 실증적 기준들이 학교에 제시되며 학교는 특정한 기준들을 충족시킬 것이 요구된다.

Ofsted[6]는 2005년 Healthy Minds: promoting emotional health and well-being in school을 발간하였는데, 여기에는 학생들의 정신적 건강을 위한 학교정책에 대한 분석과 제언이 실증적 조사결과와 함께 제시되고 있다. 이 보고서에 의하면, 영국의 학교에는 건강한 학교를 위한 2가지 가이드가 있는데 2001년 DfES national guidance on mental health difficulties와 1999년에 제정된 National Healthy School Standard(NHSS)가 그것이다.

72개교에 대한 Ofsted의 조사에 따르면 불과 반 정도의 학교만이 이 가이드에 대하여 알고 있으며 그중 소수의 학교만이 제시된 기준에 맞추어 학생의 정서적 건강과 복지를 위해 노력하고 있다. 이 문제에 대한 전반적으로 낮은 인식이 가장 중요한 문제로 나타났으며, 3/4의 학교에서 정신건강 문제에 대한 교직원 교육이 필요한 것으로 나타났다. 실제로 이루어지는 교육들은 학생의 행동을 다루는 방법에 한정되고 있어 긍정적 관계를 수립하고 갈등을 해결하는 적극적 접근법을 반영하지 못하고 있다.

그럼에도 불구하고 1/3의 학교에서는 우수한 실천사례가 관찰되었고 다음과

---

6) The Office for Standards in Education, Children' s Services and Skills.

같은 요소들이 포함되어 있다. 1) 개인의 가치를 인정하고 존중하는 풍토, 2) 괴롭힘과 학생들의 인간관계 수립의 어려움에 대한 진지한 접근과 문제의 신속한 해결, 3) 학생의 견해를 듣는 장치의 효과적 운영, 4) 문제 규명과 학생 지원에 학부모 참여. 또한, 건강 서비스, 사회 서비스, 학교 간의 유기적인 협력이 효과적인 실천의 핵심 요인으로 기능하고 있으며, 학생, 학부모, 학교들은 서비스에 어떻게 접근하여야 하는가에 대하여 잘 인식하지 못하는 경우가 있으므로 우수한 실천의 경우에는 전문가의 참여를 통해 일의 조정, 서비스 안내 등에 도움을 받는 경우가 많았다.

그러나 서로 다른 기관 간의 언어(용어)의 차이는 효과적인 의사소통의 어려움을 가져와 학생의 요구를 정확하게 인식하고 대응하는 데 어려움을 초래하는 것으로 나타났다. 보고서에 의하면, 또한 대부분의 지역교육당국(LEAs)이 아동서비스담당국(directorate for children' s service)을 두고 공동협력을 개선하고자 노력하고 있으나 그 변화가 학교의 실천에는 아직 반영되지 못하고 있다. 1/4 정도의 학교에서는 외부기관과의 협력이 아직 미흡하며, 특히 초등학교나 특수학교보다는 중등학교가 부진한 것으로 나타났다.

Ofsted 보고서는 지역당국 및 관련 기관들이 1) 정신건강의 어려움을 겪는 학생에 대한 지원은 당해 지역 내에서 가장 효과적으로 조정될 수 있음을 인식하여 학교, 학부모, 학생 및 다른 서비스 수요자에게 접근방법을 명확하게 알리고, 2) 적절한 방법으로 자발적 조직의 서비스 지원을 유도하여야 한다고 제시하고 있다.

한편, 학교에게는 1) 학생에 대한 서비스 지원 절차를 수립하는 데 DfES 가이던스를 사용하고, 2) 정신건강 문제는 NHSS 프로그램이나 PSHE 교육과정을 통해 가장 효과적으로 대응할 수 있음을 인식하며, 3) 괴롭힘을 예방하고 긍정적 관계의 수립을 촉진하며 그 성과를 점검하고, 4) DfES 가이던스가 전 교직원에게 배포되도록 협조할 것을 당부하고 있다.[7]

---

7) 이 보고서에는 여기에 소개된 사항 외에도 정신건강 지원 서비스에 성공적인 학교의 접근법(예컨대 whole-school approach)과 특징들에 대하여 상세한 소개를 하고 있다. 정신적으로 건강한 학교 만들기에 관심 있는 독자는 반드시 원전을 읽어보기 바란다.

(다) EAZ/EiC

EAZ(Education Action Zone)와 EiC(Excellence in Cities)는 사회 · 경제적으로 불리한 여건에 처한 특정 지역에서 나타나는 고질적인 교육문제를 선별적 투자를 통해 악순환의 고리를 끊으려고 하는 것이다. 특정 지역에서 나타나는 교육문제, 즉 높은 무단결석률, 낮은 학업성취, 소수민족의 급증, 저소득층 자녀의 증가와 이들의 교육에 대한 무관심 등의 문제는 학교만의 노력으로는 해결할 수 없음을 인식하고 학부모, 지역사회, 지역의 기업 등이 문제해결에 적극 참여토록 하며, 학교에는 보다 많은 자율권을 주어 지역사회에 적합한 교육을 실시할 수 있도록 특정 지역을 EAZ 또는 EiC로 선정하여 지원하는 정책이다. 우리나라의 교육복지투자우선지역 지원사업이 프랑스의 ZEP[8]와 함께 이를 벤치마킹한 바 있다.

1) EAZ

EAZ의 사업목표는 1) 학교와 기업, 학부모, 지역정부, 지역사회 간의 새로운 파트너십을 형성하며, 2) 학업수준을 높이고, 3) 전체 교육체제가 학습할 수 있는 혁신을 창출하는 것이다. EAZ에서 추진되는 사업의 내용에는 조기교육센터(Early Excellence Center)의 운영, 방과후 교육활동 강화, 학생과 지역사회에 대한 다양한 서비스 제공 등이 포함되어 있다. 또한, EAZ별 1개의 특성화학교 설치, 국가교육과정의 탄력적 운영 허용, 기업체로부터의 기금 조성 등이 추진된다.

EAZ는 각 지역에서 신청하면 중앙의 DfES에서 조건 충족여부와 사업 효과성을 평가하여 선정한다. 선정기준은 지역적 필요, 향후 전략, 실행성의 세 가지이다. 1998년 9월에 처음으로 12개가 설치된 이래 2006년 현재 47개 EAZ가 운영되고 있다. 사업기간은 통상 3년이고 2년의 연장이 가능하여 최대 5년으로 되어 있다. 2005년에 사업기간이 끝나는 EAZ는 그 이후에는 DfES의 권장에 의해

---

8) 프랑스의 ZEP(Zone d'Education Prioritaire)
- "가장 덜 가진 자에게 가장 많이 주자"는 기치하에 교육우선지역 정책을 '81년부터 일관되게 추진
- 모든 학생에게 지식(특히 독서 및 언어능력)에의 동등한 접근 보장
- 만 2세아 및 학습능력 부진아 지원 및 학부모 교육 강화
  * 2000년 현재 ZEP의 수는 670개

Excellence Cluster 또는 EiC Action Zone으로 전환하게 되어 있다.

각 EAZ는 15~25개의 학교로 구성되는데, 이 중 2~3개는 중등학교이며 나머지는 초등학교 또는 특수학교이다. EAZ에서 수행하는 활동은 지역 내의 교육적 불리함을 극복하고 학업성취수준을 향상시키는 데 초점을 맞추고 있으며, 이를 위해 대체로 1) 교수의 질 개선, 2) 학생의 학습기술(study skills) 개선, 3) 학생에 대한 지원, 4) 가족에 대한 지원, 5) 사회적 배제(social exclusion) 해소, 6) 기업 및 다른 조직과의 협력 등 6가지 영역으로 구분된다.[9]

EAZ의 사업은 지방교육당국(LEA), 학부모, 기업체, 지역사회 기관, 단체 등의 대표로 구성되는 실행위원회(Action Forum)를 통해 운영된다. 실행위원회는 1년에 4차례의 공식적인 회의를 가지며, EAZ의 정책을 결정하고, 참여 학교를 점검 및 평가하고 재정을 승인한다. 위원회는 다시 하부 단위의 행정집행위원회로 구성되어 있다.

EAZ의 실질적인 업무는 프로젝트 디렉터(PD)에 의해 수행되는데, PD는 구체적 전략을 수립하고 일상적 활동을 주관하며 재정적 책임을 진다. EAZ는 PD 이외에도 사업을 위해 학교에서 일하거나 프로그램을 관리하는 인력을 충원 관리한다. EAZ 사업의 1라운드에서 각 지역은 매년 DfES로부터 75만 파운드를 지원받고, 25만 파운드의 매칭(matching) 펀드를 기업으로부터 유치토록 기대되었다. 2라운드에서는 DfES로부터 50만 파운드를, 민간에서 25만 파운드를 조성하도록 되었다.

2) EiC

1999년부터 소외계층이 집중되어 있는 도심지역의 교육수준을 올리고 사회적 포용(social inclusion)을 촉진하기 위하여 시작되었으며 EAZ가 주로 초등학교를 중심으로 이루어지는 데 반해 EiC는 중등학교를 중심으로 시작되었고 후에 초등학교로 확대되었다. 2006년 4월 현재 1,300개 중등학교와 3,600개 초등학교가 57개 지역에서 EiC 프로그램을 실시하고 있다. 2003~2004 회계연도의 지원액은 350만 파운드였다.

9) 각 영역에 대한 세부적인 사항은 이태수 외(2004) 참조.

이 사업의 특징은 EAZ보다 구체적인 가이드라인이 초기단계부터 학교에 제공된다는 것으로 Learning Mentor를 통한 개별 접근과 집단 접근 실시, 특별한 재능을 지닌 학생들을 위한 영재(Gifted and Talented) 프로그램, 분노 조절, 성인과의 대인관계 수립 및 심리치료 등을 실시하는 Learning Support Unit의 설치 또는 지정 등이 그것이며, 그 외에 City Learning Center를 설치하여 교사와 학생의 ICT 기술을 증진시키고 도시학교의 이미지를 개선시키는 것, specialist school과 beacon school에 대한 지원 등의 사업이 추진된다.

EAZ에서는 공모 방식에 의해 지역과 학교를 선정하였으나, EiC에서는 교육부가 대상학교를 지정하며 문제해결의 가이드라인을 제시한다. 지정방식을 택한 것은 공모제를 실시한 EAZ의 경우, 사실상 도움이 필요함에도 불구하고 학교장의 무관심 등으로 신청을 하지 않은 학교가 나타났기 때문이다. 지원대상 학교는 무료급식률 25%를 기준으로 선정하며, 학교와 LEA가 함께 계획을 수립하여 제출하면 DfES가 이를 심사하여 지원을 결정하게 된다.

134개의 EiC Action Zone과 이들보다 소규모로 구성되는 80개의 Excellence Cluster가 지정되어 운영되고 있다. 이들은 모두 학생들의 학업성취도를 올리기 위한 교수-학습의 향상을 비롯한 다양한 사업을 추진하고 있다. 이 프로그램의 네 가지 핵심 주제는 모든 개인에 대한 높은 기대, 다양성, 네트워킹, 기회의 확대이다.

3) 사업성과

Ofsted(2003)의 EAZ 및 EiC 운영 평가에 따르면, 이 사업들이 여건이 불리한 지역의 학교에 변화를 가져오고 있다고 밝히고 있다. 그 내용은 다음과 같다.

첫째, EiC와 EAZ 프로그램은 학생들에게 보다 넓은 기회를 제공하며 그들의 희망, 확신, 자존감을 높이는 데 도움을 주고 있다.

둘째, 프로그램들은 학교로 하여금 어려운 여건에 있는 학생들의 요구에 보다 효과적으로 부응할 수 있도록 도움을 주고 있으며, 일탈행위(exclusion)의 건수가 빠르게 줄고 학교출석률은 높아지고 있다.

셋째, 학성성취에 대한 영향은 다양하나, 특히 초등학교에서 강력하게 나타나고 있다. 7~11세 학생의 수학성적은 국가 전체 평균보다 빠르게 향상되고 있다. GCSE 결과에 대한 영향도 긍정적으로 나타나고 있으나 아직도 이들 학교와 전국 평균 간에는 큰 격차가 있다.

넷째, 중등학교 학력수준에 대한 효과는 EiC가 EAZ에 비해 높은 것으로 나타났다.

다섯째, 그밖에 두 프로그램 공히 학교 간 및 학교와 지역정부, 지역사회기관 간의 파트너십을 향상시키는 데 크게 기여하고 있음이 나타나고 있다.

(2) 핀란드

핀란드는 교육, 정부, 기업 등 여러 분야에서 세계 최고의 경쟁력을 유지하고 있는 국가로 알려져 있다. 특히, 교육부문에서의 높은 경쟁력은 2000년, 2003년, 2006년 세 차례에 걸친 OECD의 PISA 연구결과에 의해 입증된 바 있다. 핀란드 교육의 경쟁력은 읽기, 과학, 수학 능력 등의 성적이 높다는 것뿐만 아니라 교육의 형평성(equity)이 다른 국가들에 비해 상대적으로 높게 실현되고 있다는 점에서도 찾을 수 있다. PISA 결과에 의하면 핀란드는 전체적으로 성적이 우수할 뿐만 아니라, 국가 점수의 양극 간의 격차가 가장 좁으며, 학교 간의 격차가 가장 적고, 점수에 미치는 부모의 사회경제적 배경의 영향이 가장 낮은 것으로 나타났다. 이 결과에 대하여는 보다 상세한 비교분석이 필요한 부분이나, 핀란드가 서구 국가 중 두드러지게 높은 성취도와 함께 높은 형평성을 동시에 보이고 있다는 점에서 핀란드의 교육 및 교육복지 시스템에 관심을 갖게 되는 것은 당연한 일일 것이다.

핀란드 교육에서 가장 주목해야 할 것은 공교육에 대한 확고한 철학과 원칙이다. "학생들의 학습은 교실 안에서 끝난다고 할 만큼 학교와 교사들이 교육의 모든 것을 책임진다. 숙제도 별로 없고, 학습시간도 짧다. 학교공부가 끝나면 학교 내의 방과후 클럽이나 지역사회의 다양한 스포츠클럽, 문화센터 등에서 다양한 취미를 즐기고 특기를 키운다. 그럼에도 불구하고 학업성취도는 세계에서 가장 높다"(안승문, 2008).

핀란드의 공교육은 6세에 초등학교에 입학하여 9년간 기초교육(basic education)을 받으며 이는 무상의무교육으로 되어 있다. 이 기간 동안은 통합학교(comprehensive school)에서 초등학교 및 중학교 과정을 이수하게 되며, 고등학교 단계에서는 일반계와 직업계 학교로 분리된다.[10] 통합학교는 학생선발권 없이 인근 지역의 다양한 수준의 학생이 배정되는 체제로 우리나라의 평준화체제와 유사하다. PISA에서의 성공적 결과에 대하여 핀란드 정부는 다양한 원인을 제시하고 있는데 그중에는 통합학교의 장점이 포함되어 있다. 이 학교제도는 모든 국민에게 동등한 교육의 기회를 제공한다는 교육이념에 기초하고 있다. 즉, 진로구분(tracking)이나 능력별 반편성(ability grouping)을 하지 않고 다양한 학생들이 함께 어울려 수업을 듣는 방식이 특히, 상위권 학생들에게 큰 불리함을 주지 않으면서 하위권 학생들의 성취도 향상에 도움을 준다는 것이다. 물론 이질적인 집단을 효과적으로 가르치기 위한 대안들이 시행되고 있음을 전제로 한다. 이외에 성공의 비결로는 사회적으로 존중받고 전문성을 갖춘 교사들이 양성되어 배치된다는 점, 유럽의 다른 나라에 비해 상대적으로 이민자들이 적어 사회 · 경제적 취약계층이 많지 않고 문화적 동질성이 높다는 점 등을 들고 있다.

여기서는 핀란드 교육제도에 있어서 형평성을 유지하기 위한 장치들이 어떻게 운영되고 있는가를 살펴보기로 한다. 이는 OECD의 Equity in Education 사업에 참여하고 있는 핀란드에 대한 OECD 사무국의 thematic review, PISA의 성공적 결과에 대한 OECD의 원인분석 보고서, 기타 핀란드 정부의 홈페이지에 소개된 정보 등에 기초하고 있다.

핀란드의 가장 중요한 교육이념은 모든 국민에게 동등한 교육기회를 제공하고자 하는 형평성의 이념이다. 특히 하위수준의 학생들의 성취도를 끌어올리는 데에 중점을 두고 있으며, 이 점에 있어 핀란드의 교육체제는 두드러진 성과를 나타내고 있는 것으로 보인다. PISA 결과에서 핀란드의 평균성적이 최상위권을 기록한 것은 특히 핀란드의 하위집단의 성적이 다른 나라의 하위집단에 비해 현저하게 높다는 점에 기인하고 있는 것으로 분석된다.

[그림 2-6]에서 보듯이 PISA에 나타난 결과를 보면 핀란드 학생들은 하위집

10) 2005년 중학교 졸업자 중 일반계 고교에 35%, 직업계 고교에 48%가 진학하였다. 3%는 취업, 2%는 실업, 나머지는 그밖의 활동에 참여하는 것으로 나타났다.

핀란드와 OECD 국가의 성별, 수준에 따른 읽기 성적 격차 **그림 2-6**

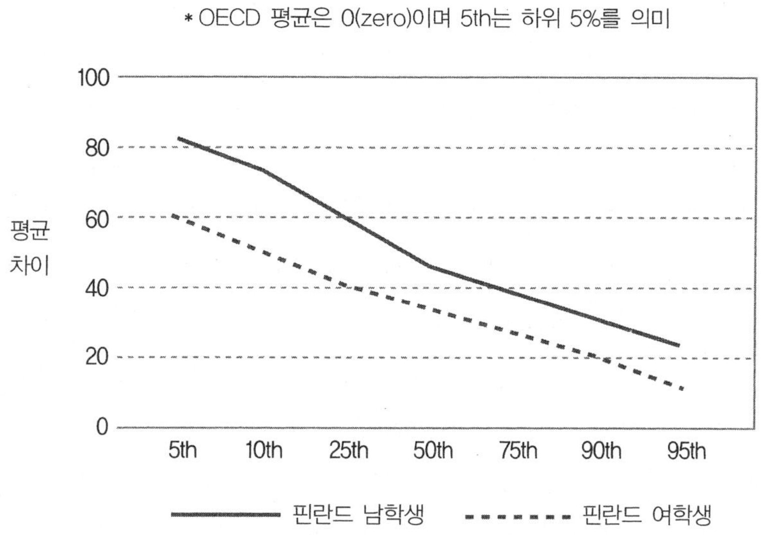

* 자료 출처 : OECD/PISA(2000), The Finish Success in PISA and Some Reasons Behind It, p.25.

단일수록 상대적으로 OECD 국가들에 비해 성적이 높다는 것을 알 수 있다. 이는 다시 말하면, 핀란드 학생들 간의 점수격차가 다른 나라에 비해 작고 보다 집약적으로 분포되어 있음을 의미한다. 이와 같은 성취도는 어떻게 가능한 것인가? 이에 대한 설명이 될 수 있는 핀란드 통합학교의 특징을 찾아보기로 한다.

첫째, **교사의 활동**이다. 교사는 학업에 뒤떨어지는 학생을 발견하고 도움을 주는 것을 기본적인 책임으로 인식하고 있으며 그러한 능력을 지니고 있다. 교사는 그러한 학생과 일대일로 또는 2~4명을 그룹지어 학생들이 가지고 있는 특정한 문제를 해결하는 데 도움을 준다. 이는 방과후, 일과 전, 점심시간, 수업 중 언제든지 가능한 시간에 이루어진다. 수업 중에 소그룹 활동이나 개인별 작업이 많이 이루어지므로 이 시간을 활용하여 도움이 필요한 학생과 시간을 가질 수 있다.

둘째, **보조교사(teacher's assistant)의 활동**이다. 보조교사는 학교에 배치되어 보통 수명의 교사와 함께 일한다. 반드시 교사자격을 지니고 있지는 않으며 교사의 지도하에 보조적인 일을 수행한다. 학생의 학습을 옆에서 도와주기도 하고 동기를 부여하기도 한다. 학생과 일대일로 또는 소그룹과 함께 일한다. 중요한 것은 교사가 운영하는 정규수업의 자료에 대하여 교사의 직접 지도하에 학생이 도움을 필요로 하는 특정한 주제에 대하여 도움을 제공하고 있다는 점이다.

셋째, **special needs teacher의 활동**이다.[11] 이들은 정규교사자격을 지니고 있으며 학습장애와 특수교육에 대한 1년간의 특별훈련을 받은 사람들이다. 교사들과 협의를 통해 활동하며, 위의 2가지 단계에 의해 문제가 해결되지 않는 학업 부진 또는 장애를 지닌 학생들을 돕게 된다. 이들은 주로 언어문제와 수학에 집중하게 된다. 이들이 주로 지원하게 되는 대상들은 특수학교를 다니는 1.8%의 중증 장애아들이나 통합교육을 받는 4.4%의 특수교육 학생이 아니라, 17%에 달하는 special needs student들, 즉 특별한 장애가 있는 것은 아니나 추가적인 도움이 있어야만 학업을 따라갈 수 있는 학생들을 말한다.

넷째, **다분야 팀(multi-disciplinary team)의 활동**이다. 학업에 부진한 학생들의 문제는 가정이나 사회적 문제와 넓게 연관되어 있는 경우가 많다. 이 팀은 학교 교사, special needs teacher, 학교 카운슬러, 학교 외부인사—심리학자, 사회복지사, 보건 및 정신건강부문 대표, 공공주거 담당자(필요한 경우) 등으로 구성된다. 이 팀은 광범위한 서비스의 도움과 연결될 수 있는 장점을 지니며, 학교만으로 해결되기 어려운 문제에 대하여 도움을 줄 수 있다. 여기에 바탕이 되는 생각은, 이와 같이 학교의 힘으로 해결되기 어려운 문제를 다른 전문가의 참여를 통해 협동적으로 처리함으로써 교사들은 학생을 가르치는 일에 전념할 수 있도록 한다는 것이다.[12]

---

11) special-needs education : 학습에 어려움이 있거나 부적응 문제가 있는 학생은 정규 교육과 함께 보조적인 교습을 요구할 권리를 지닌다. 장애, 질병, 발육부진 기타 다른 이유로 교육을 받기 어려운 학생은 special-needs education을 받을 수 있다. SNE는 정규교육과 통합적으로 운영되거나 특별학급으로 운영되기도 한다. 특수 학습을 필요로 하는 학생은 개별적인 교수-학습 계획을 갖게 된다(핀란드 교육부 홈페이지, Basic education)

12) pupil welfare services : 이는 학생의 학습, 정신 및 신체건강, 사회적 복지 등에 대한 다양한 형태의 지원을 의미한다. 유아교육 및 기초교육(basic education) 기간에 학업을 따라가는 데 필요로 하는 복지 서비스를 받을 자격을 지닌다. 이들 서비스는 교육과정에 기록되어 있는 것뿐만 아니라, Public Health Act에 의한 건강 치료, Child Welfare Act에 의한 아동 양육에 대한 지원 등을 포함한다.

이와 같은 중층적 구조를 통해 특정한 도움이 필요한 학생에게 일관성 있는 지원이 이루어지는데, 이러한 지원이 가능한 것은 대부분 핀란드 학교의 규모가 학생수 200~300명 정도의 작은 학교라는 점에도 기인하고 있다. 교사나 전문가들이 모든 학생의 이름을 기억할 수 있는 정도의 **소규모학교**가 지니는 장점이 실질적인 학업지도에 기여하고 있는 것이다.

학생과 교사의 안정성 역시 긍정적인 요인으로 작용한다. 교사들은 학교 간 순환근무를 하지 않고 한 학교에 장기간 근무를 한다. 학교 간의 격차가 적어 특별히 선호하는 학교가 드러나지 않는다. 교사는 한번 담당한 학급을 원한다면 졸업할 때까지 지속적으로 담당할 수 있다. 학생들도 이동이 많지 않다. 공공주택 정책이 잘 되어 있어 이사를 자주 다닐 필요가 없는 것도 한 원인이 된다. 부모도 자녀의 안정적 학교생활을 중시하기 때문에 빈번하게 학교를 옮기려 하지 않는다. **안정성과 연속성**은 교사가 학생의 성장을 보다 잘 파악할 수 있도록 하며, 이는 다시 학업상에 나타나는 문제들을 보다 용이하게 파악하는 것을 가능하게 한다.

교원양성 역시 긍정적 요인으로 작용하는 것으로 인식되고 있다. 교사는 기본적으로 5년간의 교육기간을 통해 석사학위과정을 이수하게 되며, 이 과정에 들어가기 위한 경쟁률은 10 : 1에 이를 정도로 치열하다. 이 과정의 특징은 첫째, 훈련기간 동안 실질적인 교생실습을 통해 실제로 교단에서 부딪히는 다양한 문제—특별한 지원이 필요한 학생(능력수준이 다른 학생, 이민학생, ADHD 학생, 장애학생 등)에 대한 지원 방법 등—에 대한 대응능력을 기를 수 있도록 하는 것이다. 둘째는, 교사로 하여금 독립된 전문가로 설 수 있도록 하는 것이다. 이는 단지 교육과정을 전달하는 데 그치는 것이 아니라 교과 및 학생지도 등에 있어 전문적 판단 능력을 지닌 전문가로 준비될 수 있도록 하는 것이다. 교육부의 설명에 의하면 양성과정의 목적은 교사들로 하여금 **자신의 일과 일하는 공동체를 발전시켜 나가는 능력**(ability to develop their own work and their working community)을 키우는 것이라고 한다.

추가한다면, **교육과 사회복지를 동시에 포함하는 block grant**가 지역(municipalities)에 교부되며 이는 학교교육을 포함한 광범위한 사회 프로그램 실시에 투입된다. 다분야 팀의 활동은 이 예산으로부터 지원되며, 이들의 활동은 학교 내 활동뿐만 아니라 학생을 위하여 필요한 다양한 사회적 서비스까지 통합적으로 제공할 수 있는 재정적 기반 위에 운영되고 있는 것이다. 다양한 영역의 서비스 조정이 쉽지 않은 것이 많은 국가의 실정인 데 반해 핀란드의 시스템은 매우 예외적인 성공 사례로서 교육의 형평성 실현에 크게 기여하고 있다.

요컨대, 핀란드의 통합교육 시스템은 학력수준이 낮은 학생들이 지닌 문제에 대하여 중층적 · 단계적 지원체제를 통해 효과적으로 대응하여 학업결손을 최소화하며 이는 학생들의 학교부적응을 최소화하는 효과를 나타낸다. 이는 능력 있는 교사들이 학생들의 학업 향상에 더욱 전념할 수 있는 환경을 조성하게 된다. 학교 밖의 전문가들이 학생들의 문제 해결에 도움을 주므로 학교는 그만큼 부담을 더는 것이며, 지역에서의 통합적 재정지원을 통해 학생 지원을 위한 원활한 학교-지역사회 협력이 이루어질 수 있는 것이다.

(3) 미국 : No Child Left Behind

미국은 세계에서 가장 다양한 인종과 민족, 언어 및 문화 배경을 지닌 집단들로 구성된 국가로서 많은 사회적 문제를 겪고 있다. 특히 교육에 있어서는 흑인과 히스패닉 학생들의 교육성취도가 백인이나 아시아계 학생들에 비해 현저하게 떨어지는 현상이 지속되고 있다. 미국의 국제 학력비교 결과가 저조하게 나타나는 이유도 이들 소수집단의 낮은 교육성취에 어느 정도 기인하고 있는 것이 사실이다. 전통적으로 지역학교구(local school district)의 교육재정을 기반으로 운영되어 온 미국의 초·중등교육은 지역의 경제적 수준에 따라 교육여건상의 큰 격차를 보이고 있으며, 지역 간 교육격차는 계층 간, 집단 간 교육격차와 맞물려 교육당국의 다양한 노력에도 불구하고 쉽게 해소되지 않고 있다.

부시 정부는 위와 같은 문제 인식하에 사회적 취약계층 · 집단 학생들의 학업성취도를 높여 미국의 학교에서 모든 학생들이 성공할 수 있도록 한다는 야심찬 'No Child Left Behind' (이하 NCLB) 계획을 수립하였고 이 계획은 의회의 동의를 획득하여 2002년 NCLB Act가 제정되었다. NCLB의 목적은 주정부로 하여금 학교의 책무성을 높이도록 하여 모든 학생의 학업성취도를 향상시키고, 교육의 형평성을 높이며, 보다 자격 있는 교사를 확보하는 것이다.

NCLB의 기본적인 틀은 다음과 같다. 2006년까지 3~8학년 학생은 읽기(영어)와 수학시험을 1회 실시한다. 2008년까지 모든 초·중등학교 학생은 최소 1회 과학시험을 실시한다. 시험은 연방정부가 지정한 표준화 시험을 치르게 된다. 인종 · 경제력 · 특수교육 · 영어숙련도 등을 기준으로 정해진 하위그룹을 포함한 모든 학생들은 2014년까지 학년별로 요구되는 능력수준(proficiency)의 100%를 실현하여야 하며, 이를 기준으로 주(state)가 정한 연간 적정향상도(Adequate Yearly Progress: AYP)에 매년 도달하여야 한다. AYP는 학교별로 매년 도달하여야 할 수준을 정하는 것이며, 다양한 학생집단별, 학년별, 과목별로 각각 도달해야 할 수준이 설정된다.

학교의 어느 한 학생집단이라도 AYP에 도달하지 못한 학교는 '개선 필요(in need of improvement)' 학교로 정해지며, 연방의 재정지원이 삭감되는 등 제재가 따른다. 2년 연속 '개선 필요'로 정해진 학교에 다니는 학생은 다른 학교로의 전학이 허용된다. 정부는 이들에게 버스 등 통학 서비스를 제공하여야 한다. 또한, 2년 연속 '개선 필요' 학교에 다니는 학생, 특히 저소득층 학생은 무상으로 보충적 과외수업(supplemental educational services: SES)을 받을 수 있게 되는데 주로 방과후 또는 주말 교실을 이용하여 별도의 서비스 제공자에 의해 운영된다. 3년 연속 '개선 필요' 학교에 대하여는 시정조치(corrective action)가 이루어지는데, 교사의 해고가 가능하고 주정부나 기업 위탁 등에 의하여 학교의 재조직(reconstitution)이 시도될 수 있다.

이 정책은 학교에 대한 정보를 학부모와 지역사회에 공개하여[13] 학생의 성취에 대한 학교의 책무성(accountability)을 제고함으로써 학생들의 성취도를 높이려는 학교의 노력을 유도하고 학생들에게 보다 나은 교육기회를 제공하고자 하는 것이 핵심이다. 또한, 국가가 정한 표준화된 시험을 통해 학교를 평가하고 그에 따라 제재를 가하는 방법을 택하고 있다. 성공적이지 못한 학교의 학생들에게 보다 나은 학교를 선택할 수 있도록 기회를 부여하고 보충학습 기회를 제공

---

13) School District Report Card를 학부모에게 제공하여 어떤 학교가 얼마나 잘하고 있는가에 대한 정보를 제공하게 되어 있다.

하는 것도 이 프로그램의 중요한 특징이라 할 수 있다.

부시 정부의 NCLB 예산은 2001년 12억 불에서 2008년 245억 불(요구)로 매년 41%의 높은 증가를 보이고 있다. 2008 예산안은 NCLB Act Title 1에 의거한 초·중등학교 저소득층 학생 교육지원 139억 불을 비롯, 주(state) 평가체제 개선 및 관리 4.12억 불, LEP(limited English-proficient) 학생 600만 명에 대한 학업증진 지원 6.71억 불 등을 포함한다. 예산은 또한, 교사들의 교수능력 향상, 보충학습(SES) 제공, 통학지원 등을 위해 사용된다.

연방교육부(Department of Education)에 의하면, 2007년 1월 현재 모든 주가 이 사업에 참여하여 3~8학년 학생 및 고등학생의 읽기와 수학 시험을 실시하고 있으며, 90% 이상의 학급이 정규자격을 소지한 교사들에게 배우고 있고, 거의 45만 명의 학생이 SES 또는 학교 선택 서비스를 받고 있다고 한다. 1999년부터 2004년 사이에 9세의 흑인과 백인학생 간 점수 차이가 읽기는 9점, 수학은 5점이 줄어들었으며, 9세 히스패닉과 백인학생 간에는 각각 8점과 7점이 줄어들었다고 한다. 전반적인 읽기와 수학의 성적도 향상되고 있음을 지적하며 미 정부는 NCLB가 현재까지 성공적이며 미국 교육에 희망을 주고 있다고 판단하고 있으며, 의회에 NCLB Act에 대한 재승인(reauthorization)을 요청하였다.

그러나 NCLB는 미국 교육계와 학계 등으로부터 적지 않은 비판과 거센 저항에 부딪히고 있는 것도 사실이다. 사업의 목적과 취지에 대하여는 대부분 동의를 하고 있으나 비판의 대상이 되는 부분은 주로 그 방법에 있다. 비판의 요점을 정리하면 다음과 같다.

첫째, 학교를 표준화된 시험점수만으로 평가함에 따라 교사들이 시험과목에 치중하게 되면서 시험외 과목은 소홀해지거나 무시되고, 기타 다양한 경험을 제공하는 학교의 활동이 제한되는 비교육적 현상이 나타나고 있다.

둘째, 시험준비 위주로 가르치는 경향(Teaching to the test)이 심화됨에 따라 종전의 다양한 학습경험을 제공하던 수업이 암기 위주, 시험에 나오는 내용 중심의 단조롭고 기계적인 수업으로 변화되었으며, 이는 미래의 학생들에게 요구되는 능력의 습득과 역행하는 것이다.

셋째, 학교 및 집단의 평균성적으로 성공과 실패를 평가하므로 학생 개개인의 발전과 그를 위한 노력은 제대로 평가되지 않으며, 기준 도달 여부만을 중시하기 때문에 얼마나 실질적인 발전이 있었는가 하는 부분은 무시된다.

넷째, 현실적으로 학교는 제재 대상이 되지 않기 위하여 평균성적을 높이는 데 집착하게 되고, 이로 인해 성적이 부진한 학생의 유급이나 다른 학교로의 전학 권유, 또는 중도탈락을 조장하게 된다. 실제로 NCLB 이후 고등학교의 졸업률이 전보다 하락했다는 주장이 제기되고 있다(Meier & Wood, 2004).

다섯째, 취약계층이 많은 학교일수록 '개선 필요' 학교가 될 가능성이 높으며 재정 삭감 등 제재를 받게 되는 경우가 많다. 학교선택에 의해 학생들이 떠나가면 학교의 재정은 더욱 악화된다. 학교에 대한 부정적 낙인효과(labeling)로 인해 학교가 개선되는 것이 오히려 더욱 어려워진다. 우수한 교사를 누구보다 절실히 필요로 하는 이들 학교가 악화되는 교육여건에서 우수 교사를 확보하는 것은 점점 요원해진다.

여섯째, 예산부족(underfunding)의 문제이다. 초창기에 연방정부는 NCLB 법안이 요구하는 만큼의 실질적인 예산지원을 하지 못하였다. 이로 인해 말로만 요란한 정책이 되었고 취약계층 학생을 실질적으로 돕기 위한 예산 부족으로 사실상의 정책효과를 거두기가 어려웠다.

일곱째, 단일한 시험점수에 의한 학교평가에 전국의 학교와 주정부가 구속되면서 종전에 각 주나 지역별로 학교개혁, 수업개선, 학업성취도 향상을 위해 이루어지던 다양하고 창의적인 노력들이 중단되거나 힘을 잃고 있으며, 연방정부의 말과는 달리 학교에 대한 중앙정부의 통제가 강화되고 지역과 현장의 자율성이 약화되는 현상이 나타나고 있다. 이는 미국 교육의 개혁정신을 약화시키고 현장의 활력을 쇠퇴시키고 있다.

여덟째, NCLB에서는 시험성적 향상에 정책의 중점이 두어지는 반면에, 취약계층 학생의 학업증진을 위해 실질적으로 필요한 교육여건 구축과 좋은 학교 만들기에는 무관심하다. 이들에게 필요한 교육적 요구는 시험성적 향상이라는 단순하고 획일적인 방법으로는 충족될 수 없다. 보다 종합적이고 유연한 교육 지원 방안이 요구되며, 교육의 전반적 측면에 대한 균형된 시각이 바탕이 되어야 한다.

다. 요약

교육복지 문제에 깊은 관심을 표명하는 대표적인 국제기구는 OECD와 유네스코이다. 전자는 기본적 교육복지 이념으로 '형평성'(equity)을 제시한다. 이는 OECD 국가들이 이민 확산, 사회적 취약계층의 확대 등으로 사회적 배제(social exclusion) 문제가 심각한 사회적 쟁점으로 대두되는 데 대한 교육부문에서의 정책적 대응이다. OECD는 교육에서 형평성을 제고하기 위하여 모든 개인에게 고른 학습기회를 제공하여야 하며, 특히 신체적 장애, 학습곤란, 사회적 불리를 안고 있는 학생들에게 특별한 정책적 관심을 표명해야 한다는 입장이다. 이와 연관하여 OECD는 특히 유아교육, 보육 및 성인학습에 정책적 역점을 두며, 교육접근기회, 프로그램의 질, 학습시간에 있어 교육격차를 줄이는 데 주력한다. 대표적인 사업인 Equity in Education의 경우, 평생 동안의 교육기회, 성취도, 소득격차 등 사회적 불평등을 줄이고 사회통합을 증진하는 정책방안을 탐구하기 위하여 시행되고 있다.

이에 비해 유네스코는 보다 '인권'의 차원에서 접근하고 있다. 유네스코는 1948년에 제정된 '세계인권선언'에 입각하여, 교육은 '인간의 기본적 권리'임을 강조하며, 따라서 '모든 이를 위한 교육'(EFA: Education for All)이 되기 위해서는 누구나 평등한 양과 질의 교육을 받을 수 있어야 한다고 주장한다. 그런 의미에서 유네스코 역시 주요 교육복지 이념으로 '평등성' 내지 '형평성'을 강조하며, 특히 영유아 교육 및 보육, 특히 사회적으로 약하고 소외된 영유아에 대한 종합적인 보호 및 교육의 확대를 우선적인 과제로 제시하고 있다는 점에서 OECD의 정책적 관심과 궤를 같이한다.

국가별 교육복지정책을 살펴보면, 교육에서 복지적 동기 및 형평성을 강조한다는 점에서 공통의 특성이 있으나 나라마다의 이념적 가치지향과 사회문화적 전통에 따라 차이가 있다. 대체로 자유주의 국가인 미국과 영국의 경우, 교육복지의 인적 대상의 선택에 있어 선별주의적 성향이 강하며, 투자대비 효과를 뜻하는 비용효과성에 더 민감한데 비해, 핀란드와 같은 사회민주주의 전통이 강한 나라의 경우 보편주의적 성향이 강하며, 비용효과성보다는 사회적 효과성에 더

치중한다.

미국의 부시 정부가 사회적 취약계층 및 집단 학생들의 학업성취도를 높이기 위해 마련한 No Child Left Behind는 교육의 형평성을 높이려는 교육복지적 동기에도 불구하고, 학교를 표준화된 시험점수 위주로 단선적으로 평가하고 그 수준에 도달하지 못한 학교의 경우 학교의 재조직(reconstitution)까지 시도하는 등 정책 시행과정에서 미국 특유의 수월성, 경쟁, 효율성, 실적, 보상과 제재 등 시장적 가치가 지나치게 강조되고, 교육의 본질적, 복지적 동기가 소홀히 되는 등 적지 않은 폐단이 노정되고 있다. 이러한 점은 미국이라는 시장적 자유주의 교육 레짐(regime)이 갖는 한계라고 볼 수 있다.

이에 비해 핀란드의 교육복지정책의 경우, 보다 사회민주주의적 전통이 드러난다. 모든 국민에게 동등한 교육기회를 제공하고자 하는 형평성의 이념이 크게 부각되며, 무엇보다 형평성 제고를 통하여 최고의 경쟁력을 성취한다는 점에서 그 체제적 특성이 부각된다. 즉 이 나라의 통합교육 시스템은 유능한 교사의 확보와 지역사회와의 협력, 교육과 사회복지의 통합적 제공 등을 통하여 강고한 교육복지 인프라를 구축하고, 학력수준이 낮은 학생들에 대한 중층적 · 단계적 지원을 통해 PISA 결과에서 핀란드의 학업성취도(평균성적)를 세계 최고로 끌어올렸다.

영국의 경우, 전통적인 자유주의 국가임에도 불구하고 '제3의 길'을 천명한 신노동당의 블레어 정부 이후 사회투자적 접근을 크게 강화하여 교육복지에 큰 힘을 기울인다. Every Child Matters는 교육소외 문제에 대해 기존의 사후조직 중심 접근에서 사전예방 접근으로 전환을 꾀했다. 무엇보다 서비스 수요자가 있는 지역을 중심으로 학교와 다양한 지역기관들이 협력체제를 구축하여 통합적으로 서비스 공급이 이루어지는 방식을 개발하고, 이러한 통합적 접근을 촉진, 지원하기 위한 국가적 틀과 역할을 정립하는 데 역점을 두고 있다. 유아기, 학교 및 건강서비스 등에서 보편적인 서비스 개선 및 통합에 주력하는 한편, EAZ/EiC 사업을 통하여 사회 · 경제적으로 불리한 여건에 처한 특정 지역에서 나타나는 고질적인 교육문제를 선별적 투자를 통해 악순환의 고리를 끊으려는 줄기찬 노력을 하고 있다. 블레어 정부는 교육정책을 최우선과제로 삼아 교육재정을 크게 확대하였고, 현 고든 브라운 총리는 한걸음 더 나아가 앞으로 GDP의 10%까지 교육재정 확충을 공언하고 있다.

이처럼 국제기구 및 주요 외국들은 교육에서의 형평성 제고를 통하여 사회적 배제 및 교육소외의 극복에 큰 힘을 쏟고 있다. 나라마다 편차가 크나, 보편적 교육기회의 제고와 취약계층 및 취약지역에 대한 선별적 · 집중적 투자에 두루 정책적 관심을 표명하며, 국가적 차원의 교육복지 체제의 구축에 앞장서고 있다.

3

Chapter

주요 교육복지정책의 고찰

1. 교육기회 접근 보장 : 국민기초교육수준 보장
2. 교육불평등 완화 : 교육양극화 해소
3. 교육부적응 해소
4. 복지친화적 교육환경 조성

Chapter 3

주요 교육복지정책의 고찰

1. 교육기회 접근 보장 : 국민기초교육수준 보장

가. 저소득층 교육지원

(1) 이론적 배경

(가) 사회계층과 교육기회의 평등

소득은 직업, 교육과 함께 사회계층(social class)을 결정하는 핵심 요소이다. 소득을 포함한 사회계층과 교육기회 배분의 문제는 교육사회학의 전통적인 주제일 뿐만 아니라 최근의 사회 양극화와 관련된 교육정책 논의에서 핵심적인 이슈로 자리 잡고 있다. 이에 대해서는 계층 간 교육격차 부분에서 다루고자 한다.[1)]

(나) 빈곤이 교육에 미치는 영향

빈곤은 학습자가 정상적인 학습을 위해서 갖추어야 할 학습준비도(readiness)에 여러 가지로 부정적인 영향을 미친다. 빈곤은 ⅰ) 문화자본(cultural capital)의

---

1) 자세한 사항은 p. 172를 참조.

결핍, ii) 보건 · 영양 부실에 따른 건강, 발육 부진, iii) 부모의 지원 미흡(시간, 경제력, 지식 · 정보), iv) 사회적 연계(social connection) 취약에 따른 학업지원 및 역할모델 부재, v) 주거지역의 열악한 학습지원 환경, vi) 부적절한 가족관계(가정해체, 결손가정, 가정폭력 등)로 인한 정서적 불안, vii) 학업결손으로 인한 학교부적응 및 학업중단 등의 문제와 직·간접으로 연관되어 있다.

박현선(1998)은 빈곤청소년의 학교 적응유연성(resilience)에 영향을 미치는 위험요소를 제시하고 있는데 i) 개인적 요소로 본인의 장애, 질병, 발육상태, 지능, ii) 가족 관련 요소로 부모의 자녀학대, 가족구조, 부모의 교육수준, 정신건강, 신체건강, 부부갈등 및 해체, 부모의 경제활동, iii) 사회환경적 요소로 물리적 주거환경, 지역사회 환경 등을 들고 있다.

빈곤 아동 · 청소년이 교육적으로 겪는 문제는 매우 일찍부터 시작된다고 한다. 출발선에서부터 도와야 한다는 START(Head Start, Sure Start, Fair Start, We Start 등)의 용어는 이러한 인식에서 비롯된다. 일부 학자들은 빈곤아동들의 학업실패가 그들 성장환경 속의 문화자본(cultural capital)의 부족 또는 결핍에서 비롯된다고 본다.[2] 문화자본은 아동들의 정상적인 지적 · 정의적 발달을 돕는 학습자료 역할을 하며 이들이 적절하게 제공되지 않는 경우 발달지체를 가져올 수 있다는 것이다. 어린 시절의 문화적 자본의 결핍은 지적 · 정의적 발달을 저해함으로써 취학 이후의 학습능력에 지대한 영향을 미친다(김인희, 2004).[3]

부모의 교육적 관심과 지원 또한 중요한 교육성공의 열쇠이다. 학자들은 학

2) 문화재생산이론의 대표적 학자인 부르디외(Pierre Bourdieu)는 하위계층의 낮은 학업성취를 설명하는 데 문화자본(cultural capital)이라는 용어를 도입하였다. 문화자본은 어린 시절부터 부모와의 상호작용을 통해 획득한 언어 등 성장과정을 통해 획득한 다양한 유형, 무형의 문화적 자산을 의미하는 것으로 개인의 몸에 체화된 것(기능, 성향 등), 소유 · 활용하고 있는 객관적 사물(장서, 예술품 등), 제도적으로 인증되어 노동시장에서 가치를 지니는 자격, 학위 등으로 구분된다고 한다. 그 사회에서 정당화되고 학교교육에서 중시되는 문화자본의 소유 및 활용 여부가 학교에서의 성취에 영향을 미치게 된다.

3) 빈곤층과 유색인종 중심의 하위계층 학생들의 문화실조(cultural deprivation)가 학교에서의 낮은 성취의 원인이라고 보는 서구의 문화실조 이론은 1970년대까지 명맥을 유지하였으나, 이 이론은 같은 계층 내에서의 학력격차를 설명하지 못할 뿐만 아니라, 하위계층 문화를 열등시하는 관점 때문에 비판을 받았으며, 그 이후 문화의 우열보다는 문화적 차이(cultural difference)라는 관점에서 학교에서의 성공 여부를 설명하는 입장에 의해 대체되었다고 볼 수 있다.

생의 성공과 실패를 좌우하는 핵심 요소 중의 하나가 부모의 지원(parental involvement)이라는 데 동의한다. 미국의 소수민족 중 유난히 아시아계 학생들이 우수한 성적을 내는 이유는 무엇보다도 부모의 높은 교육열과 실질적 지원이라는 것이 많은 연구에 의해 입증되었다. 빈곤 아동들의 경우 부모의 지원은 제한될 수밖에 없다. 이들은 생활고로 인해 아동들을 돌볼 시간이 절대적으로 모자라며 좋은 교육을 시키기 위한 경제력, 지식과 이해가 부족하고 가까이에 교육을 통해 성공한 역할모델을 찾기가 힘들다. 자녀교육에 대하여 필요한 정보를 교환하고 상담할 수 있는 사회적 연계(social connection)가 취약하여 최선의 의사결정을 내리기가 어렵다(김인희, 2004).

빈곤가정은 경제적 결핍으로 인한 아동의 미취학 및 학업중단, 학업부진 및 부적응 등 아동발달상의 문제를 가져오며, 또한 부모와 가족 간의 부적절한 관계로 초자아의 발달, 통제능력의 결여, 회의적 성격, 적대감 등 복합적인 사회심리적 문제들을 경험하게 된다(장혜자, 2000). 또한, 방과후 열악한 환경 속에 홀로 방치되어 있는 경우가 많으며 아동의 부적절한 생활태도에 대한 시정이나 긍정적 변화를 유도할 교육의 기회가 적고, 공식사회와 접촉할 기회가 결여되어 사회성 부족 등의 문제를 지니게 된다. 빈곤 지역에 거주하는 가족들은 빈곤 문화를 공유하게 되어 생활 속에 정착되고 세습되기도 한다(장혜자, 2000).

(다) 빈곤과 교육성취도

기초생활의 욕구가 제대로 충족되지 못하고 정서적으로 불안정한 상태에서 자라며 학습의욕이 낮고 남다른 지도나 배려를 받지 못하는 빈곤 아동들의 학업성취가 낮은 것은 당연한 귀결일지도 모른다(이혜영, 2004a). 빈곤지역 학생들의 기초학력부진 비율은 다른 지역보다 높게 나타나며(서울시교육청, 2002), 초등학교 시기보다 중·고등학교로 올라가면서 학업성취도가 떨어지고 중학교 때 학교를 그만두거나 취직하는 경우도 있다(조은 · 조옥라, 1992).

학업성취도뿐만 아니라 학생들의 정서적 발달도 문제가 된다. 학업성취 부진으로 인한 열등감, 소외감, 심리적 위축감 등은 정서발달에도 부정적인 영향을 미친다(이혜영, 2004a). 빈곤지역 학교 교사들 중 35%는 근무학교 학생들이 안고 있는 가장 심각한 문제로 '정서발달문제(자신감 부족, 무기력 등)'를, 25.3%는 '학업성적 및 진로문제'를 지적하고 있다(이혜영 외, 2002).

(라) 정책 시사점

1) 교육지원의 조기 투입

빈곤아동의 교육적 불리함은 아주 이른 시기부터 가정에서 나타나기 시작하며 부적절한 교육환경으로 인한 교육손실이 누적되면서 다른 아동과의 격차가 점차 커지게 되고 그만큼 만회하기 어렵게 되며 격차를 해소하기 위해서는 개인적으로나 사회적으로 더 큰 비용을 지불하지 않으면 안 된다. 따라서 빈곤아동에 대한 지원은 이르면 이를수록 바람직하다.

2) 가정-학교-지역사회 연계

빈곤아동의 교육적 문제는 결국 가정이 지닌 부실한 교육역량과 지역의 열악한 교육환경에 연관된다. 그에 반해 학교는 이러한 아동들이 지닌 문제에 효과적으로 대응하는 체제를 갖추고 있지 못하다. 이러한 문제를 효과적으로 개선하여 빈곤 아동들에게 실질적인 도움을 주기 위해서는 가정-학교-지역사회가 상호유기적으로 협력하면서 문제를 풀어나가는 방법이 최선이며, 이러한 관점에서 정책과 프로그램이 수립되고 실천 가능한 협력 방안이 강구되어야 한다.

3) 생활지원/학업지원/지식 · 정보 · 상담/역할모델을 제공하는 종합 프로그램

빈곤가정이 겪는 현실적인 어려움들을 해소, 완화하기 위한 지원을 제공하되 이들 간의 유기적이고 효율적인 지원이 이루어질 수 있도록 통합적인 접근을 시도하는 것이 바람직하다. 예컨대, 학업을 지원하는 방과후학교 선생님이 학업지도나 진로에 대한 부모 및 아동에 대한 상담도 제공하고 학생에게 역할모델 역할도 수행하는 방식이다. 조각난 기능적 지원보다는 신뢰와 유대를 바탕으로 한 통합적 지원의 제공이 보다 효과적일 것이다.[4]

---

4) 예컨대, 방과후학교 프로그램 중 대학생을 학습부진학생에 대한 보충학습 지도 강사로 활용하는 방안은 학습지도뿐만 아니라 학생에게 역할모델 기능까지 수행할 수 있다는 장점을 지니는 것으로 평가되기도 한다.

4) 긍정적 인지모형(mental model)의 형성 지원

학업에 실패하고 부적응하는 학생들이 갖는 문제 중의 하나는 스스로에 대한 부정적인 자아개념(negative self-concept)을 가지고 있다는 것이다. 성공한 대안교육에서의 값진 경험 중의 하나는 긍정적인 자아개념이야말로 학생들을 변화시키는 열쇠가 된다는 것이다. 어린 시절부터 외부와의 상호작용 과정에서 얻은 부정적인 경험의 누적은 아동의 마음속에 자신과 외부에 대한 부정적인 인지모형(mental model)을 형성한다. 이 인지모형은 그가 세상을 바라보고 인식하는 마음의 틀이며 그의 행동과 태도 역시 그 틀로부터 나오게 된다. 이러한 마음의 틀은 결국 그를 정상적인 삶의 궤도로부터 벗어나도록 하는 작용을 하게 된다. 이러한 아동에게 필요한 것은 긍정적인 인지모형의 형성을 통한 긍정적인 삶의 궤도로의 진입이다. 이를 위해 필요한 것은 조그만 성공 경험의 누적이며 성취를 통한 자신감의 회복은 긍정적 자아개념 형성의 토대가 된다. 이제 그는 미래에 대한 기대와 열망(aspiration)을 갖게 되며 이러한 열망과 자신감은 그의 삶을 선순환의 궤도로 들어서게 하는 동력이 된다. 소외된 빈곤 아동 · 청소년들에게 가장 필요한 것은 결국 스스로의 발전을 위하여 노력하도록 동기를 부여하는 것이다(김인희, 2005a).

(2) 저소득층 교육 실태

(가) 저소득층에 대해 학비 · 보육비 지원 중심에 머물고 있는 교육기회 보장

저소득 가정의 미취학 아동에 대한 보육시설 이용료와 고교생 학비를 지원하고 있으며, 중학교는 이미 무상의무교육으로 되어 있다. '04년 현재 차상위계층 보육료의 60%를 지원하고 있고, 고등학생 학비지원은 전체 학생의 7%인 124천 명이 혜택을 받고 있다. 학교교육에 들어가는 필수비용도 저소득 가정에는 부담이 된다. 기초생활수급자에 한해 부교재비(중학생 한정) 및 학용품비(중고생)로 월평균 4천 원이 지급되고 있다.

그러나 저소득 가정의 초등학생의 경우 방과 후에는 돌보는 가족이 없어 가정에서 방치되는 경우가 많다. 가정의 보살핌 부족과 학습지원 결여는 정서발달

및 학습부진과 학교부적응, 각종 위험과 유혹에의 노출로 연결되기 쉽다. 저소득층 밀집지역 조사결과, 방과후에 보살펴줄 보호자가 없는 비율이 높고, 학부모가 학습지원, 자녀의 일과 및 체력 · 영양에 신경 쓰는 정도가 타 지역에 비해 낮은 것으로 조사되었다(이혜영, 2004a).

학교부적응을 조기에 발견하고 적응을 도와주는 상담 및 지원체계가 미흡하다. 학교별로 상담교사가 있으나 수업병행으로 인한 업무과중과 전문성에 문제가 있어 제 기능을 발휘하지 못하는 실정이다. 일부 학교는 사회복지공동모금회의 재정지원 또는 자체 재원으로 학교사회사업을 실시(2004년 현재 31개교)한 바 있고 교육부도 48개 학교와 교육복지투자우선지역의 학교에서 학교사회사업 시범사업을 실시한 바 있다.

저소득층의 경우 학습부진, 가출, 학업중단 등의 문제가 나타나고 있다. 교과학습 부진학생이 4%(초등6년), 7.3%(중3), 10.4%(고1)로 뚜렷한 개선을 보이지 못하고 있는 상태이며, 가출청소년은 1만 5천 명 내외로 집계되나 미신고를 감안하면 연간 10만 명 정도로 추계되는바, 가출 연령이 점차 낮아지고 가출이 장기화되는 추세가 나타나고 있다. 학업중단 청소년은 매년 4만 명 이상 발생하고, 특히 실업계 고교는 전체 학생의 4%가 학업을 중단하며 그중 절반이 1학년 초기에 이루어진다.

선진국은 장기간 빈곤에 노출될 경우 발생되는 문제를 예방하기 위하여 영유아 단계에서부터 교육 · 복지 · 보건이 연계된 통합서비스를 실시(미국 Head Start, 영국 Sure Start 등)하고 있다. 이들 사업은 빈곤아동이 건강 · 인지발달 · 학업성취 · 정서발달 면에서 떨어진다는 실증연구에 바탕을 두고 있는바, 우리나라에서는 그러한 실증연구 자체가 부족하고 조기개입의 모형 설계를 위한 기초연구가 충분치 않은 실정이다.

(나) 빈곤탈출을 위한 경로 불투명(목표설정에 장애)

실업계 고교가 안정된 취업 및 자립기반으로 연결되지 못하고 있다. 성적이 우수해도 학비와 생활비 때문에 대학 진학의 꿈을 실현하지 못하는 경우가 많다. 초·중·고 단계에서의 장래설계는 사실상 제약이 많다. 장학금이 성적 위주로 운영되어 저소득 가정 아동의 고등교육기회 확대에 도움을 주지 못하는 실정이다.

정부, 민간 및 학교 자체의 장학금을 통틀어 가계곤란자에게는 7%만 지급(학생수 기준, 금액기준으로는 9%)이 되고 있으며, 수령하는 장학금 액수도 학자금의 절반에도 못 미쳐 장학금을 수령해도 대학생활 지속이 불투명해질 수 있다.

장학금은 등록금 대비 평균 42%이며, 가계곤란자에 대한 장학금은 32% 수준에 불과(소액 다수원칙)하다. 대부분의 장학금이 생활비 또는 학업경비를 지원하지 않음으로써 대학생활을 안정시키기에 불충분한 면이 있다. 기존 장학금 정보마저도 진학지도단계나 대학준비단계에서 종합적으로 제공되지 못하는 실정이며, 장학금 관리부처가 산재되어 있다(교과부, 농림부, 국방부 등). 참고로 영국, 일본 등은 장학사업을 단일창구화하고 있고, 미국은 관리주체가 다양하다.

(3) 저소득층 교육지원 정책

(가) 정책추진 경과

1997년 IMF 관리체제에 따라 1998년부터 사회안전망 구축 차원에서 실직자 자녀 학비지원사업이 시작되어 1999년까지 실시된 바 있으며, 2000년도부터 저소득층 자녀 학비지원사업으로 전환 · 추진되고 있다. 빈곤가정 학생에 대한 중식지원을 결식 초등학생부터 제공하였고 학교급식이 확대됨에 따라 빈곤가정 학생 학교급식비 지원사업으로 전환, 1997년부터는 중·고등학생에게까지 확대되었다. 도시저소득지역 아동에게 교육 · 문화 · 복지 종합서비스 제공을 위해 2003~2004년 교육복지투자우선지역 지원 시범사업을 실시한 바 있으며(서울 · 부산), 2005년부터 본 사업으로 확대 실시되고 있다.

(나) 정책추진 현황 및 문제점

저소득층 자녀의 교육비 지원사업이 교육부와 복지부로 이원화되어 있고 지원기준이 달라 행정적으로 비효율이 발생하고 있다. 국민의 정부에서 처음 시작한 '실직자 자녀에 대한 학비지원사업(1998)' 은 2000년부터 저소득층 자녀 학비지원사업으로 확대되었으며, '04년부터 교육인적자원부는 기초생활보장수급자의 차상위 계층 고교생에 대한 수업료 지원을 시작하였다. 지원학생수는 '04년 147,000명에서 '05년 156,000명, '06년 164,900명으로 증가하였으며, '06년 지원액은 1,900억 원이다.

지원기준은 고교생 수업료의 경우 가구당 소득 1,350,000원 이하, 지역건강보험료 24,500원 이하이다. 보건복지부에서는 '04년에 기초생활보장수급자의 고교생 자녀 157,000명(전체의 8.7%)에 대해 수업료를 지원하였다. 그러나 보건복지부의 지원액이 수업료, 입학금으로 한정되어 있고 실제 필요한 국민기초생활보장수급자 중·고생의 학교운영비가 제외되어 있어 교육인적자원부에서 기초생활보장수급자의 학교운영비('04년 335억 원)를 따로 지원하고 있다. 따라서 교육인적자원부와 보건복지부로 이원화되어 있는 국민기초생활보장수급자에 대한 학비 지원을 일원화할 필요가 있으며 국민기초생활보장법에 수업료와 입학금 외에 학교운영지원비까지 지원토록 하는 것이 바람직하다.

빈곤 등의 이유로 인한 결식과 영양결핍은 학생의 신체적 · 정서적 · 지적 능력의 건전한 발달을 저해하고 심리 · 사회적 발달에 악영향을 미쳐 학교 부적응을 초래할 우려가 크다. 1999년 8월에는 학교급식법을 개정하여 급식지원 조항을 신설하고, 국가와 지방자치단체의 재정으로 학교 내 뿐 아니라 학교 밖에서 식사하는 방학, 토·공휴일 등에까지 안정적으로 중식을 지원하기 시작하였다.

2004년도부터는 학교 내 지원은 교육인적자원부가, 학교 밖 지원 즉, 방학, 토·공휴일에는 보건복지부가 석식과 함께 중식지원도 담당하게 됨으로써 학생중식지원사업은 학교급식비 지원사업으로 명칭이 변경되게 되었다. 2004년 1월 국무조정실은 학교급식 개선대책의 일환으로 2004년에 전체 학생의 4% 정도인 학교급식비 지원대상학생을 2007년까지는 전체 학생의 약 10%인 차상위계층까지 지원 확대하는 계획을 발표하였다.

'85년 학자금융자제도를 마련하여 지속적으로 학자금 융자를 확대하는 한편 우수 이공계 장학금 지원, 한국학술진흥재단 학자금 지원 사업 등을 실시해 오고 있으나, 현행 대학의 교내·외 장학금 및 국가에서 지원하는 이공계 장학금 등이 대부분 성적위주로 운영되고 있어 저소득층에 대한 학비지원이 절실하다.

표 3-1 연도별 저소득층 학교급식비 지원현황

구 분	2003년	2004년	2005년	2006년	2007년
전체 학생수	7,805,032	7,822,537	7,799,000	7,771,988	7,739,156
지원 학생수 지원 비율(%)	305,568 (3.92)	407,872 (5.20)	468,288 (6.00)	526,508 (6.77)	578,827 (7.48)
지원액(백만원) - 국 고 - 지방비	127,703 56,945 70,758	95,280 47,802 47,478	144,757 - 144,757	175,549 - 175,549	205,952 - 205,952
비고	학기 중: 305,568명 방학 등: 39,420명	학기 중: 407,872명 방학 등: 복지부	학기 중	학기 중	학기 중

자료 : 교육과학기술부(2007). 교육백서 2003~2007, p.315

(다) 가난의 대물림 차단을 위한 '희망투자전략'(대한민국정부, 2004.7.)

2004년 대통령자문 빈부격차차별시정위원회가 주관하고 관련 중앙부처가 참여하여 작성한 희망투자전략은 당시의 빈곤층 증가로 인한 사회양극화 현상에 대한 위기감을 바탕으로 저소득층 문제에 대한 다각적 진단에 기초한 통합적인 정책 패키지의 성격을 갖고 있으며 다양한 정책 대안을 망라하고 있다. 그중 교육문제에 관한 내용은 다음과 같다.

1) 균등한 교육 · 보육기회 보장과 학교적응지원 강화

가) 조기교육 강화와 보육기회 확대

① 0~4세 육아비용의 지원강화와 소득수준별 차등지원

현재보다 가계부담이 평균 50% 정도 경감되도록 지원하되 소득수준별로 차등 지원한다. '08년까지 기초생활보장수급자 및 차상위계층의 비용은 전액, 평균소득 이하는 60%까지, 평균소득은 30%까지 지원한다. 구체적 실천방안은 '05년 3월까지 중장기 유아 교육 · 보육투자계획을 마련 · 시행('04년 하반기 실태조사)한다. '08년까지 도시근로자 평균소득계층의 가구까지 점차 확대한다(전체 가구의 약 70% 해당).

② 만 5세아 무상교육 및 무상보육 확대

만 5세가 되는 아동은 저소득층에서부터 실시하고, 소요비용은 아동별로 정부가 지원한다. 유치원의 숫자 등 현실적 여건을 고려하여 병설 유치원의 증설 및 보육시설의 교육기능 강화로 5세 무상교육의 역할을 분담한다. 소득수준별로 지원대상을 늘려 '08년에 도시근로자 평균소득수준까지 확대한다(전체 5세아 대상자의 약 70% 해당).

③ 영유아 대상 교육 · 건강 · 복지 연계사업 기초연구 실시

아동에 대한 빈곤 영향을 조사하기 위한 기초연구를 실시하고('05~'07), 연구결과를 토대로 사업모형을 설계하고 영구임대아파트 등 저소득밀집지역 거주 영유아를 대상으로 시범사업 실시를 검토한다.

나) 방과후 보호 및 학습지원 본격 실시(초중생)

① 민간공부방을 지역아동센터로 제도화

빈곤가정의 방과후 보살핌 부족을 보완한다('03년 입법완료). 초중생의 방과후 보호, 학습지원, 급식제공, 상담 등 빈곤 아동 · 청소년에 대한 종합지원 기능을 부여한다. 서비스 질과 운영의 전문성을 높이기 위하여 인력과 시설기준을 마련하고 표준 프로그램을 보급한다('05년). 프로그램 운영비용 등 운영비 지원을 현실화 하고, 빈곤가정 출신 대학생 자원봉사자를 활용하여 학습지도, 정서지원, 멘토링 등을 실시하고 역할모형도 제시한다. 희망경로사업과 연계하여 대학생 자원봉사 풀(pool)을 확대하기 위한 제도적 장치를 마련한다.

지역아동센터의 수를 단계적으로 확대 추진한다. '04년 중 500개로 확대하고 '05년 평가를 실시하여 그 결과를 토대로 확대한다. 기관의 신설보다는 기존의 민간공부방, 복지관 등을 최대한 활용한다. 학교, 동사무소, 사회복지관, 자원봉사기관 등과 상시협조체계를 구축한다.

② 초등학교 저학년 대상 방과후 교실 운영

학부모 및 아동의 60% 정도가 초등학교에서 방과후 보육 및 교육을 희망하고 있다. 연구 · 시범학교 운영결과를 토대로 '06년부터 점진적 확대 실시한다.

다) 균등한 교육기회 보장

① 저소득층 고등학생 학비지원 확대

학비지원 대상자를 단계적으로 확대하여 기초적인 교육기회 균등을 실현한다. '07년까지 지원대상을 전체 학생의 10% 수준으로 확대한다(기초수급자 별도).

② 정보격차 해소 및 e-러닝 지원

저소득층 자녀에 대한 PC 및 인터넷통신비 지원을 확대하여 정보격차를 해소한다. '04년 6만 명에서 '06년 10만 명으로 확대한다. 사교육 격차로 인한 박탈감과 학습여건 격차 해소를 동시에 거양하기 위하여 인터넷을 통해 무료로 지원되는 EBS 수능강의 및 사이버 가정학습 이용을 지원한다. 수준별 맞춤형 자율학습 및 보충학습, 쌍방향 질의응답, 자기학력 진단, 학업 · 진로 상담 등 다양한 콘텐츠를 이용할 수 있도록 한다.

③ 문화활동 참여기회 확대

문화 바우처 제도를 도입하고 소외지역 순회공연을 실시하여 저소득 아동 · 청소년의 문화활동 참여기회를 확대한다. 연극 · 연주회 등 찾아가는 문화 서비스 제공을 활성화한다.

라) 상담체계를 혁신하여 학교적응 지원 강화

현행 상담체계의 대안모델로 개발 중인 여러 모형에 대해 '05년 중 평가를 실시한다. 사회복지사를 활용한 학교사회사업 연구학교('04.5.~'05.4., 48개교)를 운영한다. 일부 학교에서 시행 중인 학교사회사업(31개교, 자체 재원 또는 사회복지공동모금회 지원)과 교육복지투자우선지역의 지역사회전문가(43개교) 운영 등에 대한 평가결과에 따라 적합한 모형을 선정하고 '06년부터 단계적으로 확대를 추진한다. 최근 크게 늘어난 학교 밖 공공 · 민간자원을 활용하여 학생 욕구 및 문제에 맞는 자원을 연계하고 관리한다.

2) 빈곤탈출을 위한 희망경로의 제시

가) 빈곤탈출 경로(희망경로)를 유지 관리

빈곤 아동과 부모가 빈곤에서 탈출하기 위해 노력해야 할 방향을 사회가 제시해야 희망을 간직하고 노력을 경주할 수 있다. '지식직업 경로'를 통한 빈곤탈출을 위해서는 대학준비단계에서 예측 가능하고 대학진학 후에는 안정적 대학생활이 가능한 장학제도가 필수적이다. 지식기반사회에서 고등교육기회는 빈곤탈출을 위한 유력한 경로가 된다. 부모로부터 지원을 기대하기 어려운 저소득 가정의 학생에게 장학금제도를 통한 학비와 생활비 조달은 대학준비단계에서 학업성취도 제고를 가능하게 하는바, 자녀의 학업성취는 또한 부모들에게 삶의 희망을 제시한다(저소득계층 부모의 65%가 빈곤탈출 경로로 자녀교육을 기대).

나) 대학 장학제도의 혁신 추진

모든 장학정보를 수집 · 관리하는 종합장학정보시스템을 구축한다('05년). 예비 대학생 · 학부모의 정보접근 가능성을 제고하여 진학 목표 및 삶의 목표 설정에 활용할 수 있도록 한다. 매 학기 초 중·고생에게 종합적인 장학정보를 제공한다. 장학제도에 대한 홍보를 강화하여 가계곤란으로 인한 고등교육 포기를 사전 예방한다.

대학 장학제도를 현행 성적우수자 위주에서 가계곤란자 위주로 전반적인 개편을 추진한다. 국·공립대는 우선적으로 실시하고 사립대의 참여를 유도한다. '05년에는 장학금 수령자의 10%를 목표로 한다. 가계곤란자 대상 장학금은 학비조달에 충분한 수준을 지급(다수에게 소액지급 지양)하고, 가계곤란자의 장학금 수령의 안정성 보장을 위해 장학금 수령자로 결정되면 예외적인 경우(소득수준 상승, 성적 하위 20% 등)를 제외하고는 계속 지급한다.

국가가 저소득층 학생에게 희망경로를 제시하기 위해 국가재원의 장학사업을 시범운영한다. 고등학교 학비지원 대상의 10%에게 충분한 수준의 학비조달이 이루어지도록 하기 위해 현행 국가재원 장학제도의 개편도 병행 추진한다. 장학금 수혜를 받을 수 없는 저소득 가정의 학생들이 이용할 수 있도록 무이자 및 저리의 학자금대여제도를 확대한다. 저소득 학생 대상 학자금대여의 경우 이

율을 현행보다 2% 인하를 검토한다.

〈표 3-2〉는 2006년 현재 교육인적자원부를 비롯한 정부 각 부처가 시행한 대학생 장학금 지원사업 현황이며 무상장학금, 근로장학금, 학자금 대출사업으로 구분된다.

표 3-2 정부가 시행한 대학생 학자금 지원사업의 운영 현황(2006년)

(단위 : 억원, 명)

구분	사업명	소관부처	재원	지원조건	지원내용	06년 예산	06년 수혜자
무상장학금(Grant)	이공계 장학사업	과기부	일반회계	이공계 성적우수자	등록금	807	15,991
	대통령 과학 장학생		과학기술진흥기금	이공계 진학생 중 수학과학 우수자	등록금, 생활비	72	551
	국비유학사업	교육부	국제교육진흥원	학부이상 졸업자 중 성적 우수자	$16,709~ $38,000	22	106
	인문학 장학금 사업		학술진흥재단	인문학 전공자	등록금	15	428
	BK21 사업		일반회계	분야별 사업 참여 교수 기준수 충족	박사 90만원 석사 50만원	1,634	21,440
	NURI 사업			사업단 소속 학생	등록금	950	109,593
	군 장학생 지원	국방부		졸업후 초급장교로 의무복무	등록금	282	5,115
	국가유공자 자녀 지원	보훈처		국가유공자 자녀 중 성적우수자	등록금	893	40,107
	장기복무 군인 자녀지원			10년 이상 복무 제대자	등록금 50%	13	1,012
	북한 이탈 주민 국고보조	통일부		만 35세 이하	등록금 50%	12	388
	영농희망 장학금	농림부		농대 2학년 이상 재학생 중 영농종사희망자	학기당 120만원	24	2,000
	농림부 성적우수 장학금			농어업인 대학생 자녀	학기당 100만원	20	2,000
	소계(%)					4,744 (30.5)	198,731 (9.9)

근로 장학금 (Work-Study)	전문대 근로장학금 지원	교육부	일반회계	전문대생 전공관련 일자리 제공	연 200만원 (시간당 5천원)	100 (0.6)	5,463 (0.3)
학자금 대출 (Loan)	정부보증 학자금 대출	교육부	일반회계	제한 없음	대출보증	850	514,000
	학자금 대출 이차보전			저소득층 자녀	대출금 이자	1,240	980,000
	국고대여 학자금	교육부	사학연금	교원 및 자녀	등록금	901	30,313
		행자부	공무원연금	공무원 및 자녀	등록금	5,616	202,627
	군인대학 학자금 대부	국방부	군인복지 기금	군인 본인 및 자녀	무이자 융자	550	20,278
	농어촌 자녀 학자금 대부	농림부	일반회계	농어촌 출신	등록금	676	25,000
	근로자 학자금 대부	노동부		고용보험 피보험자인 재직 근로자	등록금	816	28,000
	산재근로자 학자금 대부		근로복지 공단	산재근로자 및 자녀	등록금	45	2,000
	제대군인 학자금 대부	보훈처	국가보훈 기금	제대군인 및 자녀	등록금	27	988
	소계(%)					10,721 (68.9)	1,802,893 (89.8)
총계(%)						15,565 (100.0)	2,007,087 (100.0)

자료 : 남수경(2007). 대학생 학자금 및 장학금 통합방안에 관한 연구. 교육인적자원부.

대학생들에게 학자금 대출을 용이하게 하기 위한 방안으로 정부가 개인 학생의 대출보증을 실시하는 '정부보증 학자금 대출제도'가 2005년부터 도입되어 교육과학기술부가 주관하고 사업운영은 한국주택금융공사에 위탁하여 이루어지고 있다. 주택금융공사는 대학(전문대 및 대학원생 포함) 이상의 학생들에게 등록금 외에 기초 생활비까지 포함하는 학자금대출을 지원하기 위해 금융기관에 지급보증을 제공하는 역할을 수행하고 있다. 종전 영세민자녀에게 제한적으로 지원하던 방식에서 벗어나, 대출채권유동화라는 새로운 자금조달수단을 통해 학자금대출을 필요로 하는 모든 학생들에게 선택의 폭을 획기적으로 넓힐 수 있도록 고안된 금융기법을 사용하고 있는 것이 특징이라고 할 수 있다(한국주택금융공사 홈페이지. www.khfc.co.kr)

다) 자원봉사와 연계한 생활비 지원제도 도입(민간재원)

대학의 장학금(학비지원) 제도와 정부의 생활비 지원제도를 연계하여 안정적 대학생활을 보장하는 프로그램을 설계한다. 대학의 학자금을 지급하는 저소득 학생에게 정부와 민간이 공동으로 민간재원을 모집하여 생활비를 지원한다.

(라) 교육복지종합계획(교육인적자원부 2004.10.)

2004년 교육인적자원부가 수립한 교육복지종합계획에는 저소득층에 대한 교육비 지원을 내용으로 하는 정책이 포함되어 있다. 그 내용은 다음과 같다.

국민기초생활보장수급자의 차상위에 해당하는 저소득층 고교생에게 학비 지원을 확대한다. '04년 12만 4천 명에게 1,215억 원을 지원하고 연차적으로 확대하여 '08년 17만 5천 명에게 2,431억 원을 지원한다. 2004년부터 2007년까지 단계적으로 학교급식비 지원대상을 확대한다. '04년 305천 명에서 '05년 450천 명, '06년 600천 명, '07년 770천 명으로 늘려나간다.

고등교육 무상지급학자금 대상자를 확대한다. 국민기초생활보장법에 의한 수급권자 및 학생 본인 또는 부양의무자가 불구 · 질병 기타사유로 학비를 부담하기가 곤란한 자에게는 정부가 전액 학비를 지원(사립대학생)하거나 면제(국공립대학생)할 수 있도록 한다. 또한, 고등교육 무이자대여학자금 대상자를 확대한다. 학자금 전액을 지원받지 못하는 차상위 소외계층에게는 재학기간 중 학비 전액을 무이자로 융자 지원받을 수 있도록 무이자대여학자금을 확대한다.

나. 유아교육 · 보육

(1) 배경

최근 선진 복지국가에서는 사전예방적(preventive) 관여의 차원에서 유아교육 및 보육에 크게 힘을 쏟고 있다. 개개인의 학습능력과 일에 대한 호의적 태도 등은 아동기 인지능력 발달기에 보살핌과 교육을 통해 형성되며, 성인기에 새롭게 형성되거나 교정되기가 무척 어렵다. 따라서 국가의 사전예방적 관여 없이는 취약가정의 아동들의 경우 실업과 가난의 대물림의 위험이 크다.

유아기는 인간발달의 기반을 형성하는 시기로서 발달의 기초성, 적기성, 누적성, 불가역성이라는 특징적 요소가 작용하는 중요한 시기이다. 유아기에 양질의 교육을 받지 못한 경우 후에 이를 교정·보완하려면 비용도 많이 들고 교육도 효과적이지 못하다는 연구결과들이 많다(교육인적자원부, 2007h: 303). 교육소외 문제에 대한 최선의 대응책은 교육소외로 인한 교육손실의 격차가 커지기 전 가급적 이른 시기에 격차를 줄이는 조치를 취하는 것이다. 빈곤아동의 문제를 출발선에서부터 도와야 한다는 START(Head Start, Sure Start, Fair Start, We Start 등)의 용어는 이러한 인식에서 비롯된다.

어린 시절 부모의 교육적 관심과 지원은 교육성공의 중요한 열쇠이다. 학자들은 학생의 성공과 실패를 좌우하는 핵심 요소 중의 하나가 부모의 지원이라는 데 동의한다. 빈곤아동의 경우 부모의 교육 지원은 제한될 수밖에 없다. 생활고로 인한 맞벌이로 아동들을 돌볼 시간이 절대적으로 모자라며 좋은 교육을 시키기 위한 지식과 이해가 부족하고 주변에서 교육을 통해 성공한 역할모델을 찾기가 힘들다. 자녀교육에 대하여 필요한 정보를 교환하고 의사결정에 도움을 줄 수 있는 네트워크, 즉 사회자본(social capital)이 취약하다.

어떤 학자들은 빈곤아동들의 학업실패가 그들 성장환경 속의 문화자본(cultural capital)의 부족에서 비롯된다고 본다. 문화자본은 아동들의 정상적인 지적·정의적 발달을 돕는 학습자료 역할을 하며 이들이 적절하게 제공되지 않는 경우 발달지체를 가져올 수 있다는 것이다. 어린 시절의 문화자본의 결핍은 지적·정서적 발달에 필요한 학습기회를 저해함으로써 취학 이후의 학습능력에 지대한 영향을 미친다.

그런가 하면 아동에 대한 투자는 여성의 경제활동 참여를 촉진할 수 있다는 점에서 여성 노동력 활용 차원에서 높은 정책적 관심을 유발한다. 여성의 육아기 노동시장 이탈은 결국 이들을 장기적 비경제활동 인구로 전환시키고 여성의 직업숙련 기회 및 인적 자본의 감소를 낳게 되므로, 보육 및 교육을 통한 아동 양육에 대한 공적 지원은 특히 국가 차원의 인적 자원 역량 확대를 겨냥하는 사회투자적 관점에서 매우 중요하다.

사회투자적 관점에서 볼 때, 아동빈곤의 문제는 시급히 대처하여야 할 가족정책 및 아동정책, 그리고 교육복지정책의 중요 사안이다.[5] 최근 들어 지역아동센터, 아동급식의 확대, 아동에 대한 의료지원 규모의 확대, 아동발달지원계좌사업 등 빈곤아동에 대한 지역사회 및 국가의 보호기능이 강화되고 있으나, 우리나라 아동 1인당 복지비 지출은 아직 선진국에 비해 매우 낮은 수준이며, 산전후휴가제도, 육아휴직제도의 이용률이 저조하고 휴직급여도 월평균 임금의 1/3 수준에 불과하다(양재진 외, 2008 : 151-152).

이상과 같은 정황을 감안할 때, 영유아기에 적절한 교육기회와 학습환경을 제공함으로써 교육소외를 예방하고 정상적인 성장 발달의 기초를 다지는 일은 교육복지의 과제 중에도 최우선의 절실한 과제라고 할 수 있으며, 효율적인 교육복지체제를 갖추기 위한 가장 핵심적인 조건이라고 할 수 있을 것이다.

(2) 유아교육 · 보육 현황

우리나라의 유아교육은 교육기관인 국·공·사립 유치원과 어린이집 등의 보육기관으로 이원화되어 있으며, 여기에 사설 유아학원의 가세로 복잡 다원화된 양상이 전개되고 있다. 이를 감독하는 주무부처도 교육과학기술부와 보건복지가족부로 분리되어 있다. 육아 · 보육사업에 대한 획기적인 지원으로 보육시설 · 기관의 수와 원아수, 취원율은 최근 급격하게 증가하고 있는 반면, 유치원수와 원생수는 줄어들고 있는 추세이다.[6] 2007년 4월 현재 만 5세의 유치원 취원율은 56.3%, 만 3~4세의 취원율은 27.4% 수준으로 OECD 국가 평균(5세 98.5%,

---

5) 가구규모별 최저생계비 이하를 기준으로 한 아동의 절대빈곤율은 1996년 3.6%였던 것이 2000년 7.7%, 2004년 8.8%로 지속적으로 증가하고 있다. 절대빈곤율과 상대빈곤율이 모두 상승하고 있다(양재진 외, 2008 : 149).

6) 2002년에 5천억 원에 못 미치던 정부의 영유아육아예산이 2006년에는 2조 2000억 원을 넘어 5년 사이에 4배 이상 증가하였다. 그중 여성부 영유아보육지원이 1조 7286억 원인데 비해, 교육부 유아교육지원은 4,422억 원으로 현격한 차이를 보였다. 영유아보육료 지원예산 중 보육바우처 확대의 비중이 크다(양재진 외, 2008 : 154-55).

3~4세 67.8%)에 크게 못 미치는 실정이다.

유아를 둔 학부모의 자녀교육상의 혼란과 과다한 사교육비 지출을 방지할 뿐만 아니라, 학교교육의 기초가 되는 유아교육을 공교육으로 정착 발전시켜 나가기 위해서는 현재의 이원화된 유아교육과 보육이 체계적인 틀 속에서 균형적이고 조화롭게 발전해 나갈 필요가 있다. 우리 유아교육체제의 혼선은 교육복지체제의 전체적인 효율성을 제고하는 차원에서도 시급히 해결되어야 할 과제라고 할 수 있다.

(3) 정책 현황

1997년부터 유아교육법안을 제정하기 위한 노력이 있었으나 관련 부처 간, 이해집단 간 의견차이로 실현되지 못하다가 많은 진통을 거쳐 2004년 1월 29일 유아교육법이 제정되었고, 2005년 1월에는 동법 시행령과 시행규칙이 마련되었다. 유아교육법은 초·중등교육법과 유아교육진흥법의 유치원, 유아교육 관련 조항을 체계적으로 정비한 유아교육에 적합한 독립된 기본법이다. 동법이 제정됨으로써 비로소 공교육의 틀 속에서 유아교육이 정착될 수 있는 기반을 구축하게 되었다. 만 5세아 무상교육 지원 확대 및 저소득층 교육비 지원 근거를 확고히 함으로써 교육의 기회균등과 형평성을 확보하고, 유치원 종일반 운영에 대한 지원근거와 사립유치원 운영비를 국가가 지원할 수 있는 근거도 마련되었다(교육인적자원부, 2007h).

1999년부터 농어촌 지역 저소득층 자녀 유치원 학비 지원이 시작되었으며 2000년부터는 전국으로 확대되었고, 2002년에 이 사업은 만 5세아 무상교육비 지원사업으로 발전하였다. 국민의 정부에 이어 참여정부에서는 만 5세아 무상교육비 및 만 3~4세아 차등교육비 지원을 확대함으로써 공평한 교육기회를 제공하고 학부모의 교육비 부담 완화에 노력하였다. 그 결과 2006년에는 만 5세아의 21.7%, 만 3~4세아의 8.7%가 지원을 받았으며, 2007년에는 만 5세아의 23.8%, 만 3~4세아의 11.4%가 지원을 받았다(교육인적자원부, 2007h).

또한, 정부는 맞벌이 부부의 육아부담을 경감하고 여성의 사회참여를 지원하기 위하여 유치원 종일제 활성화에 노력한 결과, 2002년 전체 유치원의 29.6%

에 그치던 종일반 운영률은 2003년 35.2%, 2005년 62.5%, 2007년 81%로 빠르게 증가하고 있다.

(4) 과제

우리 유아교육이 선진형으로 발전해 나가고 모든 아동들에게 양질의 교육기회를 제공함으로써 수준 높고 생산적인 교육복지를 실현하기 위해서는 다음과 같은 과제들이 앞으로 수행되어야 할 것이다. 첫째, 아직 24% 수준에 그치고 있는 만 5세아 교육지원율을 전체를 대상으로 확대하여 무상교육의 보편적 실시를 실현해야 한다.

둘째, 현재의 유치원을 만 3~5세 아동을 대상으로 하는 교육복지형 유아학교 체제로 전환하여 공교육 학제에 편입하는 방안을 추진할 필요가 있다.

셋째, 사립유치원에 대한 재정지원 확대 및 법인화를 유도하여야 한다. 많은 원생들을 수용하고 있는 사립유치원의 교육의 질을 향상시키지 않고는 전체적인 유아교육의 수준을 높일 수 없으며 교육기회의 형평성을 확보하기도 어렵다. 특히, 지나치게 영세하여 운영의 합리화를 보장하기 어려운 유치원들을 장기적으로 법인화함으로써 운영의 정상화를 도모할 필요가 있다.

넷째, 유치원의 종일반을 지속 확대하고 종일반 프로그램의 질적 향상을 꾀함으로써 이에 참여하는 아동들에게 양질의 교육기회를 제공하여야 한다.

다섯째, 유아교육과 보육의 균형적, 조화로운 발전을 추구함으로써 유아교육 · 보육체제의 전반적인 효율성을 제고할 필요가 있다.

다. 장애자 · 건강장애자 교육[7)]

(1) 특수교육의 개념

새로 개정된 "장애인등에대한특수교육법"에 의하면, '특수교육'이란 "특수교육대상자의 교육적 요구를 충족시키기 위하여 특성에 적합한 교육과정 및 (제

---

7) 이 내용은 안병영(2005). 한국특수교육의 발전과제. 제24회 특수교육전문가 연찬회 특강 1(2005년 9월 29일)을 수정 · 보완 · 확장한 것이다.

2호에 따른) 특수교육 관련 서비스[8] 제공을 통하여 이루어지는 교육을 말한다"(제2조 1)라고 정의되고 있다.

'특수교육'이라는 용어는 과거에는 일반학교와 대학과는 별개인 혹은 이러한 기관 범위 밖에 존재하는 특수학교나 기관에서 이루어지는, 장애학생을 위한 교육을 지칭하는 것으로 주로 이해되었다. 따라서 '특수교육'의 패러다임은 장애라는 개인적 특성에 중점을 두고, 이들 장애자에 대한 장애능력의 보완에 치중해 왔다. 그러나 최근에는 '특수교육'의 개념이 부가적 자원을 필요로 하는 '특별한 요구'(special needs)를 지원하는 교육의 개념으로 바뀌고 있다. 이에 따라 '특별한 요구 교육'(special needs education)의 개념이 기존의 '특수교육'의 개념을 대체하고 있는 실정이다.[9] 이처럼 특수교육의 개념 및 그 인적 대상이 확대됨에 따라 특수교육은 장애학생들뿐만 아니라 다양한 이유로 학교에서 어려움을 겪고 있는 학생들에까지 그 범주가 확대되고 있으며, 관심의 폭과 접근방식 또한 장애 중심의 차별적 · 제한적 특수교육의 차원을 넘어 대상학생을 둘러싼 환경과 사회의 개선 문제로, 그리고 개인의 '자아실현'의 문제로, 그리고 보다 유연하고 중·장기적인 접근으로 확장, 전환되고 있다.

그러나 아직도 '특수교육' 혹은 '특별한 요구 교육'이라는 용어는 국가마다 다른 의미로 사용되고 있는 실정이다. OECD의 교육연구혁신센터(CERI)는 그 연구보고서인 "교육에서의 형평: 심신장애, 학습곤란, 사회적 불리 학생"(Equity in Education: Students with Disabilities, Learning Difficulties and Disadvantages, 2004)에서, 범국가적 범주체계로 '특별한 요구 교육' 대상자로 장애학생뿐만 아니라, 학습곤란학생, 그리고 불이익계층 학생을 두루 포함하고 있다. 이에 따르면 장애학생(범주 A)은 맹 및 저시력, 농 및 난청, 중도 및 최중도 정신지체, 중

8) '특수교육 관련 서비스'란 "특수교육대상자의 교육을 효율적으로 실시하기 위하여 필요한 인적 · 물적 자원을 제공하는 서비스로서 상담지원, 가족지원, 치료지원, 보조인력지원, 보조공학기기지원, 학습보조기기지원, 통합지원 및 정보접근지원 등을 말한다"(장애인 등에 대한 특수교육법 제2조 2).

9) 이러한 관점에서 1990년대 중반 이후 OECD의 '교육연구혁신센터'(Center for Educational Research and Innovation: CERI) 및 UNESCO, 그리고 '국제교육표준분류'(ISCED: International Standard Classification of Education) 등에서는 이미 "특별한 요구 교육"이 보편적으로 쓰여지고 있다.

복장애와 간이 규준에 대한 합의가 상당히 이루어진 학생들을 말하며, 학습곤란 학생(범주 B)은 학습에 어려움이 있는 학생들, 그리고 불이익계층 학생(범주 C)은 일차적으로 사회 · 경제 · 문화적 및/혹은 언어적 요인 때문에 어려움을 겪는 학생들을 일컫는다(교육인적자원부, 2005b : xvii).

특수교육 내지 특별한 요구 교육을 논의할 때, '부가적 자원'(additional resources)이 중심 개념으로 등장한다. 여기서 부가적 자원이란, 학생의 요구(필요)에 대한 각별한 주의가 이루어지지 않을 경우 학생이 일반 교육과정에 접근하는 데 특별한 어려움을 가질 가능성이 있는 상황에서, 이들 학생들에게 일반 학생에게 이용될 수 있는 자원 외에 이용될 수 있는 인적 · 물적 자원 및 재정적 지원을 의미한다.

위의 OECD 보고서는 특수교육에 있어 '형평'(equity) 개념을 중시하는데, 형평은 다음 네 가지 맥락으로 논의될 수 있다.

1) 접근 혹은 기회의 형평 : 모든 개인(혹은 개인들의 집단)이 교육체계의 특정 수준까지 진전할 수 있도록 동일한 기회를 가지는가?
2) 학습환경 혹은 수단의 형평 : 모든 개인이 동등한 학습조건을 누리는가?
3) 산출 혹은 성취(혹은 성과)의 형평 : 아동이나 학생들이 모두 동일한 정도의 전문성, 그리고 기술이나 지식을 숙달하는가?
4) 실현 혹은 성과이용의 형평 : 개인이나 집단이 교육과정을 떠난 후 사회에서 그들이 습득한 기술을 사용할 수 있는 동일한 기회를 가지는가?(교육인적자원부, 2005b : 3-4)

대체로 특수교육은 그 철학적 기초를 Rawls의 정의론(theory of justice)에 근거하고 있는 것으로 이해된다. 이 입장을 특수교육에 적용할 때, 불리한 조건의 학생들에게 보다 유리하도록 기관을 적절하게 조직해야 한다는 입장으로, 특별한 요구 교육 대상자들에게는 교육과정에의 접근과 교육기회로부터 부여되는 이익을 얻게 하기 위해 부가적 자원을 지원해야 한다는 논리이다.

(2) 특수교육의 현황

현행법에서 특수교육 대상자의 초등학교 및 중학교 과정의 교육은 의무교육이며, 유치원 및 고등학교 과정의 교육은 무상교육이다(특수교육진흥법 제5조 제1항).

2007년 현재 특수학교에서 특수교육을 받고 있는 학생은 22,963명(34.8%), 특수학급에서 특수교육을 받는 학생은 35,340명(53.6%)이며, 일반학급에서 통합교육을 받고 있는 학생이 7,637명(11.6%)으로 전체 특수교육 대상학생수는 65,940명이다.[10] 한편, 가정 · 시설 · 병원 · 학교 등에 순회 또는 파견 형태로 특수교육의 혜택을 받고 있는 순회교육 대상학생들이 4,649명이다.

최근 특수교육 대상학생의 교육기회 확대 및 지원 서비스 강화[11]로 특수교육 대상자로 등록하는 학생수가 지속적으로 증가하는 추세이다. 2007년 현재 전국의 특수학교수는 144개교로 특수교육 초창기인 1962년의 10개교에 비해 약 14배, 특수교육진흥법의 제정 직후인 1979년의 53개교에 비해 약 2.7배가 증가한 셈이다. 최근에는 특수학교수는 크게 증가하지 않았으나, 통합교육을 실시하기 위하여 고등학교 이하의 각급학교에 설치한 특수학급은 계속 늘어나고 있는 추세이다.[12] 한편, 특수교육 담당교사 1인당 학생수는 점차 감소하는 추세로 2007년 현재 5.4명이다. 이는 OECD 선진국의 평균 수준이다.

한편, 장애영역별 특수교육 대상학생의 현황을 보면 총 65,940명 중, 정신지

---

10) 교육인적자원부가 국회 교육위에 제출한 2007년도 국정감사자료에 따르면, 우리나라 장애학생수는 77,452명이며, 그중 65,940명이 수학하고 있으므로 전국 평균 특수교육 수혜율은 85.1%이다. 그러나 이 비율은 학령인구수(초등학교 1학년~고등학교 3학년)의 0.99%가 장애학생이라는 국립특수교육원의 교육통계에 근거한 추정치로서 실제 장애학생수는 이보다 훨씬 많다. 보다 엄격하게 따져 볼 때, 초등학교 특수교육 수혜율은 대체로 70%를 상회하는 데 비해, 유치원 연령대의 특수교육 수혜율은 초등학교의 3분의 1에도 못 미친다. 또한 중학교는 약 60%로 학력이 높아질수록 교육 수혜율은 떨어진다. 참고로 2007학년도 시·도별 초등학교 취학유예자는 56,518명이며, 장애아동은 5,283명으로 취학유예자의 9.4%이다. 한편 'OECD 특수교육 통계 및 지표'를 보면, 전체 학생 대비 부가적 자원 수혜 장애학생수는 국가 간에 차이가 크다. 이러한 학생수의 비율범위는 모든 교육단계에 대해 1% 미만에서 4% 이상까지이다.

11) 특수교육 지원내용을 보면, 특수학교 현대화 사업, 장애유아 무상교육비 지원, 특수교육 보조원 배치, 특수교육기관 종일반 · 방과후학교 운영, 병원학교 설치 운영, 특수교육 지원센터 전담인력 배치, 일반학교 장애인 편의시설 설치, 특수교육 대상학생 학교급식비 등 지원 및 장애인식 개선 사업 등을 들 수 있다(특수교육 연차보고서, 2007.9.).

12) 2006년부터 2007년간 특수학교는 143교에서 144교로 1개교 신설되었으나, 특수학급은 5,204학급에서 5,753학급으로 549학급이 증설되었다.

표 3-3 특수교육 대상학생 현황

구분			특수학교	일반학교		계
				특수학급	일반학급	
특수교육 대상학생			**22,963**	**35,340**	**7,637**	**65,940**
학생수	장애영역별	시각장애	1,819	269	204	2,292
		청각장애	1,334	853	677	2,864
		정신지체	14,365	19,246	2,430	36,041
		지체부자유	3,094	3,002	1,643	7,739
		정서장애	2,139	4,629	927	7,695
		언어장애	161	522	502	1,185
		학습장애	11	6,310	661	6,982
		건강장애	40	509	593	1,142
		계	**22,963**	**35,340**	**7,637**	**65,940**
	과정별	유치원	1,032	599	1,494	3,125
		초등학교	7,657	22,498	2,597	32,752
		중학교	6,286	7,500	1,481	15,267
		고등학교	6,541	4,743	2,065	13,349
		전공과	1,447	–	–	1,447
		계	**22,963**	**35,340**	**7,637**	**65,940**
학교수			144	4,530	3,621	8,295
학급수			3,278	5,753	6,263	15,294
특수학교(급)교원수			6,141	6,108	–	12,249
특수교육보조원 배치수			1,753	3,914	574	6,241

자료 : 2007년 특수교육 연차보고서, 교육인적자원부 2007.9. p.21.

체가 36,041명(54.7%)으로 가장 많고, 지체부자유 7,739명(11.7%), 정서장애 7,695명(11.7%), 학습장애 6,982명(10.7%), 청각장애 2,864명(4.3%), 시각장애 2,292명(3.5%), 언어장애 1,185명(1.8%), 건강장애 1,142명(1.7%) 순이다.

특수학급을 예로 들 때, 2007년 4월 현재 일반학교 대비 특수학급 설치 학교의 평균 비율은 23.5%이며 교과과정별로는 유치원 1.8%, 초등학교 53.4%, 고등학교 17.1%이다. 지역별 일반학교 대비 특수학급 설치학교의 비율은 부산

37.3%, 경북 18.1%로 지역별 편차가 크다(교육인적자원부, 2007a : 37).

(3) 특수교육 기회의 확대

여기서 무엇보다 요구되는 것은 심신의 손상 및 불능의 개념에 한정되어 있는 장애의 개념을 기능적 · 사회적 제한을 포함하는 개념으로, 다시 말해 특별한 요구를 지닌 모든 학생으로 특수교육의 대상을 확대하여,[13] 이들을 조기에 발견, 진단하여 그들의 요구에 적절한 교육을 제공하는 데 많은 노력을 경주해야 할 것이다. 그런 의미에서 광의의 특수교육 대상자의 완전취학과 학습권 보장은 한국 특수교육의 제1의 발전과제이다.

우리나라 특수교육 현황을 감안할 때, 모든 특수교육 대상자의 학교교육 기회 확대를 위한 지역별, 학교과정별 균형적인 특수학교(급) 신·증설을 계속 추진해야 할 것이며, 특수교육 대상자 무상의무교육 홍보를 더욱 강화해야 할 것이다. 또한 장애영역별 특수학교의 불균형 해소를 위해 특정 장애영역보다는 종합특수학교로 운영형태 전환이 요구된다.

현재 무엇보다 시급한 과제는 특수교육 수혜율이 낮은 유아특수교육 기회를 크게 확대하는 일이다. 2007년 4월 현재 유아특수교육을 받고 있는 특수교육 대상자는 총 3,125명으로, 그중 2,145명이 무상교육을 지원받고 있는 실정이다. 앞으로 유치원 특수학급 등의 유아특수교육기관 설립을 통한 특수교육 대상 유아의 교육기회가 크게 확대되어야 하며, 전원 무상교육의 혜택을 받아야 한다. 또한 유아특수교육기관의 종일반 및 방과후학교 운영[14]이 계속 확대되어야 할 것이다.

그런가 하면 2006학년도(2007년 2월) 특수학교 및 특수학급 고등부 졸업생 3,109명의 진학률을 보면, 특수학교 졸업생의 43.2%, 특수학급 졸업생은 23.2%이다. 따라서 특수교육 대상학생들의 대학교육 기회 확대가 주요한 과제의 하나다.

---

13) 그런 의미에서 2005년 '심장장애 · 신장장애 · 간장애 등 만성질환으로 인한 건강장애'를 특수교육 대상에 포함한 것은 의미 있는 변화이다 (특수교육진흥법 제10조, 2005.3.24.).

14) 2007년 8월 현재 유아특수교육기관의 종일반은 166학급, 특수교육기관 방과후학교 운영은 409학급이 운영되고 있다.

특수교육이 통합교육의 맥락에서 실효성을 거두기 위해서는 특수교육 대상학생의 교육-직업훈련-취업 연계체제를 통한 직업 전환교육의 강화가 절실히 요구된다. 이를 위해서는 대상학생의 특성, 요구 및 선호에 적합한 개별화 전환계획의 수립 및 적용, 연수 등을 통한 특수교육 담당교사의 직업능력 신장, 근로현장과 연계교육 강화가 필요하다. 이와 더불어 관계부처(교육과학기술부, 노동부, 보건복지가족부 등)간의 네트워킹을 통하여 직업평가, 직업교육, 취업알선 및 추수지도 등 전환과정 전반에 대한 통합적 지원체계를 구축 운영할 필요가 있다.

아울러 특수교육을 담당하는 교원이 가정이나 의료기관, 학교, 기타 시설 등에 있는 특수교육 대상자를 방문하여 행하는 순회교육(특수교육진흥법 제2조 제3항)의 내실화가 요구된다. 특히 중도 · 중복장애로 이동이 곤란한 가정, 병원, 시설 내 특수교육 대상학생의 학교교육 제공을 위한 지원 확대가 요구되며, 특히 순회교육 전담 특수교육 교사의 배치 확대가 시급히 요청된다. 또한 건강장애학생 학습지원을 위한 화상강의 시스템의 제공이 확대되어야 할 것이다.[15)]

(4) 통합교육으로의 패러다임 전환

(가) 통합교육체제의 본질

'통합교육'이라 함은 특수교육 대상자의 정상적인 사회적응능력의 발달을 위하여 일반학교에서 특수교육 대상자를 교육하거나, 특수교육기관의 재학생을 일반학교의 교육과정에 일시적으로 참여시켜 교육하는 것을 말한다(특수교육진흥법 제2조 제6호).

특수교육제도 개혁의 핵심은 '분리교육체제에서 통합교육체제'로 기본체제를 바꾸는 것이다. 이를 위해서 "모든 학생은 일반학교에서 교육한다"는 명제를 기본원칙으로 세울 필요가 있다. 또한 기능적 · 물리적 통합에서 정서적 · 심리

---

15) 1996년 재가 장애학생을 위한 순회교육이 시작되어, 가정순회모형, 시설 및 병원 순회모형, 일반학교 간 순회모형이 마련되었다. 1999년 교육부가 주관한 '고마우신 선생님 체험수기' 최우수작으로 선정된 조채숙의 "나의 설리반 선생님"은 재택교육의 성과를 드러낸 감동적 실화이다. 필자 채양은 날 때부터 뇌성마비로 겨우 기어 다니는 상태에서 재택교육을 시작하여 선생님의 도움으로 문학적 자질을 발견하고, 걷게 되며, 초등학교를 졸업하기에 이르게 된다.

적 통합을 포함하는 교육적 · 사회적 통합으로, 소극적 통합(integration)에서 완전통합(inclusion)으로 전환되어야 한다. 같은 맥락에서 탈시설화(deinstitutionalization), 정상화(normalization), 주류화(mainstreaming), 개별화(individualization)가 핵심 개념으로 부각되어야 한다.

통합교육이 지향하는 사회통합은 '사회로의 성공적인 전환'을 의미하며, 궁극적으로 교육적 차원을 넘어서는 사회성원으로서의 참여적 통합을 겨냥한다. 따라서 통합교육은 전환교육(transition service)의 강화 및 평생교육으로 이어져야 한다. 그러므로 특수교육 대상학생의 교육-직업-취업 연계체제 구축을 통한 직업 및 전환교육 강화와 이를 위한 특수교육의 질 제고가 필수적이다.

위에서 지적한 바와 같이, 그동안 특수교육은 특수교육적 필요(special educational needs)에 대응하는 장애아동 중심의 교육으로 이해되어 왔으나, 이제 이를 특별한 필요(special needs)에 대한 부가적 지원으로 개념화할 필요가 있으며, 그 인적 대상도 장애아동의 범주를 넘어 확장되어야 마땅하다.

통합교육의 접근 또한 기존의 기계론적 · 기능주의적 접근과 경직된 교육체계에서 이제 복잡한 환경과의 상호작용과 참여, 그리고 유연한 개방체계를 강조하는 총체주의적 · 생태학적 접근으로 전환하고 있다.

(나) 선진 외국의 통합교육 운영

대부분 장애학생들이 일반학급에 통합되어 교육되며, 이들에게 제공되는 특수교육 서비스도 장애영역별이 아닌 학생 개별 특성에 따라 제공된다. 그런가 하면, 교육서비스 주체도 특수교육 교사에서 일반교사로 옮겨졌다.

보통 한 학교에 한 명 혹은 두 명의 특수교사가 있다. 이들의 특수교육 지원은 일반교사의 의뢰에 따라 제공된다. 또한 이들은 장애학생들에게 직접적인 교수를 제공하기보다는, 일반교사에게 관련 정보 및 상담을 제공하고, 새로운 교육기술을 전수하며, 교재의 수정 및 보완에 관여하고, 일반교사와 수시로 정규모임을 갖고 평가(evaluative feedback)와 교수계획에 참여하며, 일반교사 및 다른 전문가와 협력교수(co-teaching)나 팀교수(team teaching)를 제공한다. 이들 특수교사들은 또한 필요시 가정, 학교 및 지역사회의 지원서비스도 제공한다. 그런가 하면, 이들 특수교사들이 심리치료사, 상담교사, 언어치료사, 사회사업가, 물리치료사, 작업치료사, 간호사와 같은 관련 전문가의 역할을 담당하기도 한다.

학교 내의 제반 지도계획은 일반교사와 특수교사의 논의를 통하여 지원되며, 학교 외부기관에서 각 학교에 요청이 있을 경우 특수교사가 파견지원을 제공하는 경우도 적지 않다.

(다) 통합교육의 발전방향

2007년 4월 현재 유·초·중·고등학교에 31,204개의 통합학급이 운영 중에 있다. 또한 통합교육 실시 학생수는 41,343명으로 전일제 통합학급의 학생수는 7,637명, 시간제 통합학급의 학생수는 33,706명이다(교육인적자원부, 2007a : 67-68).

현재 통합학급을 담당하고 있는 31,204명의 교원 중 특수교사 자격증 소지자는 745명(2.4%), 60시간 이상 연수자는 4,117명(13.2%), 30시간 이상 연수자는 3,302명(10.6%), 연수 미이수자는 23,040명(73.8%)이다(교육인적자원부, 2007a : 69).

2007년 4월 현재 통합교육에 필요한 교육과정 운영, 교재 · 교구 개발 · 적용 등을 위해 전국 16개 시·도교육청에서 74개 학교를 통합교육시범학교로 지정 · 운영하고 있다(교육인적자원부, 2007a : 71).

장애아동의 통합교육을 위해서는 장애학생 편의시설의 확충 등 일반학교 교육환경의 개선이 요구되며, 아울러 통합학급 담당교사의 특수교육 연수기회 확대, 일반교사들의 통합교육에 대한 장애이해, 책임의식의 제고, 그리고 일반교사와 특수교사 간의 협력모형 구축 등이 필수적이다.

또한 장애아동의 통합교육의 촉진을 위해 분리 중심의 전일제 교육을 지양하고, 학교 및 학생의 실태에 따라 시간제, 특별지도, 순회교육 등 다양한 운영형태가 도입되어야 할 것이다. 이와 더불어 특수교육 대상자의 특성에 적합한 교육과정, 교육방법 및 교육매체 등을 통한 교과교육, 치료교육 및 직업교육이 실시되어야 할 것이다.

이소현(2005 : 162)은 "일반학교에서 장애학생이 최상의 교육적 성과를 나타내기 위해서는 장애학생을 포함하는 모든 학생을 위한 교육과정을 운영하겠다는 학교의 통합문화 조성과 함께 이들의 교육에 직접적으로 관련된 특수학급 및 통합학급 교사들의 긴밀한 협력관계가 선행되어야 한다"고 특수교육의 장학 방향을 제시하고 있다.

(라) 장애이해교육의 강화

장애인의 성공적인 사회통합을 위해서는 일반인의 장애이해와 장애인에 대한 협력이 필수적이다. 주위의 장애인관이 긍정적인 경우 장애인의 의욕도 증가하고 상호교류도 증가하게 된다. 따라서 장애이해교육은 장애인을 '사회적 배제'(social exclusion)로부터 벗어나게 하기 위한 불가결의 과정이다. 장애인의 성공적인 사회참여 및 사회통합을 위해서는 일반인의 장애이해와 더불어 장애인 스스로도 비우호적인 상황을 극복할 수 있는 능력을 갖추도록 노력하지 않으면 안 된다.

장애이해교육의 대상은 유아에서부터 노인에 이르기까지 모든 인적 대상이 포함된다. 특히 학생들에 대한 장애이해교육이 필요하며, 아울러 유아의 가치관 형성에 큰 영향을 미치는 어머니들, 그리고 학생들의 사회화와 교육과정에서 큰 몫을 차지하는 교사들에 대한 장애이해교육 또한 중요하다.

장애인에 대한 편견을 줄이기 위해서는 지식제공에 의한 작용과 상호작용을 조합한 접촉 프로그램을 제시하는 것이 바람직하다. 즉 시청각 정보에 의해 장애인의 특성이나 상호작용의 의의를 이해시키고, 이에 더하여 장애인과 비장애인 간의 상호작용으로 유도하는 프로그램이 필요하다는 것이다.

우리의 경우, 특수교육원 부설 교육연수원에서 '가장 필요한 원격교육연수는 무엇일까요?' 라는 질문에, '장애이해' 라는 대답이 39.59%로 가장 많았다. 이는 아직도 우리 사회에 뿌리 깊은 장애인에 대한 편견을 반증하는 것이다.

김창호 · 김지숙(2005)의 연구에 따르면, 통합교육 경험이 초등학교 일반학생의 개인생활, 학교생활, 지역사회생활 영역에서 장애학생에 대한 수요태도를 우호적이고, 긍정적으로 변화시키는 것으로 나타난다. 또한 김희규(2004)의 연구는 장애이해교육이 일반아동 태도의 인지적인 요인과 행동적 요인에 긍정적인 영향을 미쳤으며, 초등학교 1학년 아동들에게는 이해중심전략이 3, 5학년 학생들에게는 활동중심전략이 더 효과적이었음을 밝혀준다. 따라서 장애아동에 대한 일반아동의 태도개선을 위한 장애이해교육은 각 연령의 특성이나 지도해야 할 요인과 태도에 알맞은 적절한 프로그램을 개발하여 적용하는 것이 필요하다고 할 수 있다.

2003년부터 '특수교육발전 종합계획'('03~'07)에 따라, 전국의 모든 유·초·중·고교에서 1학기 1회 이상 장애이해교육 실시가 권장되고 있다. 또한 초·중·고교 교과서 장애관련 내용 심화 보충자료 및 장애이해교육 자료 개발보급 확대, 일반학교 일반학생 장애이해교육 및 장애체험활동 실시, 장애인 시설 및 특수학교와 자매결연 등이 실시되고 있으며, 장애이해 포털사이트(edu.kise.go.kr)를 정비하고 홍보를 강화하고 있다.

(5) 특수교육 지원체제 강화

(가) 특수교육 담당인력의 전문성 신장

2007년 시·도별 특수학교(급)의 전체 특수교육 담당교원의 특수교육 교사자격증 소지율은 약 95%이며, 지역교육청 특수교육 담당 장학사 183명 중 80명(43.7%)이 특수교육 자격소지자이다. 국가 및 지방자치단체는 특수교육의 진흥을 위해 특수교육 전문인력의 양성 및 연수에 우선적 관심을 기울여야 할 것이다.

2007년 현재 특수교육교사 양성과정을 설치한 대학은 42개교, 정원은 모두 1,744명(유치원 177명, 초등 735명, 중등 832명)이며, 특수교육대학원은 3개, 입학정원은 270명이며 특수교육 관련 전공 설치 교육대학원은 43개교이다. 문제는 특수교육기관의 수보다는 그 질이다. 특수교육 교사 양성의 질을 높이기 위해서 대학의 특수교육 교사양성과정 표준화가 필요하며, 아울러 특수교육 세부 영역별 전공교사의 확보를 위한 특수교육 교원 양성과정의 다원화 모형 개발이 요구된다.

아울러 특수교육 담당교원의 자질 향상 및 전문성 제고를 위해 연수기회 확대와 연수주기의 단축, 연수과정의 다양화, 희소과목 담당교사의 자격연수 과정 개설 등이 요구된다.

(나) 특수교육 환경개선, 특수교육 교재 · 교구 및 e-러닝 지원

특수교육 대상학생의 교육권 보장과 특수학교 교육의 질 제고를 위해 노후시설 개선 및 편의시설, 설비 확충이 요구된다. 2007년 현재 특수학급 설치 초·중·고등학교의 장애학생 편의시설 평균 설치율은 81.3%이며, 특수학급 미설치학교의 평균 설치율은 56.5%로 크게 떨어진다. 따라서 특수학교 및 일반학교의 장애인편의시설 확충이 중·장기적 발전계획 속에서 지속적으로 추진되어야 할 것이다.

특수교육 대상학생의 장애유형 · 장애정도 및 교육환경에 적합한 교재 · 교구의 개발 및 보급 확대가 요구된다. 특히, 특수교육의 물리적 · 사회적 환경 개선, 장애학생의 정보격차 해소를 위해 보다 많은 학습보조도구와 지원공학기구(assistive technology devices)의 개발과 보급이 필요하다.

특히, 정보통신기술(ICT)이 교육분야에 융합된 e-러닝은 시·공간적 제약에서 벗어나 장애를 보완하며 직·간접적인 교육의 도구로 사용될 수 있다는 점에서 각광을 받고 있다.[16] 따라서 e-러닝 지원을 통하여 교육과정 운영에 필요한 교수-학습자료의 개발 및 보급에 큰 힘을 기울여야 할 것이다. 참고로 우리나라의 특수교육 정보화의 현황을 살펴보면, 특수학교 및 특수학급의 PC 1대당 학생수(특수학교 4.58명, 특수학급 2.93명) 및 장애학생의 주당 평균 PC 사용시간(2.65시간)은 일반학교에 비해 양호한 편이며, 최근 1년간 교원 1인당 교육정보화 관련 연수에 참여한 시간(평균 29시간)은 상당히 우수한 것으로 나타난다. 그러나 특수학급은 물론 특수학교가 보유하고 있는 PC용 보조공학장치 수량은 절대적으로 적은 편에 속한다(김혜숙, 2007: 54).

특수교육 정보화와 연관하여, 2005년 e-러닝을 위해 장애학생 교수-학습지원 포털사이트 '에듀에이블넷' (www.eduable.net)이 구축되어 특수교육 관련 자

16) "특수교육에서 정보화 기반 교육이 가지는 효과는 교사의 학습지도 자료 수집의 용이성, 특수교육 대상학생의 학습동기 강화, 주의 집중력 향상, 교사와 학습자들 간의 상호작용 강화, 특수교육 대상학생의 일반학급 통합, 원격 및 온라인상 수업 등을 가능하게 하여 운영상 편리와 활용의 효율성을 높여줄 것이다"(김혜숙, 2007: 53-56).

료 서비스 실시가 시작된 것이나, 같은 해 전자도서관의 출범 등은 고무적인 일이다. 앞으로 e-러닝 교육과정 콘텐츠 개발, 특수교육 e-러닝 시범학교 운영 등에 박차를 가해야 할 것이다.

(다) 특수교육 관련 서비스 확대

특수교육의 질적 향상을 위해서는 대상학생의 필요에 부응하기 위한 치료교육, 취학편의, 급식 등에 대한 지원이 확대되어야 할 것이다. 이를 위하여 특수교육 대상학생의 치료교육을 담당할 치료교육 교사의 적정 확보, 그리고 특수교육 대상학생의 학교생활 적응을 지원할 특수교육 보조원의 배치 및 관리 강화가 요구된다.[17]

(라) 특수교육 행·재정 지원 강화

2007년도 특수교육 예산은 1,145,295,143천 원으로 교육인적자원부 전체 예산의 3.7%를 차지하고 있다. 이는 1997년의 전체 예산 대비 1.6%에 비해 크게 증가한 것이다. 한편, 지역별 교육예산 대비 특수교육 예산비율은 3.3%이며, 교육예산 대비 특수교육 예산이 가장 높은 지역은 인천으로 4.4%이며, 가장 낮은 지역은 부산으로 2.7%이다. 특히 특수학급 운영경비는 지역별로 큰 차이를 나타내어 특수학급 지원에 불균형을 초래하고 있다.[18] 지역별 균형적인 특수교육 발전 및 안정적인 재정 확보가 가장 시급한 과제이며, 이를 위해 국고지원비율제 등이 논의되고 있다.

2001년 26개 특수교육지원센터가 시범 운영된 이후 2005년부터 전국 모든 지역교육청에 특수교육지원센터가 설치 · 운영되고 있으며, 여기에 특수교육 대상자의 진단평가 및 선정 · 배치, 교수 · 학습활동을 지원하기 위해 272명의 전문인력이 배치되어 있다. 특수교육지원센터는 지역사회 중심으로 특수교육 관

---

17) 2007년 전국 144개 특수학교에 421명의 치료교육 교사들이 배치되어 있으며, 2006년부터 일반학교의 특수학급에 치료교육 교사가 처음으로 배치되었다. 한편, 제2차 특수교육 발전 종합계획('03~'07)에 따라 2003년부터 유급 특수교육 보조원제 시범 운영이 시작되어 2007년 1학기 현재 6,241명의 특수교육 보조원이 배치되어 있다.

18) 예컨대, 충남의 초등학교 학급당 연간 운영경비는 31,326천 원인데 비해 부산의 경우 3,192천 원에 불과하다.

련 서비스를 실질적으로 제공하는 데 중요한 고리가 되어야 할 것이며, 따라서 그 운영 활성화를 위해 각별한 지원이 필요하다.

(마) 네트워킹과 파트너십의 확대

특수교육의 성공을 위해서는 다양한 네트워킹과 파트너십이 필수적이다. 우선 통합교육의 성패는 일반교사와 특수교사 간의 파트너십에 달려 있으며, 특수학교(급)가 교육의 실효성을 거두기 위해서는 개방체제 모형에 따라 교내외의 다양한 당사자들, 즉 교사, 학부모, 지역주민 및 지역사회 간에 교류, 협력 등 긴밀한 상호작용을 하지 않으면 안 된다. 그런가 하면 특수교육 대상학생의 교육과 지원을 위한 정부 유관부처 상호간의 협력체제 구축이 매우 긴요하다. 특수교육 대상학생의 교육-직업훈련-취업 연계체제의 구축을 위해서는 교육과학기술부와 노동부, 보건복지가족부 간의 긴밀한 협력체제 구축이 필수적이다.

라. 저학력 성인의 교육 지원

새로이 창출되고 급증하는 지식, 정보, 기술을 활용하는 것이 개인의 경쟁력을 좌우하는 지식정보화 시대에 저학력자들은 학습능력, 학습기회 면에서 불리한 위치에 놓이며 저학력으로 인한 취약성이 더욱 확대되고 고착화될 수 있다. 우리나라의 경우 성인교육 참여에 있어서 불평등 현상이 현저하게 나타나고 있다. 통계청자료(1997)에 의하면 저학력층, 저임금 계층, 여성, 고령자에 해당되는 자들의 성인교육 참여율이 상대적으로 저조한 것으로 나타나고 있다. 학력별로 볼 때, 초졸 9.8%, 중졸 10.2%, 고졸 20.4%, 전문대졸 48.2%, 대졸 60%로 성인교육 참여율의 격차가 나타나고 있는데, 이는 정규교육 기회의 격차가 성인학습 기회의 격차로 이어진다는 것을 나타내고 있는 것이다.

(1) 이론적 배경

(가) 성인학습의 개념과 원리

교육학용어사전(1994)은 성인교육을 "청년이나 성인기의 개인이 사회적 역할을 보다 잘 수행하고, 개인적 성장을 추구하기 위하여 지식, 기술, 태도의 변화를 지향하는 학습활동 과정이며, 연령상의 성인을 대상으로 하는 교육으로 학교나 대학에서의 조직적인 교육과 여가활동 등의 비체계적 활동은 포함하지 않는 것"으로 정의하고 있다.

성인학습은 학습이라는 점에서 학교를 근간으로 이루어지는 미성년 학생들의 학습과 공통점을 지니는 것은 물론이나, 그 차이점에 대한 규명도 동시에 이루어져 왔다. 성인학습은 유럽국가에서는 andragogy라는 용어로, 미국 등에서는 adult learning이라는 용어를 주로 사용하고 있다. andragogy는 pedagogy와 대비되는 개념으로서 5가지의 기본 전제 위에 기초하고 있다. 즉 1) 자기 주도적 학습, 2) 학습자원으로서의 생활경험 보유, 3) 변화하는 사회적 역할과 밀접하게 연관된 학습욕구, 4) 주제보다 문제 중심, 5) 내적 보상에 의한 동기화 등이다.

Resnick(1987)은 학교 내 학습과 학교 밖의 학습의 차이를 다음과 같이 제시하고 있다.

표 3-4 학교 내 학습과 학교 밖 학습

학교 내에서의 학습	학교 밖에서의 학습
개인적 학습	타인과의 관계 속의 학습
pure mentation (생활 속의 실제 도구를 사용하지 않음)	tool manipulation (실제 도구를 사용함)
상징 조작(symbol manipulation)	contextualized reasoning
일반화된 학습	situation-specific competencies

한준상(2002)은 성인학습을 학교 밖 학습에 국한하는 것은 편협한 관점이라고 지적하며, 성인학습은 배움의 의지를 가지고 있는 인간의 학습본능을 실현하는 교육이념, 즉 모든 이를 위한 내용을 제공하는 교육활동을 총칭하는 교육이념이라고 주장한다. 그는 다양한 성인학습에 대한 관점에서 나타나는 성인학습의 속성으로 1) 자발적인 학습, 2) 자기 주도적 학습, 4) 다른 학습자들과의 협력학습

이나 참여학습 중시, 5) 다른 학습자들과의 경험 공유와 학습자원 공유를 강조한다는 점 등을 들고 있다.

위의 논의를 정리하여 보면, 성인학습은 학교에서의 조직적인 교육과 구분되는 개념으로서 성인기의 개인이 교육적 욕구의 충족을 위해 실시하는 제반 학습활동을 의미하며, 단순한 여가활동 차원의 비체계적 학습활동은 이에 포함되지 않는다고 볼 수 있다. 저학력 성인이 교육손실의 보완을 위해 학교 이외의 다양한 방식을 통하여 학업을 수행하는 활동은 성인학습의 범주에 포함된다고 볼 수 있다.

성인학습은 학습자의 자발적인 동기에 의해 자기 주도적으로 이루어지며, 제도적으로 의무화되거나 강요되지 아니한다. 구체적인 학습활동에 따라 다양한 차이는 있겠으나, 성인학습자들은 이미 상당한 사회생활경험을 지니고 있으며 이는 그들의 학습에 유용한 자료 또는 자원이 될 수 있다. 또한 많은 경우, 자신이 하고 있는 일이나 놓여 있는 상황과 관련하여 구체적인 학습동기가 발생하며, 이 경우에는 구체적이고 현실적인 상황에 관련된 학습활동이 이루어질 가능성이 높다. 학교의 학생들은 자신이 체험하지 못한 일반화된 지식에 대하여 일방적으로 받아들이는 경향이 높으나, 성인학습자들은 구체적인 문제해결을 위한 학습에 있어서 자신의 체험과 실제적인 상황을 학습자료로 활용할 수 있게 된다. 또한, 이러한 학습과정에서 경험과 학습동기를 공유하는 다른 학습자와의 상호작용과 관계유지가 중요한 요소로 작용하게 된다.

자발적 · 자기 주도적 학습이 가능하기 위해서는 자신의 학습에 대한 의미부여가 중요한 요소로 작용한다. 자기 자신 외에는 학습을 지속하도록 하는 힘이나 압력이 존재하지 않는다. 학습에 대한 뚜렷한 목적의식과 가치부여는 지속적인 학습의 기본 요건이 된다. 따라서 성인학습의 기회부여와 학습조건(학습의 내용, 방법, 환경 등) 및 학습과정은 이와 같은 의미의 부여를 강화하고 의미를 확인할 수 있는 모습으로 이루어져야 할 것이다.

정은희(2004)는 성인학습의 한 방법론으로서 전환학습의 중요성을 강조하는데, 이는 성인들이 자신의 사고와 행동을 지배하고 있었던 기존의 의미구조에 대하여 반성적 고찰을 통해 새롭게 의미를 부여해가고 또 그 의미를 근본적으로 변화시켜 간다는 Mezirow(1991)의 성인학습 이론에 기초하고 있다. Mezirow의 전환학습은 Habermas의 인식관심 이론에 근거하고 있는데, 인간의 학습에는 도구적 · 의사소통적 · 해방적 영역이 있으며, 특히 성인의 학습은 의사소통적 · 해방적인 차원이 중요함을 지적하고 있다. 학습과정 속에서 비판적 자기반성을 통하여 지금까지 자신의 삶의 세계 속에서 중요하게 작용해 온 정형적인 틀, 억압적이고 구속하는 것들, 즉 의문 없이 받아들여졌던 가정, 전제, 이러한 상황 속에서 경험한 좌절감, 이를 수용해 온 기존의 태도 등에 대한 관점을 연구하고 그 타당성을 검증하는 가운데 새로운 의미구조의 형성을 통한 사고와 행동의 전환이 이루어지며, 이와 같은 자기인식(self-knowledge)은 특히 사회적 상호작용 경험을 통한 이해가 중시되는 의사소통적 학습에 의해서 가능하다고 보는 것이다.

정은희(2004 : 312–313)는 성인학습에 대하여 전환학습이 주는 시사점을 다음과 같이 정리하고 있다. 1) 성인학습자가 자신의 삶을 진지하고 반성적인 시각에서 성찰하게 하며, 학습의 목적을 자기 스스로 설정하는 것을 돕는다. 2) 기술적 · 도구적 관심에 국한된 학습관심이 의사소통적 · 해방적 영역으로 확대되는 것을 돕는다. 자신의 삶을 보다 거시적 안목으로 관조하고 삶의 근본적 문제해결을 위한 능력을 소유하는 것을 돕는다. 3) 자신의 시각(perspective)을 수정하고 전환하는 동시에 사회구조적 변화에 대한 관심을 가질 수 있도록 한다. 4) 일상생활을 통한 무형식적 학습(informal education)을 더 활발하게 일으킬 수 있다. 자신에게 수시로 다가오는 맥락의 전환(변화) 과정에서 스스로 주체적인 세계구성자로서 그의 삶의 세계를 구성해 나갈 수 있도록 하는 의사소통적 · 해방적 지식을 습득하는 것을 돕는다. 5) 전문적인 성인교육 프로그램의 제작과 성인교육자들의 전문성 신장에 반성적 역할을 할 수 있다. 즉, 성인교육의 목적, 교육자 · 프로그램 개발자의 역할에 대한 진지한 성찰의 기회를 부여한다는 것이다.

(나) 성인학습/평생교육에서의 학력의 개념

학력의 개념을 어떻게 설정할 것인가에 따라 저학력 성인의 교육지원 방향과 내용이 결정된다. 전통적 의미의 학력, 즉 정규교육 기회를 통해 획득되는 학력은 그에 대하여 주어지는 제도적 · 공식적 인증으로서의 학력(學歷)과 학교에서의 학습을 통해 획득된 능력으로서의 학력(學力)을 동시에 의미한다. 이 두 가지는 노동시장에서의 개인의 가치 결정에 동시에 작용한다. 그러나 개인의 가치가 정규교육을 통해서 얻어진 이 두 가지 요소만으로 결정되는 것은 아니며, 가치를 형성하는 추가적인 학습이 학교교육 이후에도 지속적으로 다양하게 이루어질 수 있으며, 그러한 추가적 학습의 기회의 필요성은 학교교육에 대한 산업계와 개인의 불만도와 비례하여 설득력을 얻고 있다.

평생학습에서 말하는 학력은 첫째로 학습능력을 의미하며, 스스로 의욕적으로 학습하는 능력과 습관, 창조적으로 학습하는 능력, 학습을 계획하고 발전시키는 기능 등이 중요하게 고려된다(허정무, 2005). 학교교육을 통한 학력은 이러한 학습능력에 영향을 미치기는 하나 이를 보장하지는 못한다. 둘째로는 학습성과를 의미하는데, 학교 및 사회교육체계를 통한 조직적 학습뿐만 아니라 가정과 지역사회, 직장 및 노동현장에서 경험한 비형식적 학습도 관련된다. 학습에는 단편적이고 일시적인 것에서부터 안정적이고 계속적인 것까지, 그리고 취미와 관련된 것과 생활기능적인 것에서부터 고도의 전문적이고 지적인 것까지를 포함한다(허정무, 2005).

평생학습을 통해 습득되기를 기대하는 학력은 변화하는 개인의 생애주기와 개인을 둘러싼 사회환경에 창조적으로 대응하면서 사회활동에 참가하는 개인에게 기대되는 의무와 책임을 수행할 수 있는 능력이다. 이것은 일반적으로 기능적 문해(functional literacy)로 지칭되며, 그 내용과 수준은 해당 개인이 사는 시대와 속해 있는 사회에 따라 차이가 있으며 유동적이다(허정무, 2005).

(2) 저학력 성인의 현황

2000년 현재 우리나라 20세 이상 성인인구 가운데, 초등학교 졸업 미만의 학력을 갖고 있는 인구는 약 241만여 명으로 추산되고 있다. 이들의 약 80%는 60대 이상의 고령이며, 성별로는 여성 대 남성의 비율이 약 3 대 1가량으로 여성이 압도적으로 많다. 또한, 중등학력을 갖추지 못한 인구는 약 820만 명으로, 이들은 저학력으로 인해 사회 · 경제 · 문화 · 정보 등의 영역에서 차별적인 대우를

표 3-5 **연령대별, 성별 초등학교 학력 미만 인구분포**

(단위 : %, 명)

연령대	전체 인구	초등학력 미만 인구			
		계	비율	남자	여자
20-29	7,945,164	16,437	0.21	8,880	7,557
30-39	8,280,181	38,245	0.46	19,730	18,515
40-49	6,948,359	102,586	1.48	41,298	61,288
50-59	4,318,722	309,819	7.17	74,975	234,844
60이상	5,160,655	1,950,968	37.80	396,873	1,554,095
계	32,653,081	2,418,055	7.41	541,756	1,876,299

주 : 20세 이상의 인구를 대상으로 재가공한 것임.
자료 : 2000년 인구주택총조사(2001), 통계청.

받고 있다.

반면 저학력 성인의 평생학습 참여율은 초등학교 졸업 이하 학력자 4.5%, 중학교 졸업 학력 7.5%, 고등학교 졸업 학력은 16.8%로 저조하다. 한편, 현재의 방송통신고는 출석 및 라디오 위주의 오프라인 수업 등으로 인하여 매년 학생수가 감소하는 등 당초 설립 목적 달성에 어려움이 발생하고 있다. 배움의 기회를 갖지 못한 성인들에 대한 문해교육은 문해교육 전담기관 및 사회복지시설, 종교시설 등을 중심으로 전국적으로 광범위하게 실시되고 있다. 그러나 아직까지 문해교육기관의 절대 수가 부족할 뿐만 아니라, 재정과 시설기반의 부족으로 영세한 규모를 벗어나기 어려워 수요자들의 욕구를 충족시키는 데 한계가 있다.

학력인정 평생교육시설의 경우, 시설과 설비가 개인의 소유로 국고 지원 확대에 한계가 있고, 정규 학교와의 차별 문제가 존재하며 교사의 법적 신분 보장 미흡, 교원 연금 가입 불가, 기타 연수 및 포상 대상 제외로 인한 불이익 등이 존재한다.

(3) 저학력 성인 관련 정책 현황

교육부는 국가인적자원개발기본계획(2001.12.)에 근거한 '평생학습종합진흥계획' (2002.3.)을 수립하여 특히, 저소득층을 위한 평생학습 지원정책을 전개하고 있다. 여기서는 사회통합 증진을 위한 평생학습진흥정책의 방향으로 1) 평생학습을 통해 사회적 통합성과 응집력을 제고하고, 2) 교육 취약계층의 사회적 소외를 극복하기 위한 신 문해능력 증진, 학력인정 평생교육시설 지원 강화, 민주시민교육, 노인교육 활성화, 평생학습 소외계층 지원사업, 평생학습 자원봉사 사업 강화 등을 제시하고 있다.

교육복지종합계획(2004)에 따른 저학력 성인을 위한 정책추진계획을 보면, 첫째, 학력인정 평생교육시설 지원을 확대한다. 학력인정 평생교육시설 중 초·중학교 과정 입학금 및 수업료를 전액 지원하고, 교직원의 인건비 및 실험실습 기자재 구입비를 지원한다.

둘째, 방송통신고등학교 사이버교육 시스템을 구축한다. 방송통신고등학교의 오프라인 체제로서의 한계를 극복하기 위하여 대안적인 사이버 학교체제를 구축하여 중등학력을 갖추지 못한 소외계층(생업종사자, 노인, 가정주부, 저소득층, 중도탈락생, 재소자, 장애인 등)에게 중등교육기회를 제공하고 이를 위해 다양한 멀티미디어 콘텐츠 제공 및 학사관리 시스템을 개발한다.

셋째, 노인교육 프로그램을 개발한다. 다양한 노인교육 프로그램을 개발하기 위해 민간 기관에서 운영하는 노인교육 프로그램의 운영비를 지원하고 대학명예학생제도, 노인 자원봉사 프로그램 등 노인교육 프로그램 개발을 활성화한다.

교육부 이외의 다른 중앙부처에서도 성인교육 차원의 교육지원 프로그램들이 이루어지고 있는데 주로 취약계층을 대상으로 중앙부처가 실시하는 성인교육 프로그램 현황은 〈표 3-6〉과 같다.

표 3-6 **부처별 취약계층 대상 성인교육 시책**

(단위 : 백만원)

구분	사업명	사업내용	대상	목적	예산
교육부 (소외계층 관련 예산)					**8,220**
저소득					270
기초 능력	평생학습 소외계층지원	• 소외계층을 위한 평생학습 프로그램 발굴, 지원	저학력자, 여성 등 사회취약 계층	평생학습을 통한 소외계층 능력개발 기회 제공	200
학력 인증	평생교육 진흥지원	• 초·중등학력인정제 도입을 위한 표준 교육과정 개발 • 원격대 설립 타당성 조사	저학력층, 저소득층, 비문해자 등 소외계층	소외계층에 자활기회 부여, 삶의 질 향상 도모, 사회통합	70
보건복지부 (소외계층 관련 예산)					**120,410**
저소득					2,831
직업 능력 개발	자활지원	• 자활후견기관협회 지원 • 재활 및 사회적응 프로그램	조건부 수급자 등 자활사업 대상자 국민기초생활보장 수급자 등 저소득층	근로 능력이 있는 저소득층이 스스로 자활할 수 있도록 자활 능력 배양	1,571
	부랑인 자활 지원사업	• 자활 프로그램 개발 • 기술교육, 자활사업 참여자, 종사자 교육 • 자활지원 홍보	입소 부랑인	자활의지 고취, 사회복귀 촉진	93
자기 계발	자활지원	• 지역사회 봉사활동 참여	자활능력이 미약한 조건부 수급자	사회소속감 및 참여의식 증진	1,167
노동부 (소외계층 관련 예산)					**60,816**
저소득					57,533
직업 능력 개발	고용보험기금	• 여성가장 취업훈련	취약계층	노동시장 취약계층 고용촉진	600
	자활직업 훈련	• 훈련비, 훈련수당 지원	국민기초생활 보장법상 수급자	국민기초생활보장법상 수급자에게 직무수행능력 향상에 필요한 직업훈련 실시	6,132

	직업적응 훈련	• 직업지도 프로그램 • 근로의욕 증진 프로그램	국민기초생활 보장법상 수급자	자활대상자 자활의지 근로의욕 고취 자활참여 유도	2,035
	여성가장 실업자 취업훈련	• 훈련비, 훈련수당	여성가장 실업자	여성가장의 취업능력 제고, 자립기반 조성	2,476
	취업훈련	• 직업훈련, 훈련비	고용보험 미적용 실업자, 북한이탈주민	취업능력 제고, 사회정착 도모	36,939
	고용촉진 훈련	• 훈련비, 훈련수당	비진학 청소년, 모자보호 대상자, 농어입인 등	취약계층의 취업능력 제고, 생활안정 도모	11,290
여성부 (소외계층관련예산)					**2,962**

마. 귀국자녀 교육

(1) 배경

귀국학생은 IMF 위기 이후 일부 감소 추세였으나 2000년부터 다시 증가하고 있다. 부모의 직업적 목적이나 본인의 학업 등의 이유로 외국에서 살다가 귀국하는 청소년의 수가 증가하고 있으며 앞으로도 지속적으로 늘어날 전망이다.

표 3-7 연도별 귀국학생수

(단위 : 명)

연도	1997	1999	2001	2003	2005
귀국학생수	10,215	6,510	8,019	12,198	13,586

2005년의 경우 귀국학생은 총 13,586명이며 이 중 초등학생이 7,309명, 중학생이 3,950명, 고등학생이 2,327명에 달하고 있다.

표 3-8 체류기간별 귀국학생수(2005년)

(단위 : 명)

구분	2년 미만	2~3년	3~5년	5년 이상	계
귀국학생수	9,388(69.1%)	1,887(13.9%)	1,464(10.8%)	847(6.2%)	13,586

많은 귀국학생들은 귀국 이전 체류한 국가와의 학제차이 등에 의해 귀국 후 학년 결정시 학생 · 학부모와 학교 간에 갈등이 발생하고, 적응교육 프로그램이 대부분 영어권 귀국학생을 중심으로 운영됨으로 인해 기타 국가에서 귀국한 학생들이 소외되고 있다. 또한, 특별학급을 설치한 학교의 부족으로 전체 귀국학생 중 극히 일부만이 수용되고 있으며, 이들 학교가 특정지역에 편중되어 있어 다른 지역의 학생들은 이들 특별 프로그램의 혜택을 받는 것이 더욱 어려울 수밖에 없다. 귀국학생들은 한국어 능력 부족으로 인한 학습부진, 국내문화 이해 부족 및 국내 학생들의 외국문화 이해 부족으로 인한 갈등 · 부적응 현상이 발생하고 있다.

귀국학생의 국내 학교적응을 돕기 위한 프로그램은 절대적으로 그 공급이 부족한 실정으로 소수의 제한된 프로그램이 운영되고 있다. 초등학교 단계에서는 1992년부터 서울사대부설초등학교에서 특별학급을 운영하고 있다. 1학년부터 6학년까지 6학급과 무학년학급을 동시에 개설하여 운영하고 있다. 1997년부터 교육부에서 귀국학생교육 시범학교를 운영하기 시작하였으며 2001년 현재 초등 14개교가 지정되어 운영되고 있다. 중학교 단계에서는 5개의 시범학교가 지정되어 운영되고 있다.

고등학교 단계에서는 별도의 특별학급이나 시범학교가 운영되고 있지 않다. 국제고등학교나 외국어고등학교, 외국인학교가 일부 학생을 수용하고 있다고 볼 수 있다. 그러나 국제고의 수가 극히 제한되어 있을 뿐 아니라, 외국인학교의 경우에도 해외 거주 5년이 넘어야 입학자격이 주어지고 그나마 입학자수가 제한되어 대부분의 귀국학생은 이들 학교의 혜택을 받기가 어려운 실정이다. 외국어고등학교에 입학한 학생들이 그나마 자신이 지닌 외국어능력을 살리면서 학업의 기회를 갖고 있다고 할 수 있으나 그 숫자와 자격도 제한되어 있으며, 대부분의 학생들은 일반학교에서 별다른 적응교육의 혜택 없이 개인적으로 어려움을 헤쳐 나가고 있다고 볼 수 있다.

교육부가 기본계획을 수립하여 지정 운영하던 귀국학생교육 시범학교는 2001년부터 시·도교육청 사업으로 이관되었다. 이로 인해 국가 차원의 귀국자녀 교육정책은 사실상 실종되었고 지방사업으로 전환되었다. 시·도교육청의 어려운 예산실정과 이 문제에 대한 정책적 관심과 의지 부족으로 인해 귀국학생 교육지원정책이 기로에 놓여 있는 실정이다.

표 3-9 귀국학생 특별학급 시범학교 현황

연번	학교명	설치현황			
		운영방법	학급수	학생수	설치년도
서울	서울사대부설초	각 학년별	6	39	1992
	서울교대부설초	4, 5, 6학년	3	30	1997
	신천초	1, 2/3, 4/5, 6	3	21	1998
	목원초	1, 2, 3/4, 5, 6	2	22	2000
	당현초	무학년	1	8	2002
	언주중	각 학년별	2	14	2002
	덕수중	무학년	1	10	1998
경기	금계초	무학년	2	31	1998
	호원초	무학년	1	16	1998
	상도초	무학년	2	25	1997
	내정중	각 학년별	3	120	2000
인천	효성동초	무학년	1	10	2000
부산	광남초	저/중/고	3	47	1998
	금양초	무학년	1	7	2000
대전	대덕초	1, 2, 3/4, 5, 6	2	39	1998
	대전전민초	각 학년별	2	29	2000
	대덕중	무학년	1	14	1998
계	17교		36	477	

(2) 정책 현황(교육복지종합계획, 2004)

2004년 수립된 교육복지종합계획에 반영된 추진과제의 내용은 다음과 같다.

① 제출서류 간소화 및 학년 결정 관련 세부사항을 학칙에 반영 · 명시
② 갈등 발생 시 민원 해결을 위한 시·도교육청별 심사위원회 구성 · 운영
③ 귀국학생이 많은 지역 · 학군에 귀국학생 특별학급 설치 확대 및 내실화
④ 특별학급이 설치되지 않은 학교의 귀국학생들에 대해서는 방과후 교육 프로그램 공동운영을 추진하여 인근 학교의 귀국학생들을 모아 방과후 한국어 학습 등 실시
⑤ 귀국학생에 대한 한국어 활용능력 측정도구 개발 · 보급 및 한국어 학습자료와 프로그램 개발 · 보급. 한국교육과정평가원의 외국인 대상 한국어 교재와 한국어능력시험 기출문제 활용 검토
⑥ 연수 및 관련 교과 활동 등을 통해 교원 및 학생의 국제이해교육 강화
⑦ 외국인학교설립운영규정 제정을 통한 귀국학생의 교육 선택권 확대

(3) 논의

우리나라 근로자의 해외근무 기회가 늘어나고 어학연수를 겸한 조기유학 추세가 지속 확대되면서 외국에서 일정 기간 학교를 다니다 귀국하는 학생의 수는 장기적으로 늘어날 전망이다. 외국에서의 체류기간이 길수록 귀국 이후 우리 학교에 적응하는 것이 어려워질 수밖에 없다. 교육제도, 교육과정, 학교운영방식 및 풍토의 차이 등으로 부적응을 겪을 수도 있고 언어 및 문화적 부적응의 문제도 나타날 수 있다. 이들이 저소득층이나 사회적 취약계층은 아닐지라도 이와 같은 부적응을 겪는 학습자에 대한 유연한 대응능력을 갖추는 것이 우리 학교교육에 절실히 요구되고 있다.

귀국자녀 특별학급 등 적응교육 프로그램 실시 확대 및 내실화, 국제학교 설립 확대, 외국인학교 입학자격 완화 등이 우선적으로 추진되어야 할 과제들이나, 보다 근본적으로는 우리 학교의 운영체제를 보다 유연하게 하고 학교의 풍토와 문화를 보다 개방적이고 다양성을 존중하는 방향으로 개선해 나가야 한다.

폐쇄적이고 경직되어 있으며 배타적인 학교 시스템과 문화 속에서는 귀국학생들의 부적응이 더욱 심화될 것이며, 결과적으로 외국어능력과 국제경험을 지닌 귀중한 인적 자원들을 정상적으로 성장시키지 못하고 교육소외 집단으로 만드는 어리석음을 범할 수 있다.

바. 새터민 청소년 교육

(1) 배경

'07.2월 새터민 입국자의 누계가 1만 명을 돌파하였다. '06년 11월 기준으로 전체 입국자 누계 9,547명 중 학령기에 해당하는 6~24세의 수는 1,765명으로 18.5%를 차지하고 있으며, 최근 연간 입국자 중 학령기 해당자의 비율은 15~17%를 유지하고 있다.

그림 3-1 연도별 새터민 입국 추이

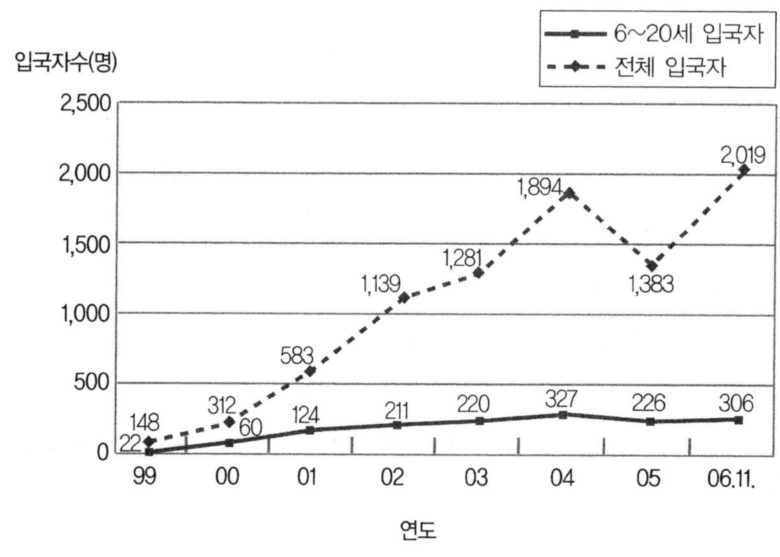

'03년 말 당시 국내 정착 북한이탈자 3,463명 중 20세 이하가 20.5%인 711명으로 빠른 증가 추세에 있었으며, 이 중 58.5%인 416명이 14~20세로 중·고 학

령기에 해당되었고, 중국 등지에서 국내입국 희망 인원이 적체되어 향후 대량입국 가능성이 상존하였다. 416명 중 89%가 무학자 또는 학교중퇴자로 북한에서의 학력결손이 심각한 실정으로 학교경험 부족과 학력결손은 남한사회 정착에 큰 걸림돌로 작용하고 있다. 탈북 이후 제3국 체류 장기화(3~5년)로 학력결손이 심화되고 실제로 학년과 학령 간 격차가 3~5년이나 벌어지는 경우가 대다수였다.

20세 이하의 국내 북한이탈 청소년들은 '01.2월부터 하나원(통일부 북한이탈주민정착지원사무소, 경기 안성시) 내에 설치된 "하나둘학교(비인가)"에서 2개월간 적응교육을 받은 후 학력심사를 거쳐 일반학교에 편입되었다. 하나둘학교에는 유치반, 초등반(8~14세), 청소년반(15~20세)이 설치되었고 교육 프로그램은 심리안정, 정서순화, 학습능력 배양, 사회적응 교육을 주 목적으로 하였다. 교사진은 강사(4명) 및 자원봉사자로 구성되었다.

'00.2월부터 하나원 인근에 위치한 경기도 안성시 삼죽초등학교에 특별학급을 설치하여 하나원에 있는 초등학교 해당 학생을 대상으로 2개월간 적응교육을 실시하여 '00.2.~'04.3. 동안 223명을 교육시킨 바 있다. '01년부터 교육인적자원부는 삼죽초등학교를 '북한이탈 학생 적응 연구학교'로 지정하고 교육과정 개발을 지원하였다. 20세 이하 북한이탈 청소년 711명 중 취학 대상자 625명의 74.4%인 464명이 '04.3. 현재 국내학교에 재학(초 364, 중 66명, 고 32명, 기타 2명)하였다.

그러나 초등학생보다 중·고등학생의 학교생활 적응에 어려움이 많으며 중도

표 3-10 교육기관별 새터민 학생 취학현황(2006년)

구분	한겨레학교	일반학교			평생교육시설 및 민간단체	합계
		초	중	고		
인원(명)	85	341	181	80	328	1,015
		602				
교육분담률(%)	8.4	59.3			32.3	100
교육기관수	1	113	91	52	18	275
		256				

탈락률도 12~13% 정도로 일반학생에 비해 매우 높은 편이었다. 중도탈락의 주된 원인은 학교부적응이 76.9%, 검정고시 준비 등 학원수강 7.7%, 비행 · 질병 7.7%, 가사 기타 7.6%로 나타났다. 또한, 남북한 학제의 차이에 따른 학령(2~3세 높음)과 학년의 불일치로 인해 특히 중·고등학교의 경우 학력격차가 더욱 심화되어 실질적인 학교적응에 어려움을 겪고 교육내용 및 교육체제, 학습방식의 차이로 인한 어려움도 가중되었다. 남북한의 학제 차이로(2년) 수업내용을 이해하기가 현실적으로 어려울 뿐만 아니라 이질적 언어 등으로 인한 '따돌림' 사례도 발생하였다.

북한생활 및 탈북과정에서 겪은 공포심과 장래 남한생활에 대한 심리적 불안감, 남·북한 간 문화 · 이념 · 가치관 차이 등으로 인한 사회적 적응의 어려움, 남한 학생들의 몰이해와 차별적 대응으로 인한 부적응 일탈행동도 보고되었다. 우리 학교에 북한교육 체제와 교육내용을 충분히 이해하고 남한 교육내용과 접목시켜 교육시킬 수 있는 전문교사가 부족할 뿐만 아니라 북한교육 체제하에서 수학한 북한이탈 학생들을 남한 교육제도로 수용하기 위한 교육과정이나 평가제도 등이 미비한 실정이었다.

(2) 정책현황

(가) 한겨레학교의 설립 지원

'03.2. 통일부로부터 북한이탈 청소년 증가에 따른 "북한이탈 청소년을 위한 '국립예비학교' 설립" 요청에 따라 교육인적자원부가 관계기관 회의 및 전문가 의견을 수렴한 결과, "충분한 타당성 조사 · 검토 후 추진"하기로 의견이 제시되었으며 '04.2. '학교설립 타당성 정책 연구' 결과보고서는 일반학교 편입 전 사전 적응교육을 위한 중·고 통합 형태의 학교 설립을 제안하였다. 이에 교육인적자원부는 동 정책연구의 제안을 기초로 하여 '04. 3~6월 동안 관계기관, 민간단체, 전문가 협의를 거쳐 '04.7.20. 북한이탈청소년을 위한 학교설립계획을 수립 발표하였다. 이 계획에 의하여 현재 설립 운영되고 있는 한겨레학교의 내용은 다음과 같다.

1) 학교개요

한겨레학교는 새터민 청소년을 위한 체계적이고 특화된 교육을 통해 일반학교 및 사회에 대한 적응력을 함양하는 것을 목표로 한다. 사립 중·고 통합 대안 특성화학교로서 정규학교이지만 기본적으로는 일반학교에 편입되기 전의 준비 과정으로서의 Transition School 성격을 가진다. 학생정원은 7학급(중 3학급, 고 3학급, 취업 1학급) 140명이며, 학급당 학생수는 20명 정도를 유지하고 있다. 설립 및 운영주체는 학교법인 전인학원이며 2006년 3월에 개교하였다. 이 학교에서의 교육기간은 수개월에서 최장 2년 정도를 잡고 있으며, 학년 구분 없이 북한에서의 수학연한 및 연령 등을 고려하여 과정별로 운영하고, 수료후 학력심사위원회의 심사를 거쳐 일반학교 진학기회를 부여한다. 교육대상은 만 12세 이상에서 20세까지이다.

시설규모는 교사동(96실), 체육관(1동), 기숙사(2동, 300명)를 갖추고 있으며, 학생 전원이 기숙사 생활을 하고 있다. 학교부지는 설립자 부담으로 확보하였고, 교육인적자원부에서 90억 원의 시설비를 지원하였다. 입학금 · 수업료 · 학교운영지원비 등은 통일부에서 지원하며, 학교운영비의 부족분은 경기도교육청에서 사학재정결함보조금으로 지원하고 있다.

2) 학교의 성격

최근 수년간 북한이탈 주민의 수가 빠르게 증가하면서 학령기에 해당하는 아동 · 청소년의 수도 증가함에 따라 이들의 국내 교육문제가 중요한 이슈가 되었다. 이들에 대한 교육은 국내생활 적응을 위한 기초교육으로서의 의미뿐만 아니라 정상적인 사회의 일원으로 성장하기 위해 기본적으로 해결되어야 할 우선과제로 여겨지게 되었다. 북한이탈 주민의 정착 지원을 담당하고 이들의 어려움을 가장 잘 알고 있는 통일부는 국내 학교생활 적응에 어려움을 겪는 청소년들을 위한 국립 예비학교의 설립을 교육부에 요청하여 왔다. 이는 일반학교 편입 전에 사전 적응교육을 시키기 위한 transition school로서의 기능을 하는 것이다. 당시 하나원 내 하나둘학교(비인가)가 맡던 기능을 더욱 발전시켜 정규교육기관에서 실시하자는 의미였다.

교육인적자원부는 우선 이와 같은 학교의 필요성에 공감하며 학교설립 타당성 및 설립방안에 관한 정책연구를 바탕으로 구체적인 설립방안을 검토한 결과 국·공립으로 설립하는 것은 바람직한 대안이 아니라 판단하였다. 심한 부적응을 겪는 북한이탈 청소년들의 학업지도 및 사회적응 교육은 일반학생 교육에 비하여 엄청나게 높은 교사의 업무부담을 가져오며 이를 감당하기 위해서는 높은 사명감과 헌신적 봉사가 요구된다. 또한, 학생들의 특수성에 부응한 교육 실시를 위해서는 학교운영에 있어 상당한 자율성과 신축성이 요구되는바, 이러한 사정들을 고려할 때, 국가적 사업으로서 정부가 주도적으로 추진하면서 지원을 하되, 학교설립 운영은 대안교육에 폭넓은 경험과 노하우를 갖춘 민간에 맡기고, 국가와 지방자치단체의 행·재정적 지원 및 상호 협력체제를 구축한다는 기본방침을 수립하게 되었다. 따라서 국·공립학교보다는 사립 대안교육 특성화학교 형태로 설립 · 운영(자율학교 지정)하는 방안을 선택하게 되었다.

3) 전망 및 과제

정부는 당초에 모든 중·고 학령기의 북한이탈 청소년으로 하여금 이 학교를 일정 기간 다니도록 한다는 방침이었으나, 기존 일부 탈북자 지원단체들의 반발에 따라 입학의무화 방침은 수정되었으며, 대신 이 학교에 등록하는 것은 학생들의 선택에 맡기고 입학대상을 초기 적응교육이 필요한 자뿐만 아니라 이미 한국에 정착하였으나 남한학교에 부적응하여 제대로 학업을 마치지 못하고 어려움을 겪는 청소년들에게도 학업지속과 취업준비의 기회를 주는 내용으로 방향을 정하였다.[19]

이 학교의 성공 여부는 얼마나 학생들의 특성과 수요에 맞는 교육 프로그램을 운영하는가에 달려 있다 할 것이다. 그러기 위해서는 교육시설 확보 외에 능력과 의지를 갖춘 교사진과 보조인력을 확보하고 학교운영에 보다 많은 사람들의 지혜를 모으는 것이 필요하다. 교육인적자원부와 학교 측은 이와 같은 점을 인식하여 학교운영협의회와 같은 회의체를 구성하여 이 문제에 관심과 전문성

19) 현재는 정규교육 외에도 하나원의 요청에 의하여 하나원에 입소하는 새터민 중 학령기 아동 · 청소년에 대한 2개월간의 적응교육을 같이 실시하고 있다.

을 지닌 인사들의 참여를 통하여 개방적인 학교운영을 꾀하는 등 어려움을 겪고 있는 학생들에게 실질적인 도움을 주는 프로그램이 제공될 수 있도록 노력하고 있다.

(나) 일반학교 및 민간단체에 대한 지원

2004 교육복지종합계획은 특성화학교 설립 이외에도 다음과 같은 대책들을 제시하고 있다.

첫째, 북한이탈 학생 특별학급 운영 활성화—경기 삼죽초에 설치되어 있는 특별학급 시범운영 결과를 토대로 운영 활성화 방안을 수립, 적용 확대하고 중등에도 특별학급 설치 타당성을 검토한다.

둘째, 일반학교 편입생에 대한 지도 강화 및 지원—중도탈락 예방대책을 수립하여 실시하고, 상담기능 강화 및 문화이해학습을 촉진시킨다.

셋째, 민간 탈북자 지원단체와의 연계 협력을 강화—북한이탈 청소년 보호를 담당하는 다양한 민간단체를 대안위탁교육기관 및 프로그램으로 지정하여 중도탈락 예방 및 민간 교육복지 서비스 촉진에 기여토록 한다.

교육인적자원부는 2004년부터 북한이탈 청소년을 위한 교육 프로그램을 운영하고 있는 민간단체들에 대하여 운영비를 일부 지원하고 있다(〈표 3-11〉 참조).

표 3-11 민간단체 지원 현황

연번	단체명	소재지	운영형태	교육내용	'07년 인원(명)	비고	
						'06년 인원	'06년 지원액(백만원)
1	한꿈학교	경기 양주	생활공동체 대안학교	중고 검정고시	21	18	34
2	하늘꿈학교	충남 천안	생활공동체 대안학교	초중고 검정고시	26	26	30
3	여명학교	서울 관악	대안학교	중고 검정고시	35	30	45
4	셋넷학교	서울 영등포	대안학교	중고 검정고시	24	26	30
5	자유터학교	서울 관악	성인대상 야학교육	중국어, 영어, 문화 등	25	30	30

6	좋은씨앗	서울 송파	그룹홈 공부방	대입준비 대학생반	25	20	30
7	남북문화통합교육원 (한누리학교)	서울 양천	지역아동센터	보충학습 현장학습	17	17	20
8	공릉종합사회복지관	서울 노원	방과후 공부방	보충학습 현장학습	33	15	17
9	한빛종합사회복지관	서울 양천	방과후 공부방	보충학습 현장학습	32	27	11
10	가양 7복지관	서울 강서	방과후 공부방	방과후 공부방, 개인교습	47	-	-
11	다리공동체	경기 안산	생활공동체	방과후 공부방, 개인교습	15	15	28
12	꿈사리 공동체 (구 마자렐로센터)	서울 양천	생활공동체	생활교육, 인성교육 진로탐색	5	-	
-	마자렐로센터	서울 영등포	생활공동체	직업훈련	-	6	-
-	돈보스꼬청소년센터	서울 영등포	직업훈련시설	교과과정 직업훈련	-	3	-
-	아힘나평화학교	경기 안성	생활공동체 대안학교	중고 검정고시	-	6	-
-	남북문화통합교육원 (상담센터)	서울 영등포	진로진학 상담센터	진로진학 상담	-	20	-
계	12개 단체, 305명					259	275백만원

(다) 무지개청소년센터

국가청소년위원회는 새터민 청소년을 위한 종합 지원체제 수립의 필요성을 절감하고 2006년 재단법인 형태의 '무지개청소년센터'를 설립하였다. 이 센터의 추진사업은 i) 대한민국 입국 초기부터 학교와 사회에 정착하는 시기까지 일관된 지원, ii) 중·장기 적응과정 모니터링체제 구축 및 전문적 지원, iii) 정부 각 부처의 지원사업과 학교, 민간단체 간의 연계체제 구축, iv) 발달 특성 및 학력 측정 방식 개발과 진로진학 지도체제 마련 등이다.

무지개청소년센터는 또한 새터민 청소년들에 대한 종합지원 경험을 토대로 한민족청소년, 이주 노동자 자녀, 결혼 이민자 자녀 등 다문화 청소년들의 사회 적응 및 문화통합 프로그램을 개발하는 기능을 수행한다.

무지개청소년센터의 2007년도 사업은 다음과 같다. 첫째, 종합지원체제 구축이다. 새터민 · 다문화 청소년이 지역사회에서 성공적으로 정착할 수 있도록 지역 특성에 따른 맞춤식 종합지원체계를 구축하여 다양한 서비스를 제공한다. 이를 위해 1) 새터민 청소년 밀집정착지 지원모델을 개발 · 운영하고, 2) 지역사회 다문화 청소년 지원모델을 개발 · 운영하며, 3) 종합정보서비스망을 구축 · 운영한다(상담실, 자료실 등 온·오프라인 one-stop 서비스).

둘째, 다양한 사회문화 통합 프로그램을 개발 · 운영하여 새터민 · 다문화 청소년의 건강한 성장을 지원한다. 1) 다양한 사회문화 적응 프로그램을 개발 · 운영하고, 2) 공동협력 프로그램을 운영하며, 3) 다문화청소년에 대한 외국사례를 연구한다.

셋째, 새터민 · 다문화 청소년에 대한 체계적 지원을 위해 관련 전문가 · 활동가를 양성하고, 청소년 및 일반시민들을 대상으로 다양한 교육 · 홍보 사업을 실시하여 이들에 대한 이해를 증진한다. 이를 위해 1) 학교방문 순회교육을 실시하고, 2) 새터민 · 다문화 청소년 관련 전문가 양성교육을 실시하며, 3) 자원봉사자에 대한 교육을 실시하고, 연중 캠페인을 실시한다.

(라) 교육인적자원부의 사업추진 방향

교육인적자원부는 2007년의 사업추진 방향을 다음과 같이 설정하였다. 첫째, 새터민 교육기관 간 역할 분담을 체계화한다. 일반학교 중심으로 통합교육 관점에서 근본적 수용체제를 마련하고, 한겨레학교는 일반학교 편입학을 위한 디딤돌(stepping stone)학교로, 민간단체는 일반학교와 유기적 연계기관으로 발전시킨다.

둘째, 학교교육 대응체제를 마련한다. 새터민 입국자 급증에 대비하여 일반학교 중심으로 사전 준비를 강화하고, 교원 전문성 제고를 통해 새터민 청소년의 특수성과 개인차를 고려한 교육지원을 강화한다.

셋째, 제도개선 사항 등을 발굴하여 지원한다. 남한 학생을 전제로 한 관계법령 등을 새터민 청소년의 특수성이 고려될 수 있도록 개선한다. 새터민 청소년의 생활적응력 향상을 위한 지원체제로 개선한다.

넷째, 종합적 관점에서 사업을 추진한다. 통일부 탈북자종합대책 등과 연계 추진하며, 연구지원, 정보제공, 인식변화 등 교육 인프라 구축을 병행하여 검토 · 추진한다.

교육인적자원부는 이와 같은 기본방향에서 2007년 다음과 같은 사업계획을 수립하였다.

첫째, 학력인정제도를 개선한다. 가칭 학력평가위원회 설치 근거를 마련하여 수학정도 및 능력, 연령 등을 종합 심사하여 학력인정 및 학년배치를 실시하고, '학력인정 주관학교' 위임근거를 마련하여 전문평가기관(예 : 국립교육과정평가원)과 연계하여 기본학습능력 등에 대한 인정체제를 마련하는 등의 방안을 추진한다.

둘째, 새터민교육 위탁교육기관을 지정 · 운영한다. 높은 중도탈락률을 보이는 일반학교 부적응 새터민 청소년을 위해 일반 정규학교 이외의 대안적 교육지원기관이 필요하므로 시도교육청에서 새터민 교육지원 대안교육기관을 위탁교육기관으로 활용하도록 지도 · 권장한다.

셋째, 직업역량 및 진로지도를 강화한다. 높은 연령과 낮은 학업성취 수준을 고려하여 취업훈련 제공이 긴요한 실정이며, 대학 특례입학은 용이하나 수학능력 부족 등으로 다수가 중도탈락하여 (자발적) 실업, 범죄 노출 등 남한사회 정착에 한계를 드러내고 있다. 따라서, 한겨레학교에서 전문계고 등 편입학을 유도하고 현재 시행 중인 위탁교육을 활성화하며, 새터민 청소년의 진로에 대한 체계적 진단 후 적절한 진로지도(직업안내, 전문대 진학지도 등)를 강화한다.

넷째, 교육보호전담관제 도입을 추진한다. 신변 · 취업 · 거주지 보호담당관의 초기 교육지원 및 적응지원 역할이 미비하고, 통일부에서 초기 정착지에서의 교육지원을 위해 동 제도 도입을 요청한 바 있어, 새터민 청소년 밀집지역의 교원 등을 전담관으로 지정하여 교육정보 제공, 학생 · 학부모 상담, 지역협의회 참여 등 역할을 수행하도록 지원한다.

다섯째, 일반학교의 새터민 학생 교육을 지원하기 위하여 1) 새터민 청소년용 교육 프로그램 개발 · 활용을 돕기 위한 교사용 매뉴얼 개발 보급 등 공모사업을 추진하고, 2) 새터민 학생 담임 및 교과교사의 전문성 향상을 위하여 대안교육 기관과 연대하여 교원연수를 실시하며, 3) 학생지도의 효과를 높이기 위하여 멘토링, 또래교사제 등을 통한 개인별 지도를 병행하고 방과후학교 자유수강권을 지급하여 개인별 수준에 맞는 학습기회를 제공한다.

여섯째, 민간단체 지원을 효율화한다. 민간단체의 교육지원역량 강화로 새터민 청소년 학업능력 향상을 도모하기 위하여 교육프로그램 개발 · 운영비를 지원하고 우수사례 보고회를 개최하며, 포털 사이트(Portal Site) 구축 시 우수사례를 탑재하여 공유토록 한다.

일곱째, 새터민 청소년 지원 인프라를 확충한다. 새터민 청소년 실태파악 및 학교부적응 감소와 체계적 진로지도 방안을 마련하기 위한 정책연구를 지속 추진하고, 수기(새터민 청소년, 학부모, 교사, 자원봉사자 등) · 슬로건(모든 청소년) 공모전, UCC 공모전(모든 청소년) 등을 통해 새터민 청소년에 대한 전반적 인식 개선을 지속 실시한다.

(3) 평가 및 과제

새터민 청소년 교육의 문제는 우리 교육체제의 교육복지적 역량을 시험하는 종합시험 문제와 같다. 이 문제를 우리 교육이 효과적으로 대응해 나갈 수 있다면 다른 어떤 교육복지 과제도 해결할 수 있다고 보아도 좋을 정도로 이 문제의 어려움과 함께 그 중요성과 상징성은 매우 크다.

우선 증가하는 새터민 청소년을 체계적으로 교육시킬 교육기관의 수용능력이 부족한 실정이다. 한겨레학교가 일반학교로의 연결다리 역할을 하고 있으나 수용능력이 충분치 않아 기존 학생들이 재학할 수 있는 기간에 한계가 있다. 민간 대안학교들은 사실상의 적응교육을 실시할 수는 있어도 학력인정이 되지 못하여 정규교육 기회라는 관점에서는 기여를 하지 못한다.

일반학교의 경우에는 새터민 학생들을 대하는 교사, 학생의 의식과 태도, 교육 프로그램 및 지도역량 등의 미흡, 성적 위주의 학교문화 등으로 아직 많은 새터민 학생들이 학교 적응에 어려움을 겪고 있으며, 일반시민의 의식도 미흡한 실정이다. 무엇보다도 이와 같은 학교 적응의 현실적 어려움이 새터민 청소년의 중·고등학교 취학률을 떨어뜨리는 원인이 될 수 있다는 점이다.

새터민 청소년을 우리 사회에 성공적으로 정착할 수 있도록 지원하기 위해서는 우선 성공적인 학교교육을 받을 수 있도록 다각적으로 지원하는 것이 중요하며, 이에 필요한 조건들을 체계적으로 갖추어 나가는 것이 필요하다. 이들에 대한 학력의 평가인정에 관한 특례조항이 필요하며, 한겨레학교를 비롯하여 일반학교, 대안교육기관들의 교육프로그램 운영 및 기타 지원에 대한 특례법이 제정될 필요가 있다고 본다.

새터민 청소년의 교육문제는 통일준비를 위한 우리 역량의 시험과제이기도 하다. 통일 이후의 가장 중요한 교육정책은 너무나도 이질화된 양측 국민들에 대한 상호 적응교육일 것이며, 지금 우리가 경험하고 있는 새터민 교육문제는 귀중한 사전학습이자 이때를 대비한 소중한 준비과정이라고 생각하는 것이 정확할 것이다.

사. 외국인 근로자 자녀 교육

(1) 배경

국내 외국인 근로자의 수가 해마다 증가하고 있다. 지난 수년간 외국인 근로자의 국내 유입이 증가됨에 따라 외국인 자녀의 수도 증가해 왔다. 2002년 말 현재 총 629,006명의 외국인이 국내에 체류하였으며 그중 합법체류 외국인이 339,767명(54%), 불법체류 외국인이 289,239명(46%)을 차지하였다(교육인적자원부, 2004b). 외국인 근로자의 체류가 장기화함에 따라 미등록 노동자들이 결혼·출산하는 사례가 늘어나고 있으며 그 결과 외국인근로자 가족이라는 새로운 가족집단이 형성되고 있다(장혜경, 2004). 외국인 근로자수(합법적)는 '07년 377,373명으로 증가하였다.

외국인은 불법체류이건 합법체류이건 인간으로서의 존엄성과 기본적인 인권을 지닌다. 자국 내 외국인의 인권 보호에 대하여는 국제협약에 의해 이미 정책 가이드라인이 제시되고 있으며 이를 따르는 것은 국가의 의무이다. 외국인 근로자의 수가 증가하는 선진 각국은 이들에 대한 인권 보호를 강화하는 방향으로 제도를 강화하고 있는 추세이며, 이들 자녀의 교육권은 인권의 중요한 요소로 간주되고 있다.

1990년 의결되고 2003년 7월 발효된 UN '모든 이주노동자와 그 가족의 권리 보호에 관한 국제협약' (International convention on the protection of the rights of all migrant workers and members of their families) 제30조는 이주 노동자의 자녀는 그 나라 국민과 평등한 처우를 기초로 교육받을 기본적 권리를 지니며, 부모 또는 자녀의 부정규 취업이나 체류를 이유로 거부될 수 없음을 선언하고 있고, 제45조는 교육시설의 이용, 참여에 있어 이주노동자의 가족은 차별되지 아니하며, 취업국은 자녀가 지역의 학교에 입학하고 지역의 언어를 배우는 것을 용이하게 하는 정책을 수행하도록 하고, 모국어 및 출신국의 문화교육 지원에 대한 협력을 권장하고 있다.

1979년 의결되고 1990년 발효된 UN '아동의 권리에 관한 협약' (Convention on the rights of the child)은 제2조에서 가입국의 관할지역 내의 모든 아동들이 보호자의 인종, 피부색, 성별, 언어, 종교, 정치적 또는 기타 의견, 국적, 민족적 · 사회적 출신, 재산, 장애, 출생 기타 지위 등에 의해 어떤 차별도 받지 않을 권리가 존중되고 보장되어야 함을 선언하고 있다. 즉, 가입국은 국내에 거주하는 외국인의 자녀에 대해서도 내국인과 동등하게 기본적인 권리에 대하여 존중하고 보장해야 하는 의무를 지니는 것이다. 제28조는 초등 무상의무교육의 실시, 일반교육과 직업교육을 포함한 다양한 형태의 중등교육 실시, 능력에 기초한 고등교육 기회의 제공, 교육과 직업에 대한 정보 및 상담 제공 등 아동의 교육받을 권리에 대한 가입국의 보장의무를 규정하고 있다.

외국인 자녀에 대한 교육차별 금지는 1960년 의결되고 1962년 발효된 UNESCO '교육차별철폐협약' (Convention against the discrimination in education)에서도 규정되고 있다. 이 협약 역시 가입국은 국적 등의 이유로 교육기회 및 교육적 대우에 있어서 차별을 할 수 없는데, 여기서 적용되는 교육의 적용범위는 모든 형태, 모든 수준(level)의 교육이며, 교육차별의 유형은 1) 교육기회에의 접근 차단, 2) 특정 개인, 집단에 대한 열등한 기준 적용, 3) 분리된 제도나 교육기관의 운영, 4) 인간의 존엄성에 반하는 조건 부과 등을 포함한다(김인희, 2005b).

이와 같이 국제법은 외국인에 대한 교육차별을 금지하고 있으며, 협약 가입국이 아닌 경우 협약 그 자체가 법적 구속력은 없더라도 UN 또는 UNESCO 모든 회원국에 대한 권고로서 효력을 발휘한다. 국내 외국인 근로자 자녀의 교육은 무엇보다도 인권적 차원의 문제로서 국가의 의무사항이자 개인의 기본권으로서 교육받을 권리에 관한 사항이다. 협약들은 외국인 체류의 합법, 불법 여부를 묻기 이전에 인간이 지니는 기본권으로서 교육의 권리를 선언하고 있는 것이며, 선진국들은 이러한 정신을 존중하여 그에 준하는 제도를 갖추어 나가고 있다.

(2) 외국인 근로자 자녀의 교육실태

(가) 취학 이전

취학 이전 유아교육 단계는 내국인에게도 의무교육이 적용되지 않으므로 국가의 지원의무가 당연히 따르는 것은 아니나 내외국인 차별 금지 차원에서 내국인 자녀에게 주어지는 동등한 혜택이 제공되어야 한다는 논리가 가능하다.

국가인권위원회(2002)에 의하면 미등록 노동자들은 탁아소나 유치원 같은 곳에 자녀를 맡기기보다는(13.8%) 부모나 가족이 직접 돌보고 있는 것(32%)으로 나타난다.

표 3-12 미취학자녀 양육

	전체	산업연수생	미등록 노동자	
		한국계	한국계	비한국계
(N)	(39)	(4)	(15)	(20)
비해당(미취학 자녀 없음)	17.3	40.2	.0	25.0
부모나 가족이 돌본다	32.0	23.5	50.0	20.7
보육시설(어린이집, 놀이방)	9.6	.0	.0	18.8
유치원	4.2	.0	.0	8.3
모국인 친구에게 맡긴다	4.1	36.3	.0	.0
낮에는 아이 혼자 지낸다	2.5	.0	.0	4.8
기타	30.3	.0	50.0	22.4
계	100.0	100.0	100.0	100.0

외국인 노동자가 한국에서 자녀를 양육하는 데 가장 어려운 점은 돈 문제(35.6%)와 의사소통 문제(23.7%)였는데 한국계 미등록 노동자가 한국어와 한글 교육에 대한 도움을 강조한 주된 이유는 '의사소통' 문제로 이는 문화적 맥락과 관련되어 있는 것으로 이해할 필요가 있다.

표 3-13 자녀 양육에 가장 어려운 점

	전체	미등록 노동자	
		한국계	비한국계
(N)	(31)	(7)	(20)
돈 문제	35.6	.0	25.0
학교 교육	7.4	.0	20.7
한국사회 적응(한국어 습득 등)	2.6	.0	18.8
귀국 후 모국 사회 적응 준비 (모국 문화 및 언어 습득)	3.8	.0	8.3
의사소통	23.7	100.0	4.8
기타	27.0	.0	22.4
계	100.0	100.0	100.0

자료 : 국가인권위원회(2002). 「국내거주 외국인노동자 인권실태조사」.

(나) 취학 이후

2003. 6월 현재 국내 학교에서 수학 중인 외국인 학생은 초등학교에 570명, 중학교에 191명, 고등학교에 76명, 총 837명이다. 불법체류 학생은 각각 131명, 6명, 2명으로 총 139명이다.

표 3-14

('03. 6월, 단위 : 명)

구분	초	중	고	계
외국인 학생수	570(131)	191(6)	76(2)	837(139)

※ ( )는 불법체류 학생수.

외국인 학생은 '07년에 1,209명(초 755명, 중 391명, 고 63명)으로 증가하였으며, 이 중 70% 이상이 수도권(서울 468, 경기 312, 인천 105명)에 거주하고 있다.

2003년 당시 불법체류 외국인 약 29만 명의 자녀 중 취학 대상으로 추정되는 자녀는 약 1천여 명으로, 약 800명 이상이 교육혜택을 받지 못하는 것으로 추정된 바 있다(한겨레신문, 2003.9.24.). 또한, 우리 학교의 외국인 학생에 대한 교육 · 문화적 배려 부족과 국내학교 학습의 전제조건인 한국어 학습기회 미비로 한국어가 미숙하여 학습 부진을 초래하고 있다. 외국인 학생의 국내문화 이해 부족과 내국 학생들의 외국문화 이해 부족으로 인한 집단 따돌림 및 학교 부적응 현상이 발생하고, 교사의 외국인 학생 지도상 어려움과 외국인 학생에 대한 국내 학부모의 거부감으로 인해 외국인 자녀의 수용을 기피하는 현상도 나타난다.

(3) 정책 현황

초등학교의 경우 불법체류의 경우에도 법무부가 발급하는 출입국사실증명서 대신 관할 구청에서 발급하는 거주사실증명서를 인근 학교에 제출함으로써 입학이 가능하다. 그러나 일선 학교에서 법무부의 지침 및 관련 법령과의 충돌로 인하여 불법체류 외국인 자녀의 수용을 기피하는 경향이 나타나고 있다. 중학교의 경우에도 의무교육 연한이 확대되었으므로 초등학교와 같이 제도적으로는 수용이 가능하다.

2004년도 교육복지종합계획은 외국인 근로자 자녀의 교육기회 보장을 위하여 1) 제출서류 간소화 및 업무지침 개선 등을 통하여 외국인 자녀의 편·입학 절차를 간소화하고 이를 위해 법무부에 외국인 학생 부모의 불법체류 여부 확인 등 입학허가 심사 완화를 요구하며, 2) 외국인 학생의 국내 수학을 위한 행정지원 체제 구축을 위해 각 시·도교육청에 가칭 '외국인학생 입학상담센터'를 개설 · 운영하고 외국인 학생의 국내 학교 편·입학 원활화 및 이에 대한 홍보를 강화하며, 3) 외국인의 한국어 습득을 위한 한국어 학습 프로그램 및 교재를 개발 · 보급하고, 4) 연수 및 관련 교과 활동 등을 통해 교원 및 학생의 국제이해교육을 강화하는 등의 내용을 담고 있다.

아. 다문화가정[20] 자녀 교육

(1) 배경

최근 농어촌 지역을 중심으로 국제결혼이 빠르게 증가하면서 한국사회의 다민족화, 다문화 현상이 진전되고 있다. 〈표 3-15〉에서 보듯이 1990년 619건이던 외국인 여성과의 국제결혼이 2005년에는 31,180건으로 증가되어 그 해의 국제결혼이 전체 결혼건수 대비 13.6%에 달할 정도로 급속하게 확대되었다. 2001~2005 5년간의 연평균 증가율은 38%에 달한다.

이와 같은 결혼이민자, 즉 외국계 한국인의 증가는 자연히 그 자녀의 증가를 가져온다. 이들 자녀 중 초·중·고등학교에 재학 중인 자는 2005년 6,121명에서 2006년 7,998명, 2007년에는 13,445명으로 급속하게 증가하고 있다. 2007년 13,445명 중 초등학생은 11,444명(85.1%), 중학생은 1,588명(11.8%), 고등학생은 413명(3.1%)으로 나타났다. 이와 같은 증가추세를 볼 때 미취학 아동의 수가 상당할 뿐만 아니라 국제결혼의 증가추세를 감안한다면 앞으로 외국계 한국인 학생의 수는 급속하게 늘어날 것으로 전망된다.

표 3-15 국제결혼 건수와 비율

연도	총결혼건수	국제결혼		외국인 아내		외국인 남편	
		건수	비율(%)	건수	비율(%)	건수	비율(%)
1990	399,312	4,710	1.2	619	0.2	4,091	1.0
1995	398,484	13,494	3.4	10,365	2.6	3,129	0.8
2000	334,030	12,319	3.7	7,304	2.2	5,015	1.5
2001	320,063	15,234	4.8	10,006	3.1	5,228	1.6
2002	306,573	15,913	5.2	11,017	3.6	4,896	1.6
2003	304,932	25,658	8.4	19,214	6.3	6,444	2.1
2004	310,944	35,447	11.4	25,594	8.2	9,853	3.2
2005	316,375	43,121	13.6	31,180	9.8	11,941	3.8

자료 : 통계청, 인구동태.

20) 다문화가정은 국내에 거주하는 한국인이 한 당사자인 국제결혼 가정을 의미하며, 이중 특히 한국인과 아시아계 외국인 간의 결혼으로 형성된 가정의 자녀를 '코시안'이라 부르기도 한다.

표 3-16 국제결혼 가정 자녀 현황

구분	서울	부산	대구	인천	광주	대전	울산	경기	강원	충북	충남	전북	전남	경북	경남	제주	계
초	1040	391	283	421	279	191	177	2283	729	643	950	970	1361	651	968	108	11444
중	234	67	33	54	32	30	22	460	67	66	131	99	101	53	125	14	1588
고	73	25	8	20	11	9	4	127	11	15	35	10	17	18	27	3	413
계	1347	483	324	495	322	230	203	2870	807	723	1116	1079	1479	722	1120	125	13445

자료 : 교육인적자원부(2007). 교육백서.

문제는 이들 외국계 한국인 자녀가 갖는 교육기회가 심각하게 제한되고 있다는 데에 있다. 오성배(2006)에 의하면, 6세 미만 코시안 중 유아교육기관(유치원 및 보육시설) 취원율은 27.5%로 일반 아동의 취원율 56.8%의 절반에 그치고 있으며, 초등학교 및 중학교 미취학 및 중도탈락률도 일반 학생에 비해 매우 높게 나타나고 있다. 2001년 기준 초등학교의 경우 9.4%, 중학교의 경우 17.5%로서 전체 학생의 중학교 중도탈락률 1.1%를 감안하면 비교가 되지 않을 정도로 심각하다고 할 수 있다.

최근의 연구(설동훈 외, 2005; 오성배, 2005)에 의하면 코시안들의 중도탈락 이유는 학교생활 적응의 어려움이 주된 이유로 나타나며, 취학 전 가정교육에 있어서도 취약점이 있는 것으로 지적되고 있다. 외국계 어머니의 한국어 능력 부족은 자녀의 한국어 능력 발달에도 중요한 영향을 미치며, 정체성 혼란으로 취학이 지연되는 경우도 있다고 한다(오성배, 2006).

코시안 학생들은 학교의 수업시간에도 소극적인 태도를 보이며, 언어능력 부족 등으로 자신감을 갖지 못하는 경향이 있다. 상당수가 집단 따돌림 경험을 지니고 있으며 주로 외모상의 특성으로 인한 경우가 많다. 외국계 부모의 학교교육 지원에도 어려움이 많은데, 부모가 학교의 교육자료나 안내문 등을 제대로 이해하지 못하는 경우가 많기 때문이다. 이와 같은 결과로 코시안 학생의 기초학력 미달 비율은 초등의 경우 7.5%, 중학교의 경우 9.5%로 초등학교의 경우 전체 1.45%에 비하면 현저하게 높은 수준에 달하여 학력부진 현상이 심각함을 시사하고 있다(오성배, 2006).

(2) 정책 현황

교육인적자원부는 '순혈주의와 편견으로 인해 어려움을 겪는 다문화가정[21] 자녀'의 교육문제의 심각성을 지적하면서, 2006년 5월 1일 '다문화가정 자녀교육 지원대책'을 발표하였고[22] 2007년에 '다문화가정 자녀교육 지원계획'을 수립하였다. 기본 방향은 다문화가정 자녀가 정규교육으로부터 소외되지 않고 혜택을 받을 수 있도록 지원함과 아울러 우리 사회에 다문화주의(multi-culturalism)를 전파할 수 있는 환경을 조성하기 위함이라 밝히고 있으며, 구체적인 정책과제는 다음과 같다.

(가) 방과후학교 프로그램 개설 및 대학생 멘토링 적용

학습결손을 방지하고 학교적응을 돕기 위해 한국어 및 부족한 교과를 지도할 수 있는 방과후학교 프로그램을 개설하고 학부모와 함께 하는 문화체험 교육 등을 실시한다. 전담교사를 지정하고 선배, 친구 등과 1대1 결연을 활성화하며 대학생 멘토링 제도를 통하여 학업을 지도한다.

(나) 교사의 지도 역량 강화

다문화가정 자녀에 대한 교사의 관심을 제고하고 연수시 다문화 이해교육, 학습부진아 특별교육, 집단따돌림 예방교육 등을 강화한다. 사회소수자 문제에 대한 문제제기 및 해결방안 등을 수록한 사례집 및 지도서를 개발 보급하며, 한국어교원자격증을 지니고 한국어반을 담당하는 교사에게 인센티브를 제공한다.

(다) 단일민족 강조에서 다문화 · 인권을 강조하는 교과서로 재편

관련 교과(중3 도덕 등)에 타문화 이해 존중, 편견 극복 및 관용에 대한 내용을 포함하며, 타문화 및 인종에 대한 편견과 관련된 구체적 사례를 강조하고 다문화 이해교육을 위한 교과서 지도 보완자료를 발간 보급한다.

---

21) 여기서의 '다문화가정'은 '04.4. 건강가정시민연대가 가정용어 개선을 위해 사용을 권장한 용어로 우리와 다른 민족 · 문화적 배경을 가진 사람들로 구성된 가정을 의미한다.

22) 교육인적자원부는 미 풋볼리그(NFL) MVP 하인즈 워드의 한국 방문으로 혼혈 자녀와 외국인 자녀의 차별 및 교육소외 문제에 대한 관심이 사회적으로 새롭게 대두되는 상황이 이 정책 수립과 연관이 되고 있음을 자료에서 밝히고 있다.

그밖에 지역인적자원개발(RHRD) 사업을 통해 다문화가정에 대한 지방자치단체와 지역사회의 관심과 지원을 촉구하고, 결혼이주여성에 대한 한국어 · 한국문화 교육 등 지원 프로그램을 활성화한다. 외국인 근로자 자녀의 교육권 보호를 위한 부처 협의를 추진하고, 다문화주의적 사회환경 조성을 위하여 관련 공무원에 대한 교육을 실시하고 다문화교육에 관한 연구 및 교사연수를 담당할 '다문화교육센터' 를 지정 운영한다.[23)]

(3) 평가 및 논의

교육인적자원부(2007)는 다문화가정 자녀 교육지원의 문제점에 대하여 스스로 다음과 같은 문제점을 지적하고 있다.

첫째, 정부대책의 지속적인 관리 등에 있어 중앙과 지방 간 역할분담 및 지원체제가 확립되어 있지 못하며, 둘째, 취학률 제고, 교육 프로그램 운영 등 학교중심의 다각적인 관련 시책 추진이 부진하고, 셋째, 순혈주의 전통 및 정보 제약으로 일반인의 다문화 이해 증진 대책이 미약하며, 넷째, 지역단위의 협력적 사업추진 역량이 미흡하고, 다섯째, 이론적 뒷받침 및 프로그램, 자료개발, 교원연수 등을 담당하는 전문적인 지원체제가 부재하다는 점이다.

교육인적자원부는 학교를 중심으로 교육력을 제고하기 위하여 취학률 제고정책, 교육 프로그램 자료 개발, 담당교사 연수 활성화, 학생별 통합형 교육지원을 강화하는 한편, 다문화 이해 교육을 강화하는 다양한 방안을 강구한다는 정책방향을 수립하여 추진하고 있으며, 이를 지원하기 위해 중앙 다문화교육지원센터, 시·도 다문화교육센터의 기능을 활성화하고 통계 및 연구기반 확충을 추진하고 있다.

국제결혼 가정 및 그 자녀의 증가는 외국인 근로자의 증가와 함께 우리 사회를 빠르게 다인종, 다민족, 다문화 사회로 변모시키고 있다. 이는 이미 여러 선진국들이 겪고 있는 세계적 추세이기도 하다. 이러한 현상은 우리 사회에 대하

23) 서울대학교에 다문화교육센터가 지정되어 운영되고 있으며 센터의 기능은 주로 학생 및 교사를 위한 교수-학습지도자료 개발, 다문화교육정책 기본방향 및 지원방안 연구, 다문화교육 담당교사의 연수 프로그램 개발 등 전문인력 양성의 기반 구축 등이다.

여 문제를 제기하는 한편, 우리 사회가 보다 성숙한 단계로 발전하기 위한 계기가 되고 있다. 이미 나타나고 있는 것처럼, 이들은 교육기회 면에서 여러 가지로 고충을 겪고 있다. 새터민이나 외국인 근로자 자녀와 마찬가지로 우리 교육이 이들을 한국사회로 수용하기 위한 적절한 교육지원체제를 갖추지 못한다면 이들은 심한 교육소외를 통해 우리 사회 속의 주변인으로 고착될 가능성이 높다. 반대로, 우리 교육이 이들을 수용할 수 있는 노력을 배가함으로써 우리 교육이 지닌 종래의 폐쇄성, 배타성, 경직성을 극복하고 모든 이들의 잠재역량 발휘를 극대화시키는 높은 교육복지 수준에 도달할 수도 있을 것이다.

앞에서 언급된 바와 같이 외국계 한국인 자녀들의 직접적인 고충은 학교부적응과 학력부진이며 이는 가정에서의 교육지원 미약과 학교의 미숙한 교육지원 및 배타적인 학교문화에 기인하고 있다. 이러한 문제를 해소하기 위해서는 학생에 대한 한국어 보충학습 기회 부여, 교사의 다문화 이해 교육 및 교육지도방법 습득, 학생의 특성을 반영한 교육자료 및 프로그램 개발 적용, 학부모에 대한 한국어 · 한국문화 교육 및 자녀교육 상담지도, 일반학생에 대한 다문화 이해 교육, 지역사회의 관심과 지원 노력, 외국계 한국인 자녀 교육문제에 대한 연구 및 정책적 지원 확대 등이 총체적으로 필요하다.

그러나 무엇보다도 중요한 것은 자기와 다른 존재에 대한 존중 및 관용, 기본적인 인권 존중 의식, 상대방을 존중하고 배려하는 마음, 새로운 것을 수용할 수 있는 개방적인 사고와 태도, 고통받는 사람들의 입장을 이해할 수 있는 감수성 및 공감능력 등의 품성을 함양하는 것이며, 이는 교사, 학생, 학부모, 학교관리자, 교육행정가, 일반시민 모두에게 해당되는 것이다. 특히, 학생을 직접 지도해야 할 교사에게는 필수적인 요건이 되는바, 교사의 양성과정에서부터 현직교육에 이르기까지 이와 같은 품성을 기를 수 있도록 적극적인 노력이 이루어져야 할 것이다. 그 방법의 하나로 교사양성 과정에 문화인류학, 철학 등 열린 사고와 의식을 함양할 수 있는 인문학 및 사회과학의 학습을 강화하고, 사회봉사 및 국내·외 체험학습을 통해 다양한 삶의 방식과 상대방의 입장을 이해할 수 있는 능력을 함양하는 기회를 확대할 필요가 있다.

자. 기초학력 부진아 교육

(1) 배경

모든 학생들이 기초학력에 도달하도록 지원하는 것은 기본적인 교육의 기회를 제공하는 것과 함께 국민기초교육수준(national minimum in education)을 달성하기 위한 핵심 과제가 된다. 시민으로서 인간다운 삶을 살아가는 데 필요한 기본적인 학력을 갖추도록 지원하는 것은 가장 기본적인 국가의 교육복지정책이라 할 수 있다. 기초학력에 도달하지 못하는 학생들을 위한 실질적 학력증진 방안을 강구하고 실천하는 노력은 대부분의 국가에서 중요한 정책으로 자리 잡고 있다.

학습부진의 원인은 학교 내부에 있는 것만은 아니며, 부모의 사회경제적 배경 및 가정환경, 성장과정으로부터도 큰 영향을 받는다. 그 원인이 매우 복합적인 만큼 그 처방도 단순하게 이루어질 수는 없으며, 학교교육체제는 학력이 부진한 학생들을 위한 실효성 있는 진단 및 지원 시스템을 갖추지 않으면 안 된다. 외국의 정책사례(핀란드, 영국 등)에서 보듯이, 이에 대한 접근은 학교를 중심으로 지역사회의 유기적 협력과 다양한 인적 · 물적 자원의 동원을 통해 이루어지는 방식을 취하고 있다. 우리나라에서도 교육복지투자우선지역 지원사업이나 방과후학교 사업에서 유사한 개념의 방법들이 시도되고 있다.

우리나라에서는 초·중등 학생의 기초학력을 제고하기 위해 1997년 5월부터 '기초학력책임제'를 운영하고 있다. 국가 수준에서 매년 학습부진학생 현황을 파악하고, 보다 효율적인 지도 방안을 강구하기 위한 정책연구 실시 및 우수사례 발굴 · 보급 등의 노력을 기울이고 있다. 또한, 각 시·도 및 학교에서는 연구 · 시범학교 운영 및 지도자료 개발 · 보급, 강사비 지원 등 학습부진학생 지도를 위한 다각적인 노력을 기울이고 있으나 부진학생수는 확연히 줄지 않고 있는 실정이다. 학습부진학생에 대한 교사의 지도 의지 미흡과 지도 시간 및 여건의 부족으로 효율적인 학습부진아 지도가 이루어지지 못하는 측면이 있다고 볼 수 있다.

표 3-17 기초학습 부진학생 현황('03.12. 현재)

구 분		학생수 (명)	부진학생 현황					
			읽 기		쓰 기		기초수학	
학교급	학년		학생수	비율(%)	학생수	비율(%)	학생수	비율(%)
초등학교	4학년	690,579	3,635	0.5	3,411	0.4	5,233	0.7
	5학년	699,481	2,324	0.3	2,207	0.3	3,391	0.5
	6학년	686,667	1,241	0.1	1,242	0.1	2,086	0.3
중학교	1학년	618,323	1,886	0.3	2,019	0.3	3,182	0.5
	2학년	618,945	1,194	0.1	1,316	0.2	2,091	0.3
	3학년	599,585	719	0.1	862	0.1	1,408	0.2
고등학교	1학년	587,578	619	0.1	793	0.1	1,176	0.2
계		4,501,158	11,618	0.3	11,850	0.3	18,567	0.4

※ 기초학습 부진학생 : 초등 3학년 수준의 읽기 · 쓰기 · 셈하기 능력에 도달하지 못한 학생.

표 3-18 교과학습 부진학생 현황('02년 학업성취도 1% 표집평가 결과)

	국어(%)	사회(%)	수학(%)	과학(%)	영어(%)	평균
초6	4.4	1.7	7.3	5.2	1.5	4.0
중3	6.5	7.4	7.7	5.8	9.2	7.3
고1	10.4	11.9	13.1	7.6	9.1	10.4

※ 교과학습 부진학생 : 학년 교과 교육과정에 제시된 최소 수준에 도달하지 못한 학생.

(2) 정책 현황(교육인적자원부, 2004)

(가) 국가수준의 표준화된 판별도구 개발 · 보급

국가수준에서 읽기, 쓰기, 기초수학 등 기초학력에 대한 성취기준을 설정하고, 설정한 성취기준을 얼마나 달성했는지를 평가하기 위한 평가도구를 개발하여 보급한다. 평가도구를 활용하여 국가수준에서는 초등학교 3학년을 대상으로 표집평가를 실시하여 기초학력에 대한 지표를 산출하고, 각급 학교에서 부진학생을 판별하여 지도할 수 있도록 한다.

(나) 시·도(학교)별 학습부진학생 지도대책 강화

학교에서는 기초학력 부진학생에 대하여 담임 및 교과담당교사가 별도 프로그램을 운영하거나 특별보충과정 운영 등을 통하여 책임지도를 강화한다. 개인별 지도카드를 마련하여 활용함으로써 학년 진급에 따른 지도의 연계성을 구축한다.

시·도교육청에서는 부진학생 지도경비를 확보하고, 지도교사 연수 지원, 특별보충과정 강사료 지원, 시범학교 운영 및 운영결과의 일반화, 지도자료 개발 · 보급 등 기초학력 부진학생 지도를 위한 인적 · 물적 지원을 강화하도록 한다.

(다) 초·중·고 학업성취도 평가 실시

초등학교 6학년, 중학교 3학년, 고등학교 1학년을 대상으로 국가수준에서 표집평가를 실시하여 학업성취 수준을 파악한다. 학업성취도에 영향을 미치는 배경변인 분석을 통해 교수 · 학습방법, 교육과정 편성 및 운영 개선 등의 자료로 활용한다.

(라) 교육복지투자우선지역 지원사업 및 방과후학교 사업

2003년부터 실시되고 있는 교육복지투자우선지역지원사업에서는 기초학력이 부진한 저소득층 자녀에 대한 학교 및 지역복지기관 간 협력에 따른 학력보충 프로그램이 추진되고 있으며, 2005년 시작되어 점차 확대되고 있는 방과후학교 사업에서도 대학생 멘터링제 등 다양한 방안을 도입하여 학습부진아 지도를 실시하고 있다.

2. 교육불평등 완화 : 교육양극화 해소

가. 계층 간 교육격차 해소

(1) 배경

IMF 이후 우리 사회의 양극화 현상에 대한 우려가 높아지고 있다. 경제위기로 인한 중산층의 위기, 가정의 해체 등은 새로운 빈곤층을 발생시키고 경기의 부진과 부동산 가격 인상 등은 부익부 빈익빈을 심화시키는 현상을 초래하고 있다. 교육은 가난의 대물림을 차단하고 사회불평등을 완화하는 수단으로 기대되는 반면, 사회구조의 모순을 그대로 답습하는 교육구조의 한계에 대한 비판적 시각도 동시에 존재하는 것이 사실이다. 이와 같은 분위기 속에서 교육양극화는 최근 중요한 사회문제가 되고 있으며, 교육격차 해소와 교육복지 증대에 대한 정치권과 정부의 관심이 높아지면서 예전 어느 때보다도 활발한 논의가 이루어지고 있다. 교육양극화는 주로 계층 간, 지역 간 교육격차 문제로 설명되는데, 사실상 지역 간 격차의 문제는 계층 간 격차의 문제를 내포하고 있는 것으로 볼 때, 계층 간 격차 문제가 교육양극화 논의의 가장 핵심이라고 볼 수 있을 것이다.

계층 간의 교육격차는 교육기회의 접근, 교육의 과정, 교육의 결과 면에서 나타날 수 있다. 이 문제와 관련된 우리의 정책은 저소득층에 대한 재정적 지원을 통해 경제적 이유로 인한 교육기회 제한을 해소하려는 노력에 집중되어 왔으며, 이에 대하여는 이미 살펴본 바와 같다. 반면에 계층 간 교육격차 문제에 대한 실제 논의는 주로 계층 간의 학업성취도 격차 즉 교육의 결과에 집중되는 경향이 있다. 문제에 대한 논의와 실제로 실행되는 정책 간에는 연계가 잘 이루어지지 않는 것으로 보인다. 계층 간 교육격차의 문제는 교육이 이루어지는 과정 속에서의 불평등 및 차별과도 깊게 관련되나, 우리나라에서 이 문제에 대한 정책적 논의와 정책대안의 개발은 활발하지 않은 것 같다.

(2) 이론적 논의

계층 간 교육격차에 대한 이론적 논의의 출발점은 교육결과의 격차에서 비롯되나 그 원인에 대한 논의는 주로 교육의 조건과 과정(process) 면에 집중되어 있으며, 주로 사회재생산, 문화재생산 이론으로 대변되는 갈등이론(conflict theory)의 관점에 입각하고 있다. Bowles와 Gintis(1976)는 학교체제가 자본주의적 생산관계의 모습을 그대로 반영하여 기득권을 지닌 자본가 계급의 이익에 부응하며 사회지배구조를 재생산하는 데 기여한다고 본다. 교육에서 나타나는 개인 간 격차는 개인 간의 능력차이라는 자연스러운(natural) 현상에 기인하는 것으로 간주되고 결국 학교에서의 실패는 개인의 책임으로 되는 것이다. 이는 자본주의 사회에 나타나는 경제적 불평등을 합리화시키는 역할을 하며, 불평등이 내재된 자본주의 경제가 평등을 이념으로 하는 민주적 정치체제와 공존할 수 있다는 구실을 제공한다. 생산의 사회적 관계(social relations of production)가 학교교육의 사회적 관계(social relations of schooling)와 상응(correspond)한다는 점에서 이를 상응이론(correspondence theory)이라고 부른다. 즉, 학교교육이 노동시장의 수직적(계층적) 분화에 학생들을 적응시켜 이를 영속시키는 계층적 사회화를 수행함으로써 사회구조의 재생산에 기여하고 있다는 것이다.

Bourdieu(1973, 1997)는 하위계층 학생들이 겪는 학업실패가 그들이 지니는 문화자본(cultural capital)의 부족에 기인하는 것으로 설명하고 있다. 학교에서의 학업에 도움을 주는 문화자본의 소유 여부가 학생의 성공에 영향을 미치며 하위계층 출신 학생들은 이러한 문화자본을 충분하게 소유 및 향유하지 못한다는 것이다.[24] Bernstein(1977)은 문화자본 중 특히 언어자본(socio-linguistic capital)이 학생의 학업성취도에 미치는 영향을 분석하여 계층 간 교육격차를 설명하고 있다.

Persell(1977)은 교육적 불평등의 분석을 위해서 지배구조와 교육이념들, 구조들 간의 상호작용, 그리고 그 결과 사이의 가설적인 인과구조가 탐색되어야

24) Bourdieu(1997)에 의하면 문화자본은 오랜 시간에 걸친 문화적 경험을 통해 축적되는 자본으로서 세 가지 형태로 구분된다. 첫째는 개인의 몸에 체화된(embodied) 형태로서 언어와 같은 능력, 자질, 소양 등을 의미한다. 둘째는 객관화된(objectified) 사물을 의미하며 장서, 예술품과 같은 문화적 산물(cultural artifacts)이 여기에 속한다. 셋째는 제도화된(institutionalized) 것으로 졸업장, 자격증과 같이 제도에 의해 공식적으로 인증된 것을 의미한다.

함을 주장했다. 즉, 사회의 지배구조나 이념이 학교사회의 체제나 이념에 파급되고 이것이 학교교육의 과정에 영향을 미쳐 교육불평등이 유발된다는 것이다. Persell은 교육불평등에 관련된 변인들의 상호관계 모형을 제시하면서 사회적 차원, 학교제도적 차원, 인간관계적 차원, 심리적 차원의 네 가지 관점으로 구분하여 보고 있다.[25)]

이와 같은 갈등론적 논의에 따르면 교육기회 접근 여부의 문제가 아니라 교육체제의 속성 자체가 가진 자를 위한 게임의 법칙을 통해 이루어지므로 게임에 참여한, 가지지 못한 자는 구조적으로 불리한 게임을 하고 결과적으로 게임의 패배자가 될 수밖에 없다는 것이다. 즉, 교육은 불평등한 사회구조를 반영하고 불평등한 교육구조는 다시 기존의 사회구조를 재생산, 강화하는 악순환에 빠져 있다는 것이다. 교육체제의 구조적 모순에 대한 이들의 비판은 실증적 증거로 뒷받침되는 많은 연구들에 의해 상당 부분 지지되어 왔다. 갈등이론은 생산적인 정책대안을 제시하는 데에는 별로 성공적이지 못하였으나 사회의 불평등 구조를 강화(reinforce)하는 교육의 역기능을 비판적으로 인식토록 하는 데에 중요한 공헌을 하였다고 볼 수 있다.

(3) 계층 간 교육격차의 현황

계층 간 교육격차에 대한 연구는 교육사회학을 중심으로 지속적으로 이루어져 왔으며, 여기서는 최근의 연구결과를 소개한다. 류방란 외(2006)의 연구는 학생의 사회경제적 지위를 10등급으로 나눈 뒤 등급별로 가족의 교육 지원, 학교 학업활동의 과정, 학업성취도를 비교하고 있다. 동 연구에 따르면 가족의 교육 지원, 학업의 과정, 학업성취도 등에 있어서 공통적으로 학생의 사회경제적 배경에 따른 차이가 뚜렷하게 나타남을 알 수 있다([그림 3-2, 3, 4]).

박세일(2002)은 우리나라 가구주의 학력별 교육비 지출 비율의 차이가 크게 나타남을 지적하고 있다. 이로 인해 '부모의 고학력-부모의 고소득-높은 교

25) 그 외에 Young, Willis-counterculture, Apple, Carnoy-세계화(분배구조), Giroux 등의 설들이 유명하나 여기서 이들을 충분히 논하기는 어려우므로 이에 대한 자세한 내용을 원하는 독자는 교육사회학 저서를 참고하기 바람.

그림 3-2 학생의 사회 경제적 배경별 학교 경험의 수준 (류방란 외, 2006)

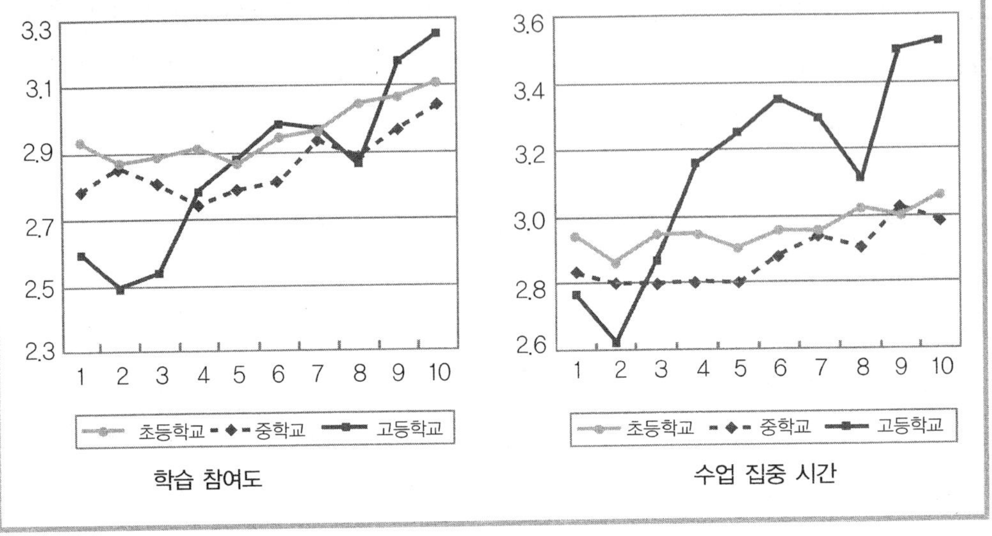

그림 3-3 학생의 사회 경제적 배경 수준별 가정의 교육 지원

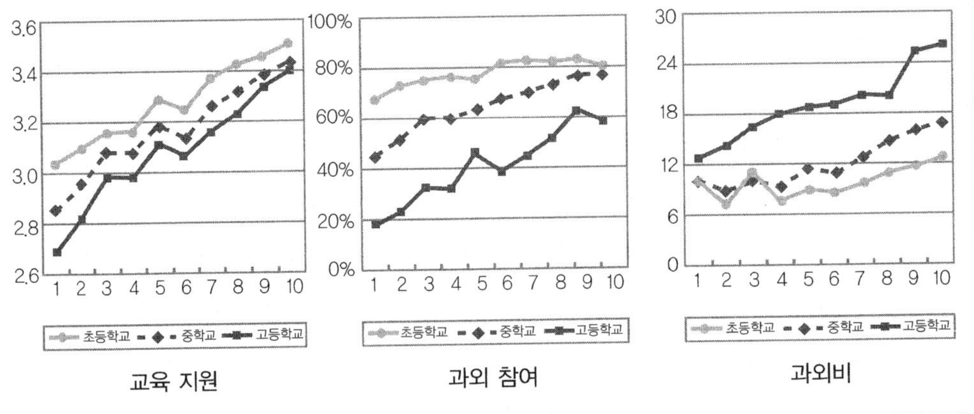

육비 지출-자녀의 고학력-자녀의 고소득'의 순환 관계가 발생한다는 것이다. 또한, IMF가 발생한 1997년 이전 고학력 가구주의 교육비 지출이 저학력 가구주보다 3배 정도 높았으나 2003년 현재 5배 정도로 높아졌다고 주장하고 있다.

서울대학교 사회과학연구원이 발표한 김광억 외(2003)의 서울대 입학생의 사회적 배경(부모의 학력, 직업, 거주지)에 대한 연구결과에 의하면, 부모 학력 및 직

학생 SES별 수학성적 (류방란 외, 2006) 그림 3-4

학생 SES	학생의 수학성적		
	초	중	고
1	48.8	47.3	46.1
2	48.5	48.7	46.6
3	49.0	49.4	48.7
4	49.6	49.6	48.9
5	51.1	51.1	51.3
6	49.3	49.7	49.2
7	51.0	52.3	50.7
8	51.6	52.6	52.6
9	52.5	53.2	54.7
10	53.3	54.5	56.2
평균	50.7	50.8	50.5
SD	9.9	9.8	10.1

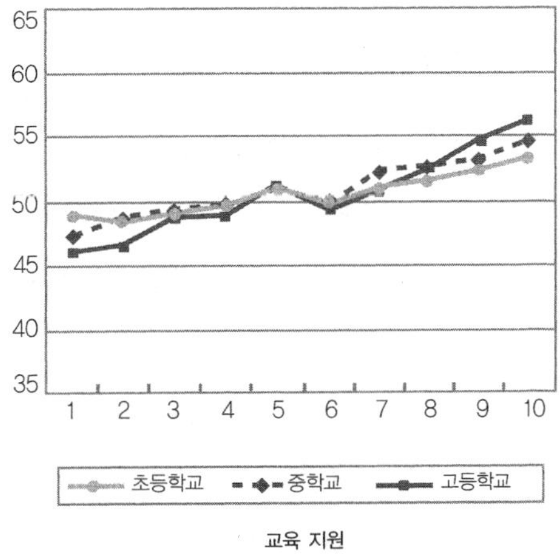

업에 따른 자녀 입학률의 격차가 확대되고 있으며, 대도시지역 학생들의 입학률이 전국 평균을 크게 상회하고, 서울 강남 8학군 부유층 자녀의 입학률 프리미엄도 뚜렷하게 추정된다고 한다. 아버지 학력이 대졸인 경우 고졸인 경우에 비해 입학률은 1985년 2.4배 높았으나 2000년에는 3.9배로 격차가 확대되었으며, 고소득직군 아버지를 둔 자녀의 입학률이 기타 그룹보다 20배 높았으며, 그 격차는 확대되고 있다고 한다.[26)]

우리 사회의 양극화 현상이 진전됨과 동시에 우리 교육의 지역 간, 계층 간 양극화 현상도 심화되고 있다는 것은 이제 주지의 사실이다. 교육이 사회이동의 주요 수단이었던 시대, 개천에서 용이 나던 시대는 어느덧 지나가고 교육이 계층의 재생산을 돕는다는 갈등이론의 주장을 부인하기 어려운 현상들이 나타나고 있다. 교육격차의 확대는 우리교육에 있어 교육복지정책의 중요성이 부각되

26) 이 연구는 부모의 학력과 직업, 소득이 자녀의 학업성취도(서울대 입학률)에 영향을 미치며, 그 성취도 격차가 커지고 있다는 점을 입증하고 있으나, 그 원인 해석에 있어 평준화정책으로 인한 공교육 부실과 사교육 심화 때문이라는 논리를 제시하고 있는바, 논리전개 과정에서 다소 비약을 함으로써 언론지상과 학계에서 논란이 야기된 바 있다.

는 또 하나의 배경이 되고 있다.

(4) 정책적 이슈

(가) 평준화제도와 사교육

평준화제도는 계층 간 교육격차를 완화시키는가 심화시키는가? 이 문제는 아직도 논란 중이다. 평준화를 비판하는 측에서는 획일화된 평준화교육이 학생 개인의 능력과 수준에 맞는 교육기회를 박탈하여 결과적으로 사교육 의존 현상을 심화시키고 있으며, 경제력에 의한 소비의 차등이 이루어지는 사교육 시장에 의존도가 높아질수록 실질적 교육기회의 불균등이 심화되고 있다고 주장한다.

반대로, 평준화를 옹호하는 측에서는 평준화가 우리 교육과 사회의 평등 실현에 기여하였다고 본다. 고교 학벌주의를 타파하고 사회적 다원성을 함양하였으며(함인희, 2004), 학교 간의 교육여건 격차를 해소하여 교육조건의 평등을 상당 부분 실현하였고, 능력이 우수한 학생과 낮은 학생이 같이 교육을 받음으로써 능력이 낮은 학생에게는 학업성취 면에서 도움을 준다는 연구결과가 제시되고 있다. 또한, 고교입시를 위한 사교육을 해소함으로써 비판론자의 주장과는 달리 오히려 사교육의 과열을 완화하는 효과를 가져왔다고 본다. 이러한 주장들이 사실이라면 평준화가 계층 간 교육격차 완화에 기여하였다는 주장도 합당한 논거를 지닌다고 볼 수 있다.

생각하건대, 평준화제도에 대한 양측의 주장은 각각 논거를 지니고 있다고 본다. 학부모 및 학생의 학교선택권을 유보하는 현재의 평준화제도는 학생의 능력에 따른 교육을 받을 권리를 사실상 제한하고 있다는 점에서 문제가 있는 게 사실이다. 학교 교육과정이 개인 능력에 따른 교육 프로그램을 제공할 수 있다면 모르겠으나 대다수의 우리 학교들은 정부의 정책의지와는 상관없이 이와 같은 기능을 제대로 수행하지 못하고 있다. 학부모의 사회경제적 지위에 따라 사교육 참여율과 사교육비 지출에 차이가 나타난다는 것은 학교가 학생의 능력에 따른 학습기회를 충족시키지 못함으로 인해 사교육에 의존하고 소비하는 사교육의 양과 질에 있어서 계층 간 격차가 발생한다는 것을 의미한다. 반면에 학교가 능력별 학습기회를 확대한다면 사교육 기회 차이에 따른 교육격차는 줄어들 수 있을 것이다.

평준화를 해제하고 학교가 능력별로 학생을 선발한다면 학생의 능력에 따른 교육은 괄목하게 진전되고 기존의 사교육 수요는 줄어들지 모르나, 이 경우 원하는 학교 입학을 위한 새로운 사교육이 발생될 것이 분명하며, 상급학교의 선발방법에 따른 맞춤식 사교육이 번성할 것은 자명하다. 결국, 평준화 해제－사교육 감소－교육불평등 완화라는 등식은 별로 설득력을 지니지 못 한다.[27)]

결론적으로, 평준화 해제가 교육의 불평등을 해소할 것이라는 주장은 액면 그대로 받아들이기 어렵다. 또 다른 차원의 불평등이 나타난다. 결국 학교 내 교육격차(variance within school)가 학교 간 교육격차(variation between schools)로 전환되는 것일 뿐 교육격차의 문제가 원천적으로 해소되는 것은 아니다. 평준화된 지역에서의 학교 간 학력격차는 사실상 학부모의 사회경제적 지위 관련 요인에 의해 대부분 설명되며, 학교요인(school factor)의 학력격차 설명력은 상대적으로 높지 않다. 평준화를 해제하면 학교에서 학생의 능력에 따른 교육을 제공하는 일은 보다 용이해질 것이나, 학교는 학부모의 사회 경제적 지위에 의해 서열화될 것이며, 사회계층에 따라 서열화된 학교가 계층 간 교육격차 해소에 기여하리라고 기대하기는 어렵다.

실제로 평준화 논의는 합리적 토론을 벗어나 이념적 다툼으로 전화되는 경향이 짙다. 좌편향의 이념적 지향성이 강한 평등주의자들은 "어떤 경우도 평준화는 고수되어야 한다"는 입장인데 반하여 우편향의 경제주의자들은 "평준화는 절대적으로 해제되어야 한다"는 입장을 강력하게 표명한다. 그러나 이 모두가 이데올로기이지 실사구시(實事求是)에 입각한 정책적 접근이 아니다.

현실적으로 채택할 수 있는 대안은 평준화 체제를 기본적으로 유지하되 학생의 능력에 따른 다양한 학습기회를 실질적으로 확대하는 방안을 모색, 적용하는

27) 평준화 해제론자들은 한결같이 우리의 평준화정책이 학력의 하향평준화를 초래했다고 비판한다. 그러나 경제협력개발기구(OECD)의 정평 있는 학업성취도 국제비교연구인 PISA의 결과(2006년)를 보면 한국은 발군의 성적(읽기 평가 1위, 수학 1-4위(평가항목별 최고, 최저 등수), 과학 7-13위)을 보일 뿐 아니라 성취도 격차, 학력부진아 비율도 매우 낮다. 따라서 평준화정책이 학력의 하향평준화로 이어졌다는 주장은 그 근거가 매우 박약하다.

것이라 할 수 있다. 다시 말해 평준화의 기본 틀은 유지하되, 그 안에서 자율화, 다양화, 특성화를 지속적으로 추구함으로써 내적 역동성과 경쟁력을 보강하고, 이를 통하여 교육기회의 실질적 평등을 추구하는 것이 최선의 해답이다. 이를 위해 수준별 이동수업, 선지원 후추첨제, 학교별 프로그램의 다양화, 특목고 운영개선, 실업계 특성화, 영재교육 프로그램의 강화 등이 주요한 보완책이다(안병영, 2005a).

(나) 학교체제의 자율화, 다양화, 개방화, 유연화

학교체제를 자율화, 다양화, 특성화하는 것은 학생의 능력과 적성에 맞는 교육의 실시를 위한 방향으로 볼 수 있으며, 그러한 점에서 교육기회의 평등에 기여할 수 있다. 이와 연관하여 가장 많이 논의되는 것이 수준별 이동수업이다. 수준별 이동수업은 그것이 변칙적으로 활용되는 경우 자칫 '점수로 줄 세우기' 식의 우열반으로 전락할 수 있는 위험이 없지 않으나, 이 제도가 학생들의 다양한 적성과 능력을 배려하는 방식으로 바르게 시행되는 경우 평준화 체제의 문제점을 개선하는 데 크게 기여할 수 있다고 본다. 다만 수준별 이동수업의 내실화를 위해서는 수준별 교재, 평가방법의 개발, 교원 및 강사 지원, 협동학습 모델 개발 등 사전에 다져야 할 과제가 적지 않다.

우수한 능력을 지닌 분야별 영재를 위한 특수목적고등학교나 특성화 중·고등학교의 설립도 다양화, 자율화 지향의 대표적 접근 방식이다. 특수한 능력, 관심과 적성을 지닌 학생들을 별도의 학교를 통해 교육시킴으로써 그 외의 일반학교는 보다 보편적 · 평균적인 학생들을 위한 교육에 집중할 수 있다. 따라서 학교가 대응하여야 할 학생의 다양성의 범위가 축소되므로 학교는 보다 밀도 있는 교육 프로그램을 운영할 수 있게 된다. 또한, 특수한 재능을 지닌 학생들은 동질적인 학생들로 구성된 교육환경에서 보다 우수한 학습성과를 나타낼 수 있다는 연구결과가 있다. 반면에 외국의 연구를 보면, 다양한 학생구성이 오히려 학습성과에 유리하다는 연구결과도 적지 않다.

대체로 교육평등주의를 지지하는 사람들은 특목고의 확대를 반대하는 입장을 보인다. 그 논거는 현재의 특목고(과학고, 외국어고 등)가 주로 사회 경제적 배경이 좋은 계층 학생들의 전유물이라는 것이며, 부차적인 이유는 특목고가 특목고로서의 성격을 지키지 못하고 입시기관화되고 있다는 것이다. 이러한 논리는 현재 시범적으로 운영되고 있는 자립형사립고에 대해서도 그대로 적용되고 있다. 평준화를 주장하는 측에서 볼 때에는 이와 같은 선택형 학교 중, 특히 우수학생을 선발대상으로 하는 학교들은 결국 소수 상류계층 학생을 위한 엘리트 교육을 실시하는 기관으로서 평준화제도를 손상하고 계층 간 교육격차를 심화시키는 것으로 본다.

실제로 따지고 보면, 이들 주장에 상당한 타당성이 있는 것도 사실이다. 특목고, 특히 외국어고등학교의 경우, 본래의 설립목적에서 벗어나서 이른바 일류대학 입학을 위한 우회로로 변모하고 있는 것은 안타까운 일이다. 따라서 특목고의 수적 확대에 앞서, 이들 학교가 본래에 설립목적에 충실할 수 있도록 운영을 개선하는 데 선차적 관심을 쏟아야 할 것이다.

교육기회의 유의미성 차원에서 볼 때, 학생의 능력에 따른 교육기회를 확대하는 것은 옳은 방향이라고 볼 수 있다. 방법은 한 학교 안에서 이를 제공할 수도 있고, 특성화된 학교를 통해 이를 제공할 수도 있다. 한 학교 안에서 다양한 프로그램을 현실적으로 제공하기 어렵다면 다양한 학교 또는 다양한 교육 프로그램을 제공하는 제3의 교육공급 시스템을 강구할 필요가 있다. 예컨대, 일반계 고등학교를 분야별로 특성화하고 학교 간 네트워크를 통하여 학습자의 교육수요를 충족시키는 방안이다. 고등학교의 2~3학년 선택과목 이수과정을 어문학 분야, 사회과학 분야, 이공계 분야, 예체능 분야 등 학교별로 특성화하고, 미국의 magnet school과 같이 학교 간 학생이동을 허용하는 것이다. 특성화된 학교는 해당 분야 교육에 필요한 교사와 교육자료, 교육시설을 집중적으로 배치하여 학생들에게 양질의 심화된 교육을 실시할 수 있게 될 것이며, 학생들은 자기 진로에 맞는 질과 적합성이 높은 교육을 받을 수 있다.

한편, 학교는 필요에 따라 학교 밖의 nonformal sector와의 프로그램 협조를 통해 학교 내에서 제공되지 못하는 부분에 대한 보완적인 학습기회를 제공할 수도 있을 것이다. 학교는 학생의 학습이 설계되고 관리되는 센터의 기능을 수행하여야 하며 모든 학습활동이 학교 내에서 이루어져야 한다는 고정관념은 버릴 때가 되었다. 학교와 별도로 '학습장(學習場)'이라는 개념을 도입할 필요가 있다. 학교가 인정하는 다양한 학습장에서의 학습을 통해 학생들의 능력에 맞는 교육의 기회를 확대할 수 있는 유연하고 개방적인 교육체제로의 전환이 요구된다.

(다) 교육안전망 구축 – 교육격차 해소를 위한 제도적 장치 수립

기본적인 학교제도가 계층 간 교육격차를 해소하는 데 한계가 있다면, 국가는 교육소외 현상을 해소하기 위한 적극적인 조치를 취해야 하고, 보다 종합적이고 체계적이며 안정적인 교육소외 예방장치를 수립할 필요가 있다. 현재 우리 정부가 추진하고 있는 교육안전망 구축 사업은 이와 같은 취지를 지니는 것으로 보인다.

교육안전망이란 저소득층을 비롯한 교육적 취약집단을 적극적으로 파악하여 이들에게 유의미한 교육기회를 제공함으로써 최소한의 교육결과를 보장하며 교육 이후 직업획득 과정에서도 사회적인 배제를 예방하기 위한 공적인 제도를 말한다(류방란, 2006).

교육안전망은 교육기회 접근, 교육의 과정, 교육의 결과 등 각 단계에서 교육적 취약성을 극복할 수 있도록 지원하는 기능을 수행하며, 이와 같은 기능을 수행하는 장치들의 연결망(web)이라고 볼 수 있다. 또한, 교육안전망은 취약집단을 종적으로는 생애발달단계에 맞게, 횡적으로는 적절한 조건과 환경 속에서 유의미한 교육기회가 향유될 수 있도록 지원하는 사업들이 상호 중층적이고 입체적으로 연계되어야 함을 그 용어 속에 내포하고 있다.

교육안전망은 저소득층 또는 취약계층에 대한 물질적 지원(학비지원, 급식비 지원 등)뿐만 아니라 교육의 제 장면에서 사회적 취약계층이 겪는 구조적 문제를 근본적으로 예방하고 치유하기 위한 체계적 시스템 구축에 역점을 두어야 한다. 교육안전망은 우리가 궁극적으로 수립하고자 하는 '교육복지체제'와 다르지 않다. 교육복지체제의 성공을 위한 기본전략은 교육소외를 발생시키는 사회적 · 문화적 재생산 과정에 효과적으로 개입하여 그 악순환의 메커니즘을 차단하는 것이다. 그러기 위해서는 교육소외의 철저한 해부와 그에 대한 최적의 접근법에 의한 처방이 마련되어야 하며, 그 처방을 구체적으로 실천에 옮길 효과적인 추진체제가 요구된다.

결국, 교육안전망은 교육복지를 실현하기 위한 체제로서, 교육기회 위험에 놓인 학습자의 위험요소를 해소하고 양적 · 질적 차원의 정상적 교육기회를 보장하기 위하여 체제 내의 교육복지 서비스 공급자 간, 공급자와 수요자 간 네트워크를 통해 수요자의 발굴과 자원의 연결을 실시하는 제도적 장치를 말하며(김인희, 2008b), 그 서비스가 이루어지는 곳은 학습자가 머무르고 있는 지역을 근거로 할 수밖에 없는바, 효과적인 지역단위 교육안전망의 구축이 핵심적인 과제가 된다.

김인희(2008b)는 지역교육안전망을 구축하기 위한 조건으로, 1) 네트워크와 거버넌스를 바탕으로 형성되고 작동하는 운영시스템, 2) 대상자를 진단-발굴-연결시키는 기능을 핵심으로 수요자에 필요한 프로그램을 개발, 적용하고 성과를 관리하는 기능, 3) 이와 같은 운영시스템과 기능을 효과적으로 가동시키기 위해 소요되는 자원, 즉 인력과 재정의 확보, 4) 지역교육안전망을 유지 발전시키는데 필요한 시책 강구와 여건 조성을 촉진하기 위한 법적 제도적 근거 마련 등을 제시하고 있다.

나. 지역 간 교육격차 해소

(1) 도시 저소득층 밀집지역 교육지원 강화

(가) 배경

산업화 · 도시화의 진전에 따라 대도시의 특정 지역에 직업이 불안정하고 소득이 낮은 취약계층 밀집지역이 형성되어 왔다. 이들 지역의 학생에게는 경제적 빈곤과 이로 인한 학부모의 보호 및 지원 부족으로 학습준비도와 학습의욕 저하 및 성적 부진의 악순환 현상이 발생한다. 또한 저조한 학업성취는 학생의 열등감, 소외감, 심리적 위축감 등과 같이 정서발달에도 부정적인 영향을 초래하는데, 저소득 지역 학교 교사들 중 35%는 학생들의 가장 심각한 문제로 정서발달 문제를 지적한다(이혜영 외, 2002).

도시 저소득층 밀집지역의 아동들은 열악한 학습환경 속에서 교육을 받고 있다. 빈곤, 결손가정, 장애 등으로 인해 교육소외 위기에 놓인 아동·청소년, 특히 빈곤아동이 교육적으로 겪는 문제는 매우 일찍부터 시작된다. 출발선에서부터 도와야 한다는 START(Head Start, Sure Start, Fair Start, We Start 등)의 용어는 이러한 인식에서 비롯된다. 일부 학자들은 빈곤아동들의 학업부진이 그들 성장환경 속의 문화적 자본(cultural capital)의 부족에서 비롯된다고 본다. 문화적 자본은 아동들의 정상적인 지적·정의적 발달을 돕는 학습자료 역할을 하며 이들이 적절하게 제공되지 않는 경우 발달지체를 가져올 수 있다는 것이다. 어린 시절의 문화적 자본의 결핍은 지적·정의적 발달을 저해함으로써 취학 이후의 학습능력에 지대한 영향을 미친다.

부모의 교육적 관심과 지원 또한 중요한 교육성공의 열쇠이다. 학자들은 학생의 성공과 실패를 좌우하는 핵심 요소 중의 하나가 부모의 지원이라는 데 동의한다. 미국의 소수민족 중 유난히 아시아계 학생들이 우수한 성적을 내는 이유는 무엇보다도 부모의 높은 교육열과 실질적 지원이라는 것이 많은 연구에 의해 입증되었다. 빈곤아동들의 경우 부모의 지원은 제한될 수밖에 없다. 이들은 생활고로 인해 아동들을 돌볼 시간이 절대적으로 모자라며 좋은 교육을 시키기 위한 지식과 정보가 부족하고 주변에 교육을 통해 성공한 역할모델을 찾기가 힘들다. 자녀교육에 대하여 필요한 정보를 교환하고 상담할 수 있는 사회적 유대(social connection)가 취약하여 최선의 의사결정을 내리기가 어렵다.

학업에 실패하고 부적응하는 학생들이 갖는 문제 중의 하나는 스스로에 대한 부정적인 자아개념(negative self-concept)을 가지고 있다는 것이다. 성공한 대안교육에서의 값진 경험 중의 하나는 긍정적인 자아개념이야말로 학생들을 변화시키는 열쇠가 된다는 것이다. 어린 시절부터의 부정적인 경험의 누적은 아동의 마음속에 부정적인 인지모형(mental model)을 형성한다. 이 인지모형은 그가 세상을 바라보고 인식하는 마음의 틀이며 그의 행동과 태도 역시 그 틀로부터 나오게 된다. 이러한 마음의 틀은 결국 그를 정상적인 삶의 궤도로부터 벗어나도록 하는 작용을 하게 된다. 이러한 아동에게 필요한 것은 긍정적인 인지모형의 형성을 통한 긍정적인 삶의 궤도로의 진입이다. 이를 위해 필요한 것은 조그만 성공경험의 누적이며 성취를 통한 자신감의 회복은 긍정적인 자아개념 형성의 토대가 된다. 이제 그는 미래에 대한 열망(aspiration)을 갖게 되며 이러한 열망과 자신감은 그의 삶을 선순환의 궤도로 들어서게 할 것이다. 소외된 아동 · 청소년들에게 가장 필요한 것은 결국 스스로 발전하기 위해 노력하도록 동기를 부여하는 것이다(김인희, 2004).

(나) 정책 현황 : 교육복지투자우선지역 지원사업

1) 추진목적

도시 저소득층 밀집지역 아동 · 청소년의 교육복지 향상을 위한 '교육복지투자우선지역 지원사업' 은 도시 저소득층 영유아 및 학생의 출발점 평등을 통해 교육기회를 실질적으로 보장하기 위한 국가 차원의 사업으로서 계층 간 소득격차의 심화, 가정의 기능 약화, 급격한 도시화 등에 따른 사회통합 위기에 학교와 지역사회가 적극적으로 대처하여 도시 저소득층의 교육 · 문화 · 복지 수준을 총체적으로 제고하기 위한 사업이다. 빈곤으로 인해 충분한 학습의 기회와 조건을 누리지 못하여 학습부진과 학교부적응을 경험하기 쉬운 이들 아동 · 학생들에게 학교와 지역사회의 협조하에 교육–복지–문화 서비스가 통합적 · 유기적으로 제공되는 프로그램을 통하여 정상적인 학습과 삶의 궤도로 들어서고 학교생활에 대한 흥미와 자신감을 가질 수 있도록 도와주는 사업이다.

2) 추진경과

동 사업의 출범은 다음과 같은 단계를 거쳐 이루어졌다. 교육 · 문화적 조건이 상대적으로 열악한 도시 저소득지역의 교육복지대책을 수립키로 관계부처 합의가 있었으며('02년 제7차 인적자원개발회의, '02.7.5.), 대통령 광복절 경축사에서 도시 저소득지역 교육여건 개선대책이 발표되었다('02.8.15). 이에 따라 중앙준비기획단이 발족되었으며('02.8.16.), 8개 부처 · 기관(교육인적자원부, 문화관광부, 보건복지부, 노동부, 행정자치부, 기획예산처, 서울시청, 서울시교육청) 및 자치단체 국장급 공무원으로 구성되었다. 중앙준비기획단 1차 회의에서는 도시 저소득지역 교육복지 종합대책 기본계획안 및 교육복지 투자우선지역 선정 관련 검토를 실시하였고, 이에 따라 후보 지역에 대한 실태조사와 교육부 부내 의견수

렴을 실시하였다. 중앙준비기획단 2차 회의에서는 종합대책 관련 부처 · 자치단체별 지원 및 협력방안을 논의하였고, 교육복지투자우선지역 지원사업 공청회를 거쳐('02.12.4. 주관 : KEDI, 흥사단 강당), 교육복지투자우선지역 지원사업 최종 계획을 발표하였다('02.12.12.).

3) 기본내용 및 성과

2003~2004 2년 동안 서울 6개, 부산 2개 등 8개 지역을 대상으로 시범사업을 운영하였다. 79개 학교와 해당 지역의 지자체, 지역사회기관, 복지관련 민간단체 등이 참여하였으며 국고에서 238억 원('03년 155억 원, '04년 83억 원)이 지원되었다. 사업 내용은 학습부진학생 지도, 특기적성교육 및 문화체험학습, 심성계발 · 심리상담, 급식 · 보건, 영유아 교육 · 보육 지원, 학교도서관 활성화 등으로 구성되었다.

이들 프로그램에 참여한 학생들은 정서적 안정, 자신감 향상, 학교생활에 대한 만족도 및 신뢰도 향상을 보이는가 하면 부적응 · 문제행동이 감소하고 학습의욕과 학교생활 참여도가 상승하는 등 긍정적 성과를 나타내고 있다. 교사들도 처음에는 소극적이거나 부정적인 반응이 있었으나 사업진행 과정에서 저소득층 학생에 대한 관심과 이해가 높아지고 사업의 필요성에 대한 공감대가 형성되고 있으며, 학생들을 효과적으로 지도하기 위해 노력하는 교사도 늘어나고 있다(교육인적자원부, 2007h). 또한, 학교와 지역사회가 협조하는 가운데 학교에 대한 지역사회의 인식이 획기적으로 개선되는 계기를 만들고 있다.

시범사업의 긍정적인 성과를 토대로 동 사업은 '05년 15개 지역 148개교, '06년 30개 지역 262개교, '07년 60개 지역 517개교가 참여하는 등 급속하게 확대되었으며 '09년에는 100개 지역이 참여할 예정이다. 이에 따라 처음에는 대도시 지역을 대상으로 시작되었으나 사업대상도 도지역의 중소도시까지 확대되었다.

4) 사업의 특징

이 사업의 특징은 도시지역 저소득층 아동을 돕기 위하여 교육과학기술부, 보건복지가족부, 문화관광부 등 중앙부처와 지방자치단체 및 교육청 간의 유기적인 협조하에 사업계획을 수립 시행한다는 점이다. 또한, 사업을 주관하는 지역교육청이 기초자치단체 및 지역사회기관 · 단체와 횡적 협조를 통하여 지역의 자원과 역량을 학생들의 교육-복지-문화 발전에 투입되도록 유도하고, 학교가 닫혔던 문을 열고 지역사회와 손을 잡으며 학부모를 비롯한 지역 민간단체와 자원인사들이 프로그램에 참여하는 등 전례 없는 협동 네트워크를 통해 사업이 추진되고 있다. 물론 아직 미흡한 점이 있고 개선될 부분들이 많지만 이러한 협력적 틀을 통해 사업을 추진한다는 자체만으로도 모범 사례가 되고 있으며 많은 이들의 호응과 지지를 받고 있고 또한 그것이 사업 성공의 한 요인이라 할 것이다. 또한, 이 사업이 좋은 성과를 나타내고 있는 것은 어려운 여건에서도 학생에 대한 애정과 교육에 대한 소신으로 땀 흘리는 교사들과 프로그램 조정자(Program Coordinator) 및 지역사회 전문가들의 헌신적 노고에 힘입은 바 크다.

본 사업이 성과를 나타내면서 이 사업에 대한 관심이 증대되고 있으며 2004년에는 열린우리당 이인영 의원 주최로 동 사업 발전방안에 대한 4차례의 포럼이 개최되고 법제화가 추진되는 등 정치권으로부터도 정책적 지원을 받고 있다. 2004.7.1. 빈곤청소년을 위한 '희망투자전략'을 보고하는 국정과제 회의에서 이 사업의 성과가 소개되었고 그 생생한 사례는 보고받던 대통령을 감동시킨 바도 있다. 이 사업은 희망투자전략과 교육부의 교육복지종합계획에 포함되어 2005년 15개 지역, 2006년 30개 지역, 2007년 60개 지역, 2009년에는 100개 지역으로 사업대상을 확대할 예정이다. 또한, 사업의 안정적 추진을 위하여 교육복지투자우선지역 지원사업의 법제화도 이루어질 것으로 보인다.

5) 과제와 전망

앞으로 이 사업이 지속 발전하기 위해서 개선되어야 할 과제들도 많다. 우선 당초의 구상대로 중앙부처 간의 유기적 협조체제를 강화할 필요가 있다는 점이다. 적어도 해당 사업지역 내에서는 교육복지와 관련된 다양한 사업들이 체계적으로 연계되어 통합성과 효율성이 신장되어야 한다. 또한, 지금까지의 사업은 지나치게 교육청과 학교 중심으로 이루어지고 있다는 지적도 있다. 지역사회의 보다 많은 자원을 이 사업에 투입하기 위해서는 사업계획 단계부터 지방자치단체와 지역의 복지기관 단체들이 능동적으로 참여하도록 사업추진체제와 분위기

그림 3-5 교육복지투자우선지역 지원사업 추진체계도

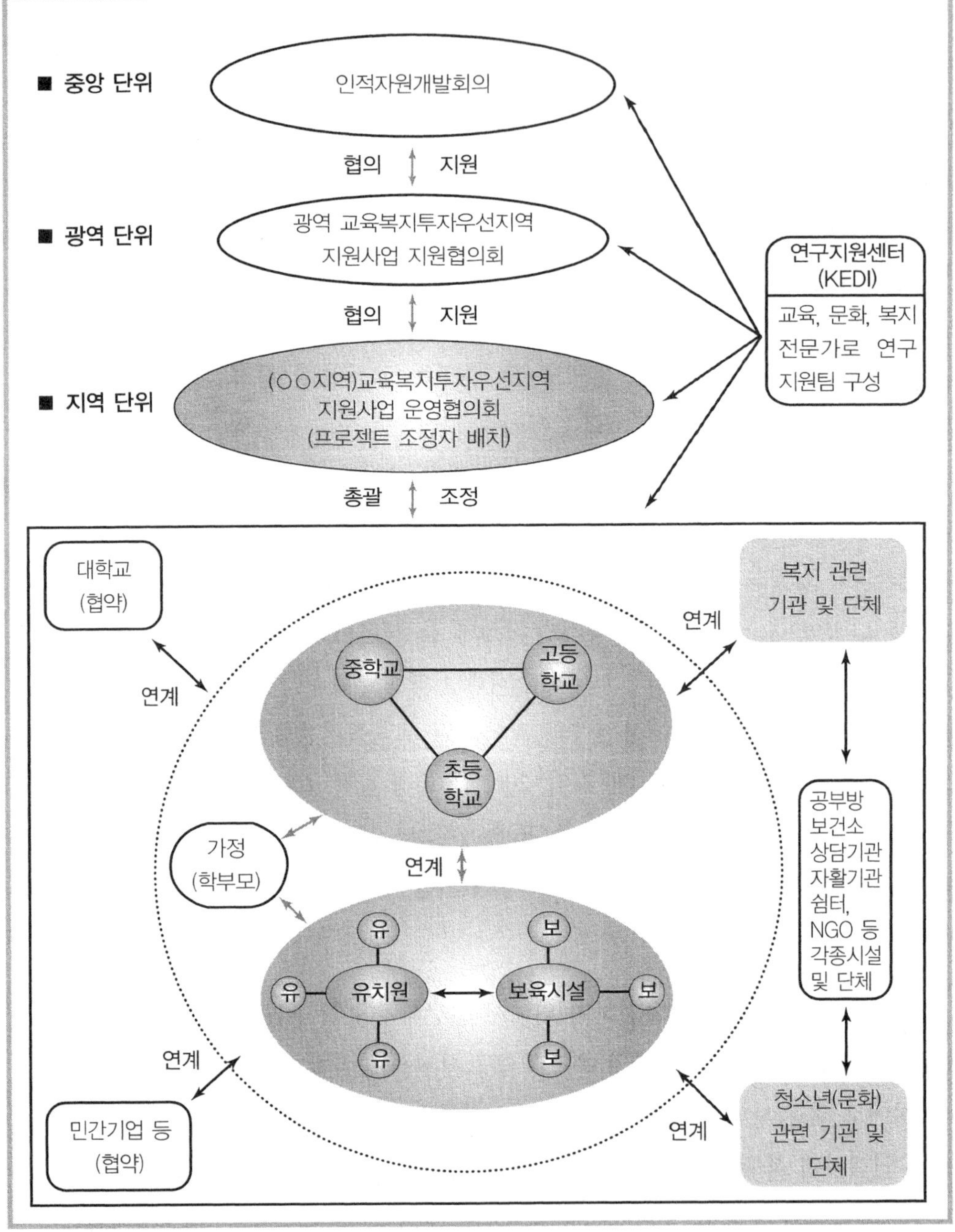

가 조성될 필요가 있으며 학교와 지역사회가 효율적으로 기능을 분담함으로써 학교의 과중한 책임을 덜고 지역의 참여를 활성화시킬 필요가 있다.

이 사업을 담당하는 일선의 교사들은 상당한 업무부담에 시달리며 이에 대한 보상체제도 아직 제대로 갖추어지지 못하고 있다. 사업의 성공을 이들 교사들의 헌신과 희생에만 의존할 수는 없다. 적절한 업무배분과 노력에 대한 댓가가 주어지는 보상체제 수립이 따라야 사업의 안정적인 지속이 가능할 것이다. 이와 아울러 교육청에 배치되어 있는 프로그램 조정자(PC)와 학교에 배치되어 있는 지역사회 전문가들의 안정적인 신분과 업무여건 조성, 위상정립 등도 속히 해결되어야 할 과제이다. 이 사업의 법제화가 추진되고 있으며 이 법령에는 사업의 안정적 추진을 위한 사업추진체계 및 참여자에 대한 보상규정 등이 분명하게 규정되어 개개인의 노력에 의존하기보다는 시스템에 의해 자연스럽게 성과를 거둘 수 있는 제도 수립이 필요한 시점이라고 생각된다.

(2) 도농 간 교육격차 해소를 위한 농어촌 교육발전 지원

(가) 배경

농어촌 인구의 도시 이동으로 농어촌 학생수가 1999년 145만 명에서 2003년 124만 명으로 5년간 14.5% 감소하였으며, 2005년 9월 현재 농어촌 지역 학교 5,152교 중 학생수 100명 이하 소규모 학교가 50%를 차지하고 있다. 소규모 학교는 교육과정의 정상적 운영이 곤란하여 복식수업, 비전공자 수업 등으로 수업부실 및 학력저하를 초래하며, 특별활동 및 특기적성 교육의 원활한 운영이 어렵고, 학생들의 인성 및 사회성 형성에 지장을 초래하고 있다. 그러나 소규모 학교 통폐합은 지역사회의 구심점 상실 및 소외감 등으로 지역주민들이 반대하고 있어 추진에 한계가 있다.

또한, 농어촌지역의 전반적 학력저하 현상 및 농어촌의 주거 · 문화 · 복지시설 낙후, 교통불편 등으로 인해 교원들이 농어촌 학교 근무를 기피하는 경향이 있어 우수교원을 확보하는 데 곤란을 겪고 있다(교육인적자원부, 2004b).

(주)미디어리서치의 조사(2004. 8~11월)에 따르면 농산어촌의 교육 서비스에

대한 만족도는 만족 11.9%(도시 29.5%), 보통 50.4%(도시 53.6%), 불만족 34.5%(도시 20.1%)를 나타냈다. 농어촌 교육의 문제는 '교육만족도 저하→학생유출→학교 소규모화→교육여건 악화→교육력 미약'이라는 악순환 구조 위에 놓여 있다(임연기, 2006).

그림 3-6 농어촌 교육의 문제구조

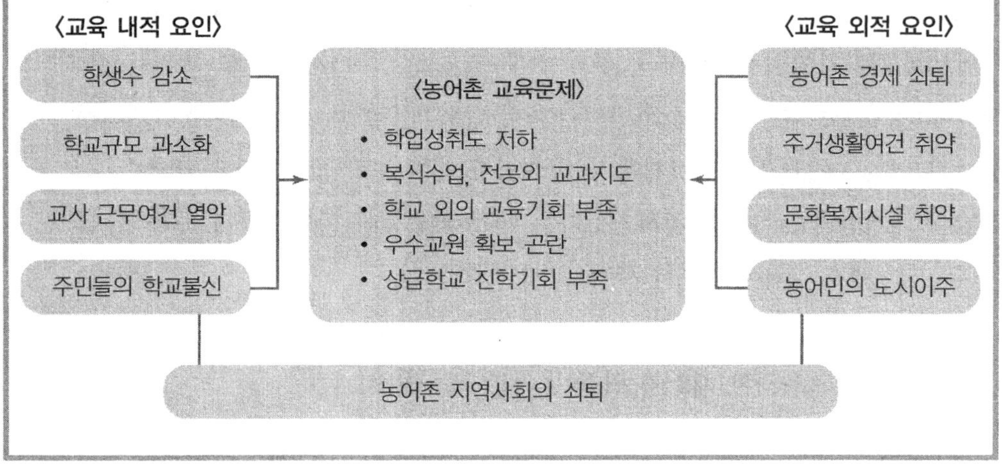

(나) 정책 현황

교육인적자원부는 농어촌 특성에 적합한 종합적 교육지원 · 육성방안을 마련하기 위한 '농어촌교육발전 종합방안'을 2002년 12월에 수립한 바 있으며, 이 방안에는 농어촌 교육여건 개선 시범사업, 소규모 학교 간 통합운영, 농어촌교육특별법 제정 추진, 농어촌 교원 복지증진(농어촌수당 신설, 주거편의 제공, 인사상 우대, 연수기회 부여 등 추진), 도서벽지 사택보수비 지원 등이 신규사업으로 반영되었고, 이전부터 시행되던 농어업인 자녀 학자금 지원정책, 농어촌 학생 대학특별전형, 농어촌 출신 대학생 학자금 융자 확대, 자영농과생 급식비 지원 등이 지속 추진되었다.

2004년에는 "농림어업인삶의질향상및농산어촌지역개발촉진에관한특별법" 제정에 따라 관계부처가 모두 참여하여 '농림어업인 삶의 질 향상 및 농산어촌 지역개발 5개년계획('05~'09)' 수립을 추진하였으며, 이 종합계획 속에 농산어촌 교육여건개선 계획이 포함되었다. 이 계획은 이미 시행 중이던 2002년 계획을 기반으로 하되 이를 더욱 확대 발전시킨 것이라 볼 수 있을 것이다. 2005년 4월 발표된 동 계획은 5년간 3.1조 원을 투자하여 농어촌에도 도시수준의 교육기회를 제공함으로써 교육이농을 최소화한다는 목표를 지니며 주된 내용은 다음과 같다.

1) 농산어촌 학생의 교육기회 강화

가) 우수고교 육성사업 및 대입특별전형 확대

1군 1우수고를 집중 육성하여 고등학교 단계에서 우수인재의 도시 유출을 막고 농산어촌에서도 안심하고 자녀교육을 시킬 수 있는 기반을 조성한다. 농어촌 자율학교로 지정하여 학생선발, 교육과정 운영 등에 자율권을 부여하고, 다목적실 설치, 특별교실 리모델링 등 교육시설 현대화를 지원하며, 기숙사 확충으로 농어촌 학생의 통학불편 해소 및 면학여건을 개선하고, 저소득층 · 결손가정 자녀, 성적우수자 등을 위한 장학금 수혜를 확대한다. 또한, 농어촌 학생의 대학진학기회를 높이기 위해 대학특례입학 정원을 3%에서 4%로 확대한다.

나) 소규모학교 운영 활성화

지역실정에 맞는 다양한 작은 학교를 운영한다. 통학거리 내에 있는 2~3개의 작은 학교를 중심학교 또는 협력학교화하여 '학교군(群)' 을 구성하거나, 초·중·고등학교를 하나로 운영하는 '통합학교' 를 확대하며, 독자적 운영이 바람직한 학교는 자체 발전계획을 수립하여 발전시킨다. 교육인력 · 교육과정 및 시설의 공동운영으로 소규모 학교 운영을 정상화한다.[28)]

28) 소규모 학교 운영 활성화 정책은 2005년 4월 총리주재 국정현안조정회의에서 학교규모 적정화를 위한 통폐합 정책 재추진이 결정됨에 따라 종전의 방향이 수정되었고 관련부처 간 통폐합추진기획단을 구성하는 등 중앙정부 차원에서 이를 추진하고 있다. 시·도의 자체계획을 수합하여 2009년까지 676교의 통폐합계획이 마련되었고, '06년 42교, '07년 109교가 통폐합되었다, 교육감과 자치단체장이 지역발전과 연계된 통폐합계획을 수립하여 학교를 지역거점으로 재구조화하고 지역사회의 교육, 문화, 복지의 중심센터로 육성토록 하고 있다. 통폐합 대상은 학생수 100명 미만이며 우선 60명 이하인 학교부터 추진되고 있다. 통폐합학교에는 교육여건 개선, 통학버스 운영 등의 지원이 이루어지고 있다(교육인적자원부, 2007h).

다) 농산어촌 교육 프로그램 개발 보급

복식수업 교재 및 프로그램을 개발 보급하고, 다양한 학습자료와 정보를 활용한 원격교육 콘텐츠를 개발 보급하여 학습방법 및 교육의 질 향상을 도모한다. 원어민 영어보조교사를 배치하고, 방과후학교를 활성화하며, 도시문화 체험학습을 위한 방학캠프 운영을 지원한다.

라) 농산어촌 유아교육 강화

농산어촌 공립초등학교 병설유치원을 신·증설하여 학부모의 경제적 부담을 완화한다. 저소득층 만 3, 4세 및 만 5세아의 유치원 유아교육비 지원을 확대하고 유치원 환경개선비를 지원한다. 근무여건이 열악한 농어촌 지역 사립유치원 교사의 처우개선(담임수당 지급)을 통해 공·사립 간 격차를 해소한다.

마) 농산어촌 장애아 교육지원

특수교육 여건이 열악한 농산어촌의 지역교육청 단위로 가정 · 시설 및 일반학교의 일반학급에 배치되어 있는 장애학생의 치료교육 등 특수교육 지원을 확대하여 이들의 교육권과 학습권을 보장한다. 농어촌 지역교육청 특수교육지원센터 60개교에 특수교육 전담 인력을 배치하고, 농어촌 장애학생 교과교육, 치료교육 등 순회교육을 지원하며, 지역사회 장애학생 진단검사, 장애학생 가족 및 교사 상담지원으로 지역사회 특수교육 지원을 강화한다.

2) 농산어촌 학생의 교육비 부담 완화

가) 농림어업인 자녀 학자금 지원대상 확대

농림어업인 고교생 자녀 학자금 지원대상을 1.5ha 미만으로 한정하던 제한을 폐지하여 2005년 전 농어가로 확대한다.

나) 학생급식비 지원 확대

초등학생에 대한 급식비 지원 차원에서 도서벽지 식품비 전액, 농촌형 학교 식품비 1/3을 지원하던 것을 확대하고, 전국의 자영농 · 수산계과 고등학생에 대한 급식비 지원단가를 단계적으로 인상한다.

3) 농산어촌학교 교사 근무여건 및 교육환경 개선

가) 농산어촌 교원 확보

교육감 추천 교대 신편입학제를 확대하고, 유능한 교장을 초빙하며, 희망교원에 대하여 장기근무할 수 있도록 한다.

나) 농산어촌 교원 우대

농산어촌 소속 교원 중에서도 특히 업무가 가중되는 순회교사 및 복식수업담당교사에게 수당을 지급함으로써 농산어촌 근무 기피 문제 완화 및 우수교원 유인체제를 마련하여 농산어촌 교육의 질을 제고한다. 또한, 농산어촌 교직원 사택을 현대화하여 쾌적한 주거환경을 조성함으로써 우수 교사를 유인할 수 있는 기반을 마련한다.

다) 학교시설 및 교육정보화 지원

교육 · 문화 시설이 열악한 농산어촌 지역에 집중 지원하여 학교도서관 기본환경을 개선함으로써 자료 · 탐구 중심의 교수-학습 활동이 가능케 하여 학생들의 자기 주도적 학습 능력을 함양한다. 또한, 도서관 이용 습관 체득으로 지식정보 활용능력을 함양하고, 각종 과제 수행을 학교가 지원함으로써 공교육의 질적 개선에 기여한다.

라) 농산어촌교육발전협의회 설치

시·도교육감 소속하에 농산어촌교육발전협의회를 설치 · 운영하여 농산어촌 교육여건 개선 및 주민 평생교육 진흥을 추진한다.

(다) 평가 및 과제

농산어촌의 전반적인 교육문제는 사회구조적인 원인에 기인하는 부분이 크므로 사실 교육부문의 대책만으로 극복될 수 있는 여지는 크지 않다. 때문에 정부의 '삶의 질 향상대책'은 지역개발과 교육여건 개선 등이 통합적 · 유기적으로 추진되어야 한다는 인식을 바탕으로 하고 있다. 여하튼 농산어촌 교육여건의 개선은 지역 간 교육기회 형평성 확보, 주민 삶의 질 향상 차원에서 지속되어야 할 과제라고 본다.

주목할 점은 여러 가지 제약과 어려운 여건에도 불구하고 농산어촌 학교에서도 도시에 못지않은 교육 서비스를 제공하고 높은 만족도를 이끌어내며 오히려 도시로부터 학생들이 전학 오는 일선학교 성공사례가 나타나고 있다는 점이다. 충남 아산의 거산초등학교, 충북 보은의 (속리산)수정초등학교, 경남 김해의 용산초등학교, 경기도의 남한산초등학교, 충남 홍성의 홍동중학교 등 그 사례는 적지 않다. 이들 학교의 공통점은 학교장의 리더십과 교원들의 뚜렷한 교육철학을 바탕으로 학교구성원이 단합하여 지역과 학교의 특성을 살린 수준 높은 교육활동 및 방과후 교육 프로그램을 실시하고, 지역사회 · 동문회 등과의 긴밀한 협력으로 다양하고 적극적인 협조와 지원을 이끌어내었다는 점이다.

이들 성공사례는 농산어촌 학교도 그 노력 여하에 따라 우수한 교육기회를 제공할 수 있고 우수한 교육의 질은 다시 학생을 불러들이는 선순환 효과를 낼 수 있다는 점을 입증하고 있다. 이들은 농산어촌 소규모 학교가 지닌 장점을 살리면서 오히려 도시 학교가 제공할 수 없는 차별화된 교육기회를 제공하였다는 점에서 농산어촌 학교 발전의 방향을 제시하고 있다고 볼 수 있다.

농산어촌은 도시에 비해 사교육 기회가 부족하여 학교가 방과후학교를 이용하여 이에 대한 보충기능을 해 줄 필요성이 존재한다. 이는 학교로서는 부담이 될 수 있으나 반대로 학교의 교육력과 만족도를 높일 수 있는 기회요인으로 작용할 수도 있다. 농촌학교의 소규모 학급은 학생 개개인에 대한 관심과 지도가 가능할 수 있다는 점에서 장점이 될 수 있으며, 작은 학교의 친밀하고 인간적인 분위기도 교육적으로는 긍정적 요인으로 작용할 수 있다.

학교가 지역사회에서 갖는 중요성과 지위는 농산어촌에서는 절대적이다. 다른 문화시설이나 복지인프라가 도시지역에 비해 열악한 농산어촌 지역에서는 학교가 교육–문화–복지의 중심적인 센터 역할을 수행해야 하는 경우가 많다. 결국 학교가 어떤 역할을 수행하는가에 따라 학교의 존재이유와 발전가능성이 결정되는 것이다. 농산어촌 지역의 교육복지는 따라서 지역 학교를 중심으로 구상되고 전개될 수밖에 없다. 학교가 지역과 함께 발전하기 위하여 어떤 발전 모델을 택할 것인가는 그 지역의 실정과 지역주민, 학생의 요구를 고려하여 학교장, 교사들 간의 공유되는 교육철학을 바탕으로 정립되어야 할 것이다.

다. 교육정보화 격차 해소 및 사교육 불평등 완화

(1) 배경

계층 및 지역 간 교육격차 문제는 학교교육뿐만 아니라 사교육에서도 발생하며 이는 전체적인 교육기회 및 결과의 격차로 나타난다. 사교육비의 규모와 참여학생의 비율은 지속적으로 증가하고 있다. '01년 10.7조 원이던 사교육비는 '03년에 13.6조 원으로 증가하였으며, 사교육 참여 학생은 '00년 58.2%에서 '03년에 72.6%로 증가하였다(교육인적자원부, 2004b). 학원 수강이나 개인과외교습 등을 의미하는 사교육은 기본적으로 시장기능에 맡겨져 있기 때문에 사교육기회의 배분은 교육서비스를 구매할 수 있는 경제적 능력과 서비스 공급에 대한 지리적(또는 사이버공간의) 접근 가능성에 따라 영향을 받게 된다. 계층 간에 사교육 실시율과 지출액에 차이가 있다는 것은 이미 주지의 사실이며,[29] 도시에 비해 학원이나 과외교습자가 상대적으로 적은 농어촌 지역의 사교육의 기회가 부족하다는 것도 이미 새로운 사실이 아니다. 저소득층을 비롯한 취약계층과 취약지역은 학교교육에 있어서 뿐만 아니라 사교육 기회에 있어서도 불리한 위치에 놓여 있으며 이는 계층 간, 지역 간 교육격차 확대를 심화시키는 역할을 하고 있다.

또한 빠른 정보화 진전에 따라 교육뿐만 아니라 사회생활 전반에 정보기술(IT) 활용이 확대, 보편화되고 있는 우리 사회에서 계층, 집단 간에 나타나는 정보화격차(digital divide)는 지식정보화 사회에서의 삶을 성공적으로 영위할 수

29) 상류층 사교육비가 월 평균 36.2만 원인데 비해 저소득층은 12.6만 원임.

〈소득수준별 월간 사교육비 규모〉

소득수준	1인당 평균 사교육비
저소득층(150만 원 미만)	12.6 만 원
중 하 층(150만 원 이상~300만 원 미만)	18.1 만 원
중 상 층(300만 원 이상~450만 원 미만)	25.6 만 원
상 층(450만 원 이상)	36.2 만 원

※ 한국교육개발원 사교육비 실태조사 결과(2003).

있는 능력의 격차를 초래하는 요소가 되어 가고 있다. 가정에서의 정보화 학습 기회의 차이가 정보화된 학교교육에서의 학습능력의 차이로 연결될 수 있다. 컴퓨터, 이동통신, 방송 등 다양한 통신매체를 통해 정보를 수집하고 처리하고 활용하는 능력의 차이가 점점 더 다가오는 사회에서 학습자의 총체적인 학습능력의 차이를 가져오는 중요한 배경이 될 것이다.

이와 같은 두 가지 문제를 연계시켜 볼 때, 정부가 정보통신기술(ICT) 활용을 통해 저소득층 학생과 농어촌 지역 학생들에게 학교교육 이외의 보완적 학습기회를 무상 또는 저가로 제공할 수 있다면 저소득층 및 농어촌 학생에 대한 사교육 기회 불평등을 해소하여 결과적으로 계층 간, 지역 간 교육격차를 줄일 수 있을 것이며, 또한 저소득층 학생 및 농어촌 학생들의 정보기술 활용 능력을 향상시킴으로써 계층 간 정보화격차 완화에 기여하는 효과를 가져올 수 있을 것이다.

이러한 맥락에서 대표적인 정책사례는 2004년 4월 1일에 실시된 'EBS 수능강의, 인터넷 서비스'이다. 이는 인터넷이라는 뉴미디어를 통해 국가가 앞장서서 과외를 실시함으로써 대입 준비과정에서 사교육비를 경감하고, 아울러 소외지역 및 소외계층의 자제들에게 더 나은 교육기회를 제공하고자 구상된 것으로, 무엇보다 세계 최초로 VOD(Video on Demand) 동영상 정보를 10만 명이 동시 접속할 수 있는 시스템을 구축함으로써 세계의 이목을 끌었다.[30)]

현재 정부가 적극 추진하고 있는 EBS 수능강의를 비롯한 e-러닝 활성화, 사이버 가정학습 등은 이처럼 소외 계층 및 집단, 소외지역 학생의 교육기회 확충을 통해 사회양극화 해소 및 교육복지 실현에 기여한다는 취지를 담고 있다. 우리 학교의 PC 보급률은 세계 3위이며, OECD/PISA 2003에 따르면 우리 학생들의 ICT 활용률은 99.6%로 세계 2위이다(교육인적자원부, 2006c). 우리 학교교육이 보이고 있는 교육격차 문제와 사교육 기회의 차이로 인해 다시 심화되는 교육불평등 문제는 우리 교육의 형평성을 심각하게 저해하고 있는 실정이나, 우리 학교와 학생들이 지니고 있는 정보 인프라, 즉 ICT 활용능력을 효과적으로 활용

30) 'EBS 수능강의, 인터넷 서비스'는 그 연원을 따지면, 1997년부터 실시된 'EBS 위성교육 방송'을 모태로 하여 8년 만에 재탄생한 것으로, 모두 안병영 장관의 두 차례 임기 중에 시도된 사업이다(김광웅 외, 2007, 144-146).

한다면 이와 같은 교육격차 문제를 부분적으로 완화하는 현실적인 방안이 될 수도 있을 것이다.

(2) 정책 현황

(가) 저소득층 정보화 격차 해소

정부는 저소득층 자녀에 대하여 PC와 인터넷 통신비를 지원하고 있다. '04년 7만 명에게 PC와 인터넷 통신비를, '05년에는 3만 명에 PC를, 10만 명에게 인터넷 통신비를 지원하였다. 지원액 중 30%는 국고로, 70%는 시·도교육청 대응투자로 충당하였다. '06년에는 1만 명에 PC를, 13만 명에게 인터넷 통신비를 지원하였다. 2005년 12월부터 교육부-서울시교육청-한국 MS 간 협력체계를 구축하고 소외계층 자녀 IT 아카데미를 운영 중에 있으며 연간 1000명을 교육시키고 있다.

(나) e-러닝 지원체제 구축을 통한 보충학습 기회 제공(2006 교육부 계획)

온라인(인터넷)과 오프라인(학교)을 연계한 교육활동을 통해 학교교육의 질을 제고함으로써 소외계층의 교육기회를 확대한다. 온라인과 오프라인을 연계한 양방향 학습모형을 통해 학습의 장을 가정과 지역사회로 확대하여 학교-가정-지역사회가 함께하는 지원체제를 구축한다. 교사, 학부모, 학생에 대한 교육정보 유통시스템의 원스톱 체제를 구축하고, 에듀넷과 중앙교수학습센터를 통합하고 16개 시·도 교수학습센터의 정보를 공유할 수 있도록 국가표준 교육정보 유통시스템을 구축한다. 또한, 사이버가정학습 실시를 추진한다.

e-러닝은 정보통신기술을 활용하여 언제나, 어디서나, 누구나 수준별 맞춤형으로 학습할 수 있는 체제를 의미하며, 웹기반 학습, 컴퓨터 기반학습, 가상교실, 온라인 협력학습과 같은 일련의 응용프로그램과 이들을 통한 학습과정을 포함하며, 인터넷, 인트라넷, 오디오-비디오테이프, 위성TV, 상호작용 TV, CD-ROM 등을 통한 콘텐츠 전달을 포함한다(교육인적자원부, 2006c).

(다) EBS 방송 및 인터넷 강의를 통한 수능시험 준비 지원(2006 교육부 계획)

2004.4.1.부터 전국적으로 시작된 EBS 인터넷 수능강의의 시스템 구축 및 프로그램 제작 지원을 위하여 전국 2,100여 개 고등학교의 위성방송 설비, 학내망(LAN), 통신속도, PC 등 수신여건 등을 정비 · 지원하고, 산간 · 오지 및 저소득 지역 학교 정보화 인프라 확충경비를 지원한다.

'EBS 수능강의' 서비스의 효율성을 제고하기 위해 저소득층 고등학교 3학년 학생에게 PC 및 인터넷 통신비를 지속적으로 지원한다. 청각장애 학생을 위한 VOD 자막방송 서비스('04년 531편에서 '07년 3000편으로 확대)를 제공하고 시각장애 학생을 위한 점자교재를 발간한다. 저소득층 자녀에 대한 EBS 교재 무상지원을 실시하여 '04년 2만 8천 명에서 '07년 11만 명으로 확대하고, 위성방송 수신설비 및 수신료를 2만 명에게 지원한다. 또한, 농촌의 인근 소인수 학교가 연합하여 사이버 가정학습을 운영하고 이를 확대 적용한다(전북 진안, 마령중-진성중-부귀중).

(라) 사이버가정학습 활성화

이는 학습자가 온라인상에서 자기 수준에 맞는 학습을 자기 주도적으로 할 수 있도록 인터넷을 통하여 학습콘텐츠를 제공하는 e-러닝서비스를 말한다. 내용은 우수 자율학습 콘텐츠 무료 제공, 사이버 학력진단, 사이버 질의응답 서비스, 사이버학급 편성 및 사이버선생님 운영 등으로 구성된다.

추진체제는 교육인적자원부가 총괄 · 조정 및 법적 · 제도적 지원을, 시·도교육청은 지역 특성을 반영한 서비스 운영계획 수립을, 한국교육학술정보원(KERIS)의 사이버학습 중앙센터는 서비스 운영에 대한 모니터링 및 컨설팅, 홍보 · 연구 등을 담당하며, 한국교육과정평가원은 평가문항 제공을, 한국교육개발원은 방송통신고등학교 콘텐츠 제공을, EBS는 수능강의 동영상 제공을 담당하는 등 기관 간 협력을 통해 이루어지고 있다.

서비스의 대상은 초등학교 4학년부터 고등학교 1학년까지이며 시·도에 따라 대상을 확대하는 경우도 있다. 콘텐츠 개발은 중복투자 방지를 위해서 시·도가 분담 또는 공동으로 개발하고, 개발된 콘텐츠는 공유 · 활용하는 체제를 구축하는 한편, 민간의 우수한 자율학습 콘텐츠를 확보하여 제공하고 있다.

(3) 평가

e-러닝 활용이 교실수업에 대한 흥미도와 관심을 높이는 등 학교의 교수-학습 활동에 기여하고 학생의 학업성취도 제고에도 긍정적 영향을 미치는 것으로 나타나고 있다. 현장교사 대상 설문에서 초등학교 84.21%, 중학교 70.59%, 고등학교 56.32%가 수업시간 중 ICT를 상당 수준으로 활용하고 있다(한국교육학술정보원, 2003). ICT 활용 교수학습모형 적용 수업 이후 문제해결능력 신장 70%, 학습자신감 고양 90%의 효과가 나타났으며, e-러닝을 활용한 학생들의 71%가 활용하지 않은 학생들에 비해 높은 것으로 나타났고(한국교육학술정보원, 2005), OECD PISA 2003의 분석에서도 동일한 결과가 나타나고 있다.

또한, e-러닝과 EBS 수능은 저소득층에 대한 상대적인 교육기회의 확충을 통해 계층 간 교육격차 해소에도 어느 정도 기여하고 있는 것으로 보이며, 다소의 사교육비 경감효과도 나타나고 있는 것으로 보인다. EBS 수능방송의 사교육비 경감효과는 월평균 4.5만 원(한국갤럽, 2005.12.), 사이버 가정학습의 사교육비 경감효과는 월평균 4.9만 원(한양대 교육공학연구소, 2005)으로 추정되고 있다. 2007년 6월 교육인적자원부의 조사결과에 의하면 월소득 500만 원 이상 가구의 경우 사교육비 경감정도가 27.5%였으나, 월소득 300만 원 미만의 서민층의 경우 43.9%에 이르는 것으로 나타났다(교육인적자원부, 2007h).

그러나 e-러닝을 통한 교육에 문제점이 없는 것은 아니며, 교육부는 자체 분석에서 다음과 같은 문제점이 나타나고 있음을 지적하고 있다(교육인적자원부, 2006). 즉, 고차원적 사고력을 신장하기 위한 e-러닝 활용이 미흡하며, 교육정보화와 수업 · 장학 활동 간 유기적 연계가 미흡하고, 교사 간 교육정보서비스 활용 역량 차이가 심화되고 있으며, 교육정보화사업의 지방이양에 따른 재정의 안정성 확보가 보장되지 못하고 있고, 현장에 밀착되지 못한 일부 하향식 e-러닝 정책이 추진되고 있다는 점 등이다.

이러한 문제점에 대한 대책으로 교육인적자원부는 다음과 같은 향후 과제를 제시하고 있다(교육인적자원부, 2006c).

첫째, 교육과정 개편을 통한 e-러닝 활용도 제고를 위한 기반을 마련한다. 교수-학습 혁신을 위한 ICT 통합교육과정을 마련하고, 학생의 정보화 역량 강화를 위한 컴퓨터 교육과정을 개편한다.

둘째, 학교관리자 및 교원의 e-러닝 역량을 강화한다. 학교관리자의 디지털 리더십 강화 과정을 도입하고, 학교 및 교원의 특성을 반영한 정보화 연수를 강화한다. 또한, 예비교원 양성단계에서 정보화 역량을 함양토록 하고, e-러닝 활성화에 기여한 교원에 대한 인센티브를 강화한다.

셋째, 수요자 중심 콘텐츠 개발 및 질관리 체제를 구축한다. e-러닝 콘텐츠 특임조직을 구성 운영하고, 수요자 중심의 콘텐츠 및 서비스를 개발한다. 콘텐츠 선순환 구조화를 위한 질관리 시스템을 강화하고, 교사-학생(학부모) 등 교육 수요자별 one-stop 서비스체제를 구축한다.

넷째, 학교현장의 e-러닝 인프라를 고도화한다. 학교현장의 e-러닝 활용여건을 개선하고, 저소득층 자녀의 e-러닝 기반을 확충(PC 및 통신비 지원, IT 활용 교육 및 멘토링 지원확대)한다. 미래 대비 학교현장의 e-러닝 고도화 기반을 마련하며, 이를 위해 u-러닝 연구학교 시범사업을 추진한다.

다섯째, 교육정보화 성과관리시스템을 구축한다. e-러닝 성과관리 체제를 구축하고, 학생, 교사, 학교급, 영역별 e-러닝 지표를 설정하며, e-러닝 기본통계 관리체제를 구축한다. 전문가를 통한 e-러닝 내실화 컨설팅을 실시하고, e-러닝 우수학교 인증사업을 통하여 활용성과와 재정지원을 연계한다.

여섯째, 참여와 협력기반의 e-러닝 지원체제를 확립한다. 정보-장학 간 연계강화를 위한 시·도의 조직을 보강하고, e-CIO 제도 도입을 통한 교육정보화 기획 조정 기능을 강화한다. 시·도교육청 협의체를 구성 운영하고, 참여형 교육정보화 추진체제를 구축한다.

일곱째, 맞춤형 홍보를 통한 e-러닝 활성화를 촉진한다. 홍보채널 다변화 및 대상별 맞춤형 홍보를 상시 전개한다. 학부모 등 수요자 밀착형 홍보 강화 및 e-러닝 우수사례를 확산한다.

3. 교육부적응 해소

가. 학교부적응 예방 및 해소

(1) 이론적 논의

학생들의 학교부적응은 주로 학생의 문제로 보는 것이 그동안의 주된 관점이었다고 볼 수 있다. 학생의 개인적 특성과 가정환경이 주요 원인으로 논의되었고 그러한 관점에서 대안도 논의되는 것이 상례였다고 할 수 있다. 그러나 적응이란 개념에는 본질적으로 적응자와 피적응자의 존재가 포함되어 있고 그 관계는 상호적이다. 상호적인 관점을 우리가 택한다면, 우리의 질문도 상호적이어야 한다. 즉, 학생이 학교에 잘 적응하는가의 질문이 성립한다면, 학교가 학생들에 잘 적응하는가의 질문도 성립하는 것이다. 학교는 무결함의 주어진 조건으로 간주하고 학생들이 어떻게 적응토록 할 것인가라는 관점에서만 문제를 바라본다

학교 적응-부적응의 유형 그림 3-7

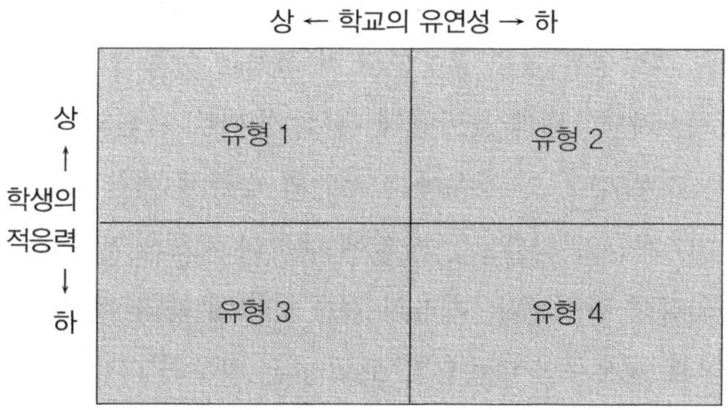

* 유형 1 : 학교와 학생 모두 유연성이 높음. 부적응 현상 없음.
* 유형 2 : 학교는 유연성이 낮으나 학생이 이에 적응하여 나감. 적응은 하지만 만족도는 낮음.
* 유형 3 : 학생의 적응력은 떨어지나 학교가 유연하게 이들을 수용함. 유형 1의 경우보다 더욱 높은 학교의 유연성이 요구됨.
* 유형 4 : 학교와 학생 모두 유연성이 낮음. 학교부적응 심각함.

면 실제로 우리가 해결할 수 있는 문제와 실천 가능한 대안의 범위는 크게 제한될 수밖에 없을 것이다.

1990년대 후반부터 학교붕괴, 교실붕괴라는 용어가 사용되기 시작하였다. 학교부적응의 문제는 학생 개인 차원의 문제로 돌리기에는 너무 그 확산 정도가 넓고 구조적인 현상으로 나타나고 있음을 인식할 필요가 있다. 물론 개인의 적응도 차이는 개인의 특성과 환경으로부터 올 수 있으나 우리 학교가 안고 있는 구조적, 사회 · 문화적 맥락을 통해 이 문제를 바라볼 때 보다 더 입체적 · 심층적으로 문제의 본질을 이해할 수 있고 현실적 대안 모색의 가능성도 높아질 수 있을 것이다.

학교를 다니고 있으나 학교생활에 부적응하여 어려움을 겪고 있거나 결과적으로 학교를 중도에 그만두는 경우가 나타난다. 학생이 학교에 부적응하는 경우 일반적으로 학생의 문제로 보는 경향이 있으나, 문제의 소지는 학교에도 있을 수 있다. 부적응 현상이 일어나는 경우는 쌍방 간의 적합성이 낮다는 것을 의미하며 양측의 적응유연성이 낮을수록 적응도는 떨어지게 된다. 즉, 학생의 적응유연성과 학교의 적응유연성이 학교적응 또는 학교부적응의 정도와 양태를 결정짓게 된다.

개인의 상황에 대한 적응은 두 가지 형태로 나타나는데 첫째는 자신의 욕구와 상황 간의 적합성이 높은 경우로서 이 경우는 상황에 대한 만족도가 높기 때문에 적응도는 자연스럽게 높아지게 된다. 둘째는 자신의 욕구와 상황 간의 적합성이 낮은 경우이다. 이 경우에는 개인의 상황에 대한 반응은 인위적인 성격을 띠게 되며, 개인의 적응도는 상황에 대하여 자신의 반응을 조절하고 통제하는 능력에 의하여 결정된다. 따라서 적응 능력에 따라 적응도는 높으나 만족도는 낮은 경우와 적응도와 만족도가 모두 낮은 경우가 나타나게 된다. 결국, 적응 또는 부적응은 1) 높은 적응, 높은 만족과 2) 높은 적응, 낮은 만족, 3) 낮은 적응, 낮은 만족의 형태로 나타날 수 있다.

(가) 학생의 적응유연성

같은 상황에서 개인 간의 적응도에 차이가 나타나는 것은 1) 상황을 긍정적으로 해석하여 수용하는 능력과 2) 상황에 대한 자신의 반응을 조절 통제하는 능력의 차이에서 기인한다. 이 두 가지 능력을 모두 갖출 때 개인의 상황 적응력은 높아지게 된다. 또한, 전자의 능력이 높을수록 후자의 능력도 높아지게 되는데, 상황을 긍정적으로 받아들일수록 자신의 반응을 조절하는 것이 용이해지고 반대로 상황이 부정적으로 인식될수록 자신의 반응을 조절하는 것이 어려워지기 때문이다. 학교라는 상황을 회피할 수 있는 학생의 선택의 여지가 없는 것이 현실이라면 학생의 이와 같은 두 가지 능력은 학교적응에 있어서 중요한 요소가 된다.

1) 인지모형(mental model)과 적응유연성

주어진 상황을 긍정적으로 보는가 부정적으로 보는가의 문제는 개인의 인지모형(mental model)과 관련된다. 인지모형은 자신의 현실을 인식하고 해석하며 이에 대한 반응을 결정하는 인지작용이 이루어지는 마음의 틀, 즉 인지구조(cognitive structure)이다. 이 속에서 상황에 대한 인식과 의미부여(meaning-making)가 이루어지며 그에 따라 자신의 반응(정서, 태도, 행동)이 결정된다.

적응력이 낮은 개인들이 갖는 문제 중의 하나는 부정적인 자아개념과 세계관을 가지고 있다는 것이다. 삶의 과정에서의 부정적인 경험의 누적은 개인의 마음속에 부정적인 인지모형을 형성한다. 실패의 경험이 누적되면 자신에 대한 부정적인 인식이 형성되며 이러한 인식은 주변과의 상호작용에 의해 더욱 강화되고 악순환이 이루어진다. 부정적인 자아개념과 세계관은 삶에 대한 열망(aspiration)을 바탕으로 뚜렷한 목표를 세우고 이를 달성하기 위해 노력하는 것을 방해한다. 자신을 둘러싼 부정적인 현실의 책임을 밖에서 찾고 스스로에 대한 높은 기대를 갖지 않으므로 자신의 책임 있는 행동을 스스로 기대하지 않고 자신의 행동을 다른 이유를 들어 합리화한다.

부정적 자아개념(낮은 자기존중)은 또한 자신의 행동에 대한 통제력을 갖기 어렵게 한다. 부정적으로 인식되는 만족스럽지 않은 상황에 대한 인내심을 갖기 어려우며, 자신의 행동을 통제하도록 지켜주는 자기 자신에 대한 긍정적인 이미지가 형성되어 있지 않으므로 내면으로부터의 억제력이 발휘되지 않으며, 부정적인 행동의 반복과 누적은 자신에 대한 부정적인 이미지를 점차 강화(reinforce)하게 된다. 반대로, 긍정적인 자아개념은 자신에 대한 높은 이미지를 유지하기 위해 높은 기준을 적용하게 되므로 스스로의 행동에 대한 통제력으로 작용하게 된다.

부정적인 인지모형은 개인의 삶을 정상적인 궤도로부터 벗어나도록 하는 작용을 하게 된다. 이러한 개인에게 필요한 것은 긍정적인 인지모형의 형성을 통한 긍정적인 삶의 궤도(cycle)로의 진입이다. 이를 위해 필요한 것은 성공의 경험이며 성취를 통한 자신감의 회복은 긍정적인 자아개념과 세계관의 형성을 가능케 한다. 미래에 대한 높은 열망과 자신감은 삶을 선순환의 궤도로 들어서게 할 것이다. 부적응하는 학생들에게 가장 필요한 것은 결국 자기 자신에 대한 긍정적 기대를 갖고 스스로 발전하기 위해 노력하고자 하는 마음의 상태(mind-set)를 형성하는 것이다.

2) 가정환경의 영향

근래에 들어 심각하게 제기되는 문제 중의 하나는 가족구조의 변화와 교육적 기능의 약화 현상이다. 건전한 정상적 가정과 그렇지 못한 가정 간에는 상당한 교육력의 차이가 나타난다는 사실을 연구결과들은 일관되게 입증하고 있다. 박현선(1998)은 저소득층 청소년을 대상으로 한 연구에서 이들 고위험 청소년들은 만성적 스트레스를 받고 있으며 그 주된 원천은 가정환경, 의료 및 경제적 이유, 낙인 및 편견 등과 관련된다고 한다. 이와 같은 스트레스는 우울 및 불안 증세를 가져오는 경향이 있음을 지적하고 있다. 강희경(1999)은 빈곤가정의 경제적 스트레스가 아버지의 무기력감을 초래하고 아버지의 자존감 저하는 우울감, 알콜중독, 가정의 불화, 자녀에 대한 거친 행동 등을 야기하며 그로 인해 자녀에 대한 부적절한 사회화로 인하여 사회적 적응능력 부족 현상이 나타난다고 설명하고 있다.

반대로 저소득층 가정 중에도 부모의 자존감이 높고, 민주적인 가정환경을 유지하는 경우에는 자녀들의 학교 적응유연성이 정상적으로 나타나고 있다고 한다(박현선, 1998). 빈곤은 가정에 부정적인 영향을 주는 요인이기는 하나, 부모의 자존감과 민주적 환경 등은 이러한 위험요소의 영향을 약화시키는 중재요인(mediating factor)으로 작용한다는 것이다.

IMF 위기 이후 증가하고 있는 가정해체 현상, 이혼 증가로 인한 결손가정의 증가 등은 가정의 교육적 영향력을 떨어뜨리는 심각한 원인으로 지적되고 있다. 건강한 가정환경에서 부모 및 가족구성원들과 정상적인 관계를 경험하지 못하는 아동들은 그만큼 적절한 사회화의 학습경험을 갖지 못하는 것이며, 결국 학교를 비롯하여 자신이 놓여 있는 상황에 대한 적응력이 부족할 수밖에 없다. 이와 같은 상황에서는 자신과 세상에 대한 긍정적인 인지모형을 형성하는 것이 매우 어렵게 될 것은 분명하다.

(나) 학교의 유연성

우리 학교의 풍토를 지적할 때 흔히 거론되는 점들은 인권존중 의식 부족, 입시위주 교육 및 성적중심 평가, 규제 위주의 경직된 교육행정, 개성이 존중되지 못하는 집단주의적 교육운영, 학교와 지역사회의 연계성 부족 등이다. 이들은 곧 학교의 유연성이 높지 못함을 지적하는 것이기도 하다. 다시 말하면 학교의 교육운영 및 조직경영에 있어서의 폐쇄성, 경직성, 획일성, 독단성을 의미하는 것이다. 학교의 유연성(resilience, flexibility) 부족은 그만큼 학생들이 학교에 적응하기가 어려움을 의미하는 것이며, 적응하고 있는 학생들 중에도 학교에 대한 만족도가 낮을 수 있음을 의미하는 것이다. 또한, 적응력이 낮은 학생들은 심한 학교부적응을 겪게 된다.

이종태(2001a)는 우리 학교교육이 위기에 놓여 있음을 지적하면서 학생들이 수업에 거의 반응을 보이지 않는다는 점, 학생들이 학교규율의 가치를 인정하지 않고 선택적으로 수용한다는 점, 학생들이 교사를 신뢰하지 않고 상호 불만이 높다는 점 등을 근거로 제시하고 있다. 학교위기의 본질은 학교가 스스로의 문제를 해결해 나가기에는 지나치게 경직되어 있다는 데에 있다고 주장한다. "학교는 여러 수준에서 나타나는 학생들의 저항을 포착하고 그것을 해결해 나가기 위해 융통성 있게 움직이는 조직이 아니라는 점이 가장 중요한 문제"라고 지적한다(이종태, 2001a: 20).

학교의 유연성은 교육활동 프로그램의 내용과 운영방법, 학교규정의 적용, 학교행정에 있어서의 경영원칙 적용, 학사일정의 운영 관리 등 다양한 장면에서 나타날 수 있으며, 기본적으로 유연성은 학교를 운영하고 교육을 실시하는 사람들의 사고(思考)의 유연성에서 비롯된다. 또한, 이러한 학교현장에서의 유연한 사고와 그 적용을 가능케 하는 유연한 교육행정에 기인한다. 이와 같은 유연성은 자율성, 개방성, 다양성, 상대성을 중시하는 사고와 태도에 바탕을 두고 실현되는 것으로서, 학교의 일상 속에서 자연스럽게 나타나는 것이며 이는 곧 유연성을 본질적으로 존중하는 학교문화가 형성되어야 함을 의미한다.

학생이 긍정적인 인지모형을 가질 때 학교에 대한 적응력이 향상될 수 있듯이, 학교도 조직으로서 긍정적인 학교문화를 가질 때 보다 많은 다양한 학생들에게 교육적으로 도움을 줄 수 있는 역량을 지니게 된다. 교육인적자원부가 2006년에 발간한 '학교혁신 기본매뉴얼'은 학교혁신을 위한 핵심 과제의 하나로 '생산적 학교문화의 형성'을 들고 있으며, 생산적 학교문화란 "학교 구성원 모두가 소외됨 없이 자신의 가치를 인식하고 잠재능력을 최대로 발휘하는 가운데 성장할 수 있도록 격려 · 지원되는 문화"를 의미하며 다음과 같은 성격을 지닌다고 설명하고 있다.

- 학교운영 전반에 자율성, 개방성, 다양성, 유연성이 충만하여
- 개인의 인권, 인격, 개성이 중시되며 자유롭고 창의적인 사고가 수용되고
- 서로를 존중, 신뢰하고 배려하는 가운데 의사소통이 활발하게 이루어지며
- 협동적으로 과업을 수행하는 가운데 높은 동료의식, 소속감, 긍지를 느끼고
- 서로에게 높은 기대를 가지고 격려 인정하여 성취동기를 높이며
- 낭비적이고 형식적인 요소를 해소하고 의미 있는 일에 열정과 헌신을 다하여 구성원 모두가 잠재능력을 최대로 발휘함(교육인적자원부, 2006a)

(다) 지역사회 환경의 영향

가정과 학교는 우선적으로 학생의 학교적응도를 결정짓는 핵심 요인이지만 학생들의 삶이 이루어지는 주변지역 환경의 건전성 역시 학생들의 부적응 행동 또는 일탈 행동에 영향을 미칠 수 있다. 학생의 자기행동 통제력이 낮을수록 주

변 환경에 존재하며 이들의 일탈행동을 유인하는 위해요소 또는 폭력, 약물복용, 성범죄 등 학생에게 신체적 · 정서적으로 위해를 가하여 정상적인 학교생활을 어렵게 만드는 요소들에 대한 자기 방어력이 취약하게 된다.

한편, 지역사회의 교육적 영향력 및 사회적 행동 통제력이 낮을수록 학생들의 부적응 및 일탈행동은 늘어나게 된다. 익명성 문화를 지닌 도시지역과 모두가 서로 알고 지내는 농어촌 지역 간에는 이러한 통제력에 차이가 나타날 수 있다. 따라서 만일 가능하기만 하다면, 지역사회의 사회적 행동 통제력을 높이는 것은 학생들의 부적응 및 일탈 행동을 줄일 수 있는 방안이 될 수 있다.

(2) 현황

(가) 교실붕괴(학교붕괴) 현상

윤철경 외(1999)의 연구에 의하면, 학교붕괴를 ① 수업의 실패 혹은 불능, ② 학생지도의 실패 혹은 불능, ③ 학교기능의 총체적 마비 등으로 정의하고 중등학교 교사에 대한 설문조사를 실시한 결과, 87%의 교사가 학교붕괴 현상이 있다고 생각하고 있으며, 서울의 경우 94.5%의 반응을 보였다. 학생의 경우에는 71%가 자신의 학교에 학교붕괴 현상이 있다고 답하였으며, 일반계보다 실업계고가, 사립보다 공립 학교가 더 심각한 것으로 나타났으며, 더욱이 대부분의 교사와 학생들이 이러한 현상이 앞으로 더욱 심각해질 것으로 반응하였다고 한다

표 3-19 학교붕괴 현상의 내용

현상	교사 인식
교사의 지시, 지도에 대한 무시와 반항	37.9%
수업 중 무질서	27.0%
학생 간 교내폭력 등 심화	10.9%
무단 결석, 이탈의 증가	9.5%
학생 간 왕따 현상	8.0%
자퇴의 증가	3.1%
기타	4.3%

(이종태, 2001a에서 재인용).

윤정일(2003)은 학교붕괴 현상을 수업붕괴, 생활지도 붕괴, 수업거부 현상 세 가지로 가정하고 이에 대한 교사들의 반응을 조사한 결과를 〈표 3-19〉와 같이 제시하고 있다.

OECD/PISA 2000 결과에 따르면 우리나라 학생들의 학교에 대한 소속감은 비교 국가 중 최저인 것으로 나타난다. 학력은 세계적으로 최상급에 속하는 학생들이 학교에 대한 소속감이 최하라는 것은 우리 학교에 대한 학생들의 만족도가 그만큼 낮다는 것을 의미하며 이는 학교에 대한 부적응 및 소위 학교붕괴 현상과도 맥락을 같이하는 것으로 보인다.

그림 3-8 학생의 학교에 대한 소속감과 참여도의 관계(PISA 2000)

자료 : KEDI(2004), OECD 지표로 본 한국교육 실태분석, p.93.

[그림 3-8]에서 보면 한국 학생의 학교에 대한 소속감은 일본과 함께 최하위이나 학교수업에의 참여도는 최상위권이다. 이는 학교출석 및 학교규범 준수라는 전통적 가치의 작용으로 학생들의 결석, 지각, 수업불참 등의 정도는 낮으나 학생들의 학교생활에는 심리적으로 문제가 나타나고 있음을 의미한다. 학생들의 참여는 즐겁고 자발적인 것이 아니라 선택의 여지가 없는 통제적 상황에 따른 것이며, 실제로는 학교생활에 대한 만족감이 떨어지고 적응수준이 떨어지며,

심리적으로 이반 현상이 나타나고 있음을 감지할 수 있다. 또한, 입시준비에 따른 학업 부담감, 경쟁적 분위기 등으로 인한 심리적 압박감이 이러한 심리적 부적응을 가중시키고 있는 것으로 생각된다.

이종태(2001a)는 학교붕괴보다는 '학교교육의 위기' 라는 용어를 사용하여 학교교육이 맞이하고 있는 구조적 · 상황적 위기를 지적하면서 그 원인으로 관료체제화한 학교교육의 경직성, 학교의 전통적 기능과 권위의 약화, 권위주의적 정책집행 및 입시위주 교육 등에 따른 한국적 교육여건 부실 현상 등을 교육내적 요인으로 들고 있으며, 이러한 상황에서 나타나는 학생들의 기존 학교체제에 대한 반응은 매우 부정적이고 교사들의 상황 인식과도 큰 차이를 보이고 있다고 지적한다. 학생들은 수업이 제대로 이루어지지 못하는 이유를 과목 자체에 흥미가 없거나 교사의 불성실 탓으로 돌리는가 하면, 학생의 특성이나 수준을 무시한 교육내용을 흥미 없는 수업의 원인으로 지적하고, 교사가 생각하는 것보다도 더 스스로 현행 규율을 지키지 않는다고 생각하고 있으며, 그 이유는 규칙이 지나치게 까다롭기 때문이라고 인식하고 있다는 것이다.

이와 같은 소위 학교붕괴 또는 교실붕괴 현상은 그 용어의 적절성 여부는 차치하더라도 현실적으로 우리 학교에 심각한 부적응 문제가 만연해 있으며, 이는 어느 한 개인의 문제라기보다 제도, 조직체제, 교육운영방식, 사고방식과 문화 등 구조적 · 상황적인 요소가 복합적으로 작용한 결과로 나타나는 현상이라고 볼 수 있으며, 학교교육체제 전반에 대한 근본적 · 장기적 대처와 함께 학교교육운영의 유연성을 높이기 위한 단기적 대응이 이루어져야 할 영역이라 생각된다.

(나) 부적응 및 일탈행위, 학교폭력

이규미(2004)는 학교부적응 행동에 대한 연구에서 중등학교 교사들이 지각하는 학생들의 학교부적응 행동을 〈표 3-20〉과 같이 제시하고 있다.

학교폭력은 점진적으로 감소하고 있으나, 음란성 폭력 영상물의 급증과 사이버 세계의 비도덕성 및 다양한 사회적 요인으로 인해 학생들이 학교폭력에 노출될 가능성이 높아지는 가운데 일부 학생들의 폭력은 저연령화, 흉포화, 조직 · 집단화의 경향을 보이고 있다. 특히 인터넷의 확산으로 넷(net)세대의 폭력서클

표 3-20 학교부적응 학생 행동지표의 요인구조

요인명	문 항	요인부하값	설명량(고유값)
수업 및 학업 관련 행동	수업 중 멍한 표정을 짓고 있다.	.809	30.988 (9.575)
	수업 중 집중하지 못하고 딴 짓을 한다.	.773	
	과제 및 준비물 지참에 무성의하다.	.743	
	성적이 점점 떨어진다.	.680	
	흥미를 갖는 교과가 없다.	.616	
문제행동	교내 폭력사건과 관련된다.	.833	13.313 (4.127)
	음주를 한다.	.809	
	흡연을 한다.	.806	
	학생신분에 어울리지 않는 복장을 한다.	.806	
	불량한 학생들과 어울린다.	.797	
	공식적인 징계를 받은 적이 있다.	.751	
	또래들과 돈거래를 한다.	.746	
	학교 밖 친구들이 많고 자주 어울린다.	.745	
	학교에 책가방이나 교과서를 갖고 오지 않는다.	.671	
	학교생활과 무관한 물품을 갖고 다닌다.	.586	
교우관계	친구들로부터 자주 놀림을 당한다.	.826	7.187 (2.228)
	급우들이 짝이 되는 것을 기피한다.	.728	
	또래 일을 교사에게 고자질한다.	.703	
	군것질이나 돈으로 친구의 환심을 사려고 한다.	.698	
공격/적대적 행동	남에게 책임을 전가한다.	.903	4.791 (1.485)
	본인 잘못을 인정하지 않는다.	.878	
	사소한 일에 심하게 화를 낸다.	.845	
	상황에 맞지 않는 행동을 한다.	.711	
교사관계	교사의 눈치를 심하게 살핀다.	.907	4.275 (1.325)
	교사의 지시를 잘 따르지 않는다.	.875	
	교사를 피해 다닌다.	.838	
우울반응	항상 고개를 숙이고 있다.	.796	4.100 (1.721)
	말이 적다.	.794	
	표정이 어둡다.	.763	
	행동이 굼뜨고 느리다.	.747	
	쉬는 시간에 자리에서 잘 움직이지 않는다.	.704	

이 사이버공간의 모임으로까지 시도되고 있다는 점에서 또 다른 문제를 제기하고 있다. 청소년의 사이버 유해환경이 폭력을 유발하고, 집단화된 폭력은 사이

버공간을 무대로 빠르게 재생산될 우려를 낳고 있다(교육인적자원부, 2007h).

표 3-21 학교폭력으로 징계받은 학생수

(단위 : 명)

구 분	2003	2004	2005	2006
초	197	308	184	178
중	4,923	4,714	4,245	3,937
고	2,649	2,466	2,175	2,152
계	7,769	7,488	6,604	6,267

(다) 학업중단(교육복지종합계획, 2004)

2003~2004년 당시 학업중단 청소년이 매년 4~5만 명 정도 발생하여 중·고교 전체 학생의 1.2% 수준에 이르렀으며, 그 이후 점차 그 수가 증가하고 있다(2007년 67,535명).

표 3-22 2003년도 중도탈락 학생수

구분	합계	중학생	일반고	실업고
총 재학생	3,621,170	1,854,641	1,224,452	542,077
총 중퇴생1)	54,611(1.5%)	15,987	17,095	21,529
해외이민 등	11,249	6,491	4,459	299
순 중퇴생2)	43,362(1.2%)	9,496(0.5%)	12,636(1.0%)	21,230(3.9%)

1) 사망, 질병, 품행, 가사, 부적응 유학, 이민 등에 의한 중퇴생을 말함.
2) 총 중퇴생 중에서 해외이민을 제외한 학생수. ( )는 총 재학생 대비 비율임.
자료 : 교육통계연보(2003).

학업중단은 주로 실업계고, 고교 1학년, 남학생, 대도시 지역 등에서 발생하며, 종래에는 학업중단의 주요 원인이 가정, 성적 및 엄격한 학교규율인 반면 최근에는 진학, 취업, 교육내용 등 교육에 대한 불만이 큰 비중을 차지하는 것으로 나타난다.

학교부적응 원인에 대하여 교사는 가정문제(34.9%)를, 학생은 통제 위주의 학교생활(38.0%)을, 학부모는 성적 중심의 경쟁풍토(31.7%)를 지적하고 있다.

표 3-23 학년별 중도탈락자 분포(2003년)

구분	중학교	일반계고	실업계고
1학년	25%	53%	52%
2학년	38%	36%	36%
3학년	37%	11%	12%
계	100%	100%	100%

자료 : 교육통계연보(2003).

표 3-24 가정의 경제수준이 중퇴에 미치는 영향

	가난	보통	부유	계
빈도	252	561	25	838
비율	30.1	66.9	3.0	100

자료 : 한국교육개발원(중도탈락 청소년 실태조사, 2002).

표 3-25 학교부적응에 대한 교육주체별 원인 진단

(단위 : 명(%))

구분	획일적인 교육과정	통제 위주 학교생활	성적 중심 경쟁풍토	가정문제	기타	계
교사	152(26.2)	119(20.5)	74(12.7)	203(34.9)	33(5.7)	581
학생	207(25.5)	309(38.0)	194(26.9)	53(6.5)	50(6.2)	813
학부모	190(30.5)	179(28.8)	197(31.7)	44(7.1)	12(1.9)	622

자료 : 한국교육개발원(김영철, 2002).

학업중단자 발생을 예방하는 역할을 담당해야 할 일선학교에서는 여전히 입시중심의 교육과정 운영으로 내실 있는 특기적성교육, 체험학습 운영에는 한계가 있다. 또한 학교 부적응 및 중도탈락 가능성이 있는 학생 등 소위 문제 학생에 대한 상담 및 지도 프로그램이 부족한 실정이며, 학교의 폐쇄성으로 인해 지역의 자원봉사자, 상담기관 및 프로그램 활용 등 지역사회와의 협력도 아직 미흡한 실정이다.

(라) 대안교육 기회

학업중단자를 보호 · 수용하기 위한 시설 및 대안교육 프로그램이 매우 부족하다. 대안교육의 경우 현행 대안학교의 수용규모가 절대적으로 부족하며 특히 도시지역의 경우에는 더욱 심각하다.[31] 더욱이 현행 대안학교는 학교 설립 및 운영 측면에서 경험이 부족하고 다양성과 유연성이 미흡하며 재단의 영세화로 대부분 재정을 정부지원 등에 의존해야 하는 실정이고 대안교육 희망자에 대한 충분한 수용능력을 갖추지 못하고 있다.[32] 또한 대안교육 기관 및 프로그램에 대한 체계적인 정보관리가 미흡하고 관련기관 간 상호 정보교류도 원활치 못할 뿐만 아니라 대안교육을 받고자 하는 학생 · 학부모에게 정보제공이 충분치 못한 실정이다.

(3) 정책 현황

(가) 학교폭력 및 부적응 대책('07 교육인적자원부 정책방향)

교육부의 학교폭력예방 정책은 안전한 교육환경을 구축하여 학생들의 전인적 성장을 도모하는 것을 비전으로 하고, 이를 실현하기 위한 정책목표는 정책의 과학화를 통하여 학교안전망을 구축하는 것이다. 추진과제는 다음과 같은 과제로 구성되어 있다.

첫째, 학생고충 상담전화(1588-7179)를 활성화한다. 기존에 사용하고 있는 1588-7179를 '친한친구' 상담전화로 재정비하여 학교폭력 신고 및 상담 시스템으로 활용한다. 무선전화로도 가능토록 하고 상담자를 위한 매뉴얼을 제작 보급한다.

둘째, 기업과 함께 하는 '친한친구' 상담실 개선사업을 실시한다. 기업의 후원을 통해 상담실을 새로 단장하고 전문상담교사를 배치한다.

셋째, 학교부적응 학생을 위한 친한친구 교실을 운영한다. 정서적 불안 등 문제점이 있는 학생을 위한 대안교실을 운영하고 별도의 프로그램과 전문교사를

---

31) 2007년 현재 정규형태의 대안학교는 중학교 8교, 고등학교 21교 총 29개교 설치 · 운영 중.

32) 2007년 현재 29개 특성화학교의 학생수는 2,478명(고 1,919명, 중 559명)이며 입학경쟁률은 3 : 1에 이르고 있다.

배치한다.[33)]

넷째, 보호관찰 학생 교정을 위한 1 : 1 멘토링 사업을 전개한다. 재학 중 범법행위로 법의 처분을 받고 있는 학생이 양산되고 있으나 학교와 사법기관 간의 사각지대에 놓여 있어 다수의 학생이 어려움을 겪고 있다. 이에 대하여 전문상담요원이 개인별로 선도활동을 실시하는 멘토링 사업을 전개한다.

다섯째, 교육부, 기업, 지방자치단체가 함께 하는 학부모교육을 실시한다. 학생 비행이 점차 저연령화, 지능화됨에 따라 자녀지도에 대한 전문적 지식이 요구되고 있다. 생업으로 자녀교육에 대한 정보를 얻기 어려운 부모를 방문하여 자녀지도법에 대한 강좌를 실시한다.

여섯째, '사이버 또래 상담원'을 양성 운영한다. 청소년들의 이용이 많은 각종 채팅 사이트, 커뮤니티, 온라인 게임 등의 음란성, 폭력성의 급증으로 청소년들의 사이버 환경이 악화되고 있다. 사이버상의 학교폭력을 청소년 스스로 예방할 수 있도록 분위기 조성이 필요하며 이를 위해 YP 활동과 또래상담활동을 겸비한 사이버 또래 상담원 활동을 전개한다. 포털사이트 내 활동, 블로그를 통한 상담활동 등 청소년의 건전여론 형성 주체로 활용한다.

일곱째, 청소년 유해환경 관련 각종 법령을 정비한다. 심야시간 온라인게임 접속을 제한하는 법률을 보완하고, 연령등급에 맞지 않는 게임 접속에 대한 처벌 조항을 보완한다.

(나) 학업중단 예방 대책(1996, 2002 교육부 대책)

1996년에 수립된 '학교 중도탈락자 예방종합대책'은 학교 부적응자의 중도탈락을 막기 위해 조치 가능한 종합적이고 체계적인 대안을 제시한 바 있으며, 대안학교의 도입을 비롯하여 다양한 대책이 추진되어 왔고, 이들 대책과 그 기본방향은 오늘에도 대부분 유효하게 적용될 수 있다고 본다. 이 대책에서 제시

33) '08년에 교육과학기술부는 Wee Project라는 이름아래 학교부적응 학생을 위한 대안교실인 Wee Class(친한친구교실)를 330개교에, Wee Center(학생생활지원단)를 31개 지역교육청에 설치 · 운영하였다. Wee Class는 학교의 전문상담교사를 중심으로 부적응학생을 돕는 다양한 프로그램을 실시하며, Wee Center에는 다양한 전문지원인력을 배치하여 전문적인 지원활동이 이루어지고 있다.

된 주요 대안들은 다음과 같다.

첫째, 다양한 학습욕구 수용이 가능한 학교 설립 : 부적응 학생 교육을 위한 대안학교를 설립한다. 중퇴생과 부적응 현상이 심한 학생을 대상으로 체험 위주의 비정형적 교육과정을 운영하는 정규학교형과 프로그램형 등 다양한 형태의 대안교육 기회를 제공한다. 청소년의 대중적 문화수요를 수용할 수 있는 대중음악학교, 만화학교, 영상학교 등 다양한 특성화학교를 설립한다.

둘째, 다양하고 신축성 있는 교육과정 운영 : 학교장에게 교육과정 운영 재량권을 확대하여 학생의 적성과 능력에 맞는 교육활동을 강화한다.

셋째, 가고 싶은 즐거운 학교로 재구조화 : 내실 있는 특별활동 운영으로 건전한 또래문화를 형성하고, 학교축제를 활성화한다.

넷째, 전·편입학 제도 개선 : 교육환경 전환이 필요한 학생의 경우 거주지에 관계없이 전·편입학을 용이하게 하며, 학기 중 편입학 및 재입학을 허용한다.

다섯째, 학생징계제도 개선 : 근신, 정학, 퇴학 등의 징계유형을 봉사활동, 특별교육, 선도처분 등으로 전환한다. 선도처분시 진로상담 및 퇴교 후의 직업알선을 강화한다.

여섯째, 학생상담활동 강화 : 전담 상담교사제를 시행하고 상담자원봉사제를 활성화한다.

일곱째, 중퇴생을 위한 사회적 지원체제 구축 : 가출학생 쉼터를 설치하여 보호 및 선도 교육을 실시하고, 학교-지역-중앙 간의 협력을 통한 종합적 지원을 위하여 '중퇴생 대책협의회' 를 구성 운영한다.

(다) 대안교육 지원

1995년 5·31 교육개혁안에 '학습자의 개성을 존중하는 다양한 초·중등교육 운영을 위한 중등교육의 다양화, 특성화 및 고교유형의 다양화 방안' 이 제시된 이후 1995년 고교설립준칙주의 실시, 1996년 학교 중도탈락자 예방대책 수립, 1998년 초중등교육법에 특성화학교 설립운영의 법적 근거 마련 등 일련의 조치가 이루어지면서 대안교육 특성화중·고의 설립운영이 활성화되고 있으며, 일반학교 학생 중 부적응을 겪는 학생들에게도 대안교육의 도움을 주기 위하여 시·

도교육청별로 다양한 대안교육 위탁기관을 지정하여 일정 기간 교육 프로그램을 이수하고 수업시수를 인정받는 제도를 운영하고 있다.

다양한 미인가 대안교육기관 중 일정 기준을 충족하면 학력인가를 받는 각종학교로 설립이 가능하도록 2005년 초·중등교육법에 대안학교 조항을 설치하였고 설립 기준 및 절차 등을 규정한 '대안학교 설립 · 운영에 관한 규정'(대통령령)을 2007년 6월 제정 공포하였다. 한편, 미인가 대안교육기관에 대한 재정지원도 이루어지고 있다. 기자재 구입비, 프로그램 개발비를 지원해 왔으며, 2007년부터는 신규교직원 인건비도 지원하는 등 정부는 대안교육 활성화를 통하여 학생들의 교육부적응을 해소하기 위한 일관된 노력을 기울이고 있다.

나. 대안교육 활성화

(1) 대안교육의 역사

대안교육은 미국, 독일 등지에서 1960년대 중반에서 1970년대 초반 사이에 정부 주도의 공교육과 교육정책에 반기를 들면서 확산되기 시작하였다. 그 주된 방향은 20세기에 들어와 보편화된 산업사회형 근대교육의 한계를 극복하려는 것이었으며, 이들이 모델로 삼았던 학교는 이미 1919년 스타이너(Rudolf Steiner)가 독일 슈투트가르트에서 창설한 '자유 발도르프 학교'(Freie Waldorfschule) 및 1921년 영국의 네일(A. S. Neil)이 문을 열었던 '섬머힐 학교'(Summerhill school) 등이었다.

우리나라에서는 1970년대 중반 이후 '탈(脫) 학교론'에 대한 소개서, 학교교육에 대한 인본주의적 관점의 비판서가 번역, 출간되기 시작하였고, 1980년대에 들어서는 마르크스주의적 관점의 급진적 비판서도 소개되었다. 이후 제도교육이 낳은 숱한 문제를 극복하려는 실천적 노력과 대안적 이념이 폭넓게 모색된다. 다양한 형태의 캠프나 주말 또는 방과후 프로그램 등이 줄을 이었는데, 1986년부터 시작한 '또 하나의 문화' 어린이 캠프도 이러한 노력의 결정체이다.

돌이켜보면, 우리의 경우 1995년 중반, 대안학교 운동이 본격적으로 전개되기 이전부터 제도교육과 다른 독특한 교육법으로 소문난 거창고등학교, 홍성의 풀무농업고등기술학교, 그리고 학교부적응 학생들을 대상으로 태어난 영산성지학교 등이 있었다. 그런가 하면 1996년부터 경남 산청에서는 양희규 교장이 전인교육 지향의 새로운 교육을 실험하고 있었다(양희규, 2001: 28-47). 이들 다양한 학교들은 제도권 교육에 "대안적 교육"을 제시한다는 점에서 본질적으로 '대안학교' 였다. 이들 학교들은 대안교육운동 초창기에 준거모형으로 중요한 구실을 하였다(이종태, 2001b : 18-27).

1995년 12월 취임 이후 학교 중도탈락자 문제로 고심하던 안병영 교육부장관은 1996년 6월 영산성지학교를 방문한다. 이어 그는 같은 해 12월 '교육복지종합대책' 을 발표한다. 여기에 "학교 중도탈락자 대책"의 일환으로 대안학교 설립추진 계획을 포함했다. 정부가 앞장서서 대안학교를 제도교육 안으로 끌어들이려는 최초의 시도였다.

1997년 3월 교육부는 '대안학교 설립 및 운영지원계획' 을 확정 발표한다. 이어 9월 9일, 국무회의에서 '교육법시행령' 과 '고등학교이하각급학교설립운영규정' 등 고교설립준칙 관련 2개 법안이 원안대로 통과됨에 따라 마침내 대안학교가 정규학교의 지위를 얻을 수 있는 근거가 마련되었다. 새로 개정되는 교육법시행령에 따르면, 기존의 일반계, 실업계, 특수목적고 외에 특성화고교라는 새로운 고교유형을 창설하고, 여기에 대안학교를 포함한 것이다. 이제 고교유형의 다양화, 특성화 차원에서 '영산성지학교형' 과 같은 중도탈락자 전담 수용 대안학교뿐만 아니라, 전인교육 지향의 대안학교들도 최소 설립요건만 충족이 되면, 학력인정 등 정규교육으로의 길이 트이게 된 것이다. 교육부는 1998년 3월 개교를 희망하는 대안학교에 대해서는 1997년 10월 말까지 관할 교육청에 학교설립에 필요한 관계서류를 제출하면 개교할 수 있도록 조치를 하였다.

1998년 3월 간디, 영산성지, 양업, 화랑, 원경, 한빛고의 6개 대안고등학교가 정부인가 특성화고등학교로 출발, 정부의 지원을 받게 되었다.[34] 이후 초·중등

34) 이들 대안학교들은 초기 창설과정에서 하나같이 어려움을 겪는다. "충북 청주의 양업고등학교는 지금의 터에 학교를 세우기까지 네 번이나 자리를 옮겨야 했고 공청회에 아홉 번이나 불려가야 했다. …화랑고등학교도 경주시 양북면의 현재 위치에 자리 잡기까지 경남·북의 여러 지역을 전전해야 했다. …폐교 부지를 매입해 계약하려 하면 곧바로 그 지역 주민들 사이에 반대 여론이 일었다. 화랑고의 경우 지금 있는 곳이 세 번째 자리다" ("대안학교, 대안교육", 「신동아」 2001년 6월호).

교육법 시행령에 '자율학교' 제도가 명문화되면서, 교육과정 운영과 학생 및 교사선발 등에 관해 학교의 자율권이 크게 강화되어 학교운영에 질적인 변화를 가져왔다.

이후 대안학교의 성장세는 계속 상승하여, 다양한 주체와 대상을 위한 대안학교가 속속 설립한다. 특히 도시형 대안학교의 탄생이 두드러지는데, 1999년 서울 도심 속에 탈학교생의 길찾기를 도와주는 학교 밖 학습공간으로 '하자센터'가 탄생했고, 이를 바탕으로 2001년 '서울시대안교육센터'와 '하자작업장학교'가 생겨났다.[35] 그런가 하면 2001년 초등학생들을 대상으로 하는 전일제 대안학교가 창설되었고, 이듬해인 2002년에 최초의 대안중학교(성지송학중)가 문을 열었다. 2000년 이후 대도시 안에 대안학교가 세워지기 시작했는데, 2003년 경기도 성남시 분당구에서 개교한 '이우학교'[36]가 그 대표적인 예이다. 최근 새로이 부상하는 대안학교 유형이 새터민 청소년들을 위한 대안학교이다.[37] 그런가 하면, 2000년대 초 이후, 학업중단 위기학생들을 정규학교와 다른 교육과정을 운영하는 지정기관에 위탁하여 교육을 받게 하는 이른바 위탁형 대안학교가 크게 늘었다.

이미 1996년 3월 정부인가 대안학교들이 모여 '한국대안교육연합회'를 결성하였고, 2002년 10월에는 비인가 대안학교에 관계하는 대안교육현장 활동가들이 모여 '대안교육연대'를 출범시켰다. 1999년 1월에는 대안교육전문 격월간지 「민들레」가 창간되었다. 그런가 하면 한국의 대안교육은 외국의 대안교육과 서

35) '하자센터'의 자원과 인력풀로 태어난 '서울시대안교육센터'는 '하자작업장학교'와 같은 도시 속의 소규모 대안학교를 행정, 재정, 프로그램적으로 지원하는 일을 하는데, 현재 서울시대안교육센터와 네트워크를 맺고 있는 도시형 대안학교는 모두 16개이다.

36) 대표적 도시형 대안학교인 '이우학교'는 교육전문가, 명망가, 시민 등 100명이 발기인으로 참여한 가운데 120억 원을 모아 2003년 분당 신도시 인근에 설립되었다. 박사학위가 있는 교사 5명, 100개가 넘는 다양한 교과목과 동아리 활동, 토론과 독서, 글쓰기 등을 내세우며 새 바람을 일으켰다. 자유 · 참여 · 대화를 강조하는 새로운 교육방식, 거기다 진학률까지 높자 전국의 중산층 학부모들의 많은 관심을 모았다. 이우학교의 입학경쟁률은 약 5 대 1, 학부모의 90%가 중산층이며 지원자의 절반은 서울 강남에서 온다(「중앙 Sunday」, 2007.5.26.).

37) 이들 학교는 새터민 청소년들의 학습결손과 학력격차로 인한 어려움을 줄이고 남한사회에의 사회 · 문화적 적응력을 높이는 데 큰 역할을 하는데, 그 대표적인 예가 정부지원으로 특성화학교 형태의 대안학교로 2006년 3월 개교한 안성의 '한겨레 중·고등학교'이다.

로의 경험과 노하우를 공유하기 위한 노력을 계속하고 있다.[38)]

2005년 3월, 대안학교를 '각종학교'[39)] 형태로 법제화하는 내용을 담은 초·중등교육법 개정안이 국회를 통과했다. 오랜 진통 끝에 2007년 6월에 제정 · 공포된 "대안학교의설립 · 운영에관한규정"(대통령령 제20116호)에 따라 다양한 형태로 실재하는 미인가 대안교육시설이 보다 손쉽게 학교로서의 법적 지위는 물론 초·중등 공히 학력인정도 받을 수 있는 길이 열리게 되었다. 새 시행령에 따르면, 교육감이 대안학교의 교육프로그램의 내용과 수준들을 평가하여 학력이 인정되는 대안학교를 지정할 수 있도록 하였고, 수업일수, 교과별 수업시간수, 교과용 도서 등에서 대안교육의 자율운영을 확대하였다. 설립심사에 대안교육계의 참여도 제도화되었다. 대안학교법의 제정은 제도권 밖 대안학교 학생들의 교육받을 권리의 실질적 보장에 큰 진전이라고 평가된다.[40)]

최근에 나타나는 두드러진 현상의 하나는 제도권교육과 대안교육 간의 의사소통과 상호교류가 무척 활발해졌다는 사실이다. 그 하나의 예로, 2005년 7월 대안교육연대 주관으로 서울시 교육청 예산지원을 받아 대안교육 교사 84명과 공교육교사 236명이 함께 모여 "대안교육과 공교육의 접점찾기"를 표방하며 대안교육 직무연수회를 개최한 바 있다.

(2) 대안교육의 유형

광의로 보면, 학교형 대안교육과 비학교형 대안교육, 그리고 학교보조형 대안교육으로 나눌 수 있다(이규봉). 학교형 대안교육은 일정 시설과 교육과정을 갖추고 학급/학년을 운영하는 형태의 교육을 말한다. 이것은 다시 정부인가 대안학교와 비인가 대안학교로 나누어진다. 정부인가 대안학교는 일반 중·고교와

38) "외국 대안교육과의 교류사,"「대안교육백서 1997-2007」, 교육인적자원부, 2007 : 47-63.

39) '각종학교'는 정규 초·중·고교와 유사한 교육을 실시하는 교육기관으로 예술계 학교, 직업학교, 외국인학교, 공민학교 등이 여기 해당된다. '각종학교'가 된 대안학교는 학년 구분 없이 교육과정을 운영할 수 있으며 교육과정의 2분의 1 이내에서 자율적으로 과목을 편성 · 운영할 수 있다. 교과서도 학교가 자율적으로 정할 수 있다.

40) 김종구, "대안교육 10년의 역사, 돌아보며 배우다,"「대안교육백서 1997-2007」 교육인적자원부, 2007 : 34-46.

마찬가지로 정규학력을 인정받는 이른바 '특성화학교'이며, 비인가 대안학교는 기타의 다양한 대안학교들이다. 비학교형 대안교육은 홈스쿨링, 계절형 대안학교, 방과후 대안교육, 야학, 열린학교 등 다양한 형태이다. 다음 학교보조형 대안교육은, 기존의 학교교육의 한계를 극복하기 위하여 시도되는 보조 및 보충적 대안교육을 말한다. 청소년 공부방, 사회단체의 동아리활동, 초등학교의 방과후 활동, 고등학교의 특기, 적성교육 등이 그것이다.[41]

학력인정 여부, 교육 프로그램에 따라 특성화학교, 위탁형 대안학교, 실험형 대안학교, 보완형 대안교육 프로그램 등으로 나눌 수 있다. 여기서 위탁형 대안학교는 자퇴의사나 퇴학위기에 놓인 아이들을 위해 별도의 교육기관에서 교육과정을 마치면 원래 다니던 학교의 졸업장을 받을 수 있도록 한 프로그램이다. 시·도교육청이 지정한 위탁교육기관으로 교육과정은 특성화학교와 비슷하다. 단기교육을 하는 위탁형 대안교실도 있다. 실험형 대안학교는 학력이 인정되지 않아 학력을 인정받으려면 검정고시를 거쳐야 하는 학교들로서, 서울시대안교육센터가 지원하는 중·고교 과정의 8개 대안학교가 그 대표적인 예이다. 보완형 대안교육 프로그램은 학교교육을 보완하는 차원에서 계절학교나 주말학교가 이에 속한다.

학교형 대안학교는 '부적응학생', 즉 제도권 교육에 '적응'하지 못하는 학생들을 대상으로 하는 곳과 제도권 교육에 '만족'하지 못하는 학생을 대상으로 '독특한 교육을 하는 곳'으로 나뉠 수 있다. 후자는 전인교육이나 개성교육을 강조한다. 그러나 두 경우 다 기존의 입시와 경쟁 위주의 억압적 제도권교육을 거부한다는 면에서, 그리고 학생의 개성과 적성, 소질을 개발하는 데 관심을 기울인다는 면에서 상통한다.

학교형 대안학교는 기존의 농산촌형 대안학교와 최근에 급성장하는 도시형

---

41) 조한혜정은 1) '학교 태'를 갖춘 학교(간디, 이우처럼 학생수도 100명이 넘고, 기존의 학교형태를 그대로 갖추고 있지만 경쟁과 입시 위주가 아니라 상생과 협력을 중시하는 방향으로 전환하는 학교) 2) '학교 태'를 갖추지 않은 학습공간(가정집을 이용하여 운영하는 '그룹 홈' 형태의 작은 복합공간) 3) 다양한 '부적응아'들로 하여금 스스로 자신의 길을 찾도록 도와주는 '실험적' 형태의 학습공간(스튜디오, 사랑방, 책방 등의 네트워크형 만남의 장소)으로 나눈다(「대안교육백서」, 1997-2007: 28-29).

대안학교가 있다. 전국 대안학교의 도농분포는 농촌 38개(39%), 도시 60개(61%)이며, 경기지역이 36개로 가장 많다(교육인적자원부, 2007f). 또한 최근 새로이 부상하는 대안학교 유형으로 새터민 청소년들을 위한 대안학교가 있다.

(3) 대안교육의 특성과 본질

대안학교들이 공통적으로 추구하는 몇 가지 특성이 있다. 대부분의 대안학교들은 제도권교육의 한계를 극복하고 "억압으로부터의 자유"를 추구하는 과정에서 이들 특성을 지향, 혹은 표방하여 왔다. 그러나 실제로 모든 학교가 이를 넉넉하게 성취하는 것은 아니다.

첫째, 대안학교들은 작은 공동체를 추구한다. 이들은 협동, 상생, 돌봄, 사랑, 나눔, 파트너십을 강조하며 긴밀한 의사소통과 적극적 참여에 역점을 두며, 교육과 삶의 과정에서 온갖 종류의 소외와 사회적 배제를 거부한다. 조한혜정은 이를 "따듯한 돌봄이 있는 가족적 공동체", "서로를 돌봐주는 학교와 마을", "'후천 가족적' 인연"(조한혜정, 2007: 30)이라고 표현한다.

둘째, 전인적 인간을 강조하고, 인성의 발현 및 인성교육을 추구한다.

셋째, 자연친화적이다. 이들 학교들은 자연과 인간의 조화, 생태주의를 추구하며 친환경적 생활양식을 강조한다.[42)]

넷째, 일과 놀이, 일과 학습의 일체화를 추구하며, 체험학습과 노작교육을 강조한다.

다섯째, 개성과 창의성을 중시하며, 자생력과 실험정신의 계발과 자기 안에 내면의 힘에 관심을 기울인다. 맞춤식 교육과 자기 주도적 학습[43)]을 강조한다.

이와 연관하여 조한혜정은 "'개성'과 '독창성'은 근대 막바지의 이데올로기이고, 막상 '불안정 고용시대'를 살아가는 아이들에게 필요한 것은 '따뜻한 돌

---

42) 그런 의미에서 생태마을, 녹색기업(green business), 대체에너지, 지속 가능한 문화를 강조한다.

43) "뿐만 아니라 '어떻게 배울 것인가'(학습방법)도 학생 각자가 결정한다.…교육방법은 철저히 맞춤식 교육이다. 이러한 학교모델에 있어서 교사의 역할은 '가르치는 사람'(teacher)이 아니라 안내자(guide)나 조정자(coordinator)이다. 학생들은 교사가 기획한 수업에 참여하는 수동적인 학습자가 아니라 스스로 탐구하는 '자기 주도적 학습자'이다"(양희규, "왜 대안교육인가?" 「맥지」 2007. 3/4월호, 통권 96호, 사단법인 맥지청소년 사회교육원, p.15)

봄'"이라고 말한다(조한혜정, 2007: 30). 조한혜정은 또한 지금까지 대안학교는 "억압으로부터의 자유"를 추구하여 왔으나, 이제 "무엇을 향한 자유"를 묻기 시작했다고 말한다. 그녀는 또한 대안교육이 급격하게 진행되는 사회해체의 와중에서 '해체사회를 재구성' 하는 학습의 장이 되어 가고 있다고 설명한다(조한혜정, 2007: 29).

한편, 안병영(2004)은 대안교육의 적극적 목표를 교육본질의 회복에, 그리고 그 소극적 목표를 교육소외의 극복이라고 정의한다. 대안교육의 본질에 관한 그의 설명을 들어보자.

> 성공적인 대안교육의 마당에서는 가르치는 교사와 배우는 학생 간에 눈빛과 눈빛, 가슴과 가슴, 영혼과 영혼이 만나고, 감동이 강물처럼 흐른다. 이때 교사와 학생의 주관의 세계가 서로 만나, 학생이 원하는 바와 교사가 돌보고자 하는 것이 합일되는, 그래서 서로가 감격하는 상황이 열린다. 이것이 교육이 추구해 온 본래의 모습이다. 그런 의미에서 이러한 참 공동체 운동은 그간 멀리 빗나갔던 교육이 뒤늦게나마, 잃어버린 자신 찾기, 본질 찾기, 고향 찾기 운동을 하는 것이 된다. 그리고 앞으로 많은 세월이 지난 후에도 교육이 마땅히 추구해야 할 가르침과 배움의 제 모습인 것이다(안병영, 2004).

(4) 대안교육의 기능

주지하듯이 제도권교육은 그 자체가 기성사회의 삶의 방식을 크게 반영한다. 따라서 그 안에는 입시 위주의 과잉경쟁과 공급자 중심의 획일성이 일상화되어 있고, 인성교육이나 공동체 의식, '돌봄' 의 문화, 그리고 개성과 창의성 계발은 뒷전으로 물러난다. 게다가 그가 지니는 대규모성, 관료적 구조, 경직성, 관성 등 때문에 변화에 둔감하고, 스스로 쇄신할 수 있는 동력을 발굴하기 어렵다. 따라서 진정한 교육혁신이 이루어지기에는 무척이나 척박한 터전이다.

대안교육은 이러한 제도권교육의 한계를 뛰어넘어 보려는 힘찬 저항이자 새로운 실험이다. 그러한 의미에서 운동적 성격이 부각된다. 대안교육은 글자 그대로 제도권교육에 대한 대안을 제시하고자 한다. 거기에는 '다른 길' 도 있다는 강렬한 메시지가 담겨 있다. 대안교육의 몇 가지 기능을 살펴보면 다음과 같다.

첫째, 대안교육은 제도권 교육에서 뒷전으로 밀리고 있는 교육 본질의 회복을 추구한다는 점에서 '가치 지킴이 기능'(value guardian function)을 수행한다. 그런 의미에서 제도권교육에게 자기성찰의 기회를 제공하며, 향후 우리 교육이 나아갈 길을 제시할 수 있다.

둘째, 대안교육은 중도탈락자, 학교 부적응자, 교육 불만족자 등에게 새로운 대안을 제시한다는 점에서 우리 사회의 '교육소외의 불식'에 기여한다.

셋째, 대안교육은 우리 사회에 존재하는 다양한 교육적 욕구와 가능성을 개발하고 그 기회를 펼친다는 점에서, 학교 모델의 다양화, 특성화에 기여한다. 따라서 우리 사회 내에 '다원주의'(pluralism)를 제고하는 데 기여한다.

넷째, 대안학교는 작고, 유연하며, 얼마간 그 운동적 성격 때문에 정부나 제도권 교육이 앞장 서기 어려운 새롭고, 실험적인 아이디어나 제도적 혁신을 선구적으로 시도하기에 용이하다. 그러한 점에서 '선구적 기능'('vanguard' function)을 수행한다. 그러나 그렇다고 제도권교육이 쇄신과 실험을 할 수 없다는 것은 아니다. 또한 실제로 대안교육의 연구, 실험 및 쇄신에 쓰이는 재원 중 큰 몫이 공적 원천에서 나오는 게 상례이다.

다섯째, 대안교육은 제도권교육의 '감시자'(watchdogs), '개선자'(improvers) 내지 '보충자'(supplementors)의 기능을 수행한다. 대안교육이 제도권교육을 대체할 수는 없다. 그러나 제도권 교육의 품질을 지켜주는 비판자 내지 감시자의 구실을 할 수 있으며, 대안교육 성과의 환류(feedback)를 통하여 제도권 교육의 개선과 보충 및 보완 기능을 수행한다.

여섯째, "대안교육은 틈새교육이자, 명품교육이 될 수 있다. 산업사회의 대량교육 속에서 특별한 개성과 생각을 지닌 소수의 학생들을 위한 교육이기 때문이다"(한병선, 2006).

어떤 이는 대안교육의 목표가 지나치게 이상적이고, 비현실적이며, 따라서 21세기의 시대적 추세와 거리가 멀다고 비판한다. 그러나 실제로 21세기 지식기반사회가 추구하는 제반 특성들은 바로 대안교육이 겨냥하는 가치지향과 여러 가지 점에서 서로 일치한다. 즉 개성과 창의성을 강조하고 혁신을 추구한다는 점, 팀워크와 네트워킹을 중시한다는 점, 소규모와 맞춤교육을 강조하는 다품종 소량생산체계라는 것, 친환경적 접근을 꾀한다는 점 등이 그러하다. 그런가 하면, 대안교육은 자기 주도적 접근을 강조하고, 일과 놀이를 접목시키며, 계속교육의 이상을 추구한다는 점에서 평생학습사회형 교육이라고 할 수 있다. 그러한 관점에서 볼 때, 대안교육은 오히려 우리 시대가 나아갈 방향을 미리 조망하고, 그것을 앞서서 실천하고 있는 선구적 운동이라고 할 수 있다.[44)]

(5) 대안교육의 현황

대안교육은 초기에 부적응아, 문제아 학교유형이 많았고, 농산촌 대안학교 유형이 그 주류를 이루었으나, 이후 이들 유형 이외에 '독특한 교육을 하는 곳'으로, 도시형 대안학교로, 기타 위탁형 대안학교, 실험형 대안학교, '새터민' 대안학교 등으로 그 유형이 다양화되어 왔다.

2007년 현재 정규 대안학교 29개교(고등학교 21개교, 중학교 8개교), 비정규 81개교, 위탁교육기관 110개(1년 이상 장기 36기관, 단기 74기관) 등에서 1만 8000여 명의 학생을 수용하고 있다.[45)] 이 중 정규 대안학교(특성화학교)에 재학 중인 총 학생수는 2006년 말 현재 총 2,478명(고교 1,919명, 중학교 559명)이다(교육인적자원부 2007f: 75).

이들 대안학교들은 그 대부분이 제도권교육과 비교할 때 인성교육, 생태교육, 체험 위주 학습을 강조하고, 개성개발과 특성화된 교과에 역점을 둔다. 그러나 많은 학교들, 특히 비인가 대안학교들은 그 교육이상에 비해 시설 등 교육여건이 열악하고 교육과정의 정비와 프로그램 개발에도 힘이 부친다. 교육재정뿐만 아니라 교사수준에 있어서도 입시 위주 교육이 아니므로 대학진학에서 경쟁력이 크게 떨어지는 게 사실이다.[46)]

---

44) 안병영은 21세기가 장기적으로 추구해야 할 모형은 '경쟁모형'이 아닌 '상생모형'이며, 대안교육의 이상과 목표는 상생모형에 상응한다고 그 특성을 밝히고 있다(안병영, 2005c).

45) 정부인가를 받은 정규 대안학교는 운영비, 교사인건비를 일반학교와 동일하게 받는다. 또 학력이 인정돼 검정고시를 치르지 않고 진학할 수 있다. 대신 국어, 영어, 수학, 과학, 기술 등 국민공통 기본 교과목을 반드시 들어야 한다. 나머지는 학교특성에 맞게 자유롭게 정할 수 있다.

46) 대안학교의 대학진학률이 계속 개선되는 추세이다. '실패한 공교육 탈출구'로 출범한 대안학교들은 언필칭 "대학진학이 삶의 목표는 아니다"를 강조하고 있으나 특히 인문계 정부인가 대안학교의 경우, 대학입시를 외면할 수 없다. 경기도 분당의 이우학교는 2007학년도 졸업생 69명 중

그런 가운데 참여정부 아래서 지방분권운동과 맞물려 중앙의 재정지원이 약화되고 있다. 교육인적자원부 지정 자율학교 시범운영도 시·도별 자율학교 운영으로 전환됨에 따라 중앙의 재정지원이 감소되고 있는 실정이다.

그런가 하면 정부인가 대안학교의 경우 교육청의 예산투입과 동시에 공문서가 폭증하고, 규제 · 감시가 강화되며 교육청의 요구에 따르다 보면 부지불식간에 관료주의의 늪에 빠지게 된다.[47]

대안교육의 법제화로 얼핏 보면 대안학교의 장래가 밝아 보이나, 실제에 있어 대안교육의 미래비전은 밝지만은 않다. 최근 들어 적지 않은 수의 전문계 고교가 경쟁력을 갖춘 특성화학교로 변신하고 있고, 이에 더하여 정부가 앞장서서 지원하는 '개방형 자율학교'가 상대적으로 유리한 입장에서 도약을 준비하고 있다. 이러한 상황에서, "가장 애매한 게 특성화 대안학교의 위치이다. 시간이 지날수록 대안학교는 아무런 특성이나 전문성도 갖지 못한 학교로 추락할 가능성이 많다"(양희규, 2007: 12).

(6) 대안교육의 과제

그간 대안교육은 우선 양적으로 크게 성장했다. 이제 수도 많아졌고 몸집도 커졌다. 또 다양화도 이루었다. 도시로의 진입도 성공했다. 특히 제도권과의 거리도 많이 좁혔다. 무엇보다 1997년 '특성화고교'와 '자율학교', 그리고 2005년 '각종학교'라는 우회로를 통하여 보다 수월하게 학력인정을 받고, 정부지원도 받을 수 있는 기회를 얻었다.

이처럼 정부 및 제도권교육과 거리가 가까워지면서, 그것이 가져다주는 여러 가지 이점에도 불구하고 적잖은 우려의 목소리가 높다. 그중 하나는 대안학교

서울대 2명을 포함, 3분의 2 정도가 대학에 진학했다. 다른 대안학교들도 학생들의 '주특기'를 개발하여 「대안학교 특별전형」 등을 통해 대학문을 두드린다. 졸업생들은 아티스트, 인권운동가 등 다양한 삶을 추구한다. (「중앙 Sunday」, 2007.5.26.)

47) 그런 의미에서 최근 많은 이가 대안교육의 최대의 적은 내부에 있고, 그것이 바로 '관료주의'라는 점을 지적하고 있다. "교직원 간의 업무분화로 인간관계가 약화되고 있으며, 학교 구성원들(교직원, 학생, 학부모 등)의 철학과 배경이 다양해서 상호 동의나 합의를 형성하기 힘들어졌다. 교육청, 학부모, 지역사회 등 외부로부터 각종 요구가 증가하고 있지만, 현재는 이에 대응하는 구성원들의 공동노력이 미흡한 상태이고, 초기의 '가족학교' 같은 공동체 의식 또한 많이 약화되었다"(배성근, 2001).

특유의 자율성이 침해될 수 있다는 점이다.[48] 미인가 학교가 인가를 받게 되면, 어쩔 수 없이 다소간의 관료적 통제를 받게 되며 이렇게 되면 원래의 학교설립의 취지를 살리는 데 부담이 될 수 있다. 이 문제는 정부와 대안교육계 간의 지속적인 의사소통과 협력을 통해 크게 줄일 수 있다.

두 번째 우려는 이른바 '짝퉁' 대안학교가 남설되지 않을까하는 우려이다. 혹 이들 대안학교들이 자칫 본래의 모습이 퇴색되고, 점차 제도권 교육을 닮아가지 않을까하는 걱정이 그것이다. 자금은 있으나 철학이 빈곤한 이들이 대안학교 설립에 매달리면, 대안학교는 하루아침에 '일류' 지향의 입시학원으로 변질될 수 있는 위험을 안게 되었다. 인문계 대안학교의 경우, 날이 갈수록 가열화되는 학부모들의 입시중시 교육 요구에 밀려 대안교육에 매진하겠다는 초심이 흔들릴 수 있다.

그런데 최근의 흐름을 보면, 교육복지 차원의 '부적응 학생'에 대한 관심은 상대적으로 약화되고, 개성교육의 이름으로 '일류지향'의 대안학교가 필요 이상으로 크게 부상하고 있다는 느낌이다. 실제로 대안학교 중에는 이미 대안학교라고 보기에 지나칠 정도로 '세속화'된 학교들도 존재하고 있다. 대부분의 특성화 대안학교들은 인성교육과 대학입시의 두 마리 토끼를 잡느라 고민이 많은 게 사실이다. 그러나 대안학교가 또 하나의 입시발판으로 변질해서는 안 된다는 우려의 목소리가 높다.

이러한 우려를 불식하기 위해서는 대안교육 안에서 자정(自淨)운동이 필요하다고 본다. 대안학교들은 그들 스스로 엄격한 정체성 확립과 질적 관리에 나서야 하며, 자율규제에 더욱 노력을 경주해야 할 것이다. 아울러 제도권과의 건강

48) 양희규 간디학교 교장은 "인가를 받은 뒤 간디학교가 겪은 변화들"에서, 인가 후 봉착한 어려운 문제로 1) 교육과정의 편성과 운영에 관한 자율성을 침해받는다는 것, 그리고 2) 학생들을 성적 기준으로 석차를 내고 내신성적을 내야 한다는 점을 들고 있다. 이와 관련하여, 그는 "특성화고등학교의 경우는 70% 정도의 자율성을 가지고 있어 교과편성상의 제약은 거의 받지 않는 편이다.…하지만 특성화중학교의 경우는…70%는 국가교육과정을 따라야 하고 자율권이 30% 정도밖에 되지 않아 사실상 교육과정 편성에 거의 자율권이 없는 셈이다."라고 말한다. 그는 이와 더불어 인가 이후에 가장 심각한 변화는 교사문화가 점점 공동체성을 잃고 직장으로 변해 간다는 점을 지적하고 있다(양희규, "인가를 받은 후 간디학교가 겪은 변화들," 「민들레」 2005년 5-6월호 : 57-59).

한 긴장관계를 유지하며, 자신의 참 모습을 지키기 위해 배전의 노력을 해야 한다. 또한 학교인가를 위한 보다 엄격하고 공정한 민관합동 심의제도가 마련되는 것도 바람직하다.

이와 연관하여 정부의 공정하고 책임 있는 정책관리는 매우 중요하다. 그러나 재정지원을 기화로 대안교육에 대한 지나친 관여나 규제를 해서는 안 된다. 대안학교 운영주체들도 그들이 당초에 의도했던 '대안적 기능'을 바르게 수행하기 위해서는 정부에 의존을 최소화하고 스스로의 재정자립 노력에 더 힘을 경주해야 할 것이다.

대안교육은 그동안 일천한 역사를 통하여 생존과 양적 확대에 큰 비중을 두어 왔다. 실제로 대안교육의 질적 관리를 위해 제반 여건이 충분치 못했던 것도 사실이다. 그러나 현 단계에서 대안교육이 가장 관심을 기울여야 할 부분은 질적 개선, 다시 말해 대안교육의 내실화이다. 그중 가장 중요한 것은 우수교사 확보와 교육과정의 연구와 개혁이다. 우수교사 확보를 위해서는 교사양성 및 교사연수체제를 확립하고 양자 간의 유기적 연계를 강화해야 할 것이다.

대안교육에 투신해 온 대부분의 교사들, 특히 초기의 선각자들은 적어도 열정과 헌신이라는 면에서 출중한 재목들이었다. 그러나 정작 그들이 추구하는 '돌봄'의 교육이 실질적 성공을 거두기 위해서는 희생적 열정만으로는 부족하다. 그들이 21세기 지식기반사회가 요구하는 창조적 지식근로자를 양성하기 위해서는 도덕성과 더불어 그에 걸맞은 지적 우수성 내지 고수준의 지적 전문성을 갖춰야 한다. 그렇다면 이처럼 우수한 교원을 어떻게 확보할 수 있을까? 이것이 대안학교가 함께 고민해야 할 과제이자 함께 풀어야 할 난제이다.

대안학교의 교육과정을 그 교육목표에 합당하게 구성하고 다양한 교육 프로그램을 연구, 개발하는 문제 또한 쉬운 일이 아니다.

이러한 제반 문제를 풀기 위해서는 개개의 대안학교의 자체 노력만으로는 불가능하다. 그들 간의, 또 그들과 그들 지원세력들 간에 지속적 · 협력적 · 실천적 연대와 공동노력이 필수적이다. 우선 대안학교와 그 지도자들 간의 지속적 소통과 만남, 그리고 공동 연구와 집단적 문제풀이가 필요하고, 정부 및 공교육, 그리고 교육시민사회와 학부모 등의 다양한 지원과 협력이 불가결한 요소이다. 뿐만 아니라 대안교육에 깊은 관심을 갖고 가까이서 지켜보는 교육계, 지성계, 지역사회, 폭넓은 시민사회와 대안교육 발전을 위한 규범적 공동체를 형성하는 것이 필요하다. 대안학교가 이제 제2의 도약을 이루기 위해서는 대안학교를 구심체로 하여 대 사회적 관계에서 다양하고 밀도 있는 네트워킹과 파트너십이 조직적으로 이루어져야 할 것이다.

이와 연관하여 양질의 교사 확보와 연수를 위한 공동의 네트워크의 형성, 대학에 대안교사 양성 전담학과 설치, "대안교육연수원" 설치 등 여러 가지 방안이 논의되고 있다. 그간 안병영 교수는 이러한 노력의 일환으로 정부관여의 "대안교육연구센터"의 설립을 주창해 왔다. 이곳에서 대안교육에 관한 철학과 지식, 이론연구와 더불어 그 발전을 위한 다양한 정책 연구와 구체적 방안 제시도 이루어져야 할 것이다.

현 단계의 대안교육의 과제 중 매우 절실한 사안이 탈북 청소년들을 위한 대안교육이다. 계속 늘어나는 탈북 청소년 중 상당수가 '교육'은 꿈도 꾸지 못하고 '수용' 수준에 그치고 있는 형편이며, 어렵사리 취학을 해도 초기 사회적응 교육의 미비와 사회적 편견으로 인해 많은 수가 중도탈락의 길을 걷게 된다. 따라서 이들 새터민 청소년들이 남한사회에 정상적으로 통합되어 건전한 시민으로 성장하기 위해서는, 이들에 대한 대안교육의 강화가 절실히 요구되고 있다. 그러나 이 문제에 대한 정부의 정책적 의지는 아직 미약하기 짝이 없는 수준이다.

(7) 결론

최근 제도권교육의 학교장들이 앞 다투어 대안교육연수를 받는다는 사실은 신선한 충격이다. 그들이 제도권 교육에 머물면서 대안교육의 철학과 교육방식을 일반학교에 자연스레 도입하고 그 뜻을 확산할 때 그것은 참다운 교육개혁이라고 생각한다. 대안학교를 매개로 제도권 교육이 그 본질을 찾아 나설 때, 제도권교육과 대안교육 간의 벽이 허물어진다. 양자는 쉽게 접점을 찾을 수 있고, 결국 큰 물에서 다시 만나게 된다.

제도권 교사들이 하루하루 교육현장에서 투철한 대안교육 정신으로 임할 때, 입시 위주의 교육으로 숨 막히게 경직되었던 제도권 교육에 마치 동양화의 여백 같은 여유가 감돌고, 돌봄의 공동체가 형성되며, 그 안에서 자라는 청소년들은 상생모형(相生模型)을 추구하는 건강한 21세기의 주역으로 성장할 수 있을 것이다.

대안교육은 그것이 아무리 요원의 불길처럼 타오른다 해도 제도권교육을 대체할 수는 없다. 그것은 다만 제도권교육에 경종을 울리며, 각성을 유도하고, 새 길을 제시하여 자기 변화를 견인할 수 있을 뿐이다. 또한 대안교육이 제도권교육에 대하여 참다운 '대안'을 제시하기 위해서는 부단한 자기 혁신이 요구된다.[49]

4. 복지친화적 교육환경 조성

가. 학교의 교육복지역량 강화

(1) 배경

현재 학생들은 상급학교 진학을 위한 수험 준비에 거의 모든 시간과 에너지를 투입하고 있는 실정이며 학교생활의 기본구조도 이에 초점을 두고 있다. 이로 인해 학생의 다양한 정서적 · 심리적 특성을 고려한 교육적 대응이 미흡한 실정이다. 또한 과도한 성적 위주의 교육풍토 속에 나타나는 학생들의 정서적 · 심리적 욕구에 대한 부적절한 대응은 학생들의 일탈 및 병리 현상을 초래하는 원인이 되고 있다.

우리 학교의 인권 · 복지의식은 높지 못하며 경직된 관료제적 교육행정 풍토와 집단주의적 교육운영체제로 개개인의 주체적 삶이 존중되고 가치가 인정, 격려되는 학교 분위기가 미흡한 실정이다. 또한, 일부 학교 · 교사의 부적절한 교육적 대응으로 인해 학생들의 학교 · 교사에 대한 불신이 발생하기도 한다.

가정의 교육기능 약화, 학생들의 인권존중 의식 부족과 타 학생에 대한 관심과 이해 부족으로 인해 차별, 따돌림, 폭력, 낙인찍기 등이 발생하며, 최근에는

49) 이와 연관하여 간디학교의 양희규 교장은 "성장하고 혁신하지 못하면 죽습니다."라고 절박한 심경을 토로하고 있다(양희규, 2007: 17-18).

학교폭력 및 집단따돌림 등이 감소하는 경향이나, 일부 심각한 사안 발생으로 사회적 우려가 상존하고 있다.

학교별로 전문상담교사가 배치되어 있으나, 수업겸임으로 인해 실질적 상담이 미흡하고 교원의 사기저하 및 일부 교원의 생활지도 기피 현상이 발생하고 있으며, 학생들의 생활지도 및 부적응 행동을 치유하기 위한 학교 · 가정 · 지역사회 간 유기적 협력체제도 미흡한 실정이다.

(2) 바람직한 학교의 모습 : 밝고 즐거운 학교, 모두가 행복한 학교

우리가 원하는 학교의 모습은 학교구성원 모두가 자신의 역량을 최대한으로 개발하고 발휘하며 모두가 함께 성장해 나가는 학교이다. 학생은 학생으로서, 교사는 교사로서 자신의 잠재역량 발휘를 극대화할 수 있는 학교가 최상의 학교임은 두말할 나위가 없다. 이러한 학교는 구성원의 성장발전을 위해 조직의 역량을 결집시킬 수 있는 역량을 지닌 학교이다. 그러기 위해서는 학교는 구성원 모두가 자신의 역량을 발휘할 수 있도록 동기를 부여하고 이를 실질적으로 지원하는 사고방식, 조직문화, 운영 시스템, 교육 프로그램 및 환경을 갖추어야 한다.

학교구성원이 자신의 잠재능력을 발휘할 수 있도록 하는 관건은 학교의 '심리적 온도'를 높이는 것이다. 학교의 심리적 온도는 구성원의 열정, 헌신, 집중, 애착, 긍지, 성취감, 응집력 등으로 나타나고 측정될 수 있다. 이러한 조건을 형성하려면 학교에서 구성원들이 갖는 경험들이 그들에게 유의미하여야 한다. '의미 있음'(meaningfulness)은 사람들의 동기부여를 위한 우선적 조건이다. 교사는 그들의 일이 의미 있다고 인식할 때 자신의 역량을 집중하게 되고, 학생들도 학교에서 갖는 학습경험이 유의미하다고 느낄 때 학습의욕이 높아지게 된다. 우리 학교가 안고 있는 본질적인 문제는 교사와 학생의 일을 유의미하게 만드는 데 실패하고 있다는 점이다.

학교가 만성적 침체에서 벗어나 활력을 되찾고 유의미한 경험을 나누는 진정한 교육과 학습의 장(場)이 되기 위해서는 학교의 교육복지적 역량이 획기적으로 증진되어야 하며, 이는 곧 학교에서 나타나는 교육소외를 최대한 극복하고 모든 학생과 교사가 소외됨 없이 자신의 과업에 주체적으로 임하여 잠재역량을 최대로 발휘하는 교육–학습 공동체를 만들기 위한 길이다.

(가) 교육복지적 학교의 요건

- 교육복지적 사고 : 인권, 개방성, 다양성, 자율성, 유연성, 상대성 존중
- 교육복지적 시스템 :
  - 자율과 책임, 참여와 협동을 통한 능동적 업무 추진
  - 개방성, 다양성, 상대성, 효율성을 중시하는 교육 운영
  - 조직으로서의 학습능력, 문제 진단 및 대응을 통한 자기 쇄신(self-renewal) 시스템
  - 개방적 대외협력 네트워킹(networking)
- 교육복지적 프로그램 : 학생의 교육적 요구에 부응하는 유연한 프로그램 운영
- 교육복지적 환경 : 숨실 수 있는 공간(escape), 쾌적성, 편리성, 학습지원성
- 교육복지적 문화 : 소외 극복의 생산적 문화

1) 교육복지적 사고

교육복지적 사고란 학습자가 교육기회로부터 소외됨 없이 자기의 능력을 최대한으로 발휘하면서 성장할 수 있도록 도와주는 사고방식을 의미한다. 이를 보다 쉽게 파악하기 위한 한 가지 방법은 어떤 사고가 과연 학습자의 소외를 초래하고 능력발휘를 제한하는가를 살펴보는 것이다.

학습자 개인의 인간으로서의 존엄성과 가치를 존중하지 않는 것, 특정한 잣대를 통해 획일적으로 학습자를 평가 판정하고 그에 따라 정해진 틀에 의해 대우하는 것, 학습자의 다양한 교육적 요구와 특수한 여건 등을 고려하지 않고 정해진 내용과 기준을 경직되게 적용하는 것, 학습자의 다양한 사고와 관점을 수용하여 창조적인 능력을 키우기보다는 획일적이고 독단적인 관점에 의한 논리와 결론을 받아들이도록 강요하는 것, 학습자에게 내재되어 있는 성장주체로서의 잠재력 발현을 돕기보다는 정해진 내용을 인위적으로 주입하려고 하는 소위 은행저금식 교육(banking concept of education), 사물의 다양성과 가치의 상대성을 인정하지 않고 특정 이념 및 가치에 대한 교조적 · 독단적 자세를 바탕으로 자기와 다른 존재에 대한 편견, 배척, 차별을 조장하는 것 등이 이에 해당될 수 있다고 본다.

교육복지적 사고는 이와 같은 사고들을 극복하는 것이다. 인간 존중 의식, 존재 방식과 관점의 다양성과 가치의 상대성에 대한 존중 및 관용(tolerance), 개인의 다양한 교육적 요구와 여건에 대한 이해와 배려, 개인의 성장잠재력에 대한 믿음을 바탕으로 창의와 자율을 존중하는 학습경험 제공 등이 그 내용이 될 것이다. 요컨대, 교육복지적 사고는 인간존중, 탈소외, 탈독단주의, 인간 성장잠재력 발현에 대한 믿음 등이 요체가 된다고 할 수 있다.

2) 교육복지적 시스템

교육복지적 시스템은 교육복지적 사고가 그대로 모든 교육실천 장면에 반영되어 실현되는 시스템을 말한다. 또한, 개인과 조직의 목적 달성에 있어서 학교구성원이 지니는 잠재역량이 최대한 발휘될 수 있도록 자연스럽게 인도하는 그러한 시스템을 말한다. 학교의 운영에 있어서는 역시 자율성, 다양성, 상대성이 존중되는 개방적 사고, 인간 중심의 사고가 기본적인 원칙으로 적용되어야 할 뿐만 아니라 다음과 같은 요소들이 실현되어야 한다.

가) 권한위임과 협동

학교구성원의 능력이 발휘되기 위해서는 자율과 참여가 이루어져야 하며, 이것이 가능하기 위해서는 권한위임(empowerment)과 협동이 이루어져야 한다. 이 과정에서 키워드가 되는 것은 신뢰(trust)와 의미부여(meaning-making)이다. 조직 속의 구성원이 소외되는 경우 그 문제의 핵심은 '의미 없음'(meaningless-ness)과 '권한 없음'(powerlessness)이다. 자기가 하는 일이 의미가 없으므로 그 일을 하는 데 있어 주체적으로 참여하여 자신의 능력을 발휘하고자 하는 동기부여가 일어나지 않는다. 자기가 하는 일을 스스로 결정할 수 있는 권한, 과업을 수행하면서 중요한 결정을 스스로 내릴 수 있는 권한이 없으므로 일을 하면서도 그것이 자신의 일이라는 애착이 가지 않으며 그에 대한 책임감도 생기지 않는다. 이와 같은 '소외된' 상황에서는 어느 누구도 자신의 능력을 최대한 발휘하면서 성장하는 것이 어렵게 된다. 권한위임이 이루어질 때는 자율적 권한과 그에 따른 책임이 위임되고 참여의 기회가 만들어지는 것이지만 또 하나 중요한 것은 신뢰의 메시지가 전달된다는 것이다. 신뢰 없이 권한위임이 이루어지기는 어렵기 때문이다.

협동은 여러 가지 면에서 조직의 역량을 결집시키는 긍정적 효과를 가져온다. 개인이 지닌 장점의 결합을 통해 시너지 효과가 생기는 것은 물론, 개인의 약점을 상호 보완하여 위험성(risk)을 줄이고, 결과에 대한 책임을 분산함으로써 개인이 지는 부담을 완화하여 보다 모험적 · 혁신적인 시도를 가능하게 하며, 구성원 간의 의사소통을 촉진하여 원활한 정보교환을 바탕으로 보다 생산적인 아이디어를 창조할 수 있고, 원활한 의사소통은 개인의 표현 욕구를 충족시켜 스트레스를 해소함으로써 조직 내 정신건강에도 기여할 수 있다. 또한, 협동적 작업과정을 통해 구성원 간의 신뢰 관계가 형성되고 갈등이 해소되는 효과도 기대할 수 있다.

나) 문제인식 및 해결능력 – 학습능력 및 자기쇄신 능력

학교가 조직으로서 생산성을 높이고 생명력을 유지하기 위해서는 학교가 지니는 문제점을 인식할 수 있는 감수성(sensitivity)이 필요하다. 자신의 문제를 제대로 인식할 능력이 없는 조직으로부터는 발전을 기대하기가 어렵다. 문제의 인식이 이루어지면 그 다음 단계는 이를 해결하기 위한 의지, 능력, 에너지를 요구한다. 문제해결의 의지가 있어도 이를 구체적으로 해결해 나갈 능력이 확보되어 있지 않으면 현실적으로 효과적인 문제해결이 어렵게 된다. 또한, 문제해결 능력이 있다 해도 이를 실천하기 위한 자원과 에너지가 뒷받침이 되지 않는다면 역시 문제해결은 어렵게 될 것이다.

이와 같은 문제인식 및 해결능력은 학교가 경험을 통해 스스로 학습해 나가는 능력을 필수적으로 요구한다. 구성원 간의 협동적 학습활동을 통해 문제인식, 의지, 능력, 에너지가 촉진, 형성, 확산, 강화된다. 개인주의화된 조직에서는 이와 같은 기능이 활발하게 이루어질 수 없다. 결국, 협동적 학습능력을 바탕으로 자신의 문제를 해결해 나가면서 스스로를 변화시킬 수 있는 자기쇄신 능력을 지닌 학교가 곧 모든 구성원으로 하여금 잠재역량을 발휘토록 하고 변화와 발전의 기회를 끊임없이 부여하는 학교가 될 수 있다.

다) 개방적 대외협력 네트워킹(networking)

학교는 전형적인 개방형 사회체제(open social system) 중의 하나이다. 환경과

의 상호작용을 통하지 않고서는 학교가 제대로 기능하기 어렵다. 학교의 거의 모든 자원은 환경으로부터 온다. 학교의 존재이유(raison d'etre, legitimacy)는 학교의 생산물 및 생산 과정에 대한 환경으로부터의 평가에 의해 정당화된다. 즉, 환경은 학교의 자원공급자이자 평가자 역할을 하게 된다. 학교가 원활한 기능을 수행하기 위해 필요한 자원을 획득하고 보다 나은 평가를 받기 위해서는 환경과 보다 생산적인 관계를 수립하는 것이 긴요하다.

학교의 환경으로 작용하는 주체들은 매우 다양하지만 무엇보다도 학교의 1차적 고객이라 할 수 있는 학부모와의 생산적 상호작용은 매우 중요하며 이들과 긍정적인 관계를 수립하는 것은 우선적 과제라고 할 수 있다. 또한, 교육행정기관 및 지역사회의 다양한 기관, 단체, 주민들과의 관계를 통해 학교의 과업 수행 및 문제해결에 필요한 도움을 얻고 지역사회의 발전에도 기여하는 것이 학교가 취해야 할 과제라고 할 수 있다. 이를 위해서는 학교가 종래의 폐쇄성을 극복하고 개방적인 조직으로 거듭나는 노력과 인식의 전환이 절실히 요구된다.

그림 3-9 학교혁신의 기본구도

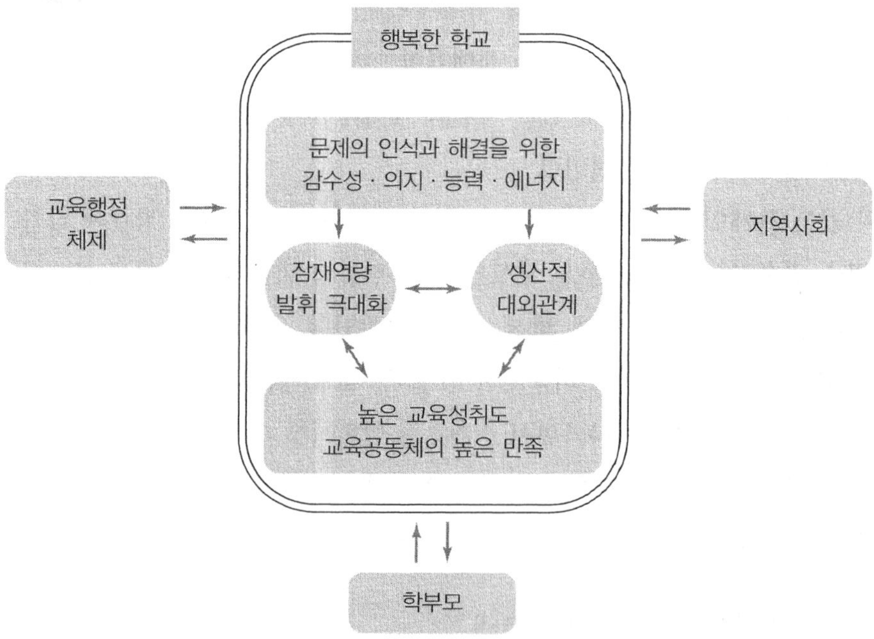

자료 : 교육인적자원부, 2006 학교혁신기본매뉴얼.

3) 교육복지적 프로그램

학교의 교육 프로그램은 본질적으로 교육복지적이어야 한다. 즉, 학생의 교육적 필요에 맞는 유의미한 학습경험을 제공할 수 있도록 설계되고 실행되어 교육소외를 최소화할 수 있어야 한다. 교육 프로그램은 누구에게나 동등하게 제공하되 학습자 개인의 관심과 적성, 능력에 부합되는 방향으로 조정되어야 한다. 한 학교에서 그 모든 것이 제공될 수 없다면 학교 울타리를 넘어 교육기관 간 또는 지역사회와의 협력 네트워크를 통해서 제공될 수 있도록 하여야 한다. 한 학교 안에서 학생들의 다양한 교육적 필요가 모두 충족되어야 한다는 생각은 이제 더이상 고집하기 어려워졌으며 고집할 명분도 없다. 학교 간 또는 지역사회기관 간 교육협력망을 통해 학생들에게 보다 나은 학습경험을 제공할 수 있다면 그것이 더 좋은 방식이다.

동일한 내용을 가르치는 학교를 학생 능력수준에 따라 구분하여 운영하자는 것(수직적 분화)이 평준화 비판론자들의 주장이라면, 이와는 달리 학교를 학생들의 재능과 진로에 따라 다양하게 설치 운영하는 방안(수평적 분화)도 확대 적용할 필요가 있다. 이는 학생들을 능력에 따라 등급화하는 전자와는 의미를 달리한다. 학교별로 제공하는 학습경험을 보다 특성화하여 보다 질적 수준이 높고 유의미한 교육기회를 제공하자는 것이다. 실업계 학교뿐만 아니라 일반계 학교들도 보다 세부적으로 특성화하는 방안이 검토될 필요가 있다. 이공계 특성화고교, 사회과학계 특성화고교, 어문학계 특성화고교, 예체능계 특성화고교 등으로 보다 세분화할 수 있을 것이다. 이들 학교는 국민공통기본교과 외에 2, 3학년에서는 진로에 맞는 집중적인 전문교육을 실시할 수 있는 교육여건—교육과정, 교사, 교육시설 등—을 마련하게 된다.

학교들은 또한 학생의 능력 수준에 따른 심화반과 보충반을 두어 학력을 향상시킬 수 있는 프로그램을 유연하게 설치 운영할 필요가 있다. 방과후학교 프로그램은 이러한 목적에서 유용하게 활용될 수 있다. 방과후학교 프로그램은 또한 동아리 활동, 특별활동 등과 함께 학생의 특기적성을 계발하는 학습경험을 제공하는 데 효과적으로 활용될 수 있다. 이들 활동은 교과학습에 지친 학생들의 스트레스를 해소하고 지친 심신을 재충전하는 휴식(escape) 효과를 제공하며, 보다 균형 잡히고 건강한 심성과 건전한 여가선용 능력을 기르는 프로그램으로 활용될 수 있다.

학교에 부적응하는 학생들에게는 보다 다양한 대안교육의 기회가 제공될 수 있어야 한다. 학교 내 대안학습 교실, 대안교육기관 위탁교육, 기타 다양한 대안교육적 활동에 참여함으로써 자기 존중감과 삶의 의미를 찾으며 학업에의 동기를 새롭게 할 수 있는 심리적 적응 기간과 적정한 프로그램이 제공되어야 하며 이를 통해 학생의 적응유연성이 향상될 수 있도록 하여야 한다.

이상과 같은 프로그램의 운영은 결국 학교의 적응유연성을 높이는 방안들이다. 다양한 학생들의 교육적 필요에 부응하는 프로그램들을 제공하기 위해서는 기본적으로 학교의 유연한 프로그램 운영이 요구되며 이것이 곧 학교부적응을 해소하고 모든 학생들이 유의미한 교육기회를 가질 수 있도록 하는 학교의 적응유연성(resilience) 확보 방안이 될 수 있다.

4) 교육복지적 환경

인간의 심성은 주변환경에 의하여 많은 영향을 받는다. 교육이 실시되는 학교는 교육활동이 효과를 높이는 데 도움을 주는 시설공간이 확보되어야 한다. 학생들에게는 학습이 이루어지는 학습공간뿐만 아니라 지친 심신을 쉴 수 있는 휴식공간이 제공되어야 한다. 현재 우리 학교의 시설 개념에는 이러한 학생들의 휴식공간에 대한 개념이 거의 존재하지 않는다.

학교시설은 또한 기능적으로 학습지원성이 높아야 하며, 그 외에 안전성, 쾌적성, 편리성 등이 확보되어야 한다. 효과적인 학습활동에 필요한 공간과 기자재가 확보되고 학생들의 활동량이 많고 규모가 큼에 따라 시설물의 안전도가 높아야 하며, 공간구조, 조명, 소음, 내외 경관 등에 있어 쾌적하고 안정된 분위기가 조성되어야 하고, 시설들은 사용하기에 편리하고 위생적이어야 한다.

학교주변의 위해적 요소는 예방되고 제거되어야 한다. 향락업소나 비위생적 시설 등은 제한되어야 하고 학생들의 주된 등·하교 이동로에서의 안전은 철저하게 관리되어야 한다. 지금은 퇴직한 어느 초등학교 교장은 “환경이 교육한다”라는 좌우명을 지니고 근무하였다. 환경은 학생들의 정서에 적지 않은 영향을 미치며 그만큼 교육환경은 교육의 질에 영향을 미치는 중대한 요소라고 할 수 있다.

5) 교육복지적 문화 – 소외생산 문화의 극복

학교관리 및 교육운영의 획일성, 경직된 교육 프로그램, 폐쇄적 · 독단적 기준에 의한 평가 및 관리는 학교 내 소외를 생산하는 '악성코드' 들이다. 이들은 자체의 부정적 의미를 넘어 구성원 개개인의 삶과 조직운영 전반에 대하여 심대한 영향을 미칠 수 있다. 정해진 획일화된 틀에 맞지 않는 존재들은 모두 비정상으로 간주되고 '소외' 된다. 소외된 존재들은 결국 부적응을 겪게 되고 도태된다. 이들에게는 원천적으로 동기부여를 통한 능력 발휘의 기회가 닫히게 된다. 조직문화의 폐쇄성, 경직성이 높아질수록 소외되고 부적응을 겪는 자는 늘어나고 그 정도는 심화된다. 소외시키는 자 자신도 소외된 자로부터 다시 소외되는 것이므로 소외는 그 자체로 번식 확산되면서 개인의 불행을 가져오고 조직의 활력을 떨어뜨린다(교육인적자원부, 2006a).

소외생산 문화와 소외극복 문화 그림 3-10

소외생산	⇔	소외극복
– 통제대상으로서의 인간		– 성장주체로서의 인간
– 인권 경시		– 인권 중시
– 차별, 불공정		– 공정
– 무관심, 제한된 관심		– 관심과 배려
– 이질성에 대한 배타, 따돌림		– 다양성에 대한 포용과 관용
– 낮은 기대		– 높은 기대
– 멸시, 낙인(labeling)		– 격려와 인정
– 고정관념, 편견		– 열린 사고
– 무지, 몰이해		– 지식, 이해
– 일방적 권위, 복종 강요		– 신뢰에 기초한 권위
– 권위주의적 또는 방임형 리더십		– 권한 위임(empowerment)
– 좌절, 패배감, 냉소주의		– 동기부여, 성취감, 긍지
– 의미부여 소홀		– 의미부여 중시
– 수동적 과업 수행		– 능동적 과업 수행

이와 같은 학교문화 속에서는 다양한 개인이 자신의 역량을 제대로 발휘하기 어렵다. 정해진 틀에 맞추기 위해 애쓰는 개인들로부터 창의적인 노력을 기대하기 어려우며 구성원이 지닌 다양한 잠재역량은 사장된다. 조직은 침체되고 개인의 불만은 누적된다. 긍정적 · 생산적인 에너지는 쇠퇴하고 부정적 · 회의적인 분위기가 확산된다. 조직문화는 잠재적 교육과정으로 작용하며 구성원에 의하여 학습, 전파된다.

문화는 우리가 공유하고 있는 "세상을 인식, 해석하고 그에 대하여 반응하는 마음과 행동의 틀"로서 일상 속에 자동적으로 작용하며 우리는 그것을 의식하지 않는다. 왜냐하면 그것은 무의식적으로 작용하는 너무나 당연한 가정들로 구성되어 있기 때문이다. 조직문화는 오랜 기간 동안 조직 구성원의 문제를 반복적으로 신뢰롭게 해결해 주므로 아주 당연한 것으로 받아들여진다. 이러한 가정과 신념은 조직 전반에 스며들어 있기 때문에 눈에 띄지 않게 받아들여지고 조직의 일상 속에 뿌리를 내려 구성원은 조직 내의 문제를 인식하고 사고하며 느끼고 행동하는 주된 방법으로서 이를 자연스럽게 학습하게 된다(교육인적자원부, 2006a).

우리 학교문화에 인간을 소외시키는 부정적 요소가 존재한다면 이는 우리들이 미처 의식하지 못한 가운데 지속적으로 개인들을 소외시키고 부적응을 초래하게 될 것이다. 문화는 오랜 경험의 누적을 통해 형성된 만큼 쉽게 바뀌지 않으며 안정적이다. 그러나 본질적으로 불변은 아니며, 새로운 경험과 학습을 통해 변화 가능하다(교육인적자원부, 2006a).

○ 학교에 대한 기대

학교는 성장가능성이 담보되어 있는 진정한 교육의 장(허병기, 1998)

- 수많은 의미 있는 대화가 이루어지고, 지적 탐색과 창조적 형성이 이루어지며, 세련되고 아름다운 정서의 발달과 표출이 이루어지는 곳.
- 막힘 없고 순수한 인격적 교감이 이루어지는 가운데 적절한 방식으로 보살펴지고 안내되고 격려되는 곳.
- 학생들은 모두 자존감을 잃지 않으면서 자신들의 삶을 준비하는 곳.

소외를 극복하는 생산적 학교문화란 "학교 구성원 모두가 소외됨 없이 자신의 가치를 인식하고 잠재능력을 최대로 발휘하는 가운데 성장할 수 있도록 격려 · 지원되는 문화"를 의미하며 이는 곧, ⅰ) 학교운영 전반에 자율성, 개방성, 다양성, 유연성이 충만하여, ⅱ) 개인의 인권, 인격, 개성이 중시되며 자유롭고 창의적인 사고가 수용되고, ⅲ) 서로를 존중, 신뢰하고 배려하는 가운데 의사소통이 활발하게 이루어지며, ⅳ) 협동적으로 과업을 수행하는 가운데 높은 동료의식, 소속감, 긍지를 느끼고, ⅴ) 서로에게 높은 기대를 가지고 격려 인정하여 성취동기를 높이며, ⅵ) 낭비적이고 형식적인 요소를 해소하고 의미 있는 일에 열정과 헌신을 다하여 구성원 모두가 잠재능력을 최대로 발휘할 수 있는 학교문화를 의미한다(교육인적자원부, 2006a).

(3) 정책 현황

교육인적자원부의 교육복지종합계획(2004a)은 '복지친화적 교육환경 조성'의 하위과제로 '밝고 즐거운 학교 만들기' 를 제시하면서 다음과 같은 내용을 담고 있다.

- 학생 개개인이 소외되지 않고 건강하고 밝은 인성을 가꾸며 자기 존중감을 바탕으로 성취동기를 부여하고 이를 장려하고 촉진하는 학교 체제 및 문화 형성
- 학교구성원의 인권 · 복지 의식을 제고, 단위학교 복지기능 강화, 복지지향적인 학교운영체제를 구축하여 학교를 사람이 숨쉴 수 있는 활력 있는 공간으로 재창조(의식, 공간, 프로그램)

① 교원의 교육복지에 대한 전문지식 및 인식 강화

교원양성기관의 교육과정 중 복지 관련 과목 및 자원봉사 등 체험중심 학습기회 반영 권장을 통해 교원의 교육복지 전문지식 및 인식을 제고한다. 교사임용후보자 인턴십 시범 운영을 통한 학생고충문제 지원 등 복지문제 중점 연수로 학생에 대한 이해 능력을 제고한다.

교장, 교감, 교사 연수과정에서의 인권, 복지 교육 강화를 통해 복지의식을 제고하고, 교육복지 전문가 등에 의한 교원 연수 실시를 권장하여 교원의 복지

의식을 제고한다.

② 학생 및 학부모의 복지의식 제고

학생들의 인권의식, 타인배려, 관용(tolerance) 교육을 강화하기 위한 교육 프로그램을 보급한다. 재량활동 시간을 활용한 학급단위 자원봉사 활동을 통해 복지 체험교육을 활성화한다. 외부 전문강사 등을 통한 특별수업 형태의 인권 · 복지교육을 실시하여 학생들의 의식 변화를 도모하고, 인권교육 관련 기관, 시민단체 등과 협력하여 교육 네트워크를 수립한다.

학부모의 지역 및 학교단위 교육복지 관련 활동 참여를 활성화하고 학교활동 참여 유급휴가제 등의 도입을 검토한다.

③ 단위학교 학생복지 기능 강화

학생복지부를 설치하며 전문상담교사, 사회복지사, 보건교사 등으로 구성한다. 학생복지 업무 기획 추진 및 중점 지원 대상자에 대한 집중적 지원을 실시한다. 교내 상담기능을 강화하기 위하여 상담전담교사의 수업시수 경감으로 상담에 전념할 수 있도록 한다.

학교 내 '학생 쉼터'를 설치 · 운영한다. 복지상담, 고충처리, 문화공간, 동아리 활동, 공동문제 해결 및 쉼터 기능 등 학생복지 종합서비스공간으로 운영한다.

다양한 문화활동 · 체험학습의 기회를 확대한다. 건전한 교내 및 지역 동아리 활동을 활성화하고 방과후 특기적성교육 활동을 지원한다. 지역사회 특기보유 인사를 자원 강사인력으로 활용하는 등 지역의 인적 · 물적 자원을 최대한 활용한다.

④ 학생복지 강화를 위한 절차 및 제도 개선

학생의 인권 · 자율 · 책임을 중시하는 생활지도를 전개하고, 학교공동체 구성원의 민주적 합의절차를 통하여 학교생활규정을 개정한다. 이를 통해 학교공동체 구성원의 학교생활규정 준수의식을 제고하고 각종 비교육적인 지도 또는 벌을 지양한다.

교육인적자원부에 교육인적자원부장관을 위원장으로 하고, 관계중앙행정기관 및 관련 전문가 등 11인 이내의 위원으로 학교폭력대책기획위원회를 설치하여 학교폭력 기본계획 등 학교폭력 관련 주요사항을 심의한다.

시·도교육청에 학교폭력 전담부서를 설치한다. 학교폭력 예방 및 대책에 관한 업무를 효과적으로 수행하기 위해 학교급별 담당자 등으로 구성하는 전담 부서를 설치하며, 학교별로 폭력대책자치위원회를 구성 · 운영하고 전문적인 상담이 가능하도록 상담실을 설치하며 학교별로 학교폭력 책임교사를 선임한다. 학교별로 학교폭력 예방 및 발생시 대처요령에 대한 학교폭력 예방교육을 매년 의무적으로 실시한다.

⑤ 교육복지 관련 전문가 · 자원인사의 학교 연계 활동 활성화

학교폭력 · 교육복지 · 자살예방 등 학생문제에 능동적으로 대처하기 위해 전문상담교사, 보건교사, 사회복지사 등의 실질적 활용 방안을 마련한다. 가정-학교-지역사회 간 연계 · 협력하에 입체적인 학생복지 지원 사업을 추진하고, 교사의 학생복지 관련 업무경감 및 종합적 학생지원 사업을 실시한다.

교육복지 관련 자원봉사인력의 학생지원 활동 참여를 활성화하고 예비교원, 학부모, 지역인사 등과 같은 민간 전문인력을 활용한다.

(4) 논의

초·중등학교는 거의 모든 국민이 12년이라는 기간을 보내는 중요한 삶의 현장이며, 특히 이 기간 중의 삶의 질과 성과는 이후 인생의 행로를 결정짓는 매우 중요한 토대가 된다. 학생들이 이 기간 동안 자신의 잠재능력을 발견하고 이를 신장시키며 발휘할 수 있는 기회를 제대로 향유하는가의 여부는 개인의 삶의 질과 인생의 성공을 좌우할 뿐만 아니라 사회와 국가발전에도 지대한 영향을 미친다.

좋은—즉, 교육적으로 생산적인(educationally productive)—학교를 만드는 것은 교육복지정책 중에도 가장 핵심적인 과제이며 그것이 성공했을 때 가져오는 긍정적인 효과는 가히 측정 불가능할 정도로 엄청난 것이다. 반대로 나쁜—비교육적이고 비생산적인—학교를 방치하는 것은 그 문제가 당해 학교에 그치는 것이 아니라 그 학교를 다니는 수많은 학생들의 삶을 그르치는 것이며 그로

인해 파급되는 폐해 역시 측정 불가능할 정도로 심각한 것이다.

학교의 문제를 풀지 않고 성공적인 교육복지체제를 수립한다는 것은 어불성설이다. 학교가 안고 있는 문제를 학교 스스로 모두 풀 수 있는 것은 아니지만, 학교의 문제를 그대로 방치하고 교육의 문제를 풀 수는 없다. 좋은 학교를 만드는 것 이상의 중요한 교육정책은 없다고 해도 과언이 아니다. 미국의 No Child Left Behind 정책은 취약계층 학생의 학업성취를 돕는다는 바람직한 목표에도 불구하고 교육계로부터 많은 비판을 받고 있는데, 그 중요한 이유 중의 하나는 학생들의 학업이 이루어지고 삶이 영위되는 무대인 학교 그 자체를 보다 좋은 장소로 발전시키기 위한 교육복지적인 전략과 구체적인 계획이 결여되어 있기 때문이다.[50)]

이 절에서 논의한 학교의 교육복지역량 강화는 좋은 학교를 만들기 위한 중요한 방안으로서 어떠한 이유로도 생략될 수 없는 것이다. 학생들이 의미 있는 삶을 누릴 수 있는 학교, 자신의 꿈과 희망을 실현하기 위하여 능력을 개발하고 성장해 나가며 그 성취감을 느끼는 경험을 제공하는 학교를 우리는 필요로 한다. 그것이 원래의 학교의 모습이다. 그곳은 교육적인 사고와 실천을 기반으로 생산적인 에너지가 넘치는 곳이다.

학교를 둘러싼 모든 환경들은 이와 같은 학교를 만드는 데 초점을 두고 재구성되어야 한다. 개방체제인 학교는 환경으로부터 자유로울 수 없기 때문이다. 또한, 학교 내부에서 진행되는 일들 또한 같은 차원에서 재구성되어야 한다. 비교육적이고 비생산적인 요소들은 단호하게 제거되어야 하며, 교육적이고 생산적인 요소들은 장려되고 촉진되어야 한다.

좋은 학교를 만드는 데 초점을 두고 전력을 기울이지 않으면 자칫 수많은 의욕적인 교육정책들은 그 의도와는 상관없이 학교를 형식주의, 냉소주의, 무력감에 빠지게 하고 학생과 교사에게 의미 없는 삶을 강요하며, 오히려 비교육적이고 비생산적인 요소들을 증식시키는 우를 범하기 쉽다.

---

50) No Child Left Behind 프로그램의 문제점과 개선방안에 대하여는 Deborah Meier & George Wood(eds), (2004), *Many children left behind*, Boston: Beacon Press를 참조하기 바람.

나. 학교안전 및 학생보건관리 강화

(1) 배경

(가) 학교보건과 학생 건강

식생활의 서구화로 학생들의 질병구조가 영양과다에 의한 비만 · 소아성인병 및 정신적 스트레스 등의 건강장애가 증가하고 있는 추세이다(교육인적자원부, 2004b).

학교는 면역력이 상대적으로 약한 학생들이 밀집된 공동생활을 하는 곳으로 전염병 발생시 급속히 전파되므로 신속한 대처가 요구된다. 최근 신종전염병(사스 및 조류인플렌자 등)이 출현하고, 종전에 사라진 것으로 알고 있던 홍역 · 이질 등이 재출현하고 있어 보건당국과의 협력체계 및 예방교육 자료 개발 · 홍보 등이 시급한 실정이다.

표 3-26 학생신체검사 결과 변화 추이

(단위 : %)

구 분	1999	2000	2001	2002	2003	비 고
고도비만	0.61%	0.55%	0.74%	0.81%	0.82%	평균체중 50% 이상
알레르기	1.07%	0.91%	1.21%	1.15%	1.27%	
뇨단백 양성	0.19%	0.21%	0.23%	0.27%	0.24%	신장질환 의심자

표 3-27 연도별 전염병 발생 현황

(단위 : 명)

구 분	1999	2000	2001	2002	2003	5년평균	비 고
법정전염병	3,791	51,209	8,281	52,358	3,974	23,923	홍역, 이질 등
기타전염병	1,230	4,130	1,481	1,185,881	102,421	259,029	유행성 결막염 등
계	5,021	55,339	9,761	1,238,239	106,395	282,952	

그 외에도 청소년들이 주로 술이나 담배 등을 남용하고 있으며, 일부는 본드, 부탄가스, 신나 등 유해물질과 진통제, 진해거담제 등 일반의약품까지 남용하고 있는 것으로 조사되고 있어 이로 인한 부작용 등이 발생하고 있다. 중·고등학생

의 음주경험률 40.2%, 흡연경험률 29.2%, 본드 · 가스 · 신나 흡입률 2.1%로 조사('02년 청소년보호위원회)된 바 있으며, 중·고등학생의 진통제, 잠 안오는 약, 살 빼는 약 등을 의사의 처방 없이 치료목적 이외의 용도로 사용한 경험률이 10.3%로 조사된 바 있다(교육인적자원부, 2004b).

학생건강 문제가 심화되고 있음에도 불구하고, 학생들을 대상으로 한 건강에 대한 과학적이고 체계적인 보건교육은 가정, 학교, 사회 등 어느 곳에서도 미흡한 실정이다. 보건교육에 관한 내용이 여러 교과에 걸쳐 분산되어 있고, 보건교사 배치율이 저조하여 효과적인 보건교육이 이루어지지 못하고 있는 실정이다. 각급학교 보건교육에서 전문인력의 활용이 미흡하고 학생 및 학부모의 주요 관심사인 비만, 성교육, 흡연 및 약물남용, 시력저하, 치아관리, 안전사고 등에 대한 구체적인 교육내용은 부족한 실정이다. 신설학교는 비교적 보건실에 대한 현대화된 시설 및 기구를 갖추고 있으나, 기존학교의 경우는 보건실의 환경이 아직 열악한 상태이다(이용호 · 최수환, 2005).

(나) 학교안전 및 위생

학교 급수 오염과 관리 소홀로 학교 환경위생이 훼손되는 사례가 나타나고 있다. 학교 먹는 물에 대한 수질검사 결과 지하수는 전체 1,896교 중 137교(7.2%)가 부적합한 것으로 판정되었으며('04년 상반기, 국감자료), 학교가 정수기 또는 냉·온수기를 설치하여 식수를 공급하고 있으나 필터 교환, 청소 등 유지관리 소홀로 오히려 수질이 저하되는 현상도 나타나고 있다.

교사(校舍) 내 환경 및 식품위생의 유지 · 관리기준이 미흡하다. 환기, 채광, 조명, 온·습도의 조절기준과 상·하수도, 화장실의 설치 및 관리기준, 오염공기, 폐기물, 소음, 미세먼지의 예방 및 처리기준, 식기, 식품, 먹는 물의 관리 등 식품위생에 관한 기준 설정이 미흡하다(이용호 · 최수환, 2005).

학교 주변의 유해환경 정비를 위하여 환경위생정화구역제도를 운영하면서 정화구역 내 유해시설의 설치를 제한하기 위한 학교환경위생정화위원회의 심의 기능을 강화하고 있으나, 아직도 금지보다는 해제비율이 높게 나타나고 있으며(교육인적자원부, 2004b), 지역교육청의 정화구역 내 관리학교 지도 · 점검이 미흡하여 2004년 말 현재 정비시한이 지난 유해업소가 1000개 이상 잔존하고 있는 것으로 나타났다(이용호 · 최수환, 2005).

표 3-28 학교환경위생정화위원회 심의실적

(단위 : 개소)

구 분	전 체 심의건수	정화위원회 심의결과			비 고
		해 제	금 지	금지율(%)	
1999	16,122	8,698	7,424	46.1%	· '99.10. 인천호프집 화재사고 발생 · '00.7. 유해업소 난립 관련 사회문제 대두
2000	13,491	8,116	5,375	39.8%	
2001	8,360	4,799	3,561	42.6%	
2002	7,955	4,708	3,247	40.8%	
2003	7,684	4,047	3,617	46.7%	

또한 신도시 개발이 교육환경에 대한 사전적인 검토 없이 추진됨에 따라 학교 주변에 비교육적인 시설의 난립으로 인한 사회적 갈등이 초래되고 있고, 학교 주변환경에 대한 학부모들의 관심 증가로 도시계획을 수립할 당시부터 교육환경에 대한 영향평가 실시 필요성이 높아지고 있다. 교육부의 교육환경영향평가제 정책연구 결과보고서는 학교용지 선정단계부터 기초환경 평가 및 교육환경 평가 실시를 제안하고 있다.

2002년 4월 학교보건법시행규칙을 제정하여 학교 교사(校舍) 내 환경위생 및 식품위생에 관한 세부사항을 정하고 있으나, 학교내·외의 교육환경 보호에 대한 제도는 전반적으로 미흡하다. 소위 '새집증후군'의 원인이 되는 포름알데히드나 톨루엔 등에 대한 규제기준은 미비한 실정이다(교육인적자원부, 2004b). 환경부는 2004년 5월부터 '다중이용시설의 실내공기 질 관리법'을 시행하여 새 아파트 등 공동주택의 경우 실내공기의 질을 입주 전에 측정해 공고하도록 하고 유해화학물질을 다량 배출하는 건축자재의 사용을 제한하고 있지만, 학교보건법의 적용을 받는 학교는 이 대상에서 배제되어 있다. 학교보건법은 교실 안의 공기에 대하여 미세먼지와 이산화탄소 기준만 설정했을 뿐 구체적인 판정과 관리 기준이 없고 각급학교설립운영기준에도 교실의 내부환경기준으로 실내 밝기와 소음, 온도 등만을 제시하고 있다(유상규, 2006).

한편, 학교급식 관련 안전에 대한 요구가 증가하고 있다. 급식은 학생건강과 직결되며 급식경비의 약 80%를 부담하는 학부모들은 급식의 질 향상과 안전성 확보에 대한 목소리를 높이고 있다. 학교급식 영양관리는 건강지향적으로 조직적이고 과학적으로 관리되어야 하나 에너지 공급량만 맞추는 경향이 있다(이용호 · 최수환, 2005).

2000년부터 2002년까지 3년간 학교시설 내 안전사고는 890건(교사동 내 593, 체육시설 273, 기타 24)으로 안전사고 예방을 위한 대책이 시급하다. OECD 국가의 인구 10만 명당 어린이 사고 · 사망 분포는 스웨덴 · 영국 3.8, 일본 5.8, 미국 10.2, 한국 14.8, 멕시코 17.1로, 우리나라는 OECD 회원국 중 어린이 사망률이 매우 높은 편에 속한다(교육인적자원부, 2004b).

(2) 정책 현황(교육복지종합계획, 2004)

(가) 학생보건

1) 학생신체검사 제도 개선

학생들의 상병구조 변화에 맞는 신체검사를 통하여 학생의 건강유지 · 증진 및 학부모들의 신뢰성을 확보한다. 초등학교 1학년 학생부터 3년마다 고등학교 1학년까지 종합검진이 가능한 국민건강보험법에 의한 검진기관에서 담당하고, 다만 구강질환 등 발병률이 높은 질병에 대한 신체검사는 매년 실시한다.

2) 학교 보건교육 내실화

학생들의 건강관리 능력 향상과 예방교육을 위한 과학적이고 체계적인 보건교육을 실시한다. 금연교육, 음주예방교육, 영양지침, 건전한 성문화 프로그램, 안전습관 및 사고예방 교육 등을 포함한다. 건강 · 보건교육 내용을 체계화하고 고교 선택과목에 보건과목 신설을 검토한다.

3) 학교보건급식지원센터 설립

학생들의 건강지표 및 교육자료의 개발과 학교급식의 시설 · 위생 · 운영관리에 필요한 전문적인 기술지원, 학교 내외 환경위생에 대한 실태조사 및 연구를 위한 학교보건급식지원센터의 설립을 추진한다.

(나) 학교 안전 및 위생

1) 학교환경위생정화구역 제도 강화

학교보건법령을 개정하여 정화구역 안에서의 금지 행위 및 시설을 조정하고 학교환경위생정화위원회의 심의 기능을 강화한다. 또한 학교 주변에 산재해 있는 유해업소의 계도 · 단속을 위하여 정화구역 관리 강화 및 유관기관과의 합동 단속 등을 정례화한다.

2) 교육환경영향평가제도 도입 및 정착

'교육환경영향평가제' 를 도입하기 위한 시안을 마련하여 관계부처 및 전문가 협의회를 거쳐 확정한 후 관계법령의 개정을 추진한다. 학교용지 선정 시 학교 인구의 건강을 보장하기 위한 환경적 접근을 통한 사전환경영향 평가를 실시하고, 학교용지 선정 이후에도 학교예정지 주변 유해시설 진입차단 및 교육환경적 영향평가를 실시한다.

3) 학교 교사 내 환경위생 및 식품위생 관리기준 강화

학교 교사(校舍) 내 환경위생 및 식품위생 실태를 파악하고, 실태조사 결과를 토대로 학교 내 환경위생 및 식품위생에 대한 기준을 강화하고, 학교에서의 관리매뉴얼을 개발하며 환경수준을 비교할 수 있는 등급제를 도입한다.

4) 학생 안전 관리 강화

학교 주변의 안전지대 구축을 통하여 학교 주변 안전을 확보하며, 교통안전지도를 강화하고 학교폭력 및 금품갈취를 예방한다.

학교 내 시설 등의 안전 관리 강화를 통해 교내 학생 안전을 강화한다. 단위학교 실정에 맞는 학교 안전 관리 조직 구성 · 운영 및 학교 안전 점검의 날(매월 4일)을 통해 취약요인을 중점 점검한다.

유치원 안전시설 기준 및 유지관리 지침을 개발하여 안전하고 쾌적한 유아교육 환경을 조성한다. 유아의 신체특성 및 행동방식에 적합한 시설기준 및 내부

환경기준을 마련한다.

체계적인 학교 안전교육을 생활화하여 안전사고를 예방한다. 초·중등 교과서에 안전교육 관련 내용 반영 및 교과활동 · 특별활동 · 재량활동 등을 통해 안전교육 시간을 확보한다. 체험 위주의 안전교육 실시 및 현장지도를 통한 교통사고 예방교육을 강화한다.

2007 교육인적자원부 주요 업무보고의 내용을 보면, 학교폭력과 교통사고로부터 학생들을 보호하기 위한 교육을 내실화하는 등 '학교안전망' 을 구축하는 내용이 제시되어 있다. 세부계획을 보면, 시·도교육청별로 교원 및 신입생 학부모를 상대로 학교폭력 예방교육을 실시하는 주말 및 야간 프로그램을 개설하고, 관계부처 합동으로 '학교폭력 자진신고 및 불량서클 해체기간' 운영을 정례화하며, 학생고충상담전화(교육청, 1588-7179), 상담센터(지역교육청), 학교폭력대책자치위원회(단위학교) 운영 등 학교폭력 신고시스템을 활성화한다. 또한, 보호관찰 학생과 일선교사 간 1 : 1 멘토링 사업을 실시하고, 교통사고 예방을 위해서 보호구역을 추가 지정하고 교통안전 시설물을 설치한다. 2006년 12월에 제정된 "학교안전사고예방및보상에관한법률"이 2007년 9월 시행되면 학교안전사고 발생 시 학교안전공제회를 통해 피해학생에게 선치료 보상 후 가해자에게 구상권을 행사하여 실질적인 보호가 가능하게 된다.

4 Chapter

교육복지정책 추진의 문제와 대안

1. 문제점
2. 정책현황 : '2004 교육복지종합계획'
3. 교육복지정책의 실천과제
4. 교육복지정책의 접근법

Chapter 4

교육복지정책 추진의 문제와 대안

1. 문제점

우리 사회에는 아직 교육복지라는 개념이 널리 공유되고 있지 못하며 교육복지정책의 추진체계도 확고하게 정립되어 있지 못하다. 교육복지에 대한 인식이 미흡하며 정책이 형성되고 실행되는 채널이 제대로 가동되지 못하는 실정에서 교육복지가 제대로 실현되기를 기대하기는 어렵다. 교육복지종합계획(2004)은 계획수립 이전까지의 교육복지 추진상의 문제점을 다음과 같이 지적하고 있다.

첫째, 교육복지 전담부서의 부재로 인한 체계적 정책추진의 미흡이다. 교육부, 시·도교육청, 지역교육청에 교육복지 전담부서가 없어 복합적인 교육복지 문제를 체계적 · 종합적인 시각에서 접근하는 노력이 부족하여 과제들이 전체적인 연계성 없이 산발적으로 추진되었다는 것이다. 시·도교육청 및 지역교육청의 교육복지 전담 부서 및 인력 부재로 인한 지역 중심의 교육복지 정책 추진 체제가 미비하고, 교육인적자원부 교육복지 담당부서와의 조직상 · 업무상 연계가 원활하지 못하고 지역단위 교육복지 정책의 체계적 추진이 곤란하다는 점이다. 2004.3.5. 교육부에 교육복지심의관, 교육복지정책과가 설치되고 그해 8월 시

도교육청에 혁신복지담당관실이 생기면서 이 문제는 일부 해결되었다고 볼 수 있다.[1)]

둘째, 중앙부처 및 지역의 교육복지기관 간 유기적 연계협력이 미흡하다는 점이다. 교육복지 관련 기관 간 각 단계에서의 수평적 협력이 원활히 이루어지지 않아 기능의 중복이 발생하고 시너지 효과를 거두지 못하고 있다는 것이다. 교육복지 관련 사업이 다수 부처에 산재되어 개별적으로 추진되고 있어 교육복지 수요자에 대한 종합적이고 효율적인 교육복지 서비스 제공에 어려움을 겪고 있어 수평적인 협력과 조정이 절실한 과제이다.

예 : 학업중단자 대책의 경우 법무부(소년원 학교), 문화관광부(시·도종합상담실, 청소년쉼터, 수련시설), 보건복지부(사회복지관, 아동보호치료시설, 아동직업훈련시설, 지역아동센터), 노동부(고용안정센터, 직업전문학교), 지방자치단체 등에서 실시

셋째, 현장 중심의 교육복지 서비스 제공 인프라가 부실하다는 점이다. 다양한 서비스 공급자 간 유기적 협력 네트워크 부족과 서비스 정보제공 체제의 비효율로 인해 서비스 공급자와 수요자 간 연결 기능이 미흡하다는 것이다. 학교-지역사회-가정 간의 협력을 통한 현장 중심 교육복지사업 추진에 애로가 있다.

넷째, 잠재적 민간 서비스 공급 자원의 활용 및 참여 활성화가 부진하다는 점이다. 교육복지 영역에서 도움을 줄 수 있는 잠재적 자원이 민간부문에 존재하나 이들의 참여를 이끌어내고 구체적 행동으로 옮길 수 있는 계기를 효과적으로 제공하지 못하고 있다는 것이다.

다섯째, 학교의 교육복지역량이 부족하다는 점이다. 단위학교의 학생 상담기능이 불충분하고, 복지친화적 문화의 미형성으로 학교구성원의 복지 의식 및 행동양식이 미흡하며, 학생복지 향상을 위한 프로그램 및 학사운영 등이 미흡한 실정이라는 것이다.

여섯째, 교육복지사업 추진의 법적 근거가 개별 관련 법령에 산재되어 있어

1) 2008년 10월 현재 교육과학기술부에는 교육복지지원국, 교육복지기획과가 설치되어 교육복지업무를 총괄하고 있으며, 시·도교육청의 혁신복지담당관실은 이름이 많이 바뀌었으나 그 기능은 유지되고 있다고 볼 수 있다.

종합적이고 체계적인 교육복지사업 추진이 어렵다.

예: 교육기본법 제4조(교육의 기회균등), 제18조(특수교육), 제20조(유아교육), 제27조(보건 및 복지의 증진), 제28조(장학제도 등), 초중등교육법 제28조(학습부진아등에 대한 교육), 동법시행령 제54조(학습부진아등에 대한 교육), 특수교육진흥법, 학교폭력예방및대책에관한법률, 유아교육법 등

일곱째, 그 외에도 현재의 교육재정의 전반적 어려움은 국가와 지역수준에서 주민과 교육수요자의 요구에 부응하는 충분한 교육복지사업의 추진을 저해하는 원인이 되고 있다.

이와 같은 문제점으로 인해 교육현장 및 지역사회에서 발생하는 교육소외 현상에 대한 신속하고 적절한 교육복지적 대응이 이루어지지 않는 경우가 많으며, 현장의 수요에 부응하는 체계적인 교육복지정책의 수립과 효율적인 집행이 어렵게 되고 있다는 것이다.

2. 정책현황 : '2004 교육복지종합계획'

가. 교육복지정책 추진 행정체제 구축

(1) 부처 간 교육복지 정책 협의 강화

가칭 '교육복지정책협의회'를 설치하여 교육복지 정책에 관한 부처 간 협력을 강화한다. 관계부처 국장 및 시·도교육감, 외부 교육복지 전문가, 교육복지 관련 단체 및 기관의 대표로 구성하고, 주요 교육복지 정책에 대한 인적자원개발회의 심의를 통해 부처 간 협력을 확보한다.

※ 2006년 교육인적자원부는 한국교육개발원을 교육안전망지원센터로 지정하고 범부처적인 교육격차 해소 문제 협력을 위하여 교육격차해소전문위원회를 구성하였다. 동 위원회는 관련부처의 교육복지 관련정책 및 사업 간 연계 · 조정 · 협력을 확보하기 위한 제도적 장치라고 할 수 있다.

(2) 지역단위 교육복지업무 추진체제 수립

시·도교육청 및 지역교육청에 교육복지 업무 담당 부서를 설치 · 지정한다. 지역단위에서의 교육복지 정책 추진기반을 마련하고 지역 특성에 적합한 교육복지 정책 프로그램을 개발 · 추진한다. 현행 조직의 기능 및 업무 조정을 통해 교육복지업무 담당 부서 신설을 유도한다. 광역 차원에서의 교육복지 정책추진 거점 역할을 수행하고 중앙 정부, 시·도 행정기관, 공공기관 · 시설, 민간기관 및 단체 등과의 교육복지 사업 연계 역할을 수행한다.

또한, 지역 교육복지협의회 구성 · 운영을 촉진한다. 시·도교육청 중심의 시·도 단위 교육복지협의회 및 지역교육청 중심의 지역단위 교육복지협의회 구성 · 운영으로 지역 내 교육복지 관련기관 · 단체 간 협력 네트워크를 구축한다.

(3) 가칭 '지역교육복지종합센터' 설치 · 지정 운영[2)]

복지적 지원이 필요한 학생, 학부모, 학교 교사 등에게 교육복지 관련 원스톱 서비스 제공 체제를 구축한다. 지역교육청 부설 기관 또는 비영리법인으로 설치 · 지정 운영하거나 민간기관에 위탁 · 운영한다. 전문상담가, 사회복지사, 청소년상담사 등 교육복지 관련 전문가를 배치하고, 전국/지역 교육복지관련 기관 · 시설 · 단체 및 자원봉사자 정보관리 및 협력 네트워크 수립을 통해 복지서비스 수요자와 공급자의 연결을 촉진하고, 전국적 학생복지상담안내전화 설치를 통해 학생복지 종합 상담 및 안내 서비스를 제공한다.

(4) 단위학교의 학생복지사업 역량 강화

교육복지 전담부서 설치 권장 등을 통해 단위학교의 학생복지 기능을 강화한다. 전문상담교사, 사회복지사 등의 전문인력과 자원봉사자, 교육실습생, 계약직 등 다양한 지원인력을 활용하여 학교의 교육복지 수준 제고 및 학교-가정-지역사회를 잇는 개방적 협력체제를 수립한다.

학교내 '학생 쉼터'를 설치 · 운영한다. 상담실과 연계를 통한 학생들의 상

2) 이 방안은 당초 안에 반영되었다가 국무회의 안건 상정을 위한 관계부처 협의과정에서 제외되어 최종안에는 포함되지 못하였으나, 내용의 중요성을 감안하여 여기에 소개하기로 한다.

담, 복지, 고충 처리, 공동문제 해결 및 휴식과 충전의 장소로 운영한다.

나. 민간의 참여 활성화

(1) 자원봉사제 활성화를 통한 잠재된 민간 전문인력 활용 극대화

다양한 능력을 지닌 자원봉사인력 풀(pool)을 활용하여 교육복지 수요자에 대한 다양한 서비스 체제를 구축한다. 가칭 '지역교육복지종합센터' 중심의 자원봉사 풀 구축 및 운영을 통해 자원봉사자와 서비스 수요자의 효율적인 연결을 강화하고 활용한다. 학부모나 지역인사 등의 학교 교육활동 참여를 위한 유급휴가를 인정하여 학부모 및 지역자원인사의 학교 교육활동 참여를 활성화한다.

대학생의 교육복지 관련 활동 참가시간의 수업인정을 통해 예비 전문인력(사범계학과 및 사회복지 관련학과 학생 등)의 교육복지 활동 참가를 촉진하고, 학생 상담, 학습부진아 지도, 특기적성교육, 방과후 활동 지도교사 등으로 활용한다. 자원봉사 활성화를 통해 국민과 주민의 교육복지 자원봉사 참여의식을 제고한다.

> 사례: 우수 대학생들이 저소득층 자녀 중 자질 있는 학생들과 결연을 맺고 학습지도 등 무상 서비스를 지원하여 역할모델(role-model)이 되어 줌. 도움을 받은 학생들은 대학 진학 후 프로그램에 자원봉사로 다시 참여하여 저소득층 학생의 사회지도층 진출을 돕고 자신이 받은 혜택을 다시 사회에 돌려주는 선순환 기능을 통하여 대학생들의 자원봉사 활동을 촉진함.

(2) 민간중심의 현장 모니터링 시스템 구축 · 운영

교육복지 수혜자, 학교, 교육복지 관련 기관 · 단체, 지역 및 시·도교육청 관계자 등이 참여하는 on-line/off-line 모니터링 시스템을 구축한다. 교육복지정책 포럼 사이트 개설을 통해 사업 소개, 각종 정보 · 의견교환, 전문상담, 사이버 토론방 등을 운영한다. 지역 단위 교육복지협의회 또는 지역교육복지종합센터와 연계 강화로 교육복지 관련 정책의 실효성을 실시간 점검하고 피드백한다.

(3) 민간의 우수 교육복지 프로그램 활용 및 확산

민간의 창의적이고 실효성 있는 교육복지 프로그램을 발굴 · 확산하는 등 민간의 교육복지 활동을 활성화한다. 공모를 통한 '지역교육복지종합센터' 공모 위탁 · 운영, 교육복지투자우선지역지원사업 프로그램 개발 참여, 학생상담을 위한 민간상담 센터 지정 · 위탁 운영 등을 검토한다.

다. 안정적 재원확보 방안 강구

(1) 중앙정부의 교육복지 투자 확대 방안 강구

국가가 책임져야 할 교육복지 분야 사업에 대하여 국고보조금 사업으로 지정 추진한다. 일반예산 외에 복권위원회 복권기금 등 다양한 재원을 활용하고, 농어촌 교육복지사업 추진을 위한 농특세 재원 확보를 지속 추진한다.

(2) 시·도교육청별 교육복지 재원 확보 방안 강구

시·도교육비특별회계 세출 예산 편성시 교육복지 과목(세항 등)을 신설하고, 국가의 교육복지 정책과 연계성 확보책을 강구하여 시·도의 교육복지 정책 추진을 담보한다. 시·도교육청 평가항목에 교육복지 부문을 반영하고, 교육복지 관련 예산을 특별교부금에 정책수요 사업으로 반영한다.

(3) 민간 재원 활용 방안 강구

사회복지공동모금회 재원 활용을 검토 · 협의하고, 시중은행 공익신탁기금제도, 기타 다양한 재원을 개발한다.

2006년 말 출범한 삼성고른기회장학재단[3]은 삼성그룹 회장 일가의 사회환원기금으로 운영되고 있는바, 재단의 비전을 '더불어 성장하는 고른 배움 공동체 구현' 으로, 사업목표를 개인 성장기회 지원, 배움 공동체 지원, 교육복지 장학 여건 조성 등 5개 항목으로 정하고 있다. 2007년의 시범운영을 거쳐 2008년에는 '고른기회배움터 사업' 으로 교육소외 아동 · 청소년을 위한 개별 및 연대 프로그램 지원, 지역네트워크 지원, 민관협력 네트워크 지원 등을 추진하여 716개

3) '고른기회장학' 은 고른기회 배움터, 멘토링 장학 및 글로발란스(Glo-Balance) 프로젝트를 통하여 교육소외극복과 자립적인 삶의 역량을 신장하기 위한 전향적인 장학사업모형을 개발, 실행함으로써 장학사업의 새로운 지평을 열고 있다(고른기회장학사업, 2009).

기관을 지원할 계획이며, '장학금지원사업' 으로 특정 분야에 소질을 지니고 있는 교육소외 아동 · 청소년에게 장학금을 수여하여 총 3,250명을 지원할 계획이다(삼성고른기회장학재단, 2008).

라. 가칭 "교육복지(기본)법" 제정 검토

안정성, 지속성, 실효성 있는 정책추진을 위해 교육복지정책 추진에 대한 통합적인 법적 근거를 마련한다. 국가 및 지방자치단체의 교육복지 정책추진 의무 명시, 교육복지 기본계획의 수립, 추진 행정 조직, 민관 협력체제 구축, 재원 확보 방안, 교육복지 관련 연구지원체제 수립 등을 규정한다.

3. 교육복지정책의 실천과제

가. 기본과제

교육복지정책의 효과적인 추진을 위하여 여러 가지 과제의 추진이 요구되나, 우선적으로 교육복지의 원리에 입각하여 기본적으로 추진되어야 할 사항을 제시하면 다음과 같다. 이들 과제는 교육복지정책 추진 시스템 속에 제도적 지원을 바탕으로 기본적으로 실시되어야 할 과제들이다.

(1) 기초교육수준(educational minimum)의 설정

정부가 하여야 할 우선 과제는 사회적으로 수용 가능한 기초교육수준을 공식적으로 설정하는 일이다. 교육소외의 판단, 교육자원의 투입 대상과 범위 등 교육복지정책의 주된 결정들이 이루어질 수 있는 기준이 필요하기 때문이다. 인간다운 삶을 누리기 위한 기본적인 요건, 사회의 구성원으로서 성공적인 사회적 삶을 살아가는 데 요구되는 기초적인 능력 및 자질, 자신의 잠재역량을 최대한 발휘하면서 성장해 가며 자아실현의 삶을 사는 데 필요한 기본적인 역량과 자세

등을 갖추기 위한 학습경험, 이와 같은 학습경험 제공에 필요한 기본적인 교육 조건들이 교육적인 원리에 따라 조직되어 제시되어야 한다.

(2) 교육복지실태 조사 및 데이터베이스 구축

기초교육수준을 중심으로 사람들의 실제 교육기회가 얼마나 충족되고 있는가를 정기적으로 조사하여야 한다. 이는 곧 '교육소외 실태조사'라고도 할 수 있다. 우선 적용할 수 있는 방법은 교육소외의 유형에 따라 조사를 실시하는 것이다. 아래 표는 교육소외의 유형에 따라 예상되는 소외집단을 제시한 것이다.

표 4-1 교육소외 유형 및 대상 집단

<table>
<tr><th colspan="3">교육소외의 유형</th><th>주요 대상 집단</th></tr>
<tr><td colspan="3">교육기회의 접근 제한</td><td>장애자, 건강장애자, 저소득층 학업중단자,
저학력 성인, 새터민, 외국인</td></tr>
<tr><td rowspan="4">교육
부적응</td><td colspan="2">교육내용 부적응</td><td>일반학생, 새터민 학생,
외국인 학생, 귀국학생</td></tr>
<tr><td colspan="2">교육방법 부적응</td><td>일반학생, 새터민 학생,
외국인 학생, 귀국학생</td></tr>
<tr><td rowspan="2">교육환경
부적응</td><td>물리적 환경</td><td>일반학교</td></tr>
<tr><td>심리 · 문화적 환경</td><td>일반학생, 새터민학생, 귀국학생,
외국인 학생, 다문화가정 학생</td></tr>
<tr><td colspan="3">교육기회 공급 불충분</td><td>일반학교</td></tr>
</table>

첫째, 교육기회의 접근 제한은 취학의 기회를 갖지 못하는 경우로서, 신체적(장애자, 건강장애자) 또는 경제적 이유(저소득층)로 인한 경우, 경제적 능력이나 부적응 등의 문제로 학업을 중단한 경우(저학력 성인, 학업중단자), 법적으로는 기회가 주어지고 있으나 사실상 학교교육에 적응할 능력이 없어 스스로 취학하지 않는 경우(새터민, 외국인) 등이 해당된다. 극소수이기는 하지만 특정한 사유로 의무취학을 하지 않는 의무교육면제자 또는 미취학자들의 문제도 같은 범주에서 다루어질 수 있을 것이다.

둘째, 교육부적응은 교육기회를 갖고 있는 학습자를 대상으로 매우 광범위하게 나타나는 현상인 만큼 이를 조사하는 것이 쉬운 일은 아닐 것이다. 특히, 적응과 부적응의 구분을 어느 선에서 판단할 것인가의 문제가 대두된다. 경우에 따라서는 적응도 또는 부적응도와 같은 목표 달성 비율의 문제로 접근해야 할 필요도 있을 것이다. 교육부적응은 그 내용도 매우 다양하게 나타날 수 있다. 교과별로 교육내용 및 교육방법에 대하여 나타날 수도 있고, 교육환경과 관련하여 나타날 수도 있으며, 결과적으로 학교생활 전반에 대한 부적응을 조사할 수도 있을 것이다. 특히, 학교에 다니고 있는 새터민 학생, 외국인 학생, 다문화가정 학생, 귀국학생의 경우 교육내용과 방법, 심리 · 문화적 교육환경과 관련하여 부적응을 나타낼 가능성이 높다고 본다. 다문화가정 학생의 경우는 이에 대한 차별 또는 배타적 반응을 보이는 주변의 풍토와 관련하여 심리 · 문화적 환경 면에서 부적응을 나타낼 가능성이 있다.

교육기회 공급의 불충분은 다양한 원인으로 인해 나타날 수 있기 때문에 정형화된 유형을 제시하는 것이 쉽지 않다. 특정 지역, 특정 학교의 교육자원 공급 및 교육기관 운영이 원활치 않아 충분한 학습기회를 제공하지 못하는 경우를 생각할 수 있다. 특정 지역의 교사 배치 · 확보가 어렵다거나 교육시설이 불충분 또는 낙후되어 있거나, 재해나 학내 사정으로 장기간 휴업이 이루어졌거나 하는 경우 등이 해당된다. 학습자의 문제로는 장기간 결석을 하였거나 정학 등의 처분으로 수업을 받지 못한 경우 등을 생각할 수 있다. 어떤 이유든 충분한 학습경험을 할 수 없는 교육소외 현상이 나타날 가능성은 상존하고 있다고 할 수 있다.

교육당국과 교육기관은 이와 같은 교육소외의 실태를 정확하게 파악하는 일에 체계적인 노력을 기울여야 한다. 궁극적으로 교육소외 현상은 학업성취도에 반영되게 될 것이나 시험성적만으로 이와 같은 다양한 형태의 교육소외 현상을 파악할 수는 없기 때문에 다양한 조사방법을 개발하여 적용할 필요가 있을 것이다. 조사 결과는 교육소외를 해소하기 위한 제반 노력의 출발점이 되는 동시에 교육소외 현상을 체계적으로 연구하기 위한 기초자료가 된다. 정기적 조사를 통해 교육소외 현상이 어떻게 분포되어 있고 어떤 양상으로 진행되고 있는가를 횡단적 · 종단적으로 파악하고 이에 장·단기적으로 대처하는 것이 정부가 수행해야 할 과제 중의 하나이다.

(3) 교육소외의 발생 구조 및 과정에 대한 지식토대 구축

조사된 교육소외 현상에 대한 체계적인 연구가 이루어져야 한다. 소외현상의 원인과 배경, 관련 변인, 영향 과정 및 파급효과 등 교육소외의 발생 구조와 과정에 대한 체계적인 연구를 통해 지식 · 정보를 축적함으로써 객관적이고 과학적인 정책적 대응의 기반을 구축해야 한다. 이를 위해 교육복지 연구를 위한 안정된 기금을 마련하여 연구를 활성화하고 교육복지연구기관을 설립 또는 지정하여 일관성 있는 연구의 실시와 연구결과 및 지식정보의 데이터베이스를 구축 운영토록 하여야 한다.

(4) 교육소외 해소를 위한 교육복지시스템 구축

가장 중요한 과제는 무엇보다도 교육소외 해소를 위한 교육복지 시스템을 구축하는 것이다. 교육복지 시스템은 1) 교육소외를 진단하고 조사 연구를 실시하는 기능, 2) 교육복지정책을 수립 실행하고 이에 필요한 제도와 인프라를 정비하는 기능, 3) 교육복지 수요자에게 필요한 프로그램을 개발하여 적용하고 이를 평가하는 기능, 4) 교육복지 서비스의 효율적 제공을 위한 인적 · 물적 자원을 개발, 조달, 관리하고 현장 중심의 네트워킹(networking)을 통하여 수요자와 공급자를 연결시키는 기능 등으로 구성되어야 한다. 이러한 네 가지 기능을 중심으로 정부와 공공기관, 교육청과 학교, 학부모, 지역사회 기관 · 단체, NGO 및 일반시민, 연구기관 및 전문가, 대학 및 기업, 언론 등이 제각기 적정한 역할을 분담하며 유기적으로 협력하는 통합적 교육복지 시스템을 구축하여야 한다.

(5) 교육복지를 위한 자원의 확보 및 활용

교육복지는 정부나 학교 등 공공기관의 노력만으로는 목적을 달성하기 어려운 영역이다. 인적 · 물적 자원이 한정될 뿐만 아니라 가정과 민간부문의 참여와 지원 없이는 광범위하게 존재하며 일상적 또는 수시로 발생하는 교육소외 현상에 적절하게 대처하는 것이 불가능하다. 정부의 힘만으로 교육소외 현상을 해소하려 한다면 엄청난 규모의 교육복지 담당조직과 인력, 예산이 소요될 것이며, 효율성 면에서 볼 때에도 결코 최선은 아닐 것으로 생각된다.

교육복지 시스템에서 무엇보다 중요한 요소는 네트워킹이다. 우리 사회에는 이미 교육소외 문제에 대하여 다양한 측면에서 관심을 지니고 일정한 도움을 줄 수 있는 자원들이 다양하게 존재하며 더 많은 잠재적 자원들을 발굴할 여지가 있다고 본다. 교육계 밖의 가용 및 잠재 자원들을 교육복지 영역으로 유인하는 통로가 마련되어야 하며, 학부모의 참여가 보다 활성화되어야 하고, 자치단체와 민간의 지원과 협력도 확대될 여지가 많다. 정부가 해야 할 일 중의 하나는 이러한 다양한 자원들이 교육복지 서비스 제공에 효율적으로 기여할 수 있는 참여와 협력의 메커니즘을 형성하는 것이다.

(6) 현장 중심 교육복지 서비스 인프라 구축

많은 정책들은 심혈을 기울여 수립되고 훌륭한 내용을 담고 있음에도 불구하고 결과적으로 별 효과를 거두지 못하는 경우가 많다. 여러 가지 원인이 있겠으나 그중 하나는 정책이 제시하는 과제를 현장에서 구체적으로 실천하고 이를 끝까지 완성시킬 수 있는 하부 인프라가 제대로 구축되어 있지 못하기 때문이다. 많은 경우 이상적으로 수립된 정책들은 현장의 인력, 재정, 시설 등 자원의 부족, 잘못된 평가기준이나 보상체제로 인한 왜곡된 실천 및 동기의 상실, 현실과 맞지 않는 비현실적 가정들로 인해 당초에 의도된 대로 집행되지 못하고 형식적으로 운영되거나 왜곡되기도 하고, 때로는 아예 현장에서 거부되고 사장되어 버리는 경우를 볼 수 있다.

이유 여하를 막론하고, 교육복지정책이 이를 실천하여 목표를 달성할 수 있는 현장의 인프라가 제대로 구축되어 있지 않다면 그 성과를 기대하기는 어려울 것이다. 교육복지와 관련하여 정부가 하여야 할 일 중의 하나는 교육수요자에게 필요한 교육복지 서비스가 최종단계까지 제대로 전달이 되고 있는가를 확인하고 그렇지 못한 경우 그 전달체제를 확보하는 일이다. 예를 들어, 학교에서 학습부진학생을 위한 방과후 지도 프로그램을 실시하도록 되어 있다면, 과연 그 대상자의 선정이 타당하게 되었는지, 지도 프로그램의 내용과 방식이 타당하게 수립되었는지, 필요한 교육자원은 충분하게 조달이 되고 있는지, 프로그램의 실시 효과에 대한 측정 및 평가분석과 이에 따른 지속적인 개선이 이루어지고 있는지 등에 대한 확인이 이루어져야 한다. 이러한 확인점검체제가 마련되어 있지 않다면 정책이 시행되어도 그 실행상태와 성과에 대한 제대로 된 평가가 이루어질 수 없으며, 나타나는 문제를 정확하게 인지하고 이에 따른 적정한 대처를 하기가 어려워질 것이다.

정부는 정책실행에 대한 지속적이고 체계적인 모니터링을 실시하여야 하며 문제가 드러날 경우 이를 치유하기 위한 신속하고 적절한 대응을 취하여야 한다. 현장의 실천자와 교육복지 수요자의 목소리를 끊임없이 듣고 이를 피드백하여야 하며, 효과적인 정책집행을 가로막는 장애요인이 무엇인지를 파악하고 이를 극복하기 위한 적극적인 노력을 하여야 한다. 이와 같은 노력을 지속적으로 경주하여 현장 중심의 정책실행 시스템을 향상시켜 나갈 때 비로소 교육복지 서비스 인프라가 점차적으로 증진될 수 있게 된다. 어떤 시스템도 처음부터 완벽한 모습을 보일 수는 없으며, 중요한 것은 이를 계속 보완하여 나가는 자기 쇄신(self-renewal) 시스템이 효과적으로 가동되고 있는가 하는 것이다.

나. 중점 과제 : 현장 중심 지역교육복지 서비스 체제 구축[4]

(1) 필요성

교육복지적 도움이 필요한 수요자가 적시에 도움을 받을 수 있는 서비스 체제가 운영되려면 생활권 내에서 다양한 주체 간에 소통과 상호작용이 가능하고 서비스의 수요자와 공급자가 쉽게 서로 접근할 수 있으며, 어느 정도 자체적으로 자원의 확보와 동원이 가능한 지역(시·군·구 또는 지역교육청 수준의 단위) 중심의 교육복지 서비스 공급 체제의 구축이 필요하다. 지역 시스템은 물론 다른 지역 및 광역, 국가 시스템과 유기적으로 네트워크를 형성하여 운영되어야 할 것이나, 결국 교육복지 서비스 인프라의 핵심이 되는 곳은 지역수준의 공급체제일 수밖에 없다.

지역의 강조는 상호작용에 필요한 지리적 거리와 공간의 중요성을 의미하는 만큼, 교육복지 서비스를 제공함에 있어 관련 주체 간의 긴밀한 소통과 협력적

4) 김인희(2008), "지역교육안전망의 구축조건 탐색"에서 발췌 및 수정 인용함.

인 관계의 수립은 필수적인 요소가 된다. 현재 실시 중인 교육복지투자우선지역 지원사업은 이와 같은 점을 기본적으로 받아들여 지역(zone) 중심으로 설계된 사업으로서 사업지역 내 학교와 지역 간, 지역기관 간의 유기적인 협력관계 수립을 기본 틀로 삼고 있으며 바로 이 점이 이 사업의 특징이자 강점으로 인정되고 있다.

(2) 실태 : 사례연구

2007년에 한국교육개발원 교육안전망지원센터 주관으로 도시지역 중 경기 부천시(이지혜 외, 2007), 충남 천안시(김민 외, 2007), 부산 해운대구(김희복 외, 2007), 서울 관악구(류방란 외, 2007) 등을 대상으로 일련의 지역교육안전망 사례연구가 실시되었는바, 이들 선행연구에 나타난 안전망 실태를 검토하여 지역에서의 교육안전망 수립 운영에 있어서 어떤 사항들이 주된 요소로 작용하고 있는가를 파악함으로써 지역교육안전망 구축의 조건을 탐색하는 데 시사점을 찾을 수 있다고 본다. 이들 지역사례를 재분석한 결과 다음과 같은 요소들이 지역교육안전망에서 중요한 문제로 관찰되고 거론되고 있음을 알 수 있으며, 이들 요소들이 교육안전망 구축의 충분조건은 아닐지라도 중요한 부분으로 작용하고 있으며, 다만 지역에 따라 그 중요성과 나타나는 양상에는 차이가 있음을 알 수 있다.

첫째, 교육복지 인프라(시설, 프로그램 등)의 확보 및 분포이다. 인프라의 절대적 확보수준이 우선 문제되며, 대상집단 간, 지역 간에 인프라 분포에 따른 서비스 향유 기회의 형평성이 문제가 될 수 있다.

둘째, 참여의 문제이다. 보다 많은 기관, 시설과 자원이 안전망에 참여하는 것이 바람직하다는 것을 전제로 할 때, 이와 같은 참여를 배제하거나 제한하는 요소가 있다면 이는 문제라고 할 수 있을 것이다. 관 주도, 특정기관 주도 또는 하향식, 일방적 사업운영방식 등에 따라 다양한 민간기관의 참여가 어려워진다는 점이 지적되었다.

셋째, 네트워크의 문제이다. 이는 다양한 하위 이슈를 담고 있는데, 1) 정부사업을 위한 관 주도의 네트워크인지 지역사회 주도의 자생적 네트워크인지, 2)

민-관 협력의 모습이 수평적인지 수직적인지, 3) 관-관(교육행정과 일반행정) 협력이 활성화되어 있는지, 4) 국지적 네트워크를 아우르며 지역 전체적으로 조망하고 전략을 수립할 수 있는 중핵기관, 즉 허브(hub)의 허브(hub)가 존재하는지 등이 그것이다. 조금 더 심화된 영역으로 들어간다면, 부천시의 사례에서 볼 수 있듯이, 5) 네트워크 참여주체 간에 공감대, 신뢰관계, 연대의식, 공통규칙, 학습활동을 공유하고 있는지 등이 중요한 조건이 될 수 있을 것이다.

넷째, 자원의 확보 및 활용 문제이다. 이 부분은 그 중요성에 비해 사례연구에서는 그리 크게 부각되지는 않고 있다. 천안시의 경우 대학의 청소년 관련 학과라는 자원을 확보하고 있으나 활용은 이루어지지 않고 있으며, 관악구의 경우 멘토링 사업을 통해 대학이 중요한 자원으로 활용된 바 있으나 지금은 중단되어 있다. 여하튼, 인적 자원 및 재정 등 자원 확보 및 활용은 필수적인 요소임에 틀림없다.

다섯째, 주체기관의 사업추진 역량이 문제가 된다. 일반행정 조직에 설치된 교육지원팀의 교육에 대한 이해와 마인드의 부족으로 인한 역할범위 제한, 학교 내 일반교사들의 무관심, 협조 부족으로 인한 통합적 접근 어려움과 대상자 발굴-진단 기능의 지속적 · 체계적 수행 미흡, 민간 복지기관의 재정 제약 및 전문인력 확보의 불안정성 문제 등으로 인한 사업효율 저하 등이 그 예이다.

여섯째, 기능의 수행방식 또는 접근법이다. 1) 사업추진을 관 주도의 하향식으로 운영하는가 또는 지역사회기관 중심으로 상향식으로 추진하는가, 2) 공급자 중심의 정형화되고 경직된 운영방식을 따르는가 또는 수요자의 요구변화에 따른 유연한 맞춤형 방식으로 대응하는가, 3) 민-관이 수평적으로 협력하는가 아니면 수직적 관계를 맺는가 등에 따라 구체적인 사업의 양상 및 효과성 등에 차이가 나타나고 지역의 연계구조의 속성과 체질이 결정됨을 알 수 있다. 관 주도의 방식은 민간의 참여 및 지역기관의 자생력을 제한하고 여러 장면에서 형식적 · 수동적 행태를 초래하는 원인으로 작용하고 결과적으로 지역교육안전망 전체의 효율성(efficiency)과 활력(vitality)을 좌우하고 있음을 알 수 있다.

(3) 지역교육복지체제의 구성 틀

지역교육복지체제 그림 4-1

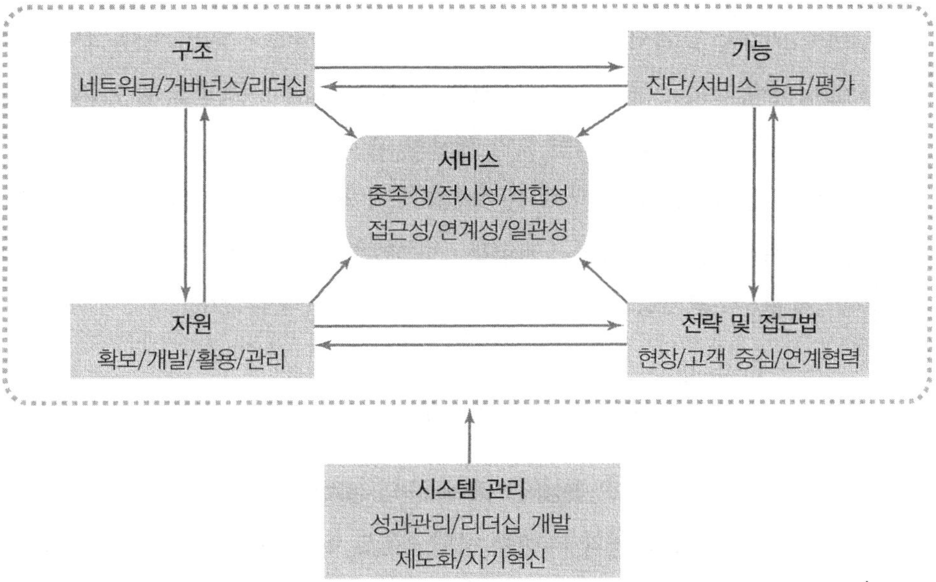

첫째, 시스템의 운영 구조이다. 참여주체와 참여주체 간의 네트워크 및 파트너십, 이를 바탕으로 소통, 공유, 협력장치를 통해 형성되는 로컬 거버넌스 체제 등이 주요 사항이며, 또한 참여주체 간 관계구조, 즉 리더십 구조 및 역할, 책임, 권한의 배분관계 등이 해당된다.

둘째, 각 참여주체가 수행하는 기능 및 사업이다. 수요파악(발굴/진단)-지원(기획/실행)-평가가 이루어지는 방식, 서비스 공급 방식, 연계 조정 및 협력방식 등이 관계된다.

셋째, 수요자에게 제공되는 서비스의 질이다. 서비스의 충족성, 중복, 사각지대 여부, 서비스의 적시성, 접근성, 내용의 적합성 및 전문성, 서비스 제공의 일관성, 통합성, 횡적(기관/프로그램 간) · 종적(생애단계 간) 연계성, 효과성 등이 포함된다.

넷째, 소요자원에 관한 사항이다. 인적 · 물적 자원의 충족성과 안정성, 자원

배분의 공정성 및 운영의 효율성, 자원조달의 부담 주체, 자원의 개발 · 활용 · 관리 방식 등이 관련된다.

다섯째, 참여주체 및 시스템이 적용하는 접근법 및 추진전략이다. 사업추진의 연계성/통합성/협력성, 사전예방/사후조치, 단계성—일반(기본) 서비스와 전문(심화) 서비스의 단계적 연계, 수요자 지향성(수요자의 제 과정 참여, 의견수렴 및 반영), 관 주도/민간 주도 여부 등이 해당될 수 있다.

여섯째, 전체 시스템의 관리 및 개선역량이다. 기능 및 성과의 점검 · 평가 및 환류, 리더십 개발 및 확보, 제도화, 시스템의 학습능력, 지식 · 정보 · 경험의 관리 · 활용, 지속 가능한 혁신 시스템의 확보 등이 해당된다.

(4) 지역교육복지체제 구축을 위한 과제

(가) 지역차원의 네트워크 활성화 : 중핵기구의 설치 운영

지역 전체적으로 학교와 다양한 지역교육복지 공급주체가 같이 참여하고 실질적 서비스 연계가 이루어질 수 있는 교육복지 중핵기구의 필요성이 제기된다. 이 기구의 역할은 1) 지역 차원의 교육복지 비전과 마스터플랜을 바탕으로 체계적으로 안전망을 설계, 구축, 관리하며, 2) 지역 차원의 교육복지 수요를 진단하고 대책을 논의하여 문제와 해법을 공유하고 정책을 건의하고, 3) 교육복지 공급주체 간 소통과 협력을 촉진하고 전체 네트워크 운영에 있어 리더십을 발휘하며, 4) 수요자와 공급자를 연결시켜 적기에 적절한 서비스를 받을 수 있도록 하고, 5) 인력과 재정의 조정, 통합, 연계, 재배분 등을 통해 자원의 효율적 활용을 꾀하며, 6) 학습 네트워킹을 통해 참여인력의 능력을 신장시키고 잠재자원의 개발을 촉진하는 것이다. 본 장에서는 이를 가칭 '지역교육복지센터' 로 부른다.

학교–지역 교육복지협력 모형 그림 4-2

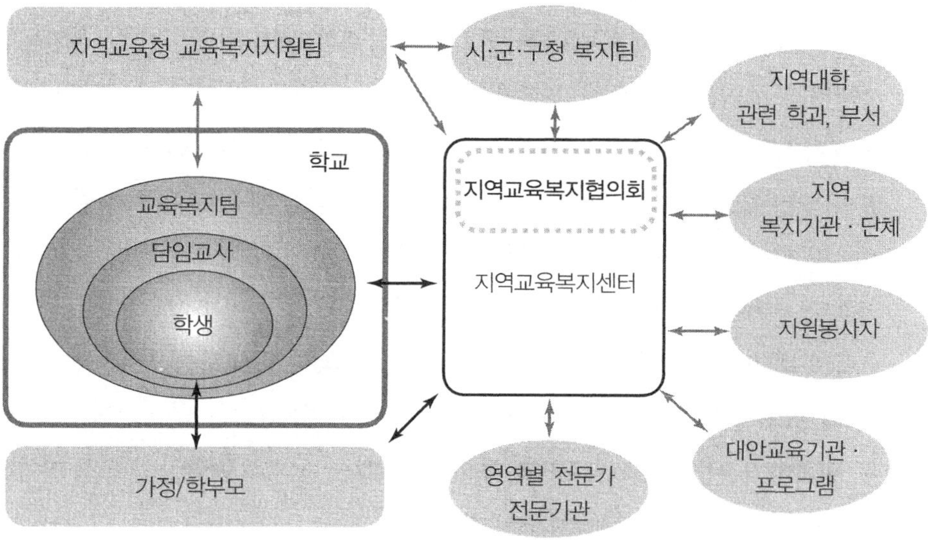

자료 : 김인희(2007) "지방교육 활성화의 모형과 추진과제".

지역교육복지센터를 설치하여 교육복지적 지원이 필요한 학습자를 돕기 위한 원스톱 서비스 체제를 구축한다. 지역교육청 부설 기관 또는 지역기관 간 컨소시엄(consortium) 형태의 비영리법인으로 설치 운영하거나 대표성 있는 민간기관을 지정, 위탁 운영한다. 교사, 전문상담가, 사회복지사, 청소년상담사 등 교육복지 관련 전문가를 배치하고, 전국/지역 교육복지 관련 기관 · 시설 · 단체 및 자원봉사자 정보관리 및 협력 네트워크 수립을 통해 교육복지서비스 수요자와 공급자를 연결하고, 교육복지 상담전화를 통해 교육복지 종합 상담 및 안내 서비스를 제공한다.

특히, 학교에서 부적응하는 학생 중 학교 내에서 문제 해결이 어렵고 전문가 및 지역복지기관 등의 지원이 필요한 경우 학교–지역–가정–전문가 협력망을 구축하여 적시에 필요한 도움을 체계적으로 제공하는 지역의 교육복지 허브(hub) 역할을 수행한다.

(나) 학교의 교육복지부 운영 및 학교-가정-지역 협력망 구축

학교에 교육복지적 도움이 필요한 학생을 지원하기 위한 교육복지팀을 구성 운영한다. 담임교사 차원에서 학생의 문제를 해결하기 어려운 경우 담임은 교육복지팀과 상의하여 필요한 도움을 제공한다. 교육복지팀은 담임, 학생, 보호자와 1차적인 상담과 협의를 진행하고 학교 내에서 가능한 지원을 제공한다. 학교만의 역량으로 문제가 해결되지 않는다고 판단되는 경우 교육복지팀은 지역교육복지센터에 도움을 청하고 센터는 학생의 문제에 대한 2차 진단을 바탕으로 적절한 서비스 공급자 및 프로그램을 연결한다.

교육복지팀은 교육복지 담당교사, 전문상담교사, 학교사회복지전문가(사회복지사), 보조인력(수습교사 · 수습복지사 및 자원봉사자) 등으로 구성한다. 인력을 모두 배치하기 어려운 소규모학교 등의 경우에는 지역교육청에 인력을 배치하고 이들이 복수의 학교를 담당하도록 한다.

교육복지팀의 역할은 1) 학생을 중심으로 교육소외 발굴 · 진단 및 교육복지 서비스 지원수요를 파악하고, 2) 수요에 맞는 1차적 서비스 제공 및 2차적 서비스 공급 체제를 구축, 유지하고, 3) 가정 및 지역교육복지센터와 협력하여 학교-지역교육복지센터-지역복지기관으로 이어지는 지원체제를 가동시키는 것이다.

(다) 교육복지 인력의 확보 및 개발

전문인력의 안정적 확보와 전문성의 향상은 가장 기본적인 과제이다. 학교 및 지역복지기관에 근무하는 인력을 업무량에 맞게 확보하여 배치하고 장기간 안정적으로 근무할 수 있도록 처우와 근무여건을 개선하며 잦은 인사이동을 지양하고, 지속적으로 능력을 개발할 수 있도록 학습기회를 제공하고 여건을 조성해야 한다. 학교의 교육복지 담당교사는 그 지역의 거주자 중에서 해당 학교에 수년간 장기 근무가 가능한 자를 선정하도록 하고, 교육복지에 대한 전문적 역량을 높일 수 있도록 다양한 연수 프로그램 참여기회를 제공할 필요가 있다. 교육복지를 지원하는 교육청 담당인력의 장기 근무도 필요하다. 담당 장학사나 지원인력의 잦은 변동은 사업지원의 일관성과 안정성을 저해하는 요소가 될 수 있다.

학교관리자 및 교원에 대한 교육복지 교육이 강화되어야 한다. 학교의 교육복지 역량 강화는 교육복지팀 구성만으로 되는 것은 아니며, 교장, 교감 등 학교관리자를 비롯하여 일반교사가 이에 대한 기본인식과 마인드, 실천 역량을 지닐 때 비로소 가능하다. 현재는 교육복지와 교육을 별개의 이질적인 영역으로 인식하는 경향이 있는 것으로 보이는바, 두 영역을 통합적으로 인식하여 교육복지가 교육의 본질적인 영역임을 이해하고 실천적 역량을 갖출 때 학교의 교육복지 기능이 활성화되고 지역사회와의 연계 협력도 촉진될 수 있을 것이다. 이를 위해 교원양성과정부터 교육복지에 대한 이론 및 체험학습 중심의 교육을 실시하고 현직교사 연수 프로그램에 반영하며, 교사가 필요로 하는 경우 다양한 학습의 기회를 가질 수 있도록 지원해야 한다.

(라) 교육복지 재정의 확충 및 효율적 운영

중앙부처별로 사업이 추진되고 예산이 배정되어 지역에 내려와서는 칸막이를 형성한다. 교과부 사업, 복지부 사업, 문광부 사업, 행안부 사업 등이 별개로 분산 추진되고 사업 평가도 별도 평가체제에 의해 독립적으로 이루어지므로 지역에서 이를 통합 연계 추진하는 데 구조적으로 한계가 있다. 따라서 국가 및 광역자치단체 지원 예산에 대하여 지역교육복지 통합기금을 만들어 "기본사업비 + 연계중심 공모제" 방식을 적용하는 방안이 검토될 필요가 있다. 지역교육복지 수요 조사를 바탕으로 가장 지원이 필요한 곳에 예산지원이 이루어지고 가장 효과적 · 효율적인 방식으로 집행될 수 있도록 통합 운영관리체제가 도입될 필요가 있다. 통합예산의 편성 및 집행은 지역교육복지협의회의 권한과 책임으로 하고 그 실무적 운영은 지역교육복지센터가 담당토록 한다.

(마) 사업운영 방식 및 서비스 질 개선

교육안전망의 사업 추진은 기본적으로 민간 중심, 현장 중심, 고객 중심으로 이루어져야 한다. 관 주도의 사업추진은 민간부문의 활력을 저해하고 행정적 관점이 전문성의 원리를 침해할 수 있고 사업의 경직화 및 형식화를 가져오는 고질적 문제점에서 벗어나기 어렵다. 사업 추진의 중요한 의사결정은 현장의 여건과 맥락을 충분히 반영하여 신속하면서도 상향식으로 이루어져야 한다. 또한,

사업의 운영은 공급자보다는 수요자 관점에서 설계되고 수요자의 요구변화에 부응하여 유연하게 실행되어야 한다. 이들 조건은 지역교육안전망 운영에 있어 보다 많은 주체들의 적극적인 참여하에 로컬 거버넌스를 실현하기 위한 필요조건에 해당한다.

교육안전망에서 제공되는 서비스의 질을 관리하기 위해서는 몇 가지 기본적인 지표를 바탕으로 추진되는 사업에 대한 상시적인 평가 점검 및 피드백이 요구되는데, 적용되어야 할 지표들은 서비스의 형평성 및 보편성, 중복 및 사각지대 여부, 적시성, 접근성, 연계 · 통합성, 전문성, 적합성, 일관성 및 안정성, 효율성, 효과성, 수요자 만족도 등이다. 지방정부 및 지역교육복지센터(또는 평가위임전문기관)는 일시적 · 형식적 · 전시적 평가를 지양하고 이들 지표를 통한 체계적 · 일상적 평가를 통해 실질적인 서비스의 개선을 꾀하여야 한다.

(바) 지역 리더십의 구축

지역교육안전망을 구축하고 효과적으로 운영하기 위해서는 지역의 교육복지 비전과 마스터플랜을 수립 제시하고 네트워크 구축 및 운영을 주도하며, 지역 차원의 문제를 제기하고 공동의 해결방안 모색을 이끌어가는 리더십의 필요성이 절실하다. 이는 어느 한 기관이 주도하기보다는 공유된 리더십(shared leadership)의 형태가 되는 것이 바람직하며 네트워크의 중핵기구(지역교육복지센터)가 리더십 기능의 촉진자 역할을 해야 할 것이다. 리더십 기구의 구성과 운영을 지나치게 관 주도로 하는 것은 앞에 언급된 바와 같이 자생력을 상실하고 수동적 · 형식적으로 운영될 가능성이 높기 때문에 지방정부는 측면에서 지원하는 역할에 그치고 실질적인 리더십 기능은 민간에 맡기는 것이 바람직하다.

(사) 법적 · 제도적 기반의 구축

이상의 과제를 추진하기 위해서는 법령이나 지방입법을 통해 제도적으로 뒷받침 되어야 할 부분들이 많을 것이다. 지역교육복지센터의 설립 및 운영에 관한 사항, 교육복지인력의 배치, 처우, 신분에 관한 사항, 통합적 예산의 편성 및 운영 문제, 교원양성과정에 교육복지과목 설치 문제 등 지역교육안전망의 구축 및 운영에 필요한 사항 중 법적 · 제도적 근거가 필요한 사항에 대한 입법 조치가 필요하며, 기타 안전망의 원활하고 효과적인 운영을 위한 행정적 · 재정적 지원 조치 등이 정책적으로 강구되어야 할 것이다.

4. 교육복지정책의 접근법

교육복지정책을 통하여 교육복지의 수준을 향상시키고 교육소외를 효과적으로 해소하기 위해서는 교육복지정책의 대상 또는 수요자를 어떤 관점에서 바라보고 정책과제의 해결을 위해 어떤 방식으로 접근하는가에 따라 그 성과가 달라질 수 있다고 본다. 그러나 그 관점과 방법은 정책대상에 따라, 과제의 성격에 따라 다양한 모습으로 나타날 수 있을 것이다. 여기에서는 적용 가능한 몇몇 관점과 접근법을 개관하고 그 적용 가능한 영역을 고찰해 보고자 한다. 여기서 다루는 관점과 접근법들은 본질적으로 서로 상충되거나 양립 불가능한 것은 아니다. 동일한 과제를 다루면서도 서로 다르나 양립 가능한 복수의 관점과 접근이 동시에 적용될 수도 있으며, 정책과정의 단계에 따라 주된 접근법이 자리를 바꾸게 될 수도 있다. 중요한 것은 항상 획일적인 관점과 접근법을 경직되게 고수할 필요는 없으며, 목적을 달성하는 데 가장 효과적인 관점과 접근법을 찾아 유연하게 적용하는 것이다.

가. 인간 중심적 접근

인간 중심적 접근은 인간을 기본으로 하는 사고방식이며, 인간의 존엄성을 지키고 인간다운 삶의 실현을 위한 조건으로서 교육기회의 보편성을 중시하며, 인간의 실존적 삶에 대한 이해를 바탕으로 인간다운 삶의 유지와 발전을 위한 다양한 관점들로부터 교육복지의 문제를 바라보는 안목을 제시한다.

(1) 법적-권리적 접근(rights-based approach)

우리 헌법 제31조 제1항은 모든 국민은 능력에 따라 균등하게 교육을 받을 권리를 가진다고 선언하고, 동조 제2항과 제3항은 모든 국민의 자녀에 대한 무상의무교육(초등교육과 법률이 정하는 교육)을 규정하고 있다.

교육기본법은 국민의 학습자로서의 권리를 여러 가지로 규정하고 있는데, "평생에 걸쳐 학습하고 능력과 적성에 따라 교육받을 권리"(제3조 학습권), "성별, 종교, 신념 (중략) 등의 이유로 교육에서 차별받지 않을 권리"(제4조 교육의 기회균등)를 보장하고 있다. 학생을 포함한 학습자의 기본적 인권은 보호 존중되고(제12조 학습자), 교육내용, 교육방법, 교재 및 교육시설은 학습자의 인격을 존중하고 개성을 중시하며 학습자의 능력이 최대한 발휘될 수 있도록 마련되어야 한다(제12조 학습자). 학생은 자신의 건강과 복지 증진을 위하여 국가와 지방자치단체의 필요한 시책 수립 의무이행을 요구할 수 있다(제27조 보건 및 복지의 증진).

UN의 세계인권선언, UNESCO의 아동권리협약, 교육차별철폐협약, 이주민의 권리보호 등의 국제법규에서는 모든 아동(또는 학습자)이 인종, 피부색, 국적, 성별, 언어, 민족적·사회적 출신, 재산, 장애, 출생 기타 지위에 따른 차별 없이 균등하게 교육받을 권리에 대한 보장이 추구되고 있다. 1948년에 제정된 '세계인권선언'에는 '교육은 인간의 기본적 권리'로 규정되어 있다. 교육은 인간이 보다 윤택하고 평화로운 삶을 영위하는 데 필요한 기본적 권리라고 할 수 있으며 인간사회에서 성, 계층 등에 상관없이 사회적·경제적 자유를 누릴 수 있게 하는 강력한 수단이라고 할 수 있다(한국교육개발원, 2005b: 23).

UNESCO의 '모든 이를 위한 교육(EFA: Education for All)' 사업 차원에서 2000년 세네갈 Dakar에서 개최된 World Education Forum에서 채택된 Dakar Framework for Action 권고문은 세계 모든 국가가 나이, 성, 계층, 지역 등의 차이에도 불구하고 누구나 평등한 양과 질의 교육을 받을 수 있도록 하자는 취지를 담고 있으며 여기에 제시된 EFA의 6대 목적은 1) 영유아 특히 사회적으로 약하고 소외된 영유아에 대한 종합적인 보호 및 교육의 확대, 2) 2015년까지 모든 아동(특히 여아와 어려운 환경 속의 아동, 소수민족 아동)에게 양질의 무상 의무초등교육 실시, 3) 청소년 및 성인의 학습과 생애능력 프로그램의 평등한 혜택 제공, 4) 2015년까지 성인 특히 여성의 문맹률을 50% 이하로 낮추고 모든 성인에게 기본적이고 지속적인 교육을 균등하게 제공, 5) 2005년까지 초·중등학교에서의 성 불평등을 제거하고, 2015년까지 여아들에게 양질의 기본교육 제공 등을 포함한 양성평등 교육을 달성, 6) 교육의 모든 측면에서 질적 향상을 도모하며 특히 읽기, 셈하기와 같은 기본적 생애기술을 포함한 모든 분야에서 모든 이들의 수월성을 보장하여 가시적이고 측정 가능한 학습결과를 성취할 수 있도록 하는 것이다.

이와 같이 교육받을 권리는 모든 개인의 인간적 삶의 실현을 위한 기본권으로서 국내법과 국제법에서 모두 명시적으로 규정되어 있으며, 다양한 교육기회의 제공 및 교육차별의 방지, 이를 보장하기 위한 각국 정부의 의무 등에 대한 구체적인 의무가 규정되어 있다. 교육복지를 실현하기 위한 가장 우선적인 접근은 이와 같은 개인의 교육받을 권리의 법적 보호에 관한 영역이라고 할 수 있을 것이다.

(2) 능력 중심 접근

Klasen(2000)은 사회통합에 대한 접근법으로서 능력 중심의 접근(capacity-based approach)을 소개하고 있는데, 여기서의 개인의 능력이란 "의식주를 기본으로 건강을 유지하고, 공동체와 어울리며 공공생활에 참여하고 자기존중의 사회적 토대를 즐길 줄 아는 능력(basic ability to be healthy, well-fed, housed, integrated into the community, participate in community and public life, and enjoy social bases of self-respect)"을 의미한다.

Berghman(1995)은 개인의 사회통합에는 4가지 유형이 있는데 이는 정치생활적(civic), 경제적(economic), 사회적(social), 가족과 공동체(family and community) 통합으로서 개인이 이러한 통합의 능력을 지닐 때 사회적 배제를 방지하고 곧 사회통합(social integration)을 실현할 수 있다는 것이다. Côte(1996)는 인적(human) · 사회적(social) · 문화적(cultural) 자본(capital)이 통합된 총체를 '정체성자본(identity capital)'이라 부르며 정체성자본이 곧 개인의 사회통합 능력의 요체가 됨을 주장하고 있다.

그림 4-3 사회적 배제 또는 통합의 과정

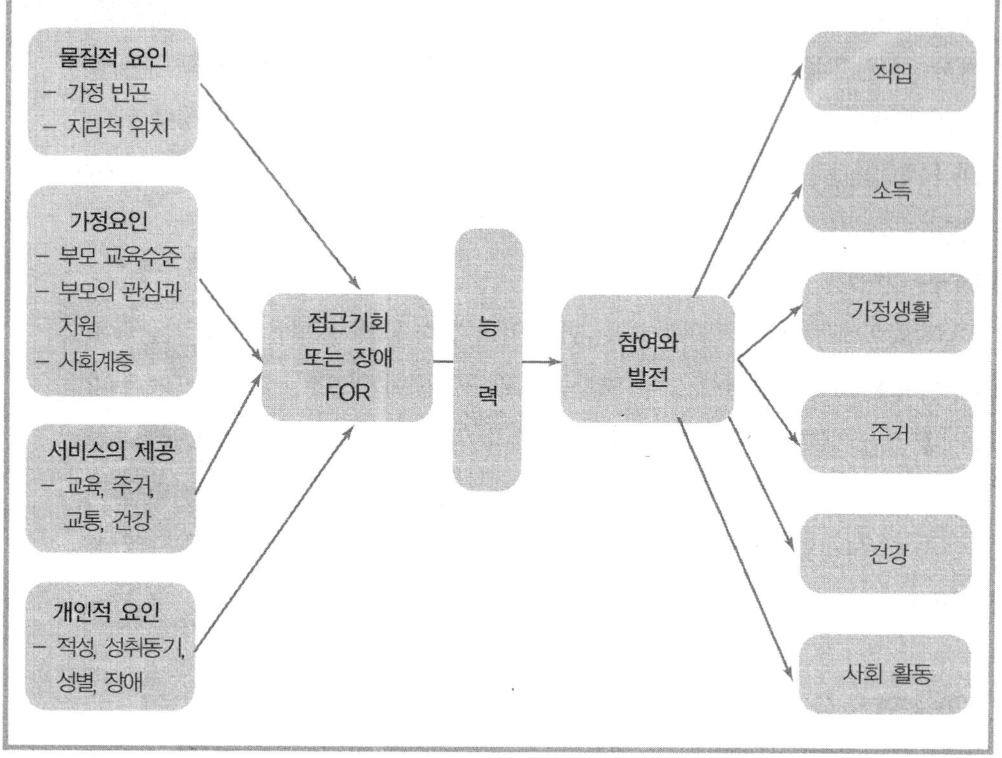

여기서 인적 자본(human capital)은 경제적 관점에서 투자개념으로 인간의 가치를 바라보는 데 비하여, 사회자본(social capital)과 문화적 자본(cultural capital)은 인간이 형성하는 사회적 관계와 문화적 경험 속에서 축적되는 사회문화적 자산의 가치에 관심을 두는바, 금전적 가치와 거래의 대상이 되는 경제적 자본과는 대립되는 비경제적 자본이라는 성격을 지닌다. 이와 같은 이유로 여기서는 인간의 능력을 형성하는 보편적 기초인 사회자본과 문화자본을 좀 더 살펴보고, 경제적 관점의 인적자본은 별도로 다루기로 한다.

(가) 사회자본

Coleman(1988)에 의하면 사회자본(social capital)은 사회적 관계 속에 내재하는 것으로서 개인에 속하는 물질적 자본, 인적 자본과 구분된다. 그것은 사회적 구조 속에 존재하는 것으로 개인의 배타적 소유가 불가능하며 그 구조에 소속된

구성원들이 공동으로 혜택을 누리는 공공재(publics goods)적 성격을 지닌다.[5] 사회자본은 구성원이 특정한 목적으로 행위를 할 때 구체적으로 이를 돕는 기능을 함으로써 인적 자본의 생산성을 높이는 데 기여한다. 사회자본은 사회구조 속의 1) 신뢰를 바탕으로 한 의무(obligations)와 기대, 2) 정보소통 채널, 3) 사회적 통제력을 가진 집단규범 등의 형태를 통해 다양하게 나타난다. OECD는 사회자본을 "집단 내 혹은 집단 간의 상호협력을 촉진하는 네트워크, 규범, 가치, 이해"라고 정의함으로써 상호협력을 촉진하는 데 있어서 규범과 네트워크의 중요성을 강조하고 있으며, 공공재로서의 사회자본의 관점을 채택하고 있다(홍영란 외, 2006).

Coleman(1988)은 사회자본의 형성을 촉진시키는 두 가지 요소가 사회적 네트워크의 닫힌 구조(closure)와 유용한 사회조직의 존재 여부라고 본다. 닫힌 구조는 사회구조 속의 구성원 간의 상호연결된 네트워크를 의미한다. 상호연결된 닫힌 구조 속의 상호작용을 통해 신뢰관계가 형성되며 공동의 문제에 대한 대처가 가능하고 이러한 과정에서 사회구조 내 행동에 대한 제재력도 생성될 수 있다고 본다. 응집력 있고 행동력을 갖춘 성공적인 사회조직은 당초의 목적이 달성된 뒤에도 흔히 살아남아 또 다른 기능을 수행하게 된다. 이와 같은 조직은 그 조직에 속한 사람에게는 매우 강력한 사회자본으로 기능하게 되며, 그 소속 여부가 개인의 파워에 큰 영향을 미친다.

사회자본은 가정 내와 가정 밖에 존재하며 한 개인의 인적 자본 형성에 지대한 영향을 미친다. 가정에서 가장 중요한 사회자본은 '부모와 자녀의 관계'이다. 부모가 수준 높은 인적 자본(학력, 지식, 기술 등)을 지녔고 자녀와 긍정적인 관계를 맺고 있다면 부모의 인적 자본은 자녀의 인적 자본 형성에 매우 긍정적인 영향을 미칠 수 있다. 그러나 부모의 인적 자본의 수준이 아무리 높더라도 자녀와의 관계가 긍정적이지 못하다면, 즉 가정 내 사회자본의 수준이 낮다면, 자

5) 이와는 달리 Bourdieu는 사회관계 속에서 개인이 소유하는 지속적 네트워크와 네트워크로부터 개인이 제공받을 수 있는 다양한 사회적 기회자원을 총칭하여 사회적 자본이라 정의하고 있다(홍영란 외, 2006). 사회적 관계를 중시한다는 점에서 두 학자의 견해는 유사하나, Coleman은 사회자본을 공공재로, Bourdieu는 사적 재로 본다는 점에서 차이가 있다.

녀의 인적 자본 형성은 부모의 도움을 별로 받지 못하게 된다. 요컨대, 개인의 인적 자본 형성은 그가 향유하는 사회자본의 영향을 크게 받는 것이다.

사회자본의 형성과 작용은 경제적 관점으로는 다루기 어려운 영역으로서 계량화, 객관화하는 데 한계가 있는 사회문화적 · 정치적 공공제도, 시민의식의 영역까지 포함될 수도 있는바, 인적 자본(human capital)의 관점으로는 설명될 수 없으나, 현실적으로 개인의 사회적 역량과 인적 자본의 생산성에 지대한 영향을 미치는 요소임에 틀림없다.

사회자본과 교육의 관계에 관한 많은 연구들이 그동안 이루어져 왔으며, 이들 연구는 대체로 사회자본이 학생의 학업성취도, 학교적응력 등에 긍정적 영향을 미친다는 것을 보여주고 있다. 부모와 자녀 간의 신뢰와 원활한 의사소통 등은 자녀의 성공적인 학교생활에 크게 기여하는 것으로 나타나고 있다. 반대로, 가정 내 사회자본이 취약한 아동들은 그만큼 학교생활에 부적응할 가능성이 높다고 할 수 있다. 사회자본이 교육복지정책에 던지는 물음은 결국 1) 가정 내 사회자본을 어떻게 강화할 수 있는가, 2) 가정 내의 취약한 사회자본에 기인하는 교육손실을 가정 밖 사회자본의 도움을 통해 회복시키기 위하여 학교와 지역사회는 어떤 노력을 하여야 하고, 가정과는 어떻게 연계 협력하여야 하는가 하는 것이다.

(나) 문화자본

문화자본(cultural capital)은 프랑스의 사회학자 Pierre Bourdieu가 처음 사용한 개념이다. Bourdieu(1997)는 문화자본을 경제적 자본, 사회적 자본과 함께 자본의 세 가지 종류 중의 하나로 보며, 1) 개인에 체화된(embodied) 형태, 2) 객관화된(objectified) 형태, 3) 제도화된(institutionalized) 형태의 세 가지로 존재한다고 보고 있다. 자본(capital)은 오랜 시간을 통해 누적적으로 형성된다는 점, 배타적으로 소유되며 그를 기초로 다양한 형태의 사회적 에너지를 얻을 수 있다는 점, 한번 형성되면 안정적으로 스스로를 유지하고자 하는 성향을 지닌다는 점, 그 분배 구조에 사회를 움직이는 내재적 구조가 반영되어 있다는 점 등의 속성을 지닌다. 문화자본 역시 이와 같은 자본의 속성을 지닌다.

1) 체화된 형태로서의 문화자본은 개인이 문화적 경험과 학습을 통해 습득한 문화적 산물로서 신체와 정신 속에 정착되어 오랫동안 지속되는 성향이나 자질, 사고방식이나 행동양식 등을 의미한다. 예컨대, 예술작품을 감상하는 능력은 문화자본에 속한다. 2) 객관화된 형태는 책이나 그림, 악기 등과 같이 문화적 산물로서 객관적 사물로 존재하는 것을 말한다. 3) 제도화된 형태는 학력(學歷)이나 자격과 같이 제도적으로 인정된 것으로 개인이 습득한 것을 말한다. 이와 같은 다양한 형태의 문화자본들은 배타적으로 소유가 가능하며 경우에 따라 경제적 가치를 매길 수도 있다.

특히 교육복지와 관련하여 1차적으로 중요성을 지니는 문화자본의 형태는 체화된 형태의 문화자본, 즉 개인의 성향, 자질, 사고 및 행동방식 등이라 할 수 있다. 이러한 문화자본은 오랜 시간 동안의 경험과 학습을 통해 습득되는 것이므로 개인이 성장과정에서 어떤 문화적 경험을 갖는가에 따라 소유하는 자본의 양과 질의 차이가 나타나게 된다. 중요한 것은 어떤 문화자본을 얼마나 소유하고 있는가가 취학 후 학교에서의 학업성공에 지대한 영향을 미친다는 것이다. 예컨대, 언어에 대한 독해능력, 사람과 의사소통하고 긍정적인 관계를 맺는 능력 등은 학교생활을 성공적으로 영위해 나가는데 결정적인 작용을 하는 것으로 알려져 있다.

문화자본은 개인이 사회생활에 필요한 자질과 태도 능력을 키워나가는 데 필요한 자료가 되기도 하며 학습경험을 제공하기도 한다. 자본은 누적적으로 형성되는 것이므로 한번 형성된 자본은 다음 단계에서의 자본형성의 기초가 된다. 다시 말하면, 문화자본의 부족은 그 다음에 이루어질 문화자본의 형성을 제약할 수 있다는 것이다. 따라서 취학 이전의 문화자본의 형성은 취학 이후 학교생활을 통한 문화자본의 습득을 제약할 수 있으며, 학교에서의 성공은 취학 이전 유아기의 문화자본 습득 여부에 달려 있다고 해도 과언이 아니다.

체화된 형태의 문화자본은 화폐를 주고 구입할 수 있는 것이 아니며 주로 개인이 직접 오랜 시간 동안의 반복적 경험을 통해 획득하는 것이므로 적절한 시기에 적절한 문화적 경험을 갖는 것이 중요하게 된다. 이와 같은 문화자본의 습득이 가능하려면 아동에게 문화적 경험을 제공하는 부모 또는 보호자의 경제적 능력과 시간, 교육적 지식과 정보, 주변으로부터의 지원 및 좋은 환경의 제공 등이 요구된다.

문제가 되는 취약계층으로 우선 저소득층을 들 수 있다. 저소득층 부모들은 자녀들에게 투자할 수 있는 경제력, 시간, 지식 · 정보, 주변 환경 및 지원 등에서 모두 불리한 위치에 놓이기 쉽다. 또한, 아동들의 학습과 동기부여에 필요한 역할모델(role model)이 주변에 많지 않다. 지식 정보를 얻는 원천으로서의 사회적 연계(social connection)도 약하며, 건강과 영양상태도 취약하기 쉽다. 이들에게는 자녀의 문화자본 습득을 위한 총체적 지원 역량이 부족할 수밖에 없고, 이로 인해 저소득층 자녀들은 학교에서도 불리한 조건에서 학업에 임하는 결과, 학업부진 및 학교부적응을 경험할 가능성이 높아지게 된다.

새터민, 외국인 근로자, 다문화가정 등 소위 '신소외집단'들은 주류사회와의 언어 및 문화적 차이로 인해 어려움을 겪을 가능성이 많다. 주류사회 및 주류사회를 대변하는 학교의 생활과 문화에 적응하는 것이 소수집단 학생들에게는 큰 도전으로 다가온다. 이들에게 적절한 지원이 이루어지지 않는다면 학교에 부적응하고 실패할 가능성은 매우 높다. 이들 역시 주류사회에 성공적으로 적응하는데 필요한 문화자본이 부족하기 때문이다.

결국, 교육적으로 소외를 겪는 많은 개인이나 집단의 문제는 문화자본의 소유 및 향유 여부와 밀접하게 연관되어 있으며, 교육소외 문제를 해결할 수 있는 근본적인 대안 역시 문화자본의 습득과 연관될 수밖에 없다. 교육소외에 놓일 가능성이 높은 개인이나 집단에게 적절한 시기에 적절한 문화적 경험과 학습을 통해 문화자본을 형성 · 획득하도록 하는 일이야 말로 가장 근본적인 교육복지 대책이 될 수 있을 것이다.

(3) 인간주의적(humanistic) 접근[6)]

정상적인 교육기회를 갖는다는 것은 개인의 잠재능력을 개발한다는 차원뿐만 아니라 인간다운 삶을 향유하기 위한 조건을 갖추는 데에 요구되는 기본적인 소양과 역량을 함양한다는 의미를 지닌다. 그렇다면 인간다운 삶이란 어떠한 것

6) (3)~(7)의 내용은 김인희 (2008). 「학교교육혁신론」에서 일부 발췌하여 수정 보완함.

인가? 여러 가지 해석이 있을 수 있겠으나, 인간이 자기 삶의 의미를 깨닫고 자율의지를 바탕으로 삶의 능동적 주체가 되어야 한다는 점을 우선 들 수 있을 것이다. 또한, 인간으로서의 존엄성과 품위를 유지하며, 사회적 존재로서 남과 더불어 사는 삶을 의미한다. 이와 같은 인간다운 삶을 구현하는 것이 교육복지의 목적이 된다면 교육복지의 실천에서 가장 중요한 바탕은 인간에 대한 기본적인 관점, 즉 '인간관' 일 것이다.

교육은 인간의 변화를 일으키고자 하는 의도적인 행동이다. 여기서 인간의 변화는 사고, 태도, 행동 및 신념의 변화 등으로 나타나며 변화된 상태는 지속성을 지니게 된다. 이러한 변화의 원천은 인간의 내부로부터 올 수도 있고 외부로부터 올 수도 있는데 대개는 외적 자극에 대한 내적 대응의 과정을 통하여 이루어지게 된다. 이러한 대응과정은 인지적 · 정서적 작용을 포함한다. 자연현상과 달리 사회현상은 인간의 행동에 의해 이루어지며 인간은 주관적 현실(subjective realities) 속에서 움직인다. 사회현상에서 인간은 그 현상을 일으키는 주체(subject)가 된다. 사회현상의 실체인 '사회적 의미' 는 인간에 의해 부여되고 구축되는 것이기 때문이다. 따라서 주체를 객체로 인식하거나 취급하는 것은 사회현상을 잘못 이해하고 잘못 접근하는 것이다. 이렇게 볼 때, 인간의 정상적인 주체성 발휘를 저해하는 요소를 극복하고 이로부터 자유로워지는 것이 필연적 과제가 된다.

먼저, 인간의 정상적인 주체성 발휘를 위협하는 요소로 소외(alienation)를 들 수 있다. 소외의 요소로 1) 무의미성(meaninglessness)과 2) 상호작용의 부재를 들 수 있다. 바꿔 말하면 소외로부터 벗어나는 길은 '유의미한 상호작용' 이다. 무의미성은 그 대상이 자신의 주관적인 세계 속에 연결고리를 갖지 못하거나 연결된다고 해도 실질적으로 도움을 주지 못할 때 나타난다. 즉 어떤 대상이 자신에게 유의미하기 위해서는 연계성(connectedness)과 유용성(usefulness)의 두 조건을 갖추어야 한다. 한편, 어떤 대상이 유의미하다고 인식되어도 그것과 자신이 상호작용할 수 있는 창구가 닫혀 있다면 그는 그 대상으로부터 역시 소외되어 있는 것이다. 이러한 상호작용의 부재는 일방적인 권력관계에서 흔히 나타난다. 3) 무력함(powerlessness)은 소외의 또 하나의 중요한 요소인데, 이는 인간으로 하여금 자신에게 유의미한 대상을 선택할 기회의 제한과 자신이 도전하기 힘든 권력과의 일방적인 관계로 인한 상호작용의 제한을 가져온다. 상호작용이 있다고 해도 그것은 이미 무의미한 내용에 대한 것으로 그러한 상호작용 자체가 무의미해지는 것이다. 자신에게 중요한 문제에 대한 결정권한이 없음으로 해서 결국 유의미한 상호작용의 기회를 갖기 힘들게 되면서 소외현상이 나타난다.

인간의 정상적인 주체성 발휘를 위협하는 또 하나의 요소는 독단주의(dogmatism)이다. 이것은 대상과의 관계에서 나온다기보다는 대상을 바라보는 인간의 관점 및 사고방식에 대한 것이다. 독단주의란 어떤 특정한 신념체계를 신봉하면서 그에 배치되는 다른 신념체계를 배척하는 것이다. 자신이 믿는 신념체계를 절대적인 것으로 인식하며 다른 신념체계에 대한 가치를 인정하지 않고 배타시하는 것이다. 이러한 사고방식에 의하면 상대성이라는 것은 존재하지 않으며 사물은 흑과 백으로 나뉜다. 연속선상의 중간은 인정되지 않으며 양극만 존재한다. 사람과 집단은 내 편 아니면 적으로 인식된다.

독단주의의 폐해는 그 생각 자체보다도 그러한 생각이 행동으로 옮겨질 때 심각하게 나타난다. 자신의 세계와 다른 세계에 대한 무시 또는 박해로 인해 다른 사람들에게 고통을 주며 결국은 비현실적 · 편향적인 태도와 행동, 그리고 그것이 야기하는 다른 집단으로부터의 반작용으로 인해 자기 스스로도 피해를 입게 되며 사회를 대립과 투쟁의 관계로 이끌게 되는 것이다. 이러한 독단주의가 교육현장에 존재한다면 그 폐해는 이루 말할 수 없다. 독단주의는 그 자체가 비교육적일 뿐만 아니라 교육이란 수단을 통하여 학습되고 확산될 수 있기 때문이다. 교육이란 경로를 통하여 한 사람의 독단(dogma)이 백 사람, 천 사람에게 전파될 수 있는 것이다.

인간다운 삶의 구현을 위한 인간관은 "소외되지 않고 독단주의에 빠지지 않은 자기 행동의 진정한 주체로서의 인간"이다. 자기 주변의 대상과 유의미한 상호작용을 하며 자신의 신념체계를 갖더라도 그와 다른 신념체계가 존재할 수도 있다는 것을 인식하고 그를 존중할 수 있는 이해력과 태도를 지닌다. 세상을 흑과 백으로 단순화하지 않고 사물의 상대성을 이해하며 자기와 다른 존재에 대한 관용(tolerance)의 능력을 가진 인간을 의미한다.

(4) 구성주의적 관점

구성주의(constructivism)는 하나의 철학으로서 사회과학에서의 해석론(interpretivism) 또는 자연주의(naturalism)와 궤를 같이한다. 존재론에서 볼 때, 우리가 인식하는 현실은 객관적으로 존재하는 것이 아니라 우리 인식 속에 주관적으로 형성된 것이라고 본다. 그러한 주관적 현실은 우리가 놓여 있는 특수한 상황(context)에서 우리가 객관적 대상을 주관적으로 인식하고 해석하여 구축한 현실(constructed realities)이다. 따라서 그것은 보편적 · 객관적인 것이 아니라 특수하고 개인적인 것이다. 객관적으로 같은 사회현상 속에서도 사람들은 자기가 놓여 있는 입장과 상황에 따라서 서로 다른 현실인식을 하며 그러한 현실인식을 바탕으로 행동하게 된다. 내가 인식하는 현실은 다른 사람의 그것과는 다를 수 있다. 사람들의 행동을 좌우하는 것은 결국 객관적인 현실이 아니라 주관적인 현실이며 이것이 사회적 현실(social reality)의 실체라는 것이다.

인식론에서 볼 때 연구자들은 복수의 현실(multiple realities)을 인정하며 보편적 · 절대적 진리를 찾기보다는 어떤 상황에서 어떤 사람들이 어떤 현실인식을 하고 있는가를 이해하려고 한다. 여기서 중요한 것은 사람들이 자신의 현실에 대하여 부여하는 '의미(meaning)' 이며 연구자들은 그 의미를 '이해(understand)' 하기 위한 노력을 하게 된다. 외관적으로는 같은 행동으로 보여도 행위자가 그 행동에 대하여 부여하는 의미는 다를 수 있기 때문이다. 현실이라는 것은 외부세계에 객관적으로 존재(exist)하는 것이 아니라 사람들의 인식에 의해 구성(construct)되는 것이라는 의미에서 이러한 입장을 구성주의(constructivism)라고 부르며, 사회과학이 할 일은 보편적인 법칙을 설명하는 것이 아니라 사회현상에 담긴 행위자들이 부여한 의미를 해석(interpret) 또는 이해하는 것이라는 관점에서 이를 해석론(interpretivism)이라고도 부른다.

학습이 학습자가 가진 인지구조 속에서 의미부여를 통해 이루어진다는 생각은 구성주의(constructivist) 학습이론의 기본가정이다. 학습은 학습자인 인간이 능동적으로 학습경험을 받아들여 나름대로 해석하고 거기에 의미를 부여함으로써 이루어진다는 것이다. 즉 학습자는 수동적으로 외부의 자극을 받아들이는 것이 아니라 능동적으로 학습경험을 선택하며 학습활동의 주체가 된다는 것이다.

따라서 학습자에 대한 의미 있는 학습경험의 부여가 중요시되며 학습활동을 촉진시키기 위한 여건을 마련하고 도움을 줄지언정 인간행동을 의도적으로 통제하려는 생각은 갖지 않는다. 학습은 학습자의 성장을 돕고 그가 가지고 있는 잠재력을 발휘토록 하는 일이지 인간을 수단화하여 그의 행동을 도구화하려는 목적은 애초부터 갖지 않게 된다.

그렇다면 학습자의 교육소외를 해소하기 위한 교육복지 실천에 있어 우리는 어떤 입장을 택할 것인가?

(5) 인지주의적 접근 : 인지모형과 문화모형

사람들은 사물을 지각하고, 해석하고, 판단하는 인지적 작용이 일어나는 어떤 구조(structure), 즉 인지구조(cognitive structure)를 지니고 있다. 어떤 학자들은 이를 인지모형(mental model)이라고 지칭하여 사용한다.[7] 사람들은 특정한 인지모형을 통하여 객관적인 대상을 인식하고 그에 대한 해석을 하고 판단을 내리며 그에 따라 어떤 반응을 하게 된다. 이러한 인지모형은 사실에 관한 지식, 신념(가정), 태도, 가치, 선호, 정서들로 구성된 복합적 총체이다. 다시 말하면, 그것은 세상이 돌아가는 이치에 대하여 우리들이 내면 깊이 가지고 있는 내적 이미지로서 우리의 사고와 행동양식을 형성 또는 제약하게 된다(Senge, 1994).

인지모형은 사람에 따라 차이를 보이며 서로 다른 집단 간에도 차이를 보인다. 특정한 인지모형이 형성되는 데 영향을 미치는 것은 개인의 인성과 과거의 경험, 그리고 문화적 신념체계이다. 사람들은 어떤 경험을 거치는 과정에서 자기의 현실 속에서 그것의 의미를 찾고 가치판단을 내리며 그 경험대상에 대한 이미지와 태도를 형성하게 된다. 그러한 주관적인 인지작용은 물론 개인이 지니고 있는 심리적 특성—욕구, 심리적 특질, 선호도 등—에 의하여 영향을 받게 된다. 또한 개인은 자신이 속해 있는 집단이 가지고 있는 문화로부터 자유롭지 못하다. 사람들은 자신이 직접 체험하지 못한 대상에 대해서도 어떤 가치를 부여하고 가정을 내리며 태도를 형성하고 있는데, 이는 2차적 경험을 통하여 문화

7) Senge(1994)는 mental model이라는 용어를, Gardener는 mental representation, Argyris(1982)는 theories in use라는 표현을 사용하고 있는데 이들의 의미하는 바는 동일하다고 볼 수 있다.

적 신념체계를 학습한 결과라고 볼 수 있다.

사람들이 가지고 있는 인지모형의 상이성과 공통성은 따라서 이러한 세 가지 요인에 의하여 설명할 수 있다. 공통된 경험을 가진 사람들은 그 대상에 대하여 유사한 이미지나 태도를 형성하고 있을 가능성이 높다. 실패한 교육개혁을 지속적으로 경험한 교사들 간에는 교육개혁에 대한 부정적 태도를 공유하고 있을 가능성이 높다. 반대로 성공의 경험이 많은 교사들로부터는 변화에 대한 긍정적 태도를 기대할 수 있을 것이다. 한 집단에서 오랫동안 같이 지내온 구성원들 간에는 공유하고 있는 생각, 가치관, 태도, 정서 등이 있다. 이는 구성원들이 집단 속에서 같은 경험을 공유하고 있기 때문이기도 하지만 또한 집단이 가지고 있는 조직문화, 즉 추구하는 목적과 가치관, 집단규범, 업무방식, 행동양식 등을 학습한 결과이기도 하다. 한편, 집단들이 같은 대상에 대하여 서로 다른 인식과 태도를 보이는 것은 각 집단의 구성원들이 서로 다른 인지모형을 공유하고 있기 때문이다. 인지인류학자들(cognitive anthropologists)은 한 집단이 공유하고 있는 인지모형을 문화모형(cultural model)이라고 부른다(D'Andrade, 1995; Strauss & Quinn, 1997; Shore, 1996).

인지모형은 오랜 경험의 누적을 통해 형성된 만큼 쉽게 바뀌지 않으며 안정성(stability)을 지닌다. 그러나 본질적으로 불변인 것은 아니다. 새로운 경험은 새로운 인지모형 형성의 계기가 된다. 새로운 경험 중에는 기존의 인지모형으로는 해석이 되지 않는 것이 있을 수 있다. 기존의 인지모형이 더 이상 기능을 할 수 없다면 그 효용성에 문제가 제기되며 사람들은 그것을 수정하거나 경우에 따라서는 이를 폐기하고 새로운 모형을 받아들이게 될 것이다. 이것은 마치 하나의 체제가 외부환경의 변화로 인해 균형을 잃었다가 내적 적응과정을 통해 다시 균형을 찾아가는 과정에 비유할 수 있다. 인지모형의 변화는 인간의 외부환경과의 상호작용, 즉 '경험'을 통해 설명할 수 있다.

사람들은 자신의 인지모형 속에서 자기가 믿고 있는 것이 진실이며, 그 진실은 명확하고, 그 진실들은 증거에 기초하고 있으며, 그 증거들은 정확한 자료에 입각하고 있다고 믿는다(Senge, 1994). 인지모형은 우리의 일상 속에서 자동적으로 작용하는 것으로서 우리는 그것을 의식하지 않는다. 그것은 컴퓨터를 켜면 자동으로 실행되는 운영체제(operating system)—예컨대, windows나 dos—같은 것이다. 우리는 보통 스스로의 인지모형이 타당한가를 검증하지 않는다. 왜냐하면 그것은 우리들에게는 무의식적으로, 암묵적으로 작용하는 너무나 당연한 가정들로 구성되어 있기 때문이다.

우리는 인지모형을 통해 인식 대상을 선별한다. 즉 외부의 자극은 아무런 여과 없이 우리의 인식 대상이 되는 것이 아니라 우리가 가진 인지모형에 의해 걸러지는 것이다. 우리가 가진 관심, 욕구 등에 따라 우리가 인식하는 대상도 선정된다. 같은 공간에서 동일한 대상을 경험한 사람들이 서로 다른 측면에 대하여 이야기하는 것은 각자 자기가 관심 있는 부분에만 주의를 기울이기 때문이다. 그러나 이러한 선택작용 역시 우리가 인식하지 못하는 사이에 일어난다. 우리는 인지모형을 통해 세상을 들여다보고 자신의 주관적 현실을 구축하지만 그것은 우리가 의식하지 못하는 사이에 자연스럽게 자동적으로 일어나는 현상이다.

사람들의 자신의 현실에 대한 의미부여는 결국 그들이 가진 인지모형을 통하여 이루어지는 것이다. 예컨대, 교사들은 그들의 일과 직장에 대하여 어떤 공통된 인지모형, 즉 문화모형(cultural model)을 공유하고 있다. 그것은 그들이 교사로서 갖는 공통의 경험과 학교라는 조직이 가지는 특수한 문화의 영향을 받아 형성된 것이다. 그들이 갖는 경험은 그들이 놓여 있는 상황(context)과 떼어 놓고 생각할 수 없다. 교사들이 놓여 있는 제도적 · 사회적 · 조직적 · 물리적 · 심리적 환경은 교사들이 경험하는 현실의 중요한 부분이 된다. 사람들이 형성하는 인지모형은 결국 그들이 놓여 있는 상황(context)을 반영하는 것이다. 따라서 다른 사람의 인지모형을 이해하기 위해서는 그 사람이 놓여 있는 상황을 먼저 이해할 필요가 있다.

우리 학생과 교사, 학부모들이 가지고 있는 문화모형은 어떠한가? 이를 이해하는 것은 그들이 어떻게 자신의 현실을 인식, 해석하고 그에 반응하는가를 이해하는 것이다. 어느 집단이 공유하는 문화모형을 파악하는 것도 중요하며, 집단 간에 나타나는 문화모형의 상이성을 이해하는 것도 중요한 일이다. 학생과 교사와의 차이, 교사와 학부모의 차이, 학교관리자와 평교사의 차이, 대도시 학교와 농촌 학교 간의 차이, 부유층 지역과 빈곤층 지역 간의 차이 등 실제로 관찰될 수 있는 유의미한 차이들이 있으며 교육복지정책에 있어서도 충분히 고려되어야 하는 요인이 된다.

(6) 생태론적 접근

생태론적 접근(ecological approach)은 체제적 사고(systems thinking)를 기반으로 하고 있다. Lambert 외(1996)는 "생태론자들은 학교를 생태체제(ecological system)로 보는데 그 안에는 어린이와 성인이 같이 존재하며, 그들의 존재와 관계의 유형은 학교건물, 학교에 배분된 자원, 지역사회의 경제, 학교 안의 다양한 문화, 새로운 구성원의 등장, 새로운 법률, 지방과 중앙정부의 요구 등에 의해 영향을 받게 된다"고 설명한다. Lambert 외(1996)는 "학교의 상황에 있어 성인과 학생들은 학습을 위한 자원과 능력을 집단적으로 보유하며 변화하는 조건에 적응하며 발전해 나간다. 이러한 조건들은 학습과 특정 학문영역에 대한 변화하는 지식, 변화하는 학교구성원, 행정체제의 변화, 사람들의 시간과 재정적 지원을 비롯한 자원의 증감 등을 포함한다"고 주장한다.

변화하는 조건에 대응하여 자신을 조직할 수 있는 역량은 한 조직의 자기 쇄신(self-renewal)을 가능케 한다. 자기조직(self-organization)은 하나의 살아 있는 체제가 점차로 복합화되면서 보다 효과적인 방법으로 기능하기 위해 스스로를 조직해 나가는 것을 의미한다. 전통적 접근과 비교해 볼 때 체제적 사고의 원리들은 부분이 아닌 전체, 개체가 아닌 관계, 계층이 아닌 네트워크, 자원획득을 위한 경쟁이 아닌 공동목적을 위한 파트너십 등에 담겨 있다. 또한 자기조직(self-organization), 신축성(flexibility), 다양성(diversity), 공동발전(coevolution) 등의 원리들이 추가로 강조된다. 이를 바탕으로 한 생태적 모델을 교육변화에 적용하기 위해서는 소위 생태적 설계 지능(ecological design intelligence)이 요구된다.

생태적 설계지능이란 사람들이 살고 있는 생태적 환경(context)을 이해하고 그 한계를 인식하며 사물의 스케일의 적정성을 감지하는 능력이다. 그것은 인간의 목적과 자연의 제약 간의 균형을 맞추는 일이며 그렇게 하는 데 있어서 품위(grace)와 경제성(economy)을 지키는 능력이다. 그 핵심에 있어 생태적 설계지능은 세상에 대한 윤리적 관점과 그에 대한 우리의 의무에 의하여 자극된다. 종종 그것은 가능성 있고 또 누군가에게 이득을 줄 수 있는 그런 일들에 대하여 No라고 말할 수 있는 양식과 도덕적 에너지를 요구한다. 생태적 설계지능의 가장 확실한 표시는 집단적으로 성취되는 것들, 즉 건강함, 지속성, 탄력적 회복성, 정당성, 공동체의 번영 등이다(Orr, 1994 : 2-3).

(7) 공동체적 접근

인간주의적 접근은 소위 '공동체적 접근(community model)'과 인간의 가치와 잠재력에 대한 이해를 공유한다. Little & McLaughlin(1993)은 학교에 대한 전통적인 '공식조직 관점(formal organization metaphor)'에 대응하여 학교란 "교사들이 실천 의식, 전문적 효능감(efficacy), 전문적 공동체 의식 등을 형성하는 사회적 · 심리적 장(場, setting)"이라는 이해를 바탕으로 하는 공동체 관점(community metaphor)을 제시한다. Little & McLaughlin은 학교에 대한 공식조직 관점은 우리들의 관심을 유인체제, 관리구조, 감시와 책무성, 지배(governance), 기술, 작업장의 물질적 측면 등으로 유도하는 반면, 공동체 관점은 실천 규범과 신념, 동료관계, 공유된 목적, 협력의 기회, 상호지원과 상호의무 등에 우리의 관심을 기울이도록 한다고 지적한다.

나. 인적자본론적(human capital) 접근

교육복지는 기본적으로 정상적인 교육기회 제공을 통해 개인의 능력개발 극대화를 추구한다는 점에서 인적 자원 개발(human resource development)의 측면을 지니게 된다. 교육복지가 생산적 복지의 성격을 갖는 이유는 그것이 소모성 지출행위가 아니라 인적 자본(human capital)의 형성을 위한 투자의 성격을 지니며, 형성된 인적 자본은 개인 및 참여 집단의 생산성을 높임으로써 다시 개인, 사회, 국가의 발전에 기여하게 되기 때문이다.

인적 자본은 교육을 통해 습득된 지식, 기술, 경험 그리고 이를 토대로 형성된 역량(capability)을 의미한다. 교육소외는 곧 인적 자본의 형성을 저해하여 인적 자원의 손실로 이어진다. 자본은 누적적으로 축적되는 것인바, 교육의 성과는 학습자에게 누적적으로 나타나는 동시에 대부분 학습자 개인에 체화된 형태로 나타나면서 인적 자본(human capital) 형성을 진행시킨다.

이와 같은 교육의 기능은 결국 개인의 발전은 물론 사회가 요구하는 인적 자원의 개발에 공헌하게 된다. 한 사회 · 국가의 사회적 · 경제적 발전은 활용 가능한 인적 자원의 질에 의해 크게 좌우된다는 점을 감안할 때 교육기회를 정상적으로 제공하여 개개인의 능력을 최대한으로 발휘토록 하는 교육복지정책은 자연스럽게 인적자본론적 측면이 고려될 수밖에 없다.

인적자본론적 접근은 점차 그 개념적 진폭을 넓히는 추세이나, 대체로 생산성과 투자적 측면을 강조하기 때문에 위에서 논의한 인간 중심적 접근이나 뒤에 서술하는 '사회투자국가' 적 접근에 비하여 상대적으로 경제주의적 접근의 면모가 두드러진다.

다. 갈등이론적(social/cultural reproduction theory) 접근

계층 간 교육격차의 해소는 교육복지정책의 주된 목표이며, 자본주의 경제체제를 기반으로 하는 사회에서는 필연적으로 당면하는 정책과제라 할 수 있다. 여기서 계층 간 교육격차의 원인을 어떻게 진단하는가에 따라 이에 대한 정책 방향이 다르게 나타날 것이다. 이에 대한 대표적이고 가장 오래된 논쟁은 교육격차(또는 학업성취도)의 원인이 개인적인 차이에서 오는가 아니면 사회구조가 지닌 속성으로부터 오는가에 대한 것이다. 그 원인을 사회구조의 본질적 모순으로부터 찾는 입장이 곧 갈등이론적인 관점이라 할 수 있다.

사회재생산, 문화재생산 이론으로 대변되는 갈등이론(conflict theory)의 대표적인 학자는 Bowles와 Gintis이다. Bowles와 Gintis(1976)는 학교체제가 자본주의적 생산관계의 모습을 그대로 반영하여 기득권을 지닌 자본가 계급의 이익에 부응하며 사회지배구조를 재생산하는 데 기여한다고 본다. 교육에서 나타나는 개인 간 격차는 개인 간의 능력차이라는 자연스러운(natural) 현상으로 간주되어 결국 학교에서의 실패는 개인의 책임으로 돌아가는 것이다. 이는 자본주의 사회에 필연적으로 나타나는 경제적 불평등을 정당화시키는 논거가 되며, 불평등이 내재된 자본주의 경제가 평등을 이념으로 하는 민주적 정치체제와 공존할 수 있다는 명분을 제공한다. 생산의 사회적 관계(social relations of production)가 학교교육의 사회적 관계(social relations of schooling)와 相應(correspond)한다는 점에서 이를 상응이론(correspondence theory)이라고도 부른다. 즉, 학교교육이 노동시장의 수직적(계층적) 분업에 학생들을 적응시켜 이러한 관계를 영속시키는 계층적 사회화를 수행함으로써 사회구조의 재생산에 기여하고 있다는 것이다.

Bourdieu(1973, 1997)는 하위계층 학생들이 겪는 학업실패가 그들이 지니는 문화자본(cultural capital)의 부족에 기인하는 것으로 설명하고 있다. 학교에서의 학업에 도움을 주는 문화자본의 소유 여부가 학생의 성공에 영향을 미치며 하위계층 출신 학생들은 이러한 문화자본을 충분하게 소유 및 향유하지 못한다는 것이다. Bernstein(1977)은 문화자본 중 특히 언어자본(socio-linguistic capital)이 학생의 학업성취도에 미치는 영향을 분석하여 계층 간의 교육격차를 설명하고 있다.

Persell(1977)은 교육적 불평등의 분석을 위해서 지배구조와 교육이념들, 구조들 간의 상호작용, 그리고 그 결과 사이의 가설적인 인과구조가 탐색되어야 함을 주장했다. 즉, 사회의 지배구조나 이념이 학교사회의 체제나 이념에 파급되고 이것이 학교교육의 과정에 영향을 미쳐 교육불평등이 유발된다는 것이다. Persell은 교육불평등에 관련된 변인들의 상호관계 모형을 제시하면서 사회적 차원, 학교제도적 차원, 인간관계적 차원, 심리적 차원의 네 가지 관점으로 구분하여 보고 있다.

이와 같은 갈등론적 논의에 따르면 교육기회 접근 여부의 문제가 아니라 교육체제, 교육방식의 속성 자체가 가진 자에 유리한 게임의 법칙을 통해 운영되므로 게임에 참여한, 가지지 못한 자는 구조적으로 불리한 게임을 하고 결과적으로 게임의 패배자가 될 수밖에 없다는 것이다. 즉, 교육은 가진 자에게 유리한 불평등한 사회구조를 그대로 반영하고, 불평등한 교육구조는 다시 기존의 사회구조를 재생산, 강화하는 악순환에 놓여 있다는 것이다. 교육체제의 구조적 모순에 대한 이들의 비판은 실증적 증거로 뒷받침되는 많은 연구들에 의해 상당 부분 지지되어 왔다. 갈등이론은 생산적인 정책대안을 제시하는 데에는 별로 성공적이지 못하였다는 비판을 받아 왔으나, 사회의 불평등 구조를 공고화(solidify)하는 교육의 역기능적 측면을 인식토록 하는 데에 중요한 공헌을 하였다고 볼 수 있다.

계층 간 교육격차의 문제를 이와 같은 갈등이론적 관점에서 바라본다면 이 문제에 대한 해법은 개인적 교육기회의 증대와 같은 학습자 개인적 차원의 접근이 아니라 사회구조와 교육구조의 모순을 시정하기 위한 노력, 즉 1) 교육이 이루어지는 제 조건, 과정에 있어서의 불평등한 요소를 발굴하고 제거함으로써 교육운영의 구조 자체가 특정 계층의 이익에 편향되지 않고 형평성을 유지할 수 있도록 하는 노력과 2) 이미 구조적으로 불이익을 당하고 있는 집단 또는 계층에 대하여 적극적으로 혜택을 부여함으로써 사회 전체적으로 형평성을 유지하고자 하는 노력, 소위 affirmative action과 같은 형태로 나타날 수 있다. 우리 대학입학에 있어서 지역균형할당제, 미국 대학입학에 있어서 사회적 소수집단(social minority)에 대한 배려와 같은 경우가 후자에 해당한다고 할 수 있다.

라. '사회투자국가' 적 접근 : social investment state approach

'사회투자국가' 적 접근 내지 사회투자론적 접근은 교육복지정책을 포함하는 보다 거시적인 사회정책적 접근으로 1990년대 중반 이후 서구 복지국가의 재편 패러다임으로 부상한 접근법이다. 이는 1997년 집권한 영국의 토니 블레어 정부가 '제3의 길'[8] 노선을 천명한 이후, 2000년 이후 유럽 각국 및 유럽연합 차원으로 확산되는 사회정책의 새로운 흐름이다. 여기서 사회투자국가가 표방하는 '제3의 길' 은, 신자유주의가 추구하는 경제적 효율 및 생산성과 전후 사회민주주의적 복지국가가 지향하는 평등 및 사회정의를 결합시키는 접근으로, 기존의 급여와 권리에 초점을 둔 재분배적이고 소비적인 사회복지를 넘어 인적 자원에 대한 적극적 투자를 통해 인간의 참여능력의 향상과 사회적 결속을 제고하는

8) 주지하듯이 '제3의 길' (The Third Way)은 영국의 사회학자 Anthony Giddens가 주창한 새로운 발전모델을 영국 수상 토니 블레어가 신노동당의 정치이념 및 정책기조로 차용한 것이다. Anthony Giddens, Beyond Left and Right(1994), The Third Way: The Renewal of Social Democracy(1998) 참조.

방향으로의 전이를 겨냥한다.

사회투자론의 핵심적 입장은 경제와 사회의 통합적 인식 내지 성장과 복지의 선순환 구조이며, 이러한 관점에서 성장과 복지의 조화, 즉 성장과 복지가 함께 가는 '동반성장'을 표방했던 참여정부의 〈비전 2030〉도 기본적으로 사회투자론적 접근에 바탕을 두고 있다 .

사회투자론적 접근은 결과의 평등 내지 소득의 재분배로부터 기회의 평등 내지 생애기회의 평등으로의 전이를 추구하며, 따라서 '기회' 및 '능력'의 분배 및 재분배에 초점을 맞춘다. 그런데 여기서 강조하는 '기회'는 보다 불확실한 사회에 적응하기 위한 '기회의 평등'(가능성의 재분배)이며, '능력'은 지식기반 사회의 새로운 사회적 위험들, 예컨대 저숙련이나 저지식을 극복할 수 있는 능력이다. 그런 의미에서 고전적 복지국가가 추구했던 완전고용보다 '지속 가능한 고용가능성'(sustainable employability)을 우선한다. 따라서 사회투자적 접근의 핵심인 인적 자원 개발의 기본적 지향은 전통적 학령기 교육의 틀을 넘어 유아로부터 고령에 이르는 생애주기에 걸친 교육과 훈련의 기회를 제공하는 것이며, 따라서 주요 정책으로는 영유아의 공공보육, 초·중등교육, 고등교육 기회의 확대 및 질적 제고, 적극적 노동시장정책을 통한 직업훈련 기회의 강화 및 평생학습체제의 구축 등이다.

사회투자적 접근은 국가수준의 인적 자원의 역량을 높이는 문제에 큰 관심을 쏟으며 그 과정에서 특히 사전예방적 투자(preventive investment)를 강조하는데, 그 중요한 고리는 '미래의 시민'인 아동들에 대한 투자이다. 이는 교육적 투자가 실효를 거두기 위해서는 개개인의 학습능력과 일에 대한 호의적 태도 등 인간의 기초능력이 형성되는 아동기 인지능력 발달기에 이들에 대한 보살핌과 교육이 긴요하며, 이를 위해 예방적 · 적극적 투자를 해야 된다는 입장이다. 따라서 사회적 취약가정, 특히 빈곤가정, 한부모가정 및 교육수준이 낮은 부모를 둔 아이들에 대한 보육 및 교육적 배려가 중시된다.

따라서 사회투자국가는 질 높은 보편주의적 보육 · 교육과 더불어(혹은 그것이 재정적 여건 때문에 기대수준에 못 미치는 경우에), 빈곤층 아동들을 위한 선별적 정책에 힘을 기울인다. 지역별로 아동센터를 마련하고 지역 도서관, 병원, 학교가 네트워크를 구성해 보육과 건강관리, 그리고 독서습관을 키워 주는 영국의 'Sure Start' 프로그램이 대표적이다(양재진 외, 2008: 53-54). 한국의 교육복지투자우선지역, 방과후학교 및 교육안전망 사업 등도 같은 맥락에서 추진되고 있다.

사회투자적 접근은 그 투자적 성격 때문에 지식이나 가치의 학습 못지않게 이들 능력의 활용, 즉 '고용가능성'을 중시한다. 따라서 교육체제 및 교육과정의 '투자적' 효율성에 대해 정책적 관심을 기울이며, 적정수준의 시장경쟁 원리를 도입하는 문제에 대하여도 개방적인 입장을 보인다. 학부모와 학생의 선택권을 확대하고, 공급자(학교, 교사) 간 경쟁을 강화하는 일이 그 예이다(양재진 외, 2008: 344).

사회투자적 접근은 경제적 생산성과 사회정의 실천의 조화를 추구하기 때문에 기존의 사민주의적 복지국가보다 투자의 생산성을 고려하는 것은 사실이나, 그 원천적 복지 및 정의 실현의지 때문에 교육 보편적 투자와 더불어 사회적 · 교육적 취약자에 대한 정책적 배려에 큰 힘을 쏟는다. 따라서 이들 소외 계층 및 집단에 대한 교육기회 확대 및 교육복지 서비스를 위한 정책과제들이 주요한 부분을 구성한다. 두 번에 걸쳐 작성된 한국의 교육복지종합대책도 이러한 관점에서 마련된 것이다.

그런가 하면 인적 자원에 대한 투자를 단순히 인간의 물적 요인(전문적 · 기술적 능력)에 대한 경제적 투자로 협의적으로 이해하지는 않는다. 따라서 인적 자원의 개념을 단순한 인적 자본을 넘어, 사회자본, 문화자본의 의미를 포함하는 통합적 역량(capacity)으로 해석한다. 또한 교육복지정책도 그와 유관한 다양한 사회복지정책, 인적자원정책 및 노동시장정책과 연관하여 통합적으로 이해한다.

5
Chapter

교육복지 연구의 전망과 과제

Chapter 5

교육복지 연구의 전망과 과제

이돈희(1999)는 교육정의 문제에 대한 교육학의 관심 부족을 언급하면서 지금까지의 교육학의 약점과 개선방향을 다음과 같이 제시하고 있다.

> 교육학은 탈제도적 맥락에서 교육행위의 원리를 함께 다루어 왔다. (중략) 하나의 통합된 학문으로 성장하기 위해서도 교육학의 이론은 기초학문의 이론적 틀에서 탈피하여 교육의 제도적 · 활동적 과정 그 자체에 대한 체계적이고 포괄적인 접근이 있어야 한다고 생각한다. 교육기회에 관한 제도적 연구는 교육행위의 차원에까지 침투된 것이어야 하고 교육행위의 원리에 관한 연구는 제도적 맥락의 관심과 더불어 이루어져야 한다. (중략) 교육학적 관심의 대상이 되는 것은 제도적 과정으로 이루어지는 교육행위의 이해나 개선에 무엇인가를 시사해 주는 것이어야 한다(pp.515-516).

교육복지가 포괄하는 모든 영역이 새로운 연구 영역이라고 할 수는 없다. 교육기회의 불평등 문제는 교육사회학의 주된 과제이며, 교육행정학에서는 교육제도와 정책의 정당성 또는 효율성에 대하여 관심을 지녀 왔다. 또한, 교육심리학에서는 학생의 부적응 행동에 대한 연구가 이루어져 왔다. 그러나 교육소외의 문제는 어떤 학문 영역에서도 체계적 · 종합적으로 다루어지지 못하고 있다고 보는 것이 옳을 것이다.

교육복지, 교육소외, 교육정의는 우리 교육을 들여다보는 하나의 새로운 관점이자 준거틀(framework)이 되어야 한다. 전혀 새로운 것은 아닐지 몰라도 적어도 우리는 이러한 틀에서 우리 교육을 충분히 연구하지 않았으며, 그로 인해 교육적으로 뿐만 아니라 사회적으로도 중요한 문제들을 무심하게 방치해 왔다. 그것은 곧 제도로서의 우리 교육이 얼마나 정의롭게 운영되고 있는가, 우리 학생들이 얼마나 자신의 성장에 필요한 유의미한 학습경험을 갖고 있는가, 우리 교육시스템이 얼마나 교육적으로 효율성을 지니는가, 그리고 우리 교육시스템의 교육적 비효율성과 그로 인해 나타나는 학생들의 삶의 손실을 극복하기 위해 어떤 노력을 하여야 할 것인가 하는 문제들이다.

이상의 논의에서 분명한 것은 교육복지 영역은 교육학의 연구대상이 될 수 있는 충분한 요건을 갖추고 있다는 점이다. 교육학은 교육복지라는 틀을 통해 그동안 사각지대에 놓였던 중요한 교육문제들을 연구대상으로 받아들이고, 교육제도 및 그 속에서 이루어지는 교육행위의 의미에 대한 보다 심층적이고 통합적인 연구를 통해 학문적 깊이를 더하고 외연을 넓힐 수 있음은 물론, 교육제도와 교육실천의 발전에도 크게 기여할 수 있을 것이다.

교육복지 연구에서는 연구문제가 교육소외 현상으로부터 시작되므로 우선적인 관심이 교육소외 현상을 이해하고 그 원인을 파악하는 데 집중될 것이다. 하나의 교육소외 현상을 온전하게 이해하고 설명하는 데에는 한 가지 학문의 관심과 연구방법만으로는 충분치 못한 경우가 나타날 것이다. 전통적인 학문의 주제와 학문 간에 서로 분리된 제한된 관심으로는 교육현장의 일상 속에 드러나면서 개인의 삶에 심대한 영향을 미치는 복합적인 교육소외 현상의 제 모습을 온전히 그려내기 힘들 것이다. 따라서 교육복지에 대한 연구는 다양한 학문적 관점과 접근법이 활용되고 그 연구과정에 서로 협력하고 연구결과를 공유하며 대화 · 토론하는 것이 요구된다. 특히 사회정책, 철학, 심리학, 교육과정, 사회학, 인류학, 행정학, 정책학 등의 관점이 접목된 학제적 접근을 통해 다각적으로 교육정의, 교육소외, 교육복지의 문제를 조명할 필요가 있다.

교육복지에 대한 이론적 토대의 성숙과 지식의 축적은 교육복지정책을 담당하고 현장에서 실천해야 할 교원, 행정가를 비롯한 다양한 전문인력의 양성 및 역량 강화를 위해서도 절실한 과제이다. 또한, 교육복지의 개념이 정립되고 이론화가 진전되면, 이제까지 그 용어를 사용하지는 않았지만 사실상 교육소외의 극복을 위해 이루어진 공식, 비공식의 다양한 노력들을 '교육복지'라는 틀 속에서 체계화하고, 각각의 노력에 의미와 가치를 부여하면서 새로운 참여의 동기를 부여하며, 이러한 노력을 보다 효과적으로 연계 · 발전시켜 나가는 기반을 구축할 수 있게 될 것이다.

교육이 그 내재적 가치로 교육소외의 극복과 유의미한 학습경험, 그리고 보다 인간다운 삶을 지향하는 한 교육복지는 교육학의 핵심적 가치영역에 터하며, 이에 대한 탐구는 궁극적으로 교육의 본질회복이라는 명제와 맞닿는다. 그런 의미에서 아직 학문적으로 처녀지(處女地)에 속하는 교육복지정책 연구의 중요성과 그 사회적 책임은 실로 대단하다 하겠다.

교육복지정책의 과제는 학문적 · 이론적 과제와 실천적 과제로 나뉘나, 실제에 있어서 양자는 서로 깊게 연맥되며, 상호 교호한다. 앞서 언급한 대로 학문적으로는 교육에 중심을 두되 인접 사회과학과의 학제적 접근을 통하여, 그리고 실천적으로는 학문적 · 이론적 지원을 받는 정책 기획가와 현장 실천가들 간의 상호협조를 통하여 과제가 개발되고, 그 내용이 확충, 내실화될 것이다.

참고문헌

강희경 (1999). 학령기 자녀를 둔 빈곤가족의 스트레스. 대한아동간호학회지 5(2) : 185-197.

——— (2003). 빈곤가족에서의 학령기 아동의 자존감. 아동간호학회지. 9(3) : 301-308.

관계부처합동작업팀 (2002). 학업중단 청소년 예방 및 사회적응을 위한 종합대책(안).

교육부 (1996). 교육복지종합대책(1).

——— (1997). 교육복지종합대책(2).

——— (1999), 「그리운 마음, 고마우신 선생님」, 서울.

교육인적자원부 (2002a). 평생학습 종합진흥계획 2002.3.

——————— (2002b), 「특수교육 발전 종합계획('03-'07)」, 서울.

——————— (2004a), 「장애학생 교육의 질 제고를 위한 특수교육 장학업무 편람」, 국립특수교육원, 서울.

——————— (2004b). 참여정부 교육복지종합계획(2004-2008).

——————— (2005a). 농산어촌 교육여건개선 기본계획(2005-2009).

——————— (2005b), 「OECD 특수교육 통계 및 지표(한국어판)」. 서울.

——————— (2006a). 학교혁신 기본매뉴얼.

——————— (2006b). 다문화가정자녀 교육지원 대책. 2006.5.

——————— (2006c). 학교혁신과 교육기회 확충을 위한 e-러닝 내실화 · 고도화계획(안).

——————— (2007a), 2007년 특수교육 연차보고서, 서울.

——————— (2007b). 다문화가정 자녀 교육지원계획. 2007.5.

——————— (2007c), 업무분장 및 주요업무 추진계획, 교육인적자원부 특수교육정책과.

——————— (2007d). 학교폭력대책 정책방향.

——————— (2007e). 2007 주요업무계획 보도자료.

——————— (2007f). 「대안교육백서 1997-2007」.

——————— (2007g). 「참여정부 교육정책추진사례분석연구 I : 교육격차 해소」.

——————— (2007h). 「교육백서 2003-2007」.

구인회 (2003). 가족배경이 청소년의 성취에 미치는 영향. 사회복지연구 제22권.

국가인권위원회 (2002). 국내거주 외국인노동자 인권실태조사.

김광억 외 (2003). 입시제도의 변화: 누가 서울대학교에 들어오는가? 한국사회과학(서울대학교 사회과학연구원 발행). 제25권 제1-2호.

김광웅 외 (2007). 안병영 장관. 「장관리더십」. 도서출판 지혜로.

김기석 (2004). 지역 · 계층간 균형발전을 위한 교육의 과제. 2004 한국교육학회 추계학술대회 발표논문.

김미숙 (2004). 북한이탈학생의 교육적응실태 연구. 한국교육개발원.

김민 외 (2007). 교육안전망 구축을 위한 천안시 지역사례연구. 한국교육개발원

김영화 (1999). 생산적 복지와 교육의 관계에 관한 연구. 교육부 정책과제연구.

——— (2005). 공동체로서의 학교. 한국교육 제32권 제2호, 2005.

김영희 (2001). 저소득층 청소년의 학교생활 적응에 관한 연구. 한국청소년개발원

김인희 (2004). 교육복지정책의 성공조건과 정책사례. 중앙일보 교육포럼 발표논문(We Start 운동 출범 기념).

——— (2005a). 교육소외와 학교혁신. 한국교원교육학회보, 2005.9.

——— (2005b). 유네스코 교육차별철폐협약 가입 검토를 위한 기초연구. 유네스코한국위원회 정책연구과제.

——— (2006). 교육복지의 개념에 관한 고찰. 교육행정학연구. 24(3) : 55-79.

——— (2007). 지방교육 활성화 모형과 추진과제. 한국교육행정학회 하계학술대회 발표논문.

——— (2008a). 「학교교육혁신론」. 경기: (주) 한국학술정보.

——— (2008b). 지역교육안전망의 구축조건 탐색. 교육행정학연구. 26(2) : 75-103.

김정원 외 (2007). 2006년 교육복지투자우선지역 지원사업 평가보고서. 한국교육개발원.

김종구 (2007). 대안교육 10년의 역사, 돌아보며 배우다. 「대안교육백서 1997-2007」. 교육인적자원부.

김창호 · 김지숙 (2005). 통합교육 경험 유무에 따른 초등학교 일반학생의 장애학생 수용 태도 비교 연구.

김형일 (2005). 장애학생의 전환교육을 위한 정책적 지원 방안 연구.

김혜숙 (2007). 국내 특수교육정보화의 현황 & 실질적인 방안. 「에듀넷」 2007 여름, 한국 교육학술정보원, 서울.

김희규 (2004). 장애이해교육이 초등학교 일반아동에 대한 태도개선에 미치는 효과.

김희복 외 (2007). 교육안전망 구축을 위한 해운대구 지역사례연구. 한국교육개발원.

남수경 (2007). 대학생 학자금 및 장학금 통합방안에 관한 연구. 교육인적자원부.

대통령자문교육혁신위원회 (2007). 미래교육 비전과 전략(교육비전 2030).

대한민국정부 (2001). 국가인적자원개발 기본계획.

———— (2004). 빈곤 대물림 차단을 위한 희망투자전략.
———— (2006). 함께 가는 희망한국 비전 2030.
류방란 (2006). 교육격차 해소와 교육안전망. 교육안전망 지원센터 개소식 기념세미나 발표집. 한국교육개발원.
류방란 외 (2006). 교육양극화의 실상. 한국교육행정학회 · 한국교육사회학회 공동세미나 발표 논문. 2006.8.
———— (2007). 교육안전망 구축을 위한 관악구 지역사례연구. 한국교육개발원.
마상진 (2005). 농어촌지역의 교육복지 실태. 교육소외계층의 교육복지와 실태 정책세미나 자료집, 교육인적자원부, 한국교육개발원 공동주최, 2005.6.
미 연방교육부 NCLB 관련 사이트.
박세일 (2002). 「자율과 책무의 학교개혁」. 한국개발연구원.
박현선 (1998). 빈곤청소년의 학교적응유연성 발달 메커니즘. 청소년학연구. 5(3) : 147–165.
——— (1999). 고위험 빈곤청소년의 심리사회적 적응. 한국사회복지학. 제37권 : 195–216.
배성근 (2001). 대안학교에 대한 정부정책. 「민들레」 2001년 9/10월.
보건복지부 외 (2004). 참여복지 5개년계획(2004–2008).
삼성고른기회장학재단(2008), 고른기회재단 사업계획 및 현황(2006~2008).
서울대학교 (1994). 「교육학용어사전」 서울 : 하우.
서울시교육청 (2002). 빈곤지역 아동학력 부진.
설동훈 외 (2005). 국제결혼 이주여성 실태조사 및 보건 · 복지 지원정책 방안. 보건복지부.
성민선 (1998). 학교교육에서의 인권. 제3회 관악교육정책포럼. 서울대교육연구소.
신명호 (2004). 교육과 빈곤탈출. 도시연구 제9호. 한국도시연구소, 2004.4.
신동아 대안학교, 대안교육. 2001년 6월호.
안병영 (2004). 대안학교 이야기. 교육부총리 공개서신(2004.12.23.).
——— (2005a). 안병영 전 교육부총리의 긴급제안. 신동아 8월호 : 82–97.
——— (2005b). 한국특수교육의 발전과제. 제24회 특수교육전문가 연찬회 특강 1(2005.9.29.).
——— (2005c). 21세기 평생학습사회와 대안교육. 제5회 서울시 대안교육센터 심포지움 기조강연(2005.11.26.).
——— (2006). 전기에 선 대안교육. 대안교육한마당(2005.11.22. 하자센터).
안승문 (2008). 복지국가 핀란드의 교육제도가 주는 교훈. 복지국가 society. 2008.11.16.
양승실 외 (2001). 학교교육 내실화 방안 연구. 한국교육개발원 연구보고서.
양재진 외 (2008). 사회정책의 제3의 길 – 한국형 사회투자정책의 모색. 백산서당.
양정호 (2005). 중학생의 왕따 발생 요인에 대한 연구. 한국교육 32(2) : 31–52.
양희규 (2001). 새로운 학교, 어떻게 만들 것인가?, 「민들레」 2001년 7/8월.
——— (2004). 대안교육에 대한 몇가지 생각들, 「민들레」 2004년 5/6월.

——— (2005). 인가를 받은 후 간디학교가 겪은 변화들, 「민들레」 2005년 5/6월호.
——— (2007). 왜 대안교육인가?, 「맥지」 2007년 3/4월호, 사단법인 맥지청소년 사회교육원.
오성배 (2005). 코시안 아동의 성장과 환경에 관한 사례연구. 한국교육. 32(3) : 61-83.
——— (2006). 한국사회의 소수민족, 코시안 아동의 사례를 통한 다문화교육의 방향 탐색. 교육사회학연구. 16(4) : 137-157.
유네스코한국위원회 (2006). 유네스코와 교육.
유상규 (2006). 학교보건 안전. 한국교원대학교 교육정책대학원 교육복지정책론 과제물.
윤여각 외 (2002). 학업중단 청소년 및 대안교육 실태조사. 한국교육개발원.
윤정일 (1990). 21세기사회의 교육복지정책. 교육이론 5(1). 서울대 교육학과.
——— (2003). 학교교육 붕괴위기의 종합적 분석과 대책에 관한 연구. 교육행정학연구. 21(2) : 1-30.
윤철경 외 (1999). 학교붕괴 실태 및 대책 연구. 교육부.
이규미 (2004). 중고등학교 교사가 지각한 학교부적응 행동지표. 한국심리학회지, 16(2) : 227-241.
이기범 (1996). 복지사회와 교육 : 자유, 평등, 공동체를 위한 교육복지. 교육학연구. 34(2) : 21-39.
이돈희 (1999). 「교육정의론」. 서울: 교육과학사.
이병환 · 김영순 (2008). 「대안교육의 실천과 모색」. 서울: 학지사.
이상오 (2000a). 평생학습사회 구축을 위한 교육복지체제모형 개발. Andragogy Today. 3(2).
——— (2000b). 「평생학습사회론 : 교육복지의 차원」. 서울 : 교육과학사.
이소현 (2005). 통합교육 활성화를 위한 특수교육 장학의 방향과 과제 : 특수학급 및 통합학급 교사 지원 중심. 특수교육 전문직 워크숍자료집. 제6호. 국립특수교육원
이용호 · 최수환 (2005). 학교안전. 한국교원대학교 교육정책대학원 교육복지정책론 과제물.
이유훈 (2003). 한국 특수교육의 현황과 발전과제. 특수교육연구 10(2) : 3-36.
이인영 외 (2006). 교육격차해소법안(의안번호 3950). 대한민국국회.
이종재 외 (2004). 교육소외계층을 위한 교육복지정책의 방향과 과제. KEDI position paper 제1권 제23호, 한국교육개발원.
이종태 (2001a). 한국교육의 위기와 원인, 그리고 대안의 모색. 교육이론과 실천. 11(1) : 7-53
——— (2001b). 대안학교들이 만들어지기까지 어떤 일들이 있었나, 「민들레」 2001년 7-8월, 18-22.
이주호 외 (2005). 교육격차 해소를 위한 법률안(의안번호 2495). 대한민국국회.
이지혜 외 (2005). 도시저소득층의 평생학습 활성화 방안 연구. 한국교육개발원.
——— (2007). 교육안전망 구축을 위한 부천시 지역사례연구. 한국교육개발원.
이태수 (2004). 빈곤아동의 실태와 사회적 해결방안 모색. 중앙일보 교육포럼 발표논문(We

Start 운동 출범 기념).

이태수 외 (2004). 교육복지구현 종합방안 연구. 교육부 정책과제연구.

이혜영 (2002). 교육복지정책. 한국교육개발원 편, 2002 한국교육평론 : 국민의 정부 교육정책의 평가, 253-269.

——— (2004a). 저소득층 아동청소년의 교육복지 실태. 중앙일보 교육포럼 발표논문(We Start 운동 출범 기념).

——— (2004b). 교육복지투자우선지역 지원사업을 위한 연구(사업결과보고서). 교육부 정책과제연구.

——— (2006). 교육복지투자우선지역 지원사업을 위한 가정-학교-지역사회 연계협력 방안 연구. 한국교육개발원.

이혜영 외 (2002). 교육복지투자우선지역 선정을 위한 연구. 한국교육개발원.

———— (2005). 교육복지투자우선지역지원법안 검토 및 대안제시. 한국교육개발원.

———— (2006). 교육복지에 관한 법제 연구. 교육부정책과제연구.

임연기 (2004). 농어촌교육발전방안 연구. 교육인적자원부 정책과제연구.

——— (2006). 한국 농촌교육정책의 변천과 그 특성 및 과제. 교육행정학연구. 24(4) : 27-50.

장혜경 (2004). 외국인근로자 자녀의 교육소외 실태와 대책. 한국교육개발원 제25차 교육정책포럼 자료집.

장혜자 (2000). 빈곤한 아동의 현황 및 고찰. 한국생활과학회지. 9(3) : 257-270.

정영숙 (2003). 빈곤 및 가족구조가 아동의 발달지체 및 발달장애위험에 미치는 영향. 정서 · 행동장애연구. 17(4) : 55-69.

정은희 (2004). 성인학습과 전환적 변화 : 메지로의 전환학습이론. 교육이론과 실천 13(3) : 299-314.

정인숙 (2005). 장애성인 평생교육 현황과 대책 수립에 관한 연구. 특수교육연구. 12(1) : 75-98.

정지웅 외 (2002). 농어촌 교육발전방안 연구. 교육인적자원부 정책과제연구.

조은 · 조옥라 (1992). 도시빈민의 삶과 공간 : 사당동 재개발지역 현장연구. 서울대학교출판부 인구 및 발전연구 총서 2.

조한혜정 (2007). 대안학교 백서를 만들며, 대안교육백서 「1997-2007」. 교육인적자원부.

조홍중 (2004). 장애이해의 단계와 편견해소방안, 「에이블 뉴스」, 2004. 08. 14.

최금희 (2007). 「금희의 여행」 민들레.

핀란드 교육부 홈페이지

한국갤럽 (2005). EBS 수능 효과 조사. 2005. 12.

한국교육개발원 (2002). 중도탈락 청소년 실태조사.

———— (2004a). 2002 OECD 교육정책보고서(Education Policy Analysis).
———— (2004b). 「OECD 교육지표로 본 한국교육실태 분석」.
———— (2005a). 도시저소득층의 평생학습 활성화 방안 연구.
———— (2005b). 「세계로 가는 길 교육을 만나다 : 국제기구편」.
한국교육학술정보원 (2003). 초·중등학교 정보통신기술교육 운영지침 개정을 위한 설문조사.
———— (2005). e-러닝에서의 학업성취도 영향요인 분석.
한국주택금융공사 홈페이지. www.khfc.co.kr
한만길 외 (2000). 21세기 교육복지 발전방안연구. 한국교육개발원.
———— (2008). 교육안전망 추진체제 구축방안 연구. 한국교육개발원.
한병선 (2006). "대안교육은 교육의 블루오션". 서울신문 2006.3.6.
한양대학교 교육공학연구소 (2005). 사이버 가정학습의 사교육비 경감 효과.
한준상 (2002). 성인학습의 원리와 학습방법. 간호학탐구. 11(1) : 7-25.
한주미 외 (2007). 외국 대안교육과의 교류사, 「대안교육백서 1997-2007」. 교육인적자원부.
함인희 (2004). 고교평준화의 사회적 영향 분석. 교육인적자원부 정책연구.
허병기 (1998). 「교육의 가치와 실천」. 서울: 교육과학사.
———— (2003). 교육조직의 리더십. 교육행정학연구. 21(1) : 95-122.
허정무 (2005). 평생학습 패러다임으로서의 학력에 대한 논의. Andragogy Today. 8(3) : 33-55.
홍봉선 (2004). 우리나라 교육복지의 방향과 과제. 한국사회복지학. 56(1) : 253-282.
홍영란 외 (2006). 국가발전을 위한 사회적 자본 형성전략 연구. 한국교육개발원.

Berghman, J (1995). "Social Exclusion in Europe : Policy Context and Analytical Framework." In Room G.(ed.) *Beyond the Threshold*. Bristol : Policy Press.
Bernstein, B (1977). "Social Class, Language, and Socialization." In J.Karabel & A.H. Halsey(ed.). *Power and Ideology in Education.* New york : Oxford University Press.
Bloomer, H. (1969). *Symbolic interactionism.* Berkely, CA: University of California Press.
Bolman, L. G. and Deal, T. E. (1997). *Reframing Organizations.* San Francisco: Jossey-Bass.
Bourdieu, P. (1973). "Cultural Reproduction and Social Reproduction." In R. Brown(ed). *Knowledge, Education, and Cultural Change.*
———— (1997). "The Forms of Capital." In A.H. Halsey *et al.* (1997). *Education : Culture, Economy, Society.*

Bowles, S. & Gintis, H. (1976). *Schooling in Capitalist America : Educational Reform and the Contradictions of Economic Life*. New York : Basic Books.

Bredo, E. (1999). *Reconsidering Social Constructivism: the Relevance of George Herbert Mead' s Interactionism.* Class text: Seminar-Social Foundations, fall 1999. Curry School of Education, University of Virginia.

Bruner, J. (1996). *The Culture of Education.* Cambridge: Harvard University Press.

Coleman, J. S. (1988). "Social Capital in the Creation of Human Capital." In A.H. Halsey *et al.*(1997). *Education : Culture, Economy, Society.* 80-95.

Combs, A. W. (1991). *The Schools We Need: New Assumptions for Educational Reform.* Lanham: University Press of America.

Côte, E. (1996). "Sociological Perspectives on Identity Formation : The Culture Identity Link and Identity Capital." *Journal of Adolescence.* 19. 491-496.

D'Andrade, R. (1995). *The Development of Cognitive Anthropology*, New York : Cambridge University Press.

D' Andrade, R. & Strauss, C.(ed.) (1992). *Human Motives and Cultural Models*, New York: Cambridge University Press.

Darling-Hammond, L. (1996). "Restructuring Schools for High Performance." In S. H. Fuhrman & J. A. O' Day. (1996). *Rewards and Reform: Creating Educational Incentives that Work*, San Francisco: Jossey-Bass.

―――――――――― (1997). *The Right to Learn.* San Francisco: Jossey-Bass.

Darling-Hammond, L. & Sykes, G. (ed.) (1999). *Teaching as the Learning Profession: Handbook of Policy and Practice.* San Francisco: Jossey-Bass.

Deal, T. E. & Peterson, K. D. (1999). *Shaping School Culture: The Heart of Leadership.* San Francisco: Jossey-Bass.

Dewey, J. (1916). *Democracy and Education.* New York: The Free Press.

DfES (1999). *National Healthy School Standard.*

――(2001). *National Guidance on Mental Health Difficulties.*

――(2004). *Every Child Matters: Change for Children.*

DfES & DoH (2005). *National Healthy School Status.*

Erickson, F. (1986). "Qualitative Methods in Research on Teaching." In M. Wittrock (ed.). (1986). *Handbook of Research on Teaching*, New York: Macmillan, pp.119-161.

Evans, R. (1996). *The Human Side of School Change.* San Francisco: Jossey-Bass.

Fosnot, C. T. (ed.) (1996). *Constructivism: Theory, Perspectives, and Practice.* New

York: Teachers College Press.

Freire, P. (1970). *The Pedagogy of the Oppressed.* New York: Continuum.

Halsey, A.H., Lauder, H., Brown, P. & Wells, A.S.(ed.) (1997). *Education : Culture, Economy, Society.* New York : Oxford university Press.

Hargreaves, A. (1994). *Changing Teachers, Changing Times: Teachers' Work and Culture in the Postmodern Age.* New York: Teachers College Press.

Holland, D. & Quinn, N. (ed.) (1987). *Cultural Models in Language and Thought.* Cambridge: Cambridge University Press.

Karabel, J. & Halsey, A.H.(ed). (1977). *Power and Ideology in Education.* New York: Oxford University press.

Klasen, S. (2000). "Social Exclusion, Children, and Education: Conceptual and Measurement Issues." OECD paper.

Lambert, L., Collay, M., Dietz, M. E., Kent, K. & Richert, A. E. (1996). *Who Will Save Our Schools: Teachers as Constructivist Leaders.* Thousand Oaks, CA: Corwin Press.

Linde, C. (1987). "Explanatory Systems in Oral Life Stories." In D. Holland & N. Quinn(ed.). *Cultural Models in Language and Thought.* Cambridge: Cambridge University Press, 1987.

Little, J. W. & McLaughlin M. W. (1993). *Teachers' Work.* New York: Teachers' College Press.

Lortie, D. C. (1975). *Schoolteacher: a Sociological Study.* Chicago: The University of Chicago Press.

McQuillan, P. J. (1997). "Humanizing the Comprehensive High School: a Proposal for Reform." *Educational Administration Quarterly*, vol. 33, Supplement (December 1997) pp.644-682.

Mead, G. H. (1934). *Mind, Self, and Society: From the Standpoint of Social Behaviorist.* Chicago: The University of Chicago Press.

―――――― (1956). "The Process of Mind in Nature." In Strauss, A. (ed.). (1956). *The Social Psychology of George Herbert Mead.* Chicago: The University of Chicago Press.

Meier, D. (1995). *The Power of Their Ideas.* Boston: Beacon Press.

Meier, D. & Wood, G. (ed.) (2004). *Many Children Left Behind.* Boston: Beacon Press.

Mezirow, J. (1991). *Transformative Dimensions of Adult learning.* San Francisco:

Jossey-Bass.

National Research Council (1999). *How People Learn.* Washington, D.C.: National Academy Press.

OECD (2000). The Finnish Success in PISA - and Some Reasons Behind it.

——— (2004a). Equity in Education: Policy Brief.

——— (2004b). Equity in Education: Students with Disabilities, Learning Difficulties and Disadvantages. OECD Report.

——— (2004c). Equity in Education : Thematic Review - Norway.

——— (2005a). Equity in Education : Thematic Review - Finland.

——— (2005b). Equity in Education : Thematic Review - Sweden.

Ofsted (2003). *Excellence in Cities and Education Action Zones.*

——— (2005). *Healthy Minds: Promoting Emotional Health and Well-Being in Schools.*

Ogbu, J. (1991). "Immigrant and Involuntary Minorities in Comparative Perspective." In M. A. Gibson and J. U. Ogbu. *Minority Students and Schooling: A Comparative Study of Immigrant and Involuntary Minorities*, 1991.

Orr, D. (1994). *Earth in Mind: on Education, Environment, and the Human Prospect.* Washington, D.C.: Island Press.

Persell, C. (1977). *Education and Inequlity.* New York : The Free Press.

Ravitch, D. and Viteritti, J. P. (ed.) (1997). *New Schools for a New Century: the Redesign of Urban Education.* New Haven: Yale University Press.

Resnick, L. B. (1987). *Education and Learning to Think.* Washington, D.C.: National Academy Press.

Rosenholtz, S. J. (1991). *Teachers' Workplace.* New York: Teachers College Press.

Schein, E. (1992). *Organizational Culture and Leadership.* San Francisco: Jossey-Bass.

Scott, W. R. (1992). *Organizations: Rational, Natural, and Open Systems.* Englewood-Cliffs, NJ: Prentice Hall.

Seeman, M. (1959). "On the Meaning of Alienation." *American Sociological Review.* 24, 1959, pp. 783-791.

Senge, P. M. (1994). *The Fifth Discipline: The Art and Practice of the Learning Organization.* New York: Currency & Doubleday.

Sharan, M. (2001). "Something Old, Something New: the Changing Mosaic of Adult Learning Theory." *Andragogy Today.* 4(1).

Shore, B. (1996). *Culture in Mind.* New York: Oxford University Press.

Sizer, T. R. (1996). *Horace' s Hope.* Boston: Houghton Mifflin Company.

Spindler, G. (ed.) (1997). *Education and Cultural Process.* Prospect Heights, IL: Waveland Press.

Strauss, C. and Quinn, N. (1997). *A Cognitive Theory of Cultural Meaning.* Cambridge: University Press.

Tyack, D. (1974). *The One Best System.* Cambridge: Harvard University Press.

Tyack, D. and Cuban, L. (1995). *Tinkering Toward Utopia.* Cambridge: Harvard University Press.

UN Convention on the Rights of the Child.

UN International Convention on the Protection of the Rights of all Migrant Workers and Members of Their Families.

UNESCO Convention Against Discrimination in Education.

UNESCO (2005). Informal Information Meeting on the Preparation of Reports on the Implementation of the Convention and Recommendation Against Discrimination in Education (1960). Basic Document (ED-2005/WS/35).

Vygotsky, L. S. (1978). *Mind in Society.* Cambridge, MA: Harvard University Press.

Weick, K. E. (1976). "Educational Organizations as Loosely Coupled Systems." *Administrative Science Quarterly,* vol. 21, No. 1 (March 1976).

Williams, R. & Pritchard, C. (2006). *Breaking the Cycle of Educational Alienation.* New York: Open University Press.

| 찾아보기 |

국문 찾아보기

영문 찾아보기

[저 자 약 력]

안 병 영

오스트리아 빈(Wien) 대학교 정치학 박사(1970)
연세대학교 교수 (1975-2007)
한국행정학회장 (1991)
교육부장관 (1995/12-1997/8)
한국사회과학연구협의회(KOSSREC) 및
아시아사회과학연구협의회(ASSREC) 회장 (1998/1-2000/2)
부총리 겸 교육인적자원부 장관 (2003/12-2005/1)
현재 연세대학교 명예교수

주요 저서
현대공산주의연구(1982)
자유민주주의를 위한 변론(1987)
자유와 평등의 변증법(1992)
한국정치론(공저, 1976)
한국의 공공부문(공저, 2007) 외 다수

김 인 희

한국교원대학교 교육정책대학원 교수(2005. 3 ~)
교육인적자원부 교육복지정책과장(2004. 3~2005. 2)
홍익대학교 교육경영관리대학원 교수(2001~2003)
교육인적자원부 사무관, 서기관, 과장(1990~2001)
충남교육위원회(1986~ 1989)
행정고등고시 27회 합격(1983)
미국 University of Virginia 교육학박사(2003)
서울대학교 대학원 교육학과 졸업(1985)
서울대학교 사범대학 사회교육과 졸업(1983)
교육과학기술부 자체평가위원
교육인적자원부 교육정책자문위원(교육복지부문)
한국교육행정학회 이사, 한국교원교육학회 학술위원

주요 저서
학교교육혁신론(2008)

교육복지정책론

2009년 3월 25일　제1판 1쇄 발행
2016년 9월 30일　제1판 4쇄 발행

저　자　안 병 영 · 김 인 희
발행인　강 희 일 · 박 은 자

茶山出版社

발행처　**다 산 출 판 사**
서울특별시 마포구 용강동 494 - 85
등　록　1979. 6. 5.　제 3-86 호(윤)
전　화　717-3661~2,　718-1751~2
FAX　716-9945
조　판　민 하 디 지 탈 아 트

정가 18,000원　　파본은 바꾸어 드립니다.

http://www.dasanbooks.co.kr
ISBN　978-89-7110-371-5　93370